作者簡介：

溫斯頓·邱吉爾（Winston S. Churchill, 1874.11-1965.1），二十世紀偉大的政治領袖。一九○○年當選為英國保守黨議員，以後歷任英國政府殖民副大臣、商務大臣、內政大臣、海軍大臣、不管部大臣、軍需大臣、陸軍大臣、空軍大臣、財政大臣等要職，在每一個崗位上，他都做的有聲有色，頗有建樹。一九三九年英國參加第二次世界大戰後，他開始擔任海軍大臣；後來在一九四五年五月至一九四五年七月間，擔任聯合政府首相；一九五一至一九五五年間又出任保守黨政府之首相。由於在一戰期間擔任英國海軍大臣，二戰時又擔任英國首相，故兩次帶領英國渡過最艱難灰暗的時刻，並獲得了最終勝利。他高度的文學素養亦為舉世所公認，著作等身，包括有：《倫道夫·邱吉爾傳》、《我的非洲之行》、《自由主義和社會問題》、《人民的權利》、《我的早年生活》、《印度》、《當代的偉人們》，以及描述其先祖的《馬爾博羅傳》（四卷）、記錄第一次世界大戰之宏篇鉅著《世界的危機》（五卷）和大英帝國的歷史著述《英語民族史》（四卷）等。

人類的經典
（三十一）

英語民族史
新世界

A History of the English-Speaking Peoples

（卷二）

溫斯頓·邱吉爾 著

Winston S. Churchill

劉會梁 譯

Original Title *"A History of the English-Speaking Peoples"*
Original Copyright © 1956 by Cassell Publishers Limited
This Edition arranged with Curtis Brown-U.K.
Through Big Apple Tuttle-Mori Agency, Inc.
All Right Reserved.

人類的經典　（31）

英語民族史(卷二)：新世界

作者	溫斯頓·邱吉爾（Winston S. Churchill）
譯者	劉會梁
系列主編	龐君豪
責任編輯	李育華
協力編輯	徐鵬博　陳相如　許雅婷　鄭秀娟
封面設計	郭佳慈
電腦排版	嚴致華　曾美華

社長	郭重興
發行人暨出版總監	曾大福
出版	左岸文化
發行	遠足文化事業有限公司
	231 台北縣新店市民權路 117 號 3F
	客服專線：0800-221-029
	電話：（02）2218-1417
	傳眞：（02）2218-1142
	E-Mail：service@sinobooks.com.tw
版權代理	大蘋果版權公司
法律顧問	北辰著作權事務所　蕭雄淋律師
印刷	成陽印刷股份有限公司
初版	2004 年 3 月

ISBN　986-7854-55-1

國家圖書館出版品預行編目資料

英語民族史 / 溫斯頓.邱吉爾(Winston S.
　　Churchill)著；劉會梁譯. -- 初版. -- 臺
　北縣新店市：左岸文化出版：遠足文化發行
　, 2004[民 93]
　　　冊；　公分. -- (人類的經典；30-33)
　　譯自：A history of English-speaking
peoples
　　ISBN 986-7854-55-1(全套：精裝)

　　1. 英國 - 歷史

741.1　　　　　　　　93000691

左岸丰華——
多采深情的追尋

午后的空氣中凝結著的，是一份亟欲掙脱但又優游沈醉的心情。
不解、鬱結、搔首、頓足——怦然心動、展眉、手舞、弄足、高歌；
這是什麼樣的心情呵！
相傳　左岸就是醞釀這樣一種心情的地方。

閱讀，是什麼動機下的行為？
思索，背裡隱含著的又是什麼樣的企圖？
是為了取得生活技藝的需求？是出於對生命困惑的自省？
抑或純粹只是找尋舒緩心靈的藥方？
聽説　左岸也是一個對生命及自身存在意義的追尋者。

挫折總是在力所不及處蔓生，
但，也正是在每一次「勉強」克服了困難、跨越了挫折之後，
才能體悟到生命所釋放的酣暢淋漓。
閱讀及思索　也正是這樣一種自我蜕變的行為。
恰巧　左岸也有一份不安現狀的執著。

不是熱愛自己生活的人，不會文章有情；
不是那樣熱切地注視著人間世的心靈，
就不會比自己想像中的更沈醉——
沈醉在浩瀚知識的無涯裡。
可喜的是　左岸懷著對知識最純粹敬虔的依戀。

且讓左岸與您一起在閱讀中搔首延佇、隨想於多采深情的追尋裡。

左岸文化
2001

編輯室報告

　　每個時代與社會，都有特別關心的議題。回應這些議題的思考，在時間歷練、眾人閱讀之後，漸漸就形成了經典。後來者如我們在面對未知時，有了前人的思考，也就不至於從頭開始；如果我們說，站在巨人的肩上望前看才能看得更遠，正是因為前人的思考構成了巨人的臂膀。

　　本系列的出版主旨即在幫助讀者了解構成此一厚實臂膀的偉大心靈，推介對人類社會演進和自我認知上具啓發性和開創性影響力的著作。

　　當然，「經典」相對意謂著一定的時空距離，其中有些知識或已過時或證明有誤，那麼，爲什麼現代人還要讀經典？

　　人類社會的歷史是條斬不斷的長河，知識的演進也有一定的脈絡。不論是鑑往知來，或覺今是而昨非，都必須透過閱讀「經典」與大師對話，藉由這種跨越時空的思想辯難才有所得。

　　在二十世紀的科技文明即將邁入下一個新世紀之前，左岸文化出版社整理推出一系列的經典著作，希望爲社會大眾在面對未來愈趨多元的挑戰時，提供可立足的穩固基石。

左岸文化「人類的經典」編輯室　謹識

誌　謝

筆者對狄金先生（Mr. F. W. Deakin）與楊格（Mr. G. M. Young）先生在第二次世界大戰之前準備此一著作；對倫敦大學學院（University of College, London）的艾倫‧霍奇先生（Mr. Alan Hodge），赫斯費爾德先生（Hurstfield）萬靈學院的與（All souls）的羅斯博士（Dr. A.L.Rowse），根據史學知識的隨後進展審查本著作之內容；以及對丹尼斯‧凱利先生（Mr. Denis Kelly）與伍德先生（Mr. C. C. Wood），我都必須再次深表銘感。我也得謝謝閱讀這些篇章與對它們發表高見的許多其他人士。

在撰述本卷時，我曾用到嘉德納（Gardiner）、波拉德（Polland）與蘭克（Ranke）等人的著作《牛津英國史》（the Oxford History of England），還有過去及現在其他學者的作品，深為感激。在最後兩章中，我曾獲得哈拉普有限公司（George G. Harrap and Co.Ltd）允許，並且用得到我所著的《馬爾博羅，他的一生與時代》（Marlborough: His Life and Time）一書中的一般特色。

序

　　本卷涵蓋兩個世紀中所發生且影響深遠的事件。歐洲的冒險家發現了美洲新世界（the New World）並且有許多歐洲人在那裡定居。在思考與信仰、詩歌與藝術的領域中，其他的新世界也都在人們的眼前一一展開。在一四八五年與一六八八年間，英語民族已經開始散佈到全球。他們與西班牙的勢力對抗，並將之擊敗。一旦打通了海上的通路，美洲的殖民地便紛紛應運而生。生氣勃勃的與富有衝勁的社區紛紛在大西洋的西海岸崛起，經歷許多過程而轉變成為美利堅合眾國。英格蘭與蘇格蘭都轉而奉行新教。不列顛島的兩個王國在一個蘇格蘭的王朝下歸於一統。持久不前的原則問題引起一次大內戰。奧利佛·克倫威爾（Oliver Crommell）的個性不可一世，英格蘭在他統治下做了一次共和制的實驗。但是，在全民族的要求下，英格蘭又恢復了王室的傳統。在本卷終了時，英格蘭的新教信仰在一位荷蘭君主的統治下終於穩如泰山，國會正於國家事務上邁向權力至高無上之途，美洲正在快速地發展，而英、法兩國的一場長期的、世界性的鬥爭已迫近眉睫。

溫斯頓·邱吉爾
一九五六年九月四日於肯特

目次

第二卷

第四部

文藝復興與宗教改革

第一章 圓的世界

我們現在已經來到所謂的十六世紀，即西元數字從「十五」為始的這一百年。人們非得用這樣的英文表達方式，但這個方式卻又令人迷惑。它所涵蓋的這一個時期，其變化非同尋常，影響到整個的歐洲。有些變革是潛在已久的，卻在此時突然充分發揮出力量。兩百多年來，文藝復興的思潮一直啓發義大利人的思想與心靈，此時，色彩鮮明的古希臘與古羅馬的傳統文化出現，但尚未影響到基督教信仰的基礎。同時，教皇成了俗世的統治者，如同君主般恣情聲色，享受富貴榮華，卻又聲稱他同時擁有宗教上的權力。教會買賣「贖罪券」（Indulgence），宣稱贖罪卷可以使活人與死人都免受煉獄（Purgatory）之苦，教會收入因此劇增。主教與樞機主教的職務皆可買賣，平民還被課以重稅。教會組織的這些行徑與其他惡行廣爲人知、爲人憎恨，卻未受到指責。同時期，在古典文化的啓發下，文學、哲學與藝術的成就如百花綻放，讓沈浸其中的人心智大開。這是一群人文主義者（Humanist），他們企圖融合古典理論與基督教教義；其中最重要的人是鹿特丹（Rotterdam）的伊拉斯謨（Desiderius Erasmus）。文藝復興的思想能夠散播到英格蘭，大都得歸功於他。中古時代的歐洲社會架構，大多是建構在宗教的基礎上，印刷術讓新知識與新理論流入許多宗教社會裡；一四五〇年起，印刷廠成了文化發展的中心。在西方，從里斯本（Lisbon）到布拉格（Prague）已經有六十所大學；在這世紀初，這些大學主動開啓學習與交流的途徑，讓學術發展更爲豐富自由。中世紀（The Middle Ages）時，教育的目的多侷限在訓練神職人員；現在教育的目的穩定地擴展，不僅要訓練出教士，還要培育一般學者與見識廣博的紳士。這些人成爲文藝復興運動的完美典範。

隨著人心智大開，人們開始質疑一些長久以來所堅信不移的理論。十五世紀時，人們開始提及過去一千年間發生過的事情，如一些中世紀的理論。雖然許多中世紀的思想仍存在他們的心中，人們

已經感覺到自己處在一個新時代的邊緣。這不僅是藝術與建築的輝煌時期，因哥白尼（Copernicus）之故，這時期也是科學革命的開端。哥白尼證明了地球繞日運轉的理論，後來伽利略（Galileo）也在重要的時機證實哥白尼的理論；這個新觀念對人類的宇宙觀有深遠的影響。在此之前，人們一直認為地球是宇宙的中心，而這個觀念是創造來滿足人類的需求。現在，新的觀點展開了。

調查、辯論、尋求新解釋的欲望先在學習古典文化的領域發酵，漸漸地進入了宗教研究的領域。希臘文、甚至希伯來文，還有拉丁文的文本，都有人重新鑽研。這樣一來，已被接受的宗教信仰，不可避免地會遭受大眾質疑。文藝復興是改革的溫床。一五一七年，三十四歲的德國教士馬丁・路德（Martin Luther）譴責教會買賣贖罪券；他對於此事與其他教會重要問題的觀點，釘在威登堡（Wittenberg Castle）教堂的門上[1]，他大膽地在智識上挑戰教皇。起初他只是反對教會種種惡習，很快地就變成挑戰教義。在這場爭鬥中，路德冒著上火刑柱的危險，展現出他堅定的信念，為他贏得聲譽。他開始發起，也可說是開始推動一個改革運動，不到十年的時間，他的主張便橫掃歐洲大陸，其運動得到宗教改革的稱號。宗教改革在不同的國家有不同的形式，在斯文利（Ulrich Zwingli）與喀爾文（John Calvin）領導下，瑞士尤其如此。喀爾文的影響從日內瓦越過法蘭西傳到了尼德蘭（The Netherlands）與不列顛；在不列顛，蘇格蘭受其影響最深。

路德的學說有許多不同的形式，但是他本人嚴守「人因信仰，而非教規得到救贖」的原則。這意謂：與世上其他異教徒一樣，良善正直的生活無法保證可以獲得永樂。相信基督的啟示才是最重要的。導引路德的明燈是《聖經》（Holy Writ）中的教導與個人良知的覺醒，而非教皇的威權。他自己相信宿命論（Predestination）。亞當在伊甸園犯罪，是因為萬能的上帝讓他那樣做。因此，人有了原罪。大約十分之一的人在一生中，可以逃脫或已經逃脫必然、無止盡的天譴。而所有的修士與修女都能藉由結婚得到撫慰。路德自

己便是範例，他在四十歲的時候娶了一位還俗的修女，從此過著幸福快樂的生活。

　　　　　＊　　　　　＊　　　　　＊　　　　　＊　　　　　＊

　　宗教改革的影響波及歐洲的每個國家，以影響日耳曼爲最。日耳曼人並不想服從羅馬的苛捐雜稅，路德的改革運動喚起他們的民族主義。路德給日耳曼人《聖經》的德文譯本，讓他們能夠保持民族尊嚴。他也讓諸侯有機會保有教會的產業。他的教義爲極端分子利用，導致德國南部的社會戰爭，結果死了幾萬人。路德自己則與被他煽動的民眾立場對立。雖然他曾使用最粗俗的字眼喚醒民眾，卻在他們回應的時候，毫不遲疑地回拒他們。他在教義問題上竭盡全力與教皇奮戰；但對於給予他力量、飽受壓迫的民眾，他卻未能給予實際的關注。他稱這些群眾是「豬」或其他更粗野的名稱；提及貴族與富裕的統治階級等「封建領主」（Overlords）時，斥責他們未盡全力鎮壓農民暴動（The Peasants' Rebellion）。

　　異教勢力一向存在，且數世紀以來，反對羅馬教會的情緒，在歐洲每個國家幾乎都很強烈。但是，從路德開始的教會分裂運動（Schism），是嶄新且難以應付的。所有參與者，不論是羅馬教廷的敵人或捍衛者，仍舊深受中世紀觀點影響。他們視自己爲古代及早期教會純淨作風的恢復者。但是，宗教改革使那個時代更加混亂與不安定，民眾與各個國家都不願意，卻也不經意地，與長久以來阻止歐洲進步的船錨奮戰。在羅馬教廷與宗教改革運動相抗爭一段時期後，歐洲大陸各地都建立起新教教會（Protestantism），且派系眾多，其中路德教派（Lutheranism）涵蓋了較多區域。至於羅馬教廷，由於受到自省的天主教復興運動——「反宗教改革」運動（The　Counter-Reformation），以及「宗教法庭」（The Inquisition）活動的支持，在歷經一連串的宗教戰爭後，證明它還是能維持不墜的地位。舊秩序的攻擊者與捍衛者之間的分歧，威脅到現代歐洲每個國家的安定，破壞若干國家的統一。由爭戰中脫身的英格蘭與法蘭西創痕累累，動盪不安，卻能維持國家的統一。愛

爾蘭與英格蘭之間出現了新的障礙，而英格蘭與蘇格蘭之間卻打造出新的統一聯繫。日耳曼人的神聖羅馬帝國（The Holy Roman Empire）解體，分裂成了許多小公國與城市；尼德蘭分裂成我們如今所稱的荷蘭（Holland）與比利時(Belgium)。各個王朝都受到威脅，舊的忠君思想被拋棄。本世紀的中葉，喀爾文教派成了新教攻擊部隊的前鋒、耶穌會（Jesuits）成了捍衛與反攻天主教的武器。直到一百年後，雙方已經戰得筋疲力竭，路德發起的這場革命才宣告結束。此時，中歐早被三十年戰爭(The Thirty Years War）弄得慘不忍睹，一六四八年簽訂的「西伐利亞和約」（The Peace of Westphalia）停止了這場爭戰，但這場戰爭的導火線早被人忘記了。到了十九世紀，整個基督教世界才學會互相敬愛與尊重的容忍精神。

　　維多利亞時代一位著名的神學家、演講家查爾斯·比爾德（Charles Beard）在一八八〇年代直言不諱地提出了若干問題：

　　那麼，由理智的觀點看來，宗教改革運動是一場失敗嗎？它是不是毀了一套枷鎖而加上了另一套枷鎖呢？我們都有義務承認，尤其是在日耳曼，宗教改革不久便與自由學習分道揚鑣；這意味著它與文化背道而馳，它在枯燥的理論爭議中迷失了自己，它未對覺醒的科學伸出歡迎之手。……甚至於後來，是那些曾極力擁護宗教改革的神職人員，對科學側目而視，並且聲明他們完全不依仗現代知識。在任何宗教改革的普通理論基礎之上，我不知道是否能回答這些事實中暗含的指控。最有學問的、最淵博的、最能寬容的現代神學家，會是最不情願充分接受梅蘭希頓（Philip Melanchthon）[2]的學說與喀爾文的學說的人。……事實是，不能高估了宗教改革者藉著反抗中世紀基督教至高無上的牢固地位，爭取真理與自由的態度，他們無法解決他們所引起的問題。他們不僅缺少必要的知識，而且他們甚至看不清自己深陷的爭議範圍。他們負責打開了宗教改革的水閘；儘管他們出自善意地檢查與規範這道洪流，但是從

那時起洪流便猛烈奔騰，現在摧毀了舊的地標、肥沃新的田野，永
遠都帶著生命與復甦。觀看宗教改革本身，僅由理論面與教會發展
面來判斷它，便等於是宣稱它是失敗的；將它視作歐洲思想運動的
一部分、指出它與日趨成熟的學術以及日有進展的科學的主要的關
係、證明它與自由相聯繫的必要性、說明它緩慢成長成相互包容的
過程，可以為它的過去辯解，並且承諾它的未來。【3】

＊　　　＊　　　＊　　　＊　　　＊

　　在文藝復興與宗教改革的勢力正在歐洲集聚力量的時候，歐洲
以外的世界正逐漸對歐洲的探險家、貿易商以及傳教士屈服。由古
希臘時代起，若干人已知道這個世界是圓的、呈球型的理論。十六
世紀的航海活動將證明這個理論。這個故事回溯到很久遠以前。早
在中世紀時，歐洲的旅行家已踏上前往東方的旅途，種種傳奇燃燒
起他們的想像力，傳奇中有神奇王國與財富，那裡是人類的發源
地：有普利斯特‧約翰（Prester John）王國的故事【4】、有關於
中亞（Central Asia）與現代阿比西尼亞（Abyssinia）【5】之間各
王國的故事，後來更實際的故事則是馬可孛羅（Marco Polo）由
威尼斯到中國的遊記。但是亞洲人也正朝著西方挺進。曾有一刻，
似乎整個歐洲會屈服於來自東方、陰森逼近的可怕威脅。信奉異教
的蒙古遊牧部落來自亞洲中心地帶、配備弓矢的可怕騎士，快速地
橫掃俄羅斯、波蘭、匈牙利，並於一二四一年在布勒斯勞
（Breslau）與布達佩斯（Budapest）附近，分別重創日耳曼人與歐
洲的騎兵。德意志與奧地利至少還得到他們的垂憐。幸運的是，這
一年「大汗」（Great Khan）【6】在蒙古殯天，蒙古人的將領匆匆
趕路，奔馳幾千英里返回他們的首都喀拉崑崙（Karakorum）選舉
他的繼任者，西歐遂逃過一劫。

　　整個中世紀時期，基督徒與異教徒在東歐與南歐邊境的戰鬥持
續不絕。邊界的人民經常生活在恐懼之中，異教徒不斷地向前推
進，一五四三年，君士坦丁堡（Constantinople）終被鄂圖曼土耳

其人（Ottoman Turks）攻陷。現在，最嚴重的危機震撼與威脅基督教歐洲的財富與經濟。拜占庭帝國（Byzantine Empire）的毀滅與土耳其人佔領小亞細亞（Asia Minor）這兩件事，危及到通往東方的陸路。這條陸路曾經富裕了地中海的城鎮、讓熱那亞人與威尼斯人奠定與累積財富，現在被截斷了。動亂向東展開，雖然土耳其人為了徵收稅金想與歐洲保持貿易，但商業與交通卻愈來愈不安全。

有一陣子，義大利的地理學家與航海探險家一直在設法尋找通往東方，卻不會受到異教徒阻撓的海上通路；雖然他們從地中海東部繁忙的航海活動中，得到很多造船與航海的經驗，卻缺乏應付海洋探險所需的資金。葡萄牙是第一個發現新路徑的國家。在英格蘭十字軍的幫助下，葡萄牙在十二世紀獨立，漸漸地將摩爾人（The Morrs）驅出其領土，而現在，要將勢力伸向非洲的海岸。「憔悴的」約翰（John of Gaunt）之孫，「航海家」亨利親王（Prince Henrry the Navigator）首先發起一連串的冒險事業。探險就由里斯本開始了。後來整個十五世紀末葉，葡萄牙的水手沿非洲西海岸南下，尋找黃金與奴隸，慢慢地延伸已知世界的範圍，直到一四八七年，巴塞洛繆‧迪亞士（Batholomew Diaz）繞過非洲大陸末端的最大海角。他將之命名為「風暴角」（The Cape of Storm）；但是具有真知灼見的葡萄牙國王，將它重新命名為「好望角」（Cape of Good Hope）。這個希望沒有落空；一四九〇年葡萄牙航海隊達伽馬（Vasco da Gama）在卡利卡特港（Calicut）下錨；這條海道打開了通往印度與遠東（Farther East）的財富之路。

＊　　　＊　　　＊　　　＊　　　＊

同時，一件對世界未來更具重要性的事件，在一位名為克利斯托佛‧哥倫布（Christopher Columbus）的熱那亞人心中成形。對著同胞的夢想地圖沈思，他計畫向正西方航行，越過那些已知的島嶼，駛入大西洋，尋找另一個通往東方的航線。他娶了一位葡萄牙的水手之女；他岳父曾於「航海家」亨利親王的麾下服務，由岳

父的文件上，他獲悉這些偉大的海洋冒險活動。一八四六年他派他的兄弟巴塞洛繆‧哥倫布（Bartholomew Columbus）去尋求英格蘭支持這次的冒險活動。巴塞洛繆在法蘭西的外海被海盜擄獲，最後等他抵達英格蘭的時候，雖贏得了新王亨利‧都鐸的注意，但是為時已晚。哥倫布已得到西班牙統治者亞拉岡的斐迪南（Ferdinand of Aragon）與卡斯提爾的伊莎貝拉（Isabella of Castile）的共同支持[7]，一四九二年，在他們的資助下由安達魯西亞（Andalusia）的帕洛（Palos）啟航，航向不為人知之地。航行了三個月之後，他在巴哈馬群島（The Bahamas）中的一個島登陸。他不經意發現的並不是通往東方的新航線，而是位於西方、不久之後稱為美洲的新大陸。

差不多一百年之後，英格蘭才開始發展其海上潛力。在這個時期，她的成就較微不足道。布里斯托的商人試著尋找一條越過大西洋通往遠東（Far East）的西北航道，但是他們沒有獲得什麼成果，也沒有得到什麼鼓勵。在倫敦與東英格蘭的商人比較關心與尼德蘭的貿易，能得到實際的利潤。不過，亨利‧都鐸倒是很欣賞私人冒險活動，只要不會捲入與西班牙的紛爭便行；他資助哥倫布的同鄉，熱那亞人約翰‧卡博特（John Cabot）的遠征。一四九七年，卡博特在布雷頓角島（Cape Breton Island）附近登陸。但是這裡幾乎無貿易的遠景，且一望無垠、險惡的大陸似乎妨礙進一步的前進。第二次航行時，卡博特航向美洲海岸、前往佛羅里達（Florida）的方向。但是此舉太接近西班牙勢力活動範圍。到卡博特去世時，謹慎的亨利‧都鐸便放棄了他的大西洋冒險事業。

*　　　*　　　*　　　*　　　*

西班牙人抵達新大陸、發現貴重金屬後，他們與葡萄牙人開始了冗長的對抗。兩國的其中一項動機，都是要將基督教的信仰傳布到未被發現的異教徒之地，他們便請教皇主持公道。此時，教皇將握有新國家這項大禮。一四九〇年代，一連串的敕令（Bull）發布後，出身博爾吉亞家族的教皇，亞歷山大六世（Borgia Pope

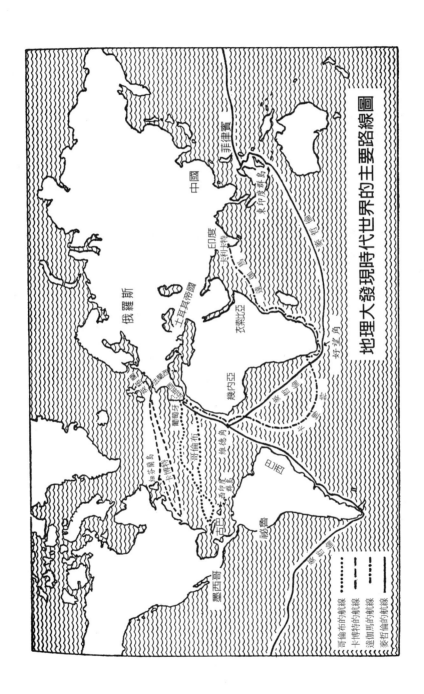

地理大發現時代世界的主要路線圖

Alexander VI），在世界上畫了一條界線，將西班牙與葡萄牙的勢力範圍分開。這個引人注意的安排促使西班牙與葡萄牙締結條約。雙方同意以亞速群島（The Azores）以西三百七十里格（League）[8]的南北線爲界，葡萄牙人因此覺得自己有權佔領巴西。

　　雖然葡萄牙人最先開始海洋冒險活動，但是他們的國家太小，無法支持這樣的活動。據說半數的葡萄牙人民在設法控制海外屬地時喪生。西班牙不久就趕上了他們的腳步。哥倫布首次航行的同一年，西班牙土地上碩果僅存的摩爾人城市格拉納達（Granada），在中世紀最後一次十字軍東征中淪陷。此後，西班牙人能將他們所有的精力用在開發新大陸上。不到一代的時間，一位領西班牙薪水的葡萄牙船長麥哲倫（Ferdinand Magellan），出發航向南美洲，帶著他的船越過太平洋而環繞地球。他在菲律賓遭人殺害，但是他的大副指揮他的船繞過好望角而返國。世界各處散落的文明被集中在一起，各項新的發現，賦予北海上的英格蘭小王國新的重要性。英格蘭將取代葡萄牙與西班牙兩國崛起，不過時機尚未到來。但是東方的香料正由海路銷往安特衛普（Antwerp）的歐洲市場。整個貿易的路徑開始轉變、徹底改變。橫越大陸的陸路遭到了冷落，西北歐讓義大利各城的重要地位褪色；繁榮的未來並不是在地中海，而是在大西洋沿岸，新的強權勢力，如英格蘭、法蘭西與荷蘭等，在大西洋沿岸都有港口，很容易進入海洋。

＊　　　　＊　　　　＊　　　　＊　　　　＊

　　新大陸的財富不久就影響到歐洲的舊秩序。在十六世紀的前半葉，西班牙殖民者科爾特斯（Hernando Cortes）征服了墨西哥的阿茲特克帝國（The Aztec Empire），而西班牙冒險家皮薩羅（Francisco Pizarro）征服了秘魯的印加人（Incas）。現在這些土地上的龐大礦藏，開始源源不絕地運到大西洋另一邊的歐洲。靠著不同的管道，金銀流入歐洲。新的日用品、煙草、馬鈴薯與美洲的糖等產品也是。得到新財富，歐洲舊大陸本身開始脫胎換骨。經過長久的停頓之後，它的人口再度成長，農莊與工廠的生產開始拓

展。需要更多的金錢來支付新的探險、新的建築、新的冒險事業，以及新的管理之道。統治者與民眾幾乎都不瞭解財政管理，經濟拮据的各國諸侯最先仰賴的解決方法是貶低貨幣。物價因此暴漲；當路德將他的主張貼在威登堡教堂的時候，幣值已經在快速地下降。在美洲銀幣的衝擊下，一連串的通貨膨脹浪潮橫掃整個歐洲大陸，一直到二十世紀，同樣的勢不可擋的情形才再度發生。歐洲舊世界的地主與農民發現，這樣的情勢很難以繼續維持；整個歐洲有一股新的力量開始凝聚其影響力，在獲得君主的尊敬後，開始發揮它的力量。對於商人、貿易商與銀行家而言，那是個充滿機會的時代。在眾多著名的家族之中，最著名的可能是日耳曼的富格爾家族（The Fugger Family），他們利用自己的龐大財富，做爲發展文藝復興時期的藝術之用，獲得雅譽。曾有一個時期，教皇與皇帝都得仰賴這個家族的財政資源。

　　每次通貨膨脹的時候，有太多的艱難困苦需要調適。但是，有一股強壯的新成長與充盈的福祉，讓每個階級都在普遍的改善中獲益。對於一個世紀之前，因爲黑死病而讓幾乎三分之一的人口喪生的世界而言，存活下來的人身心都得到了極大的鼓舞。人們探索他們的道路，進入一個更廣大的時代，更加自由地交換更多的商品與服務，更多的人扮演重要的角色。新大陸已經打開了它廣大的門戶，地理上新增的南美洲與北美洲，不僅增加歐洲人居住之所，還開拓歐洲人的整個生活方式與視野以及能夠利用的事物。

【1】　譯注：一五一七年，威登堡大學經學教授馬丁・路德針對教會發行贖罪券提
　　　　出質疑與抗議，並用拉丁文寫成著名的《九十五條論綱》，釘在威登堡教堂
　　　　的門上，希望教會的領袖及神學家回應並與他公開辯論。
【2】　譯注：德國基督教新教神學家。
【3】　The Reformation of the Sixteenth Century, by C. Beard（1927 edtion),
　　　　pp. 298-299.
【4】　譯注：中世紀的傳奇偉人與君主，據說在亞、非遙遠地方有個王國。
【5】　譯注：東非國家衣索比亞（Ethiopia）的舊稱。
【6】　譯注：即成吉思汗。

【7】　編按：一四六九年，亞拉岡的斐迪南（Ferdinand of Aragon）與卡斯提爾的伊莎貝拉（Isabella of Castile）結婚，兩個國家合併，西班牙才誕生。

【8】　譯注：一里格約等於三英里。

第二章　都鐸王朝

有一代以上的時間，英格蘭的君主政體陷入驚濤駭浪的繼位紛爭。一四八五年八月二十二日里奇蒙伯爵（Earl of Richmond）亨利・都鐸在博斯沃思市場附近的一個密德蘭小城鎮，贏得了決定性的勝利，他的對手理查三世在戰役中被殺。以亨利七世為名，一個新的王朝開始掌握王權。在亨利七世謹慎治國的二十四年間，英格蘭歷史開始一個新紀元。

亨利的首項任務是要說服權貴、教會與仕紳階級，接受博斯沃思戰役的決定，以及承認他已登上王座。在全國代表面前，他對於接受加冕一事極盡小心，因此，需先獲得封號，其次是得到議會的認可。無論如何，議會同意他試驗性的統治。然後，他長久以來的計畫如願，娶了敵對約克家族的女繼承人伊莉莎白（Elizabeth of York）。

金錢匱乏使英格蘭王室長久以來積弱不振，但是軍事上的勝利讓亨利重獲許多十五世紀時因為沒收充公及褫奪公權而轉讓的王室領地，此外還有許多其他大產業。曾是蘭開斯特家族繼承人的他，握有遺產中有價值的核心地帶。藉由佔領，格羅徹斯特公爵理查[1]在北邊鄉村（the North Country）的產業也屬於他的；後來，威廉・史坦利爵士因不滿在博斯沃思戰役後所獲得的獎賞而背叛，之後被處以極刑，他在密德蘭的廣大資產因此交到王室手中。從此確保亨利七世有穩定的收入。

但是這樣子還不夠。必須要控制英格蘭持有的土地的所有權。敵對的君主快速地繼位，讓地主間產生了不安定感，也造成地主間法律問題的混亂。戰役帶來的處決與死亡，粉碎封建家族的勢力。存活者與許多擁有較少土地的仕紳階級，會因為仇敵、過去的效忠立場，或過去的背叛行為，惹上一連串的法庭訴訟，經常讓他們有失去產業的危險。很難找到家人在內戰時不曾支持過戰敗的那一方的人。所有的問題對亨利七世而言，都是極其危險。因為，如果地

主對於其財產的合法擁有權感到不確定與不安穩，若是有另一位篡
位者出現，他們便會向他靠攏。因此便通過法令，明言說道：凡對
現今的國王——也就是說，在王位上的國王——效忠的人，將確保
其生命與財產的安全。區別「實際的國王」與「合法的國王」的差
別的觀念，是這位新統治者的特點。確立自己的地位後，亨利七世
並沒有害怕要在實際的基礎上建立自己的權力。

＊　　　＊　　　＊　　　＊　　　＊

然後就是邊界的事。中古英格蘭的整個歷史中，南北之間有很
深的分歧。南方社會較為開發，居於富饒的鄉野，有發展良好的城
鎮，與法蘭德斯（Flanders）及義大利之間很興盛的羊毛貿易。玫
瑰戰爭曾經嚴重威脅這種有組織的生活；而亨利就是在南部得到他
重要的支持。套用一位編年史家的話：「他無法忍受看到貿易衰
退。」他為與尼德蘭貿易的英格蘭商人爭取到有利的條件。因國家
平和，使商業有所發展。他擺平農村的失序，讓商人階級的代表與
他在議會中合作。亨利對待這個階級態度極盡小心，乃是從社會大
眾的共同利益、以及對穩定政府之需求兩點來考量。如果這是專制
政治，它也是人們心甘情願的專制政治。

北方的情況則迥然不同。許多像帕西家族那樣大的封建家族控
制主宰著一切。土地多山而且荒涼，民眾無法無天又性喜鬧事。資
訊傳遞緩慢，國王的威權時常無人理會，有時甚至遭到蔑視。與蘇
格蘭人的「邊境」戰爭、沼澤地強盜領袖、偷襲牛群、焚燒村莊等
傳說或慣例還存在著。格羅徹斯特公爵理查在這些地方都很得人
心。他的精神與環境十分相合。他以粗獷豪爽的方式管理，治績良
好，甚至在博斯沃思一役之後，約克城仍忠心地保留他的名聲。亨
利不僅要在這些區域保持秩序與威權，還要建立防禦蘇格蘭人的安
全邊界。身為格羅徹斯特產業新的擁有者，他已經在北方取得一個
戰略基地。在十五世紀的時候，不可能從倫敦管治整個英格蘭。行
政管理的機制太原始，需要授權管理人。因此便成立市議會
（council）來治理北部與威爾斯邊境。被亨利信任的臣屬被授予相

當大的行政管理權；而他施恩過的新官員與接受過法律訓練的新官員，開始在治理工作中扮演決定性的角色。他們在王室與法庭中永遠都很活躍。現在，他們的地位首度居於封建舊貴族之上。這樣的人包括了：亨利‧懷特（Henry Wyatt）——國王信任的一位北方的代理人，關鍵要塞柏立克的指揮官；還有在南方的埃得蒙‧達得利（Edmund Dudley）；以及西德尼家族（Sidenys）、赫伯特家族（Herberts）、塞西爾家族（Cecils）與羅素家族（Russells）的後裔。

內部失序的威脅與來自海外的外患同時而來。亨利得不間斷地注意那些得到外國援助支持的覬覦王位者的侵略。他的地位得依靠他自己的政治手腕與判斷能力，而不是世襲地位的認可。勃艮地宮廷（the Court of Burgundy）是個反叛他的陰謀中心，而勃艮地公爵夫人是理查三世的妹妹，她曾兩度積極投入兩位覬覦王位者的行動，反抗都鐸政權。第一位是蘭伯特‧西姆納爾（Lambert Simnel）；但他下場不太好，後來只不過是在御廚做粗重工作的男僕。第二位比較可怕的是土爾內（Tournai）一位船夫兼稅吏之子泊金‧沃貝克（Perkin Warbeck），有人說他是於倫敦塔被謀害的兩位王子中的弟弟。他的支持者計有：愛爾蘭不滿約克派的貴族、勃艮地的金錢、奧地利與法蘭德斯（Flemish）的軍隊以及蘇格蘭的同情，讓他消遙法外達七年之久，公開地圖謀不軌。泊金‧沃貝克曾三度企圖奪取英格蘭王位。但是自博斯沃思之役起，支持國王的階級都堅定不移。沃貝克侵略肯特，在王師到達之前，便已被鄉民（yokel）擊退；他由蘇格蘭發動攻擊並越過「邊界」後，僅僅侵入四英里。而他於一四九七年參加的康瓦耳郡的叛亂（Cornish rising），最後也冰消瓦解。他逃往聖堂，而在那裡被押往倫敦予以監禁。兩年後他在兩次企圖逃亡之後，俯首認罪，結果在泰伯恩（Tyburn）被處死。這件事在恥辱與奚落聲中落幕，但是他當時所造成的危險卻是千真萬確。

亨利七世有千萬個理由覺得自己的王位有點動搖。玫瑰戰爭已

經削弱了英格蘭在威爾斯的威權，但是戰爭的影響在愛爾蘭最爲顯著。王朝的鬥爭已經在愛爾蘭激烈地進行；盎格魯-愛爾蘭家族中都有蘭開斯特派與約克派的人，在都柏林四周的「英格蘭管轄區」（The English Pale）以及在利麥立克與哥爾威（Galway）等英格蘭遙遠的前哨，也都有蘭開斯特派與約克派的城市。但是所有這種動亂都僅是家族宿仇的延續。巴特勒家族因其世襲首領奧蒙德伯爵（the Earl of Ormonde）之故，是蘭開斯特派，因爲它一直比敵對的費茲傑羅家族更忠於英格蘭的國王。由倫斯特的基爾代爾（Gerald Fitzgerald Kildare）伯爵與蒙斯特（Munster）的德斯蒙得伯爵（Earl of Desmond）領導的費茲傑羅家族，都與原住民首領有密切血緣與婚姻關係，是約克派，因爲他們希望藉此擴充自己的勢力。

在蒙斯特，德斯蒙得的費茲傑羅家族已經是「比愛爾蘭人還更像愛爾蘭人」了。在英格蘭管轄區，基爾代爾被稱作「Garret More」或「大伯爵」（Great Earl），可能有盡他的封建職責，領導英格蘭人，但是在位於善河（the Shannon）的遙遠地區，實行的卻是另一種統治。來自英格蘭的「代表大人」（Lords Deputy）發現，面對著基爾代爾的當地優勢力量以及遍及全島的結盟關係，要維護他們合法的權力是無益的。甚至還有個機會，這自從愛德華・布魯士（Edward Bruce）敗亡之後就不爲人知的事情，即基爾代爾的家族可能爲整個愛爾蘭建立一個王朝。但是，即使基爾代爾仍對英格蘭忠心耿耿，他會不會忠於約克派的國王或蘭開斯特派的國王呢？他的親信德斯蒙得支持蘭伯特・西姆納爾；許多跡象令人懷疑，他本人支持泊金・沃貝克。愛德華・波因寧斯爵士（Sir Edward Poynings）於一四九四年被任命爲愛爾蘭的「代表大人」並設法限制他的權力。他勸導在德羅赫達（Drogheda）的愛爾蘭議會（the Irish Parliament）通過著名的「波因寧斯法」（Poynings Law），將愛爾蘭議會附屬在英格蘭議會之下，這個法案一直令人不滿，歷經三百年直到二十世紀才行廢除。

　　基爾代爾被褫奪了公權並送往倫敦；但是亨利七世太聰明，以致於不能輕易的用封建審判來裁決這位有勢力的罪犯，因為他好戰的家族都在都柏林的外圍，他的堂弟、表弟、姻親、顧客等布滿全島。對「大伯爵」的指控，除了對帕金・沃貝克可疑的示好這一項之外，都夠嚴重了。難道不是他燒掉了卡瑟爾（Cashel）的大教堂嗎？他承認確有此事，但是他卻用向國王上述的方式，為自己開罪。「我是燒了教堂，但是，我想大主教在裡面。」亨利七世用一句格言表示他不得不接受，這句格言很有名，雖然可能不是真的：「既然整個愛爾蘭無法管理基爾德，就讓基爾代爾伯爵管理愛爾蘭。」基爾代爾得到特赦、獲釋，並且娶了國王的表妹伊莉莎白・聖・瓊（Elizabeth St. John），被送回愛爾蘭，繼波因寧斯後擔任「代表大人」一職。

　　在愛爾蘭，有能力召集與指揮軍人的人，才能握有權力。在這一點上，英格蘭國王極具說服力與個人影響力。任何能夠召集與控制武力的大貴族，英格蘭國王都可以授與他「代表大人」一職的王室標識及身分。在另一方面，藉著提高巴特勒家族與伯克家族（Burkes）的地位，國王甚至能讓一個基爾代爾去控制大宗族的首領們。有一陣子，只能藉由維持這種不牢靠、易變的制衡關係來建立起中央政府。不曾有任何一個英格蘭國王找到如何使他的「愛爾蘭領主」（Lord of Ireland）稱號，比他的「法蘭西國王」的稱號更加真實的方法。

　　但是有一個強大的盟友可供臂助——大砲。當年大砲曾經幫助法蘭西驅走英格蘭人，現在幫助英格蘭人入侵愛爾蘭。坎農砲（Cannon）用立即就能瞭解的語言，對愛爾蘭的城堡喊話。這些大砲來自英格蘭。愛爾蘭人會使用它，但是不會製造它。它一度成為英格蘭人控制愛爾蘭事務的關鍵武器，而亨利七世或愛德華・波因寧斯爵士卻未料到這一點。有許多世代，費茲傑羅家族的首領從半蓋爾（half-Gaelic）的宮廷恐嚇「管轄區」，並且在愛爾蘭人的眼中，保持更真確的王室威儀，遠勝於都柏林城堡中處境窘迫的英格

蘭「代表大人」。現在，文化的進展是火藥的時代了。

　　　*　　　　　*　　　　　*　　　　　*　　　　　*

　　亨利七世處理蘇格蘭事務的方式，是他典型的精明判斷力。他的第一步棋，是藉由將武器軍備經由柏立克運往與王室對立的貴族處，而且與反對派系不斷地密謀，來動搖蘇格蘭國王詹姆斯四世（James IV）的地位。像過去常有的情形，邊境的劫掠擾亂兩個王國的和平關係；當詹姆斯對覦覬王位者帕金‧沃貝克施以援手時，情況變得更惡劣。但是，亨利七世最終的目的是有益的。他與詹姆斯簽訂了停戰協定。雖然很明顯地他並不是一位有想像力的人，但是他有他的夢想。他甚至可能在期待蘇格蘭與英格蘭之間接連不斷的戰鬥會有結束的時間，也期待時常威脅中古時代英格蘭的法蘭西與蘇格蘭聯盟，會永遠結束。無論如何，亨利七世統一英格蘭與蘇格蘭的第一步驟，是在一五○二年，將他的女兒瑪格麗特（Margaret Tudor）嫁給了詹姆斯四世；而直到他死後，北方都很平靜。

　　對於法蘭西，他的許多政策也極為成功。他任知道，透過戰爭的威脅比透過戰爭，更能有所斬獲。他召開議會，同意為對抗法蘭西而徵稅；並且進行聚集一小隊軍隊，於一四九二年渡海到加萊，包圍了布倫。同時他與法蘭西國王談判，而後者無法同時面對西班牙、神聖羅馬皇帝、以及英格蘭，而因此被迫收買亨利。亨利七世在兩方面都有所獲：像愛德華四世一樣，他不但如期地從法蘭西那裡得到龐大的財政援助，而且從英格蘭這裡得到為作戰所徵的稅收。

　　在歐洲最有勢力的新王國是西班牙；它最近因為斐迪南與卡斯提爾的伊莎貝拉共同努力，以及他們成功地打贏摩爾人，而鑄成一個強國。他們的婚姻代表國家的統一。自一四八九年亨利七世的長子亞瑟（Arthur）許配給他們的嬰兒凱瑟琳（the Infanta Catherine）以來，英格蘭與西班牙穩定地合作，保衛得自法蘭西的戰利品——西班牙獲得法蘭西的領土，亨利七世則得到每年的貢金，其數目在

最初幾年，都是王室正規歲入的五分之一左右。

　　亨利七世是位政治家，被灌輸了文藝復興時期歐洲新奇的、無情的政治觀念。他年輕時期，在外國的宮廷做流亡者，還有人懸賞要他的腦袋，讓他學到許多。他注意到路易十一世與勃艮地的查理作戰時的婚姻談判、條約簽訂，雇用職業重騎兵等，還有法蘭西國王與地方貴族之間，以及教會與國家之間的貿易的規範與關係。他一邊衡量與檢討當日的問題，他比威爾斯人的精明更敏銳，同時還具有實務的精鍊、正確分析能力，當時在拉丁民族中，達到很高的發展。

　　他以本土的制度作基礎進行塑造，努力想要在英格蘭建立強有力的君主政治。像他同期的人佛羅倫斯的洛倫佐‧德‧麥迪奇（Lorenzo déMedici）一樣，藉由繼承，亨利七世幾乎常是稍稍修改造舊形式，而不是作因陋就簡的改變。未作任何基本的憲政改變，行政管理再度在堅固的基礎上建立了起來。加強了國王的樞密院（King's Council）；它被授予議會級的權力，可以不論是否有經過宣誓，他可以調查任何的人，僅僅根據書面證詞，即定他們的罪，這種方式在國外法是「成文法」（Common Law）的慣例。「專斷暴虐的法庭」（The Court of Star Chamber）固定在西敏寺（Westminster）開會，有兩位大法官（Chief Justice）出席。這的法庭原本是國王樞密院的一個司法委員會，審理的案子都是其中可能有個當事人是黨員、貴族或是犯下滔天大罪。後來有抱怨說，那些對抗富室豪強、豢養家奴作為私人軍隊，以及賄賂陪審員的貪污等的訴訟案件的審理，能力太差也受到壓制，所有這些案件都成了「專斷暴虐的法庭」大法官的審理範圍。

　　但是國王樞密院的主要功能，是從事治國而並非裁判。成員的選拔由君王作決定。甚至於被選上了，他們也並無伴隨而來的權力；他們可能馬上被國王撤換；但是，他們可以停止英格蘭任何法庭的任何行動，而將審查的案件轉交給他們自己，也可以逮捕任何人，拷問任何人。樞密院內部有個小委員，專責外交事務。另一個

委員會專司財政，在中古時代英格蘭財政部（Exchequer）累贅的陋習中，開闢出一條新路來；現在也指定了司庫管理人（Treasurer），他只對國王負責。國王本人位於中心，這是個人親自理政的具體表現；他時常授權或是或審查支出，甚至是最細微末節處，都有國王龍飛鳳舞縮寫字的簽名，至今在倫敦的史料室（Record Office）仍可以見到。亨利七世大概是坐在英格蘭王位上最好的生意人。

他也是個極其精明、會挖掘英才的人。他的大臣裡，只有幾個是來自世襲的貴族，有許多都是教會中人，幾乎所有的人都出身寒微。理查‧福克斯（Richard Fox）──溫徹斯特（Winchester）的主教，身為宰相（Chief Minister），在英格蘭，他是國王一人之下最有權勢的人；在他於巴黎遇到亨利之前，他在赫爾福德（Hereford）做過小學校長，而兩人在流亡中成了患難之交。埃德蒙‧達德利是倫敦市的「代理執行官」（under-sheriff）。他受到國王的注意，是與規範法蘭德斯的羊毛貿易有關。首先發明外交密碼，被任命為西斑牙大使的約翰‧斯蒂爾（John Stile），開始建立事業時，是個雜貨商或布商。理查‧恩普森（Richard Empson）則是製做篩子的工人的兒子。亨利七世起初力量還不夠強大，無法負起犯錯的擔子。每天，亨利所有的閒暇時間，都在紀錄政治事務，「特別是碰到人事問題」，該用誰、該如何獎賞人、讓他下獄、判為非法、流放或處死等。

像其他同年紀的王子相同，亨利一來除了對行政管理感到興趣外，他主要的興趣是外交政策。他維持第一個英格蘭在海外的永久的特使。他認為，外交不失為他的前人暴行的良好替代物；而及時的、正確的、經常性的消息對於外交的進行而言至為重要。英格蘭甚至成立了間諜系統；亨利外交情報的卓越，他的一名外交菁英是如此，在給其主子魯多維克公爵（Duke Ludovic）的一封米蘭特使的急件中描述：「關於歐洲事務，國王正確的消息，有來自他自己的代表，來自領他酬勞的其他國家人民、以及來自商人；如果殿

下想要送消息給他，內容一定得特別詳細，或者比其他人早傳給他。」他又說：「義大利內政的變遷，使他有調整；並沒有太多維內提人有關比薩（Pisa）的爭執，而是，國王每天都收到相關信件，讓他瞭解，教皇與法蘭西國王已經訂立了盟約。」

而且，像其他王子一樣，亨利建建又改改。他位於威斯敏斯特的小教堂與位於里奇蒙的宮殿，都是他建築品味的宏偉紀念碑。雖然他私人自奉儉約，卻維持著刻意的壯麗排場；他身著華服、佩帶稀世珠玉、耀眼的衣領；在公眾面前活動時，都有華蓋遮蔽、貴族在一旁侍候；其宮廷中，每天大約有七百人員在倫敦塔晚餐，消費全由他負擔，並且有弄臣、吟唱詩人、管獵犬者、以及他一些著名的豹子在一旁作樂助興。

亨利七世是位有意識的改革者；他不理會古制到何種程度，史家對此有所爭執。甚至在玫瑰戰爭的末期，約克派的君主爲一個新型、強大、中央集權國家打造基礎。在亨利七世治下，所有挫敗的希望都一一實現。他將中古時代的制度，轉變成現代統治機關的技術與智慧，未曾受到人們的這質疑。

他的成就宏大、持久。他意在前人的殘垣灰燼中，建立起他的權力。他節儉地、小心地集聚起那個時候被視爲是不固定的金錢。他訓練了一隊有效率的臣僕。他使王室壯大，但卻又未放棄與平民院合作。他視繁榮與君主制度爲一體。在文藝復興時代的歐洲國王中，他的成就與名聲都沒有被法蘭西的路易十一，或西班牙的斐迪南蓋過。

時常被人忘記的是，所有現存亨利七世的畫像都是根據死人的面模繪製的，毫無疑問五官都很確實，但是卻使他看起來很嚴峻，而並不符合任何當時關於他的描述。然而，這些畫像似乎與一般所知他的性格與事業頗爲一致。不過，國家肖像館（the National Portrait Gallery）的肖像是他駕崩四年前畫的；在這幅畫中，可以看到他靈活敏銳、嚴厲的灰眼，自弧形的背景，從裡向外眺望。纖柔、保養良好的雙手輕輕地放在畫的底部。他雙唇緊閉，嘴角露出淡淡的笑容。他在畫中有股幻滅、疲勞、不休不止警覺的神色、

更加顯著的悲愁樣子與責任感。那就是都鐸君主王朝的建築師，而
這個王朝將要帶領英格蘭擺脫中古時代的失序狀態，進入國勢更
強、更廣的時代。

【1】　譯注：第一卷中仍為伯爵。

第三章 亨利八世國王

　　年輕的亨利八世國王成長的年代，由幾個世紀後的角度看去，是一個舊秩序正在垂垂待斃的年代。但是對於那些生活其中的人而言，似乎並不是如此。在統治者的眼中，最為清楚的改變，是現代歐洲國家制度的創立。這種又新鮮、又危險、又難解的情形，是從來不曾有過的現象。英吉利海峽對面新的法蘭西，因百年戰爭而實力大增。路易十一與他的兒子查理八世不再是一群鬆散結合在一起的封建領袖。他們統一了人口眾多的法蘭西，一個由英吉利海峽到地中海的大國。法蘭西諸侯中最難對付的一個諸侯——英格蘭國王，其先人都是大領主，聲稱他們能與法蘭西王室平起平坐，現在終於被驅逐出這塊土地。現在此時只有加萊還留在「征服者」威廉與金雀花王朝亨利的繼承者手中。

　　同時，法蘭西王室的一個支系——勃艮地家族，約一個世紀之久，一直質疑對法蘭西國王的威信；一四七七年，隨著「大膽」查理（Charles the Bold）[1] 的去世，這個家族結束了。勃艮地剩下的所有繼承權，經由勃艮地的瑪麗與神聖羅馬皇帝馬克西米安的婚姻，傳遞下去。因此，哈布斯堡家族（the Habsburgs）控制了過去住勃艮地的公爵的公國、郡縣、貴族領地與城市等，靠著權術與財富，得到尼德蘭與比利。現在哈布斯堡與瓦盧瓦在法蘭西的東北邊境對峙，長期對抗就此揭開。但是，儘管時間顯示法蘭西的王室威權並不穩定，瓦盧瓦王朝所統治的邦聯，卻無法還被認為是法蘭西一部分。而法蘭西與與英格蘭長期的戰爭，已經結束，讓他實力倍增；國王現在可以向非貴族階級徵稅，無需訴諸任何階級的裁決；他現在也擁有支常備軍。利用其歲收，他可以雇用瑞士步兵、製造大砲與維持砲廠，還可以負擔法蘭西鬥志昂揚的騎兵的開銷。

　　一個中古時代的國家——神聖羅馬帝國——似乎蔑視這種侵略行為與中央集權的過程。明顯地，神聖羅馬帝國正在分崩瓦解。但是，在過去的兩的世代，皇帝都是哈布斯堡家族之首，而武力解決

不了的事，可憑外交與運氣予以解決。身爲皇帝，馬克西米安永遠
是說明「得到」（reach）與「掌握」（grasp）這者之別的最佳例證；
但是，他卻娶了歐洲最有財勢的女繼承人。因此，奧地利的王室開
始力行「藉著婚姻獲得勝利」的格言。下一代遵守這個忠告，而成
果甚至更加輝煌；馬克西米安與瑪麗的繼承人菲力普大公（Archduke
Philip），甚至娶了一位比他母親更有財勢的女繼承人——喬安娜
公主（the Infanta Joanne），她是卡斯提亞、亞拉岡、西西里
與那不勒斯的繼承人。她的姊姊則嫁給了阿瑟王子與之後的亨利八
世，加速了都鐸王室的興起。

在這個強權日增的世界，英格蘭的國王必須在資源遠較鄰國少
的情形下，起而行動。英格蘭的臣民人數才比三百萬多一點。他的
歲收也就較鄰國少，既沒有常備軍，也沒有可聽命於王室的國家機
構。然而，又因爲地理上靠近法蘭西與尼德蘭帝國（the Imperial
Netherlands），英格蘭被迫參與歐洲政治事務。她的國王涉入戰爭
與談判、同盟國的更易、權力均衡的變動；而他對這些戰爭沒有任
何經驗只能產生次要的作用。

在這個變動的世界中，陸地上的戰役的勝負，常是操在由「常
勝將軍」（the Great Captain）岡薩沃・德・科多瓦（Gonsalvo de
Cordova）所率的西班牙無敵步兵之手；偶而是由瑞士步兵、加斯
東・德・福瓦（Gaston de Foix）的可怕的騎兵，或法蘭西國王
的一些將軍奪得勝利，長久以來對英格蘭國王很有用處的作戰方法
與致勝秘訣，這老舊的政治手腕卻毫無用處。因此約有一世紀之
久，如果歐洲大陸的政治有任何異動，會使英格蘭得獨自面對法蘭
西或西班牙，英格蘭的統治者必須小心翼翼，深受災難臨頭的威
脅、也意識到自己危險的弱點。

在他的兄長阿瑟王子去世之前，亨利都一直有意爲教會服務。
因此，他被在其父親所設置於的學習的環境中，教養長大。大多數
的時間，他都是在研讀一些深奧的學問，如，拉丁文、法文、
義大利文、神學、音樂；他也利用時間鍛練身體，他精通馬上長

槍比武的運動、打網球與獵鹿。他的作風直率，當時最聰明的一位女性——尼德蘭的攝政，奧地利的瑪格麗特（Margaret of Austria）——對他印象深刻，認為他是位言而有信的年輕人。由於他的父親謹慎地積蓄，他在登基時所擁有的錢財，比基督教國度的任何一個王儲還要多。所有大使對於他的報告，都是稱讚的。「亨利陛下是我見過最英俊的君主；他身高比常人高，小腿至大腿的曲線極為優美；他膚色美好且容光煥發，赤褐色的頭髮，是法蘭西式短且直的髮型，圓臉俊美宛若標緻婦女；他的脖子頗長且粗。他會說法語、英語、拉丁語及一點義語，擅長演奏魯特琴[2]與撥弦古鋼琴，看到樂譜便能歌唱，力氣大過任何一個英格蘭人，而且能拉強弓，馬上長槍比武的功夫非凡。」「他喜歡狩獵，總在他有意經過的鄉野路徑上，預先備好備用馬匹，在沒有累壞八到十匹馬之前，注意力是不會離開的。他極愛打網球，看到他玩這種遊戲，可真是世上一大妙事。他穿著織料最好的襯衫，美好的皮膚透過它燦然生光。」[3]

　　亨利成年後身材魁梧，一頭紅髮，保留著其祖先許多世紀以來在威爾斯邊界戰爭時的活力與精力。他魁偉的骨架在王位上，讓身邊的人都感覺到他身上隱藏著一種不顧一切的感覺、一種潛在的影響力與熱情。一位法蘭西大使自承，在亨利的宮廷中度過數個月之後，一旦他走近亨利國王，就會恐懼亨利的個人暴力。雖然，對於陌生人而言，亨利看起來很開放、快活、可靠，粗獷的豪情能立即使群眾產生好感，甚最親密熟知他的人，都很少能看穿他內心的祕密與拘謹，他更不會對任何人吐露心事。對時常看到他的那些人而言，他幾乎像是兩個人，一個是喜好狩獵、飲宴與排場的愉快君王、兒童的朋友、每種運動的贊助者；另一個是朝覲殿（audience chamber）上或樞密院中冷靜、敏銳的觀察者，警覺地觀察、衡量各論點的輕重，除了在重大事件的壓力下，他拒絕吐露自己的想法。在他狩獵遠行時，若有信使帶著文件到達，他便飛快地離開逐獵的同伴，召喚「隨侍的諮議大臣」（counselors attendant），討論

他所謂的「倫敦事務」（London business）。

　　他充沛的精力與殘暴的行為，也混合著耐心與勤勉。亨利深信宗教，經常聆聽長達一兩個小時以上的講道，他所寫的神學方面的論文，每篇都具有很高的水準。他習慣在禮拜日望彌撒五次，平常每日三次，並且在彌撒中親自擔任教士，從未在每個星期日領過聖餐餅與聖水，並常常在耶穌受難日（Good Friday）懺悔。他對於神學的是非爭議的熱心，讓他自教皇那裡得到了「信仰的捍衛者」（Defender of the Faith）的封號。他是個勤勉不懈的工作者，每天要消化成堆的急件、備忘錄與計畫，而不需要他的秘書幫忙。他寫詩作曲。對於大眾事務守口如瓶，他從最卑賤出身的人當中挑選他的顧問：湯瑪斯・沃爾西（Thomas Wolsey）是伊普威治（Ipswich）一位貧窮、流里流氣屠夫之子；這位屠夫因為賣不適合人類食用的肉類，而名列現市鎮檔案；湯瑪斯・克倫威爾（Thomas Cromwell）是位小律師；湯瑪斯・克蘭默（Thomas Cranmer），是位名不見經傳講授神學的人。像他父親一樣，亨利不信任世襲的貴族，寧可相信交遊不廣的人之謹慎意見。

　　即位之初他就宣布：「我會讓任何人有管理我的權力。」隨著時間的流逝，他更加任性且脾氣變得更壞。他的怒氣之可怕令人不敢逼視。有一次他說，國家中沒有什麼貴族，「但是」如果他的意願遭到違逆，「他會使他們人頭落地」。他在位三十八年當中的確有許多人頭落地。

　　這位橫暴的人是他顧問的夢魘。一旦他的心中有了確定的計畫，他就很少會將它撤開；抗拒只會使他變得更執拗；而且，一旦開始進行，他總是企圖做的更多，除非是受到限制。雖然他對於他自己能容忍顧問的直言不諱感到自傲，但是，在他下定決心後仍繼續反對他則誠屬不智。如同湯瑪斯・摩爾爵士對沃爾西所言：「陛下認為，一度進諫而仍舊不屈不撓維持其諫議的人，實在危險。」沃爾西與克倫威爾兩人在亨利去世後才透露，駕馭亨利的唯一秘訣，是不能讓他接觸危險的觀念。但是，這類的安排不可能完全避

免的。他的習慣是同所有階級的人交談——理髮師、獵人、「提供國王的口腹烹煮的御廚」，尤其是不論身分如何低微，卻與海有關連的任何人交談，以探聽意見；他還會馳騁狩獵，有時長達數星期之久。他自己出現在各處。每個夏天他會到全國出巡，與他十分瞭解的大批臣民保持聯繫。

在他的父王於一五〇九年去世六個星期之後，他做的第一件事，便是娶他兄長阿瑟的遺孀，亞拉岡的凱瑟琳公主（Princess Catherine of Aragon）。他才十八歲，而她則比他大五歲零五個月。她盡力吸引亨利而且也心願得遂。因為，事前斐迪南與亨利七世就為這個聯姻定下計畫，並且取得教皇對教會禁止近親結婚所做的許諾。因此亨利八世毫無疑問地急著完婚。亨利在位的前二十二年，凱瑟琳都是和他站在同一陣線。同時，讓英格蘭變成歐洲事務中的一股勢力，危險得讓外國統治者不容小覷。直到她三十八歲，除了有過三、四次短暫的失寵外，她都一直是他愛慕的女人，控制他的愚行，而且在她數次生產的中間空檔，她以精細的方式幫忙處理政務。亨利很快便習慣他的婚姻生活，儘管這中間有一連串壞運，而壞運可能會使較不夠堅強的人物失去勇氣。在亨利剛滿十九歲時，王后生下第一位嬰兒是個死胎；另一位嬰兒在一年後出生，不久也宣告夭折。這樣的失望總共有五次。

*　　　*　　　*　　　*　　　*

亨利國王繼續與他的岳父——亞拉岡的斐迪南——長期結盟，也帶給了英格蘭榮耀與財富。他支持教皇，教皇也送給他金玫瑰（the Golden Rose），這是授予基督教諸侯的最高榮譽。他與他父親重臣——大法官兼坎特伯里大主教威廉・沃勒姆（William Warham）、溫徹斯特主教理查・福克斯（Richard Fox）、及德拉姆主教兼王室秘書湯瑪斯・魯索爾（Thomas Ruthal）等商議國家大事，並且在他們的指導下，有一陣他繼續執行他父親偏好的政策——孤立政策，如果法蘭西繼續進貢。但是，亨利處在歐洲新政治的漩渦邊緣。他應當投身其中嗎？在過去幾年中，歐洲最富有

的城市稱號已經數度易手，每個城市都有所貢獻。邊界幾乎逐月都在變動。凱瑟琳的父親——亞拉岡的斐迪南——已經征服了那不勒斯王國（the Kingdom of Naples）、以及法蘭西邊境的兩個行省——塞當（Cerdagne）與魯西永（Roussillon）。其他的諸侯幾乎也是如此。迷人的征服遠景展開在亨利八世眼前，但他父王所使用的年邁諮議大臣們，卻依然固執地追求和平。亨利七世僅有一次派遣英格蘭的部隊到海外作戰，他寧可雇用傭兵，這些傭兵卻與外國軍隊並肩作戰。亨利八世現在決定這個政策必須改變。

他有段時間一直注意多塞特侯爵（the Marquis of Dorset）發現的人才——迪恩・沃爾西（Dean Wolsey）；沃爾西在牛津的馬格達倫學院（Magdalen College School）擔任教師的時候，侯爵的幾個兒子在該校就讀。多塞特非常喜歡沃爾西，因此邀請他到家中過耶誕並且數次給予他俸祿。後來這位年輕的教士得到任加萊城主的隨軍牧師（Chaplain）的職位。除了學學識淵博外，沃爾西還擁有不凡的談判與理財的才能，他曾經做過馬格達倫學院的財務主管。亨利七世察覺到他的才能，將他由加萊城主那裡調過來，聘他管理次要的海外官方事務。一五〇九年十一月，亨利八世擢升他到樞密院委員會（Council Board），成為王室官員；當時他才三十六歲。

兩年後，英格蘭在決議參加神聖同盟（the Holy League）對抗法蘭西的過程中沃爾西的影響力日增，因為，在同一星期沃爾西首次以樞密院執行委員的身分，在一批文件上簽署。他指派他以前的學生——年輕的多塞特侯爵——擔任總指揮，執掌備戰工作。法蘭西全神貫注在義大利的冒險上，亨利八世計畫重新奪回六十年前喪失的波爾多，同時，斐迪南國王入侵橫跨在庇里牛斯山脈（the Pyrenees）的獨立王國納瓦爾（Navarre），教皇與威尼斯共和國共同抵抗在侵入義大利的法軍。這一年是一五一二年，是自百年戰爭以來英軍首次出征歐洲。

英軍長征加斯孔尼（Gascony）嘗到敗績。斐迪南拿下了整個

納瓦爾；根據英格蘭駐西班牙資深大使威廉‧奈特博士（Dr. William Knight）的說法，斐迪南表現出極大熱誠，將他的坎農砲運過庇里牛斯山脈，並且邀英格蘭人與他一起作戰對抗法蘭西。但是英格蘭人發現他們在玫瑰戰爭中學到的作戰方式，長弓與穿戴沈重鐵甲的騎兵，在歐洲大陸都已經老舊不堪使用。斐迪南與法蘭西人都雇用瑞士與奧地利的職業步兵，這些士兵都持十八英尺長矛（pike），長矛向各個方向像針刺般伸出的，他們排成紮紮實實的方陣，大步向前挺進。當時稱之為火繩槍（arguebuse）的原始火器太笨重，引發又慢，以致於無法對這些迅速移動的方陣造成嚴重的損傷。斐迪南給予亨利八世許多軍事上的意見，建議亨利八世應該利用他聚集的財富，建立一支勢不可擋、屬於他自己的職業部隊。但是，在亨利八世能採用這個計畫之前，多塞特部隊因為不習慣加斯孔（Gascon）的葡萄酒與法蘭西戰術，又感染痢疾，導致軍隊瓦解。部隊都拒絕服從他們長官的命令而登上船返國。多塞特隨他們一起放棄這一場沒有成果的征戰。經過一五一二年至一五一三年整個冬季的談判之後，斐迪南與威尼斯人放棄了亨利八世與教皇，而與法蘭西締結和約。他們下了結論，雖然神聖同盟的名聲響亮，最後卻證明是個無用的政治團體。

在英格蘭，所有失敗的責任都落在新顧問沃爾西的肩上。事實上，他在必要的、堅苦的戰爭行政管理工作中，初次展現出他的才幹與無窮的精力。不過，樞密院的俗世成員，一開始便反對由一位教士主導的戰爭政策，因此意圖謀將他驅走。但是亨利八世與教皇卻從未動搖。教皇朱利斯二世（Pope Julius II）曾在羅馬受到法蘭西軍隊的包圍，遂將全部法軍逐出教會；他開始留起當時已不流行的山羊鬍，誓言除非他能向法蘭西國王報復，否則不剃鬍子。亨利八世也不落人後地蓄了鬍子，像他的頭髮一樣是赤褐色。他安排雇用馬克西米安皇帝的砲兵與大部分奧地利部隊，安排他們為英格蘭王室效力。歷史告知我們，這位皇帝應要求去擴展他的軍隊。但是他拒絕了，他說他會在這戰役中，為亨利國王與聖喬治（St.

George）效力。

　　這些安排雖然所費不貲，但成果輝煌。在亨利的指揮之下，英軍與奧地利的傭兵於一五一三年八月在「馬刺之役」（the Battle of Spurs）擊潰了法軍，會如此稱呼這一役，是因為法軍撤退地十分快速。歐洲最有名的騎士貝雅爾（Pierre Terrail Bayard）[4]連同許多法蘭西貴族一道被俘。整個法蘭西東北最富足的城市土爾內（Tournai），一看到帝國大砲便行投降，而被英格蘭衛戍部隊佔領。而更重要的是，曾留在後方擔任英格蘭攝政的凱瑟琳王后，送來了北部的大消息。

　　為了幫助法蘭西盟友，蘇格蘭人於亨利八世離開國家之際，於九月以五千之眾渡過了特韋德河（Tweed）入侵英格蘭。在博斯沃斯之役被殺的理查三世手下諾福克公爵之子——薩里伯爵湯瑪斯·霍華德——仍受到家族褫奪公權的限制，卻仍被寄以指揮的重任。這位技藝精湛的老將是在多塞特失敗後，英格蘭碩果僅存、富有經驗的將軍，他熟知每一英寸土地，毫不遲疑地行軍繞過蘇格蘭部隊；儘管人數比是以二對一，他自己仍堅守在敵軍與愛丁堡（Edinburgh）之間。一五一三年九月九日，在福洛登戰場（Flodden Field）打了一場血仗，兩軍都面對他們的祖國。整個蘇格蘭，不論是高地（Highland）或低地（Lowland）的貴族和他們的家臣擺出了傳統的圓環陣（schiltron）或長矛兵組成的圓環陣，環繞在他們的王旗四周。英格蘭的弓箭手再度隔著長距離，對這些厲害的大隊人馬發射密集的致命箭雨。猶尤甚者，在徒手攻擊中英格蘭步兵手中的鉤鐮槍或戰斧發揮高度效果。同時，英格蘭騎兵等待因屠殺而造成衝入縫隙的機會。夜幕低垂時，蘇格蘭騎兵的精英都已橫臥沙場，陣亡在他們曾經戰鬥的行列之中，其中還包括他們的國王詹姆斯四世。這是長弓在贏得的最後一場勝利。薩里伯爵受到封賞，恢復了諾福克公爵的地位。在蘇格蘭，一位年方一歲的兒童繼位登基為詹姆斯五世。護國公是他的母親瑪格麗特——亨利的妹妹。亨利八世在位的大部分的時間，中北方邊界都能保持和平。

　　神聖羅馬帝國皇帝的女兒——奧地利的瑪格麗特（Margaret）
——在布魯塞爾舉行適當的慶祝。亨利八世現年二十二歲，獲准整
夜「穿著他的襯衣」與帝國宮廷中與頂尖的美女共舞。米蘭的大使
報告說：「他的表現得極為精采，像公鹿一樣地跳跳蹦蹦。」樞密
院曾禁止賭博與英軍攜帶婦女。這位大使補充道：「是奧地利人提
供一切的。」他的獎賞頗為奢華，他從未一坐到睹桌上就輸掉王室
風範；而達官貴人都對他所賜的厚禮都感到十分滿意。

【1】　譯注：Charles the Bold，即勃艮地公爵。
【2】　譯注：Lute，較常出現在十四至十七世，形似吉他的撥弦樂器。
【3】　A. F. Pollard, Henry VIII（1919),PP. 39-40.
【4】　編按：法蘭西軍人，屢建戰功被封為騎士，人稱「無畏無瑕騎士」。

第四章 樞機主教沃爾西

　　一五一三年秋季，法蘭西四面受敵。透過皇帝沃爾西雇了一支瑞士部隊，借道貝桑松（Besançon）入侵勃艮地；貝桑松是法蘭西康提（Franche-Comté）的要塞首府，是傳到哈布斯堡手中的部分勃艮地屬地。第戎（Dijon）陷入敵手。法蘭西本身沒有可以抵抗瑞士部隊的軍隊，於是加倍徵收平民稅（taille），用來重新雇請海外傭兵。亨利八世一心一意想在一五一四年重新在法蘭西展開他的軍事攻勢，但是他的獲勝並不爲西班牙的斐迪南所喜。斐迪南正著手與法蘭西另外締結和約，並且設法將馬克西米理安皇帝拖進來。

　　面對盟友們的背棄，亨利八世很快便發動反擊。他首先留心國土防禦並且採取措施強化海軍軍力。然後，他設法保留與法蘭西的和約，因此每年從法蘭西得到的貢金比他父親所得到的多一倍。在媾和期間最大的盛事，是亨利的妹妹瑪麗與路易十二（Louis XII）的聯姻。瑪麗才十七歲，而路易十二卻已經五十二歲了。據說是她設法取得她兄長的承諾，如果她這次是爲了外交而結婚，那麼她下一次就可以自由地要爲愛情而結婚。不論有無承諾，她所做的便是如此。她做了三個月的法蘭西王后，然後成爲太后（Queen Dowager）；不過亨利的不悅來自她在守寡不久便嫁給了薩福克公爵（Duke or Suffolk）查爾斯·布蘭登（Charles Brandon）。但是，在此案中王室的憤怒終於平息，亨利八世參加他們的結婚慶典。這項婚姻最後終於產生了悲劇的後果，是他們的孫女簡·格雷郡主（Lady Jane Grey）只做了十天英格蘭王后。

　　　*　　　　*　　　　*　　　　*　　　　*

　　隨著新娘侍從一行渡海到法蘭西的人當中，有位名爲瑪麗·寶琳（Mary Boleyn）的年輕女郎。她是諾福克公爵的三位侄女之一；這三姊妹相繼地陷入與亨利八世危險且可能喪命的愛情中。瑪麗與她的妹妹安（Anne）都曾經在法蘭西一家與宮廷有關連的昂

貴學院受過教育。返回英格蘭時，瑪麗嫁給了內宮的一位侍從——威廉・凱里（Willian Carey），不久就成了國王的情婦。她的父親[1]因此得到恩寵並封為羅克福勛爵（Lord Rochford）；她的妹妹安則繼續在法蘭西讀書。

沃爾西因為在外交上的勝利而獲得豐富的賞賜。在和談的過程進行之際，他得到了林肯主教之職。和約簽定之後，又得到了約克大主教之位。一年之後，即一五一五年九月，由於國王的推薦成了樞機主教。不過，這種一連串宗教方面的榮譽，並未給予沃爾西實際的行政權力。一五一五年，亨利八世封他為大法官（Lord Chancellor），取代沃勒姆。亨利八世並且逼沃勒姆交出玉璽。

沃爾西以國王之名，做這國家實際的統治者，長達十四年之久。他得到這個地位，不僅得歸功於他優秀的交易能力，而且得歸功於他重要的個人魅力。有位他同時代的人士寫道，他有「天使的機智」，能夠欺騙與奉承他想說服的人。他與國王在一起的時候都才華洋溢、陶然自得，是個「在新消遣裡，尋找歡樂的人」。所有這些特點，都可以將他推薦給他的年輕君主。其他原先想要成為亨利諮議大臣的人，卻看到這位樞機主教性格中不同的一面。他們痛恨在辯論中，被他輕蔑地駁倒；他們憎惡他的傲慢，並且嫉妒他財富日增與備受寵眷。在他影響力達到高峰之時，沃爾西享有的薪俸，相當於二十世紀初，一年五十萬英磅的收入。他養著千名奴僕，他的府第就壯麗而言，壓倒了國王的宮室。他的親戚獲得可觀的財富，其中包括他的私生子在還是個小男孩時，便得到有十一個教會的職務，也獲得這些職務的俸祿。數年下來，這些對他不利的事項漸漸地日積月累。但是目前而言，在宰相制度尚未運作前有很長的一段時間，他成功地掌握大權，大概整個英格蘭都無人可無法與相比。

亨利國王因為治國有成而聲望日隆。自然有許多人抱怨前兩年所加徵的戰爭稅。但是，就在將金錢花費在豪華排場與堂皇氣勢的同時，沃爾西設法開發了新的歲入來源。亨利的臣民如同在他父親

治下一樣爲稅賦所苦，但其稅賦負擔還是比歐洲任何其他國家的臣民來得輕。的確，英格蘭的北部因爲必須支援建立士兵營舍與邊境戰事而免交稅金。

在海外的成功，使得沃爾西能夠發展亨利七世中央集權政府的原則。在他擔任議會大法官（Lord Chancellor Parliament）的十二年當中，僅僅召開過一次議會，兩次的會期，才三個月多月。專斷暴虐的法庭變得更加活躍。它仿照羅馬法，發展出簡單的新方法，免除了成文法的證據制度，能夠提出證據的人會被逐一帶進法庭訊問，甚至都不必舉行宣誓的形式。結案快速，罰鍰很重，英格蘭沒有任何人的權力，大到足以使他能夠藐視專斷暴虐的法庭。加萊衛成部隊有位普通士兵，有次派他的妻子去控告加萊的代表大人對他的待遇，她得到完整的審訊會。在玫瑰戰爭之後長大的新一代，都習於王室的法律與秩序，也確訂這個制度是會成功。

因此，這種專制政府的制度，儘管在理論上很專制，儘管與大憲章的原則相衝突，事實上卻是一種緘默地以人民眞正的意願爲依歸的制度。亨利八世像他的父親一樣，發現他手中已經有了現成的工具，就是利用未領薪俸的地方治安法官（Justice of the Peace）、地方鄉紳或地主，並且教導他們如何管理。複雜萬分的規則與規定都交給保安官去處理。之後，在本世紀時，還製作過保安官手冊，並且再版無數次，其中涵蓋了鄉村生活中會出現的幾乎每種偶發事件。

都鐸家族的確是英格蘭地方政府制度的建築師，直到維多利亞時代，這個制度幾乎都維持不變。未領薪俸的地方人士，因爲可以仰仗國王的幫助，所以不畏不懼並且不偏不倚，時常三三兩兩在鄉村開會，處理細瑣的事情。較大的事宜，諸如修橋補路、羊隻失竊等都在每季於適當的鄉鎭開會解決。這是鄉紳所能給予的粗略的審理方式，而友誼與派系時常會妨礙到國家與王室二者的利益。大體上，如果是由地方治安法官將王室的聖旨傳給人民，他們偶而也不願意聽官方的勸告，表達民間反抗王室的意願。他們在郡縣的作爲

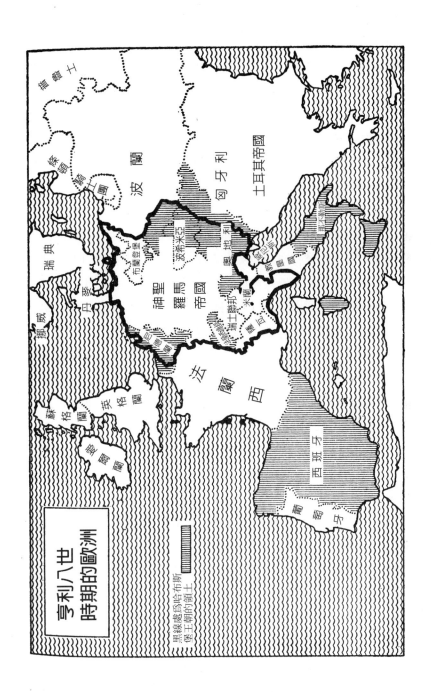

亨利八世
時期的歐洲

黑線處為哈布斯
堡王朝的領土

有時也會在平民院（House of Commons）出現。甚至在都鐸王朝的統治邁向它的高峰之際，忠誠議會的成員，也都不害怕說出自己的心事。沃爾西看出這種情況所暗藏的危險，寧可自己擬出政策也不要議會不領情的諮詢意見。即使之後的反抗不明顯，但亨利八世與湯瑪斯・克倫威爾已經學會了審慎地對待平民院。但是，儘管偶而有摩擦，甚至鄉間有暴動與叛亂，但整體說來仍是合作伙伴的關係。王室與社會都認清了，合作伙伴的關係已有何種成果，也認清了這會提供什麼樣的遠景。

　　　　　＊　　　　＊　　　　＊　　　　＊　　　　＊

　　亨利八世在登基後幾年便從事海軍擴展的大計，而沃爾西則關心外交策略。亨利八世已經建造好當代最大的戰艦「大亨利號」（the Great Harry），其重達一千五百噸，「上下共計七層，還有令人無法置信的整列大砲」。艦隊是在國王親自監督下建立的，他命令艦隊將領巨細靡遺地向他稟奏「每艘艦航行的情況」，而直到英格蘭能掌控狹海[2]時，他才滿意。沃爾西爲外交所作的安排，也不遜色。他在西歐組織了一個「信使」（courier）與「特派員」（correspondent）的制度，英格蘭在馬爾博羅（Marlborough）與威靈頓（Wellington）從事戰爭期間，能很快由這些人得到情報。亨利七世極盡小心組織起來成的外交部門被視爲是核心部門，其人才都是來自牛津新學問（the New Learning）[3]培養出來的最優秀人選，其中包括理查・佩斯（Richard Pace）、約翰・克拉克（John Clark）、與理查・桑普森（Richard Sampson），在亨利統治期間，後兩者是注定成爲主教的。這個時期的快電，在文藝復興鼎盛之際就像歷史其他時期一樣五彩繽紛，緊密地交織在一起；各項事件、軍隊的規模、義大利城市的叛亂，樞機主教團（the College of Cardinals）內部的動態、法蘭西的稅務，全都有人仔細地衡量與紀錄。在歐洲，沃爾西至少有若干年是個有影響的的因素，可平衡輕重。

　　這個輝煌時期在一五二〇年六月於金布地（the Field of the

Cloth of Gold）到達了頂點，當時亨利八世渡過了英吉利海峽，首次遭逢敵手——法蘭西的法蘭西斯一世（Francis I）。歷史告訴我們，亨利主要的困惑是他的容貌；他無法決定如何才能使他看起來英俊瀟灑，是一如平常留著鬍子呢？還是將它刮乾淨？起初他被凱瑟琳說服刮了鬍子。但是不久以後，他就感到後悔，於是又重新留起鬍子來。他的鬍子很快的就長得很茂密，讓法蘭西人對他印象深刻。

　　在基斯尼斯（Guîsnes）附近的金布地戰場上，騎馬持槍比武與排席飲宴，旗幟繽紛、金光閃耀，帳篷四布、禮服多彩多姿，使全歐洲的人都感到目眩神移。這是中古騎士制度的最後一場展示。據說，許多貴族將磨坊、城堡與草原挑在肩上。但是，亨利與法蘭西斯卻無法結交為友。的確，亨利正在與法蘭西斯的敵人談判，就是馬克西米理安皇帝的孫子，最近才登基為神聖羅馬帝國新皇帝查理五世（Charles V）。在基斯尼斯，亨利企圖藉他的精良裝備與狡猾的外交手腕壓倒法蘭西斯。他依仗他相當不錯的體能狀況，突然向法蘭西斯挑戰角力。法蘭西斯一世將他輕輕一抓，摔倒在地。亨利大怒，臉色發白，但是卻按捺下怒氣。雖然各種典禮儀式繼續進行，亨利卻無法忘掉這種個人的羞辱。無論如何，他仍在其他地方找尋盟友。不到一個月，他便與神聖羅馬帝國皇帝結盟，雖然因此喪失了法蘭西貢金。當皇帝對法蘭西斯一世宣戰的時候，英格蘭的財富已經浪費在布倫的長征、以及隨同皇帝作戰的傭兵隊伍的津貼上。沃爾西不得不另外籌措軍費。戰爭第二年，肯特與一些東部郡縣（the Eastern Counties）起而反對沃爾西課徵的一種財產稅時，這種稅還被荒唐地誤稱為「友善補助」（Amicable Grant），亨利假裝他不知道課稅的事。政府必須鳴鼓收兵，放棄了這次軍事行動。沃爾西得到國王的首肯，祕密地向法蘭西斯一世議和。

　　這些提議是沃爾西重大的失算；僅僅六個星之後，神聖羅馬帝國的部隊就在義大利北部的帕維亞（Pavia）大勝法軍。此役之後，整個義大利半島便落入皇帝之手。義大利在拿破崙入侵之前，

都受到哈布斯堡王族的統治。雖然法蘭西斯一世本人被俘，法蘭西接受慘痛的和平條件，英格蘭卻並未分享到勝利的戰果。亨利再也無法扭轉歐洲的局勢。這自然是沃爾西的罪過，而亨利也認為或許是給予了這位樞機主教太過於自由行事的大權。他堅持要去巡視沃爾西正在牛津大學創建的偉大新學院——樞機主教學院（Cardinal College），這學院是牛津大學裡的基督教教會，也是牛津大學裡規模最大、基金最充足的學院。當亨利抵達時，他對於浪費在木石建設上的龐大金額，感到十分驚訝。他對這位樞機主教說：「奇怪，你找到那麼多的錢建造你的學院；卻無法籌到足夠的錢，結束我的戰爭。」

至今，亨利都與沃爾西都還是形影不離。一五二一年，他將理查三世的手下白金漢之子，血緣上很接近可以繼任皇位的一個世系——白金漢公爵，送上了絞刑台。一直以來，亨利的暴行都讓那些被免除官職的貴族，起而反對國王所遴選的大法官。在帕維亞一役之後，亨利開始有了另一種想法；他想或許他得犧牲沃爾西，來保住君主的名望。然後，還有凱瑟琳王后。一五二五年時，她已經年屆四十。五年前於金布地戰場上，法蘭西斯與他的朝臣曾背地嘲笑她，說她已經「年老色衰」。她是位典型的西班牙公主，成熟過早且年華老去；而且顯然，她無法為亨利生下一名子嗣。國王的私生子，現年六歲的里奇蒙公爵，必須通過議會法（Act of Pailiment），才能立為王儲；或者，英格蘭得接受凱瑟琳現年九歲的女兒瑪麗，讓憑她本身的繼承權力，成為自瑪蒂爾達（Matilda）以來，英格蘭的第一位女王。一位婦女是否可以依英格蘭法律繼承王位的問題，仍屬爭議。英格蘭能夠容忍婦女的統治呢？難道瑪麗不會變得很像她的西班牙母親，心胸狹窄而又固執已見嗎？或許在西班牙、法蘭西、或奧地利等國家，是舉國皆兵的情況下，女王是可以生存的；但是，女王是不可能為自由的英格蘭人所接受的，英格蘭人會服從亨利七世與亨利八世，是因為人民願意服從他們，即便是在無中央部隊，除了倫敦塔中有的御林軍（the Beafeaters）的情

況之下。瑪麗能不能依都鐸王朝的方式，以德治國，而非以武力治國呢？

對於一個時有繼位爭執的國家而言，玫瑰戰爭那樣的長期爭鬥，已經是場夢魘。對於君主而言，事關國家存亡的大問題，也是道德良知的問題，亨利的七情六欲，以及他對於國家的穩定性的擔心，在他的心中全部混合在一起。這些問題讓亨利多困惑了兩年。很清楚地，第一步是得廢掉凱瑟琳。一五二七年五月，沃爾西樞機主教代表教皇特使與亨利串通，在沃爾西位於威斯敏斯特的府邸中，召開祕密的教會法庭。他召亨利出庭，控告他違反教會禁止近親結婚的法律，娶其寡嫂。亨利結婚的權力，是依據斐迪南與亨利七世於一五○三年所獲得的教皇特赦敕令（Papal dispensation），在實際層面上，因為凱瑟琳雖與亞瑟結婚，但並未圓房，凱瑟琳在法律上並不是亨利的寡嫂，而亨利可以娶凱瑟琳。凱瑟琳聽取西班牙前後幾任大使的建議，直到她生命垂危之日，都堅持她都未曾與亞瑟圓房，但沒有人深信此說；畢竟她與亞瑟王子同住在一個屋簷底下達七個月之久。

在長達三天的辯論庭結束之後，法庭裁決應當將此一問題交由英格蘭其他最有學問的主教定奪。然而，幾位主教卻回覆，假如曾獲得教皇的特准，這樣的婚姻便完全合法。於是亨利便試圖說服凱瑟琳，說他們兩人從來就沒有合法地結過婚，他們亂倫、一起生活了十八年，罪無可恕。他還說他打算未來不再與她同進同出，所以他希望她遠離宮廷。凱瑟琳不禁大哭，堅決拒絕離開王宮。

大約兩個星期之後，沃爾西渡過英吉利海峽，與法蘭西進行締結盟約的長期談判。當沃爾西不在國內的時候，亨利開始公開迷戀寶琳。安自法蘭西求學歸來，已經是一位二十四歲，活潑而又富有才情的女性，身材苗條，體質嬌柔，雙瞳黑如潭水，秀髮黑密而且很長，長到她都可以坐在上面，不過她卻讓黑髮鬆鬆地披肩垂下。威尼斯大使寫道：「情婦安‧寶琳並不是世界上最美麗的女性。她中等的身材、膚色深、長頸、寬嘴、甚至是平胸。」她個性火爆、

口無遮攔、盛氣凌人，雖然她並不受到大眾歡迎，但不久之後就有了很小一夥的追隨者，其中許多人都因偏好路德派新的宗教學說而聞名。是在日期記載爲一五二七年八月十六日的神聖羅馬帝國大使報告中，人們首次聽到安・寶琳在宮廷的事，也就是亨利開始宣告他的婚姻無效的訴訟程序四個月之後。他是否在籌畫離婚後，才發現了寶琳？還是他一開始就安排要娶寶琳呢？我們永遠不會知道答案，因爲亨利對於他的私事方面是極盡保密。他在觀察了一兩年之後說：「三個人商量的事，如果兩個人不在也可能守祕；如果我認爲我的帽子知道我的祕密，我會將它丟到火中燒掉。」他的情書被教皇的使節弄到了手，目前存在梵帝岡圖書館；雖說是用詞遣句很好，但是都未簽上日期，除了提到寶琳使他等了差不多一年之外，幾乎沒有透露任何事。

　　沃爾西與凱瑟琳小心地看管著亨利。他以前有過情婦，但從來沒有公開過。在宮中經常出現一位貴婦，他與她共度一段時光，引起一場非比尋常的騷動。寶琳與亨利一起安排了一位王室特使，去覲見教皇克里門七世（Pope Clement VII）；這位特使不僅是要設法爭取宣告亨利的婚姻無效，而且要設法得到馬上再婚的特准，而這一切必須避開沃爾西所選派的常駐羅馬大使。威廉・奈特博士（Dr. William Knight）已年逾七十，奉召自退休生活復出去擔任這個微妙的使命。奈特博士接到了兩套完全不同的指示。其中一項指示是根本沒有提到再婚這件事情，這個指示是在他經過康皮恩（Compiègne）前往羅馬的途中，要給沃爾西過目用的；另一項指示，則是奈特要執行的指示。沃爾西看到做樣子的指示，立刻便明白，這是由無知的俗人所寫的草稿。他匆匆回國修改指示，因此獲悉一切。雖然他現在接掌談判的事務，但每種權宜手段，都證明是毫無成效可言。被派往英格蘭審理此案的教皇特使坎佩吉奧樞機主教（Cardinal Campeggio），使用所有的藉口拖延而不做裁決。現在義大利已經落入哈布斯堡家族之手，教皇受到神聖羅馬帝國的支配。一五二七年他們占領了羅馬，大肆洗劫，使歐洲感到震驚。

實際上，教皇現在是查理五世的俘虜，查理五世決定亨利不應當與他的姨母離婚。

這件事打擊了沃爾西。亨利聘請新的諮議大臣。諾福克公爵的一位追隨者——史蒂芬·加德納博士（Dr. Stephen Gardiner）——被任命為國王秘書。就在這項任命不久之後，劍橋大學（Cambridge）年輕的神學講師、寶琳一家人的朋友——克蘭默（Dr. Cranmer），向加德納提出有助益的新建議：國王的婚姻是否合法的問題，應當由律師那裡撤回，而交給歐洲的大學去研究。亨利立刻接受了這個主意。召見克蘭默並且向他致意。信件與使者被遣至前往歐洲所有的大學。在此同時，亨利在六年來首次將詔書送往議會，在他籌畫進行的改變中，逐漸加強自己的力量。完成了種種安排的是諾福克與加德納，並不是沃爾西。沃爾西受到羞辱地退休，回到他從未訪視過的約克主教轄區。有一次他到格拉夫頓（Grafton）謁見國王。但是當他進去的時候，他發現寶琳在場，諾福克當面侮辱他，讓他未能朝覲就將他斥退。

一五二九年十月九日，沃爾西又進一步受到屈辱；王室法庭根據理查理二世在朝時通過的「蔑視王權法規」（The Statutes of Praemunire）中的一項，對他起訴。這些議會法令旨在維護王室法庭，對抗教會法庭的司法權，曾經是沃爾西喜歡用來為國王對違法罪行榨取錢財的工具。這些法令規定：任何人由羅馬，或其他地方的法庭獲得移交羅馬的案件，諸如，至教廷控訴國王、將國王逐出教會、導致教皇發出不利國王的敕令或器具、「對國王本人、王權與王位或國土帶來不利的其他任何事」，他都將失去王室的保護，他所有的財物都將歸於國王。當王室法庭正在進行訴訟程序時，諾福克與薩福克雙雙走向沃爾西住處，要奪走他手中的玉璽，這意味他不再是大法官。但是沃爾西抗議，說他曾被任命為終身大法官。次日，他們重新帶著國王簽署的詔書出現。在他們拿走玉璽之後，這位偉大的樞機主教崩潰了，坐在座位上為他的不幸哭泣哀嘆。

但是，寶琳決心要毀掉他。她已經心思放在約克大主教位在倫

敦的約克宅邸；她斷定，宅邸的大小對她與亨利而言恰好方便，一來是大得足夠款待他們的朋友作樂，二來是小的可供凱瑟琳王后有個容身之處。寶琳與她的母親帶著國王去視察樞機主教在約克府邸的財物，亨利對於他發現的財富大發雷霆。他召見法官與有學識的法律顧問們，問他們要怎樣做才能合法地擁有約克府邸，而這是永遠地屬於約克大主教的府邸。法官們建議，沃爾西應當發表聲明，將約克府交給國王與他的繼位者。因此，王室法庭的一位法官，奉派前去見沃爾西。亨利內宮的一位官員喬治·卡文迪什（George Cavendish），留下了對這位主教最後日子的報導。根據他的記載，沃爾西說：「我知道，國王確實有國王的胃口。你怎麼說，謝利法官（Marter Shelley）？正義與良心能夠容許我把不屬於我和我繼承人的東西讓給他人？」這位法官解釋法律界如何看這個案件。然後樞機主教說：「我從沒有違背的意願，也很高興能夠滿足國王陛下對一切事物的意願與享樂，特別在這個問題上尤其如此，如法官所言，我會依法而行，我絕不會抗命不從。然而，我求你們為我向國王陛下表明，我極其謙卑地期望陛下大發慈悲，記住這句話：有天堂也有地獄。」

　　亨利對於一位樞機主教的種種非難，毫不在意。威脅僅會使他採取更加徹底的措施。除了「藐視王權」的指控，遂又加上了令一項指控：在國王不知情的情形下，沃爾西與法蘭西國王通信而叛國。根據「藐視王權法規」，發現沃爾西有罪的五天之後，諾森伯蘭伯爵來到在約克附近卡塢（Cawood）約克大主教的府邸，用非常微弱而又柔和的顫抖聲音說：「閣下！我要以嚴重叛國的罪名逮捕你。」樞機主教說：「你的逮捕令在那裡，讓我看一看它。」伯爵回答道：「不！閣下你不能看。」樞機主教說：「嗯，那麼我一定不會任你逮捕。」他們正在這件事爭論，諮議大臣沃爾什（Councillor Walshe）進來了，然後樞機主教說：「好啦，再沒有什麼可說的了。先生，我知道你是樞密院（Privy Chamber）中的成員；你的大名，我想是沃爾什；我願意束手就擒。但這並不是

對我的諾森伯蘭勛爵讓步，因為他不讓我看他的逮捕令。而是因
為，只要你是國王樞密院的成員，你本人叛國罪，就有充分的逮捕
權；最壞的人是不需要用任何逮捕令，只要靠著國王的命令，便有
充分理由可以逮捕這個國家中最了不起的同伴。」

　　當沃爾西返回倫敦的時候，倫敦塔再度準備好了白金漢公爵被
處死之前所用的囚室，但沃爾西在旅途中病倒了。他在附近的列斯
特大修道院過夜時，告訴出來迎接他的僧侶們：「我來是想將我的
骨骸留給你們。」兩天後的早上八點鐘左右，他陷入了最後的彌留
時刻，向聚集在他床邊的那些人喃喃地說：「如果我曾經像服侍國
王那般勤勉地服侍過上帝，他就不會在我白髮蒼蒼之際放棄了
我。」不久之後他就去世了。人們發現他上好的荷蘭麻布襯衣裡面
有件頭髮編織的襯衣。而除了他的教堂牧師之外，他所有的僕人都
一概不知這件頭髮襯衣。

　　沃爾西在政府中的顯要官職，都賜給了新的行政官員；加德納
得到了英格蘭最富裕的轄區——溫徹斯特的主教轄區；諾福克成了
樞密大臣，薩福克任副助理樞密大臣。一直到湯瑪斯・摩爾爵士取
代沃西爾，擔任大法官的前幾天，亨利國王開始親自使用玉璽，在
國家的文件蓋上大印。隨著樞機主教的去世，至今沈潛藏伏的政治
利益團體紛紛開始爭權。鄉紳在倫敦參與公眾事務的野心，受過教
育的、富足的文藝復興時代的英格蘭對於拋開教士教導的願望，敵
對派系對權力赤裸裸的貪婪與渴求，都開始動搖這個國家。亨利八
世此時已三十八歲。

【1】　譯注：即湯瑪斯・寶琳爵士（Sir Thomas Boleyn）。
【2】　譯注：指英吉利海峽與愛爾蘭海。
【3】　譯注：指對聖經、希臘、拉丁古典作品的研究。

第五章　與羅馬的決裂

關於亨利與凱瑟琳的婚姻問題，克蘭默訴請各大學做出裁決的主意，後來證明大為成功；這位年輕的講師因此受到獎賞，被任命為與神聖羅馬帝國皇帝的大使。甚至教皇國(the Papal States)[1]的波隆納大學（the University of Bologna）都宣布亨利國王結婚有理，認為教皇無法將近親通婚的基本法律置之於不顧。其他許多大學包括巴黎、土魯斯（Toulouse）、奧爾良、帕度亞（Padua）、菲拉拉（Ferraya）、帕維亞、牛津與劍橋在等的大學都同聲附合。亨利國王早就知道自己是對的，這些大學的贊同似乎就是最後拍板定案。他決心向教皇表示他的不悅，準備採取若干驚人措施反對英格蘭教會的權力。他問為什麼教會的庇護權（sanctuary）能阻撓國王的司法呢？又為什麼准許教區牧師（parson）住得離教區很遠，同時由薪俸過低的代替者，為這些尸位素餐者做教區的事呢？為什麼義大利人可享用英格蘭國王教轄區的歲收呢？為什麼神職人員為教區居民的死亡檢驗遺囑與贈禮，要索取的費用呢？亨利國王打算請他飽學的平民院議員提出改革計畫。

早在一五一五年，一件著名的案件就曾經動搖英格蘭教會。倫敦的一位裁縫商理查・亨尼（Richard Hunne）挺身而出，反對教會徵收費用，這個紛爭後來擴大為大膽挑戰教會的威權。結果亨尼遭到逮捕，被神職人員囚禁在羅拉德塔(the Lollards' Tower)，而後有人發現，他在那裡被處了絞刑。這是自殺或是他殺呢？議會與倫敦市的反對聲浪越聚越大，最後甚至吵到被反對的倫敦主教本人。但是，這些宗教改革時代的早期冤屈，都被當時沃爾西不可動搖的權力平息了。現在平民院急於恢復被人中斷的任務。所有平民院懂法律的人成立了一個委員會，以空前短的時間擬好了必要的法案。主教們與大修道院院長們的貴族院，仍比他們的世俗同僚的平民院擁有較多表決權；貴族院同意修改庇護權，並且廢除僅會影響下層神職人員的殯儀費的法案；但是當這「遺囑認證法案」

（Probate Bill）提交到平民院的時候，所有主教，「特別是」坎特伯里大主教（the Archbishop of Canterbury），全都皺著眉頭齊發牢騷。羅徹斯特（Rochester）的主教費希爾是老派勢力的代表，警告貴族院議員們說，宗教改革會帶來社會革命。他點名約翰‧胡斯（John Huss）[2] 所領導的宗教改革導致捷克全國叛亂。

　　「議員先生們」他說：「你們每天都看到由平民院送來的法案是什麼樣子，這些法案全都想要摧毀教會。請看在上帝面上，想想以前波希米亞（Bohemia）是怎麼樣的王國；當那裡的教會倒了的時候，這個王國的光榮也垮了。現在平民院的議員別無其他目的，而只想打倒教會。據我看來，所有這一切都僅僅是因為缺乏信仰。」

　　平民院的議員不久便聽到了這篇大膽的演說，也點出最後幾個字的暗喻的含義：平民院制訂的法律，是異教徒與異教民眾制定的法律，不值得保留。他們之中重要的三十位議員成立了代表團，由議長帶頭向亨利國王申訴。亨利召見惹事的主教們，並且請費希爾解釋。費希爾閃爍其詞。他宣稱，他只不過是表示波希米亞人缺乏信仰，而不是說平民院議員缺乏信仰。對這個解釋，其他的主教都表示同意。但歷史告訴我們：「但是這種平淡無奇的辯白，根本不能使平民院議員感到滿意。」在「遺囑認證法案」能夠在貴族院強行過關之前，兩院已展開了唇槍舌劍而積怨日增。因此，從宗教改革開始時，平民院就產生了一種團體精神；而且在它「長壽」的任期內，比它之前任何議會都要長，熱切地尋求任何措施對主教們施以報復，因為平民院一直認定主教們在「遺囑認證法案」上規避與欺詐。平民院對於主教團的仇視一直未減，長達到一百多年之久。

　　亨利已經對平民院所作的事表示高興，並且告訴他遇到的每個人，包括神聖羅馬帝國大使：「我們已經下令，要我們王國的神職人員儘速改革。我們已經大肆消減他們的權力，取消他們對一般臣民濫施威權所加徵的幾種稅。我們現在將要接管「首年獻金」（Annates）（主教們為擔任聖禮或授聖職而付給羅馬第一年的收

入），並且防止教士們領一分以上的聖俸（benefice）。」但是他馬上說明，他仍完全維持正統教義，他僅信奉科利特（John Colet）[3]與其他在年輕時便熟知的卓越神學家所提倡的原則，即人們雖然批評教皇的制度，但仍可以信天主教。他說：「如果路德限制他自己僅僅譴責神職人員的惡行、濫權，與錯誤，而不攻擊教會與其他宗教機構的聖禮（sacrament），我們全都會追隨他，為他歌功頌德。」他作過這種直率，但不失為理性的聲明之後，為宣告他的婚姻無效而與羅馬進行的談判，甚至遭遇到更大的阻礙。但是亨利一生中，都是愈有人反對，他愈不服輸。因此這次他決心表現他是認真的。

一五三○年的十二月，總檢察長（Attorney-General）指控全體神職人員，犯了十四世紀通過的「蔑視王權罪與神職人員的法規」（The Statutes of Praemunire and Provisors），當時是為了限制教皇的權力，才定下這個法規。他們已在默認沃爾西在擔任教皇特使時，使用的許多高壓手段，違反了這些條規等等。亨利得到議會的支持，在「遺囑認證法案」一事上擊敗了主教們，知道「宗教會議」（Convocation）不會公然反抗他。教皇的教廷大使（the Papal Nuncio）插手，鼓勵所有的神職人員堅決反對國王時，他們全都既驚訝又憤慨。甚至沒有允許他開口，所有的神職人員便懇求教廷大使讓他們靜一靜，因為他們並沒有得到國王的允許，可以與他談話。為了寬恕他們犯下「蔑視王權罪與神職人員的法規」的罪刑，亨利向宗教會議索取了大筆金錢，向坎特伯里索取了十萬英鎊，而約克是一萬九千英鎊，比他們最初準備要繳納的，還要超出甚多。進一步談判之後，亨利還得到一個新稱號。一五三一年二月十七日，神職人員承認國王是「他們特別的保護者，唯一至尊的君主，若基督的法能夠許可的話，甚至是至尊的領袖。」

自一五二九年起為了「遺囑認證法案」一式的紛爭，議會已經休會數月，現在重新召開，聽取與宣傳王室對離婚的看法。大法官摩爾來到議院，並且說：「有些人說，國王設法辦理離婚是因為愛

上了某位貴婦，而非出於任何良心上的不安；但這並不是事實。」
並且，他還宣讀國外十二所大學的意見，展示由外國學者所寫的一
百冊「書」，它們全都同意國王的婚姻不合法。然後大法官說：
「現在，你們這些平民院議員可以在你們自己的郡縣報告你們的所
見所聞，然後所有的人都將會坦率地理解，國王並沒有像那些陌生
人所說的，只是企圖恣意尋樂；國王只是爲了免除良心不安，只是
爲了保障王位繼承權的安全而已。」

　　在這整個過程中，凱瑟琳王后一直都住在宮中。儘管亨利公開
地與安・寶琳一同騎馬談天，卻讓凱瑟琳掌管他個人的袍服，包括
監督洗衣房與內衣製作。他需要衣物時，仍繼續請凱瑟琳照料，而
並非由安・寶琳幫忙。安・寶琳又妒又氣，但是幾個月下來，國王
都拒絕放棄他的老規矩。寶琳家族於是又有新的嘗試，勸說凱瑟琳
正式放棄她的權力。一五三一年六月一日諾福克、薩福克、加德納
與安・寶琳的父親——現在是威特伯爵（The Earl of Wiltshire）、
諾森伯蘭，及其他人，一起去晉謁她。她像以前一樣，拒絕正式放
棄任何權力。最後，大約在七月中旬，安・寶琳與亨利離開溫莎堡
（Windsor Castle），去遠行狩獵，時間比他們過去任何一次遠行
狩獵的時間都要長。凱瑟琳日日等待，一個月都過去了，卻仍舊沒
有國王要回宮的消息。最後信使來了，報告說國王將要回宮了。但
是亨利並不願意見到王后，並且命令她立刻前往赫德福特郡
（Hertford Shrie），沃爾西在摩爾的舊府邸。此後凱瑟琳與她的
女兒瑪麗便被逐出宮。

　　　　　　＊　　　　＊　　　　＊　　　　＊　　　　＊

　　一五三一年至一五三二年的冬天，相當引人注意，因爲亨利遭
遇了統治期間最緊張的危機。羅馬草擬了一道逐出教會令，甚至可
以說是禁令，命令國王在十五天之內拋棄他的情婦安・寶琳，命令
上僅有處罰的部分是空白的。教皇的憤怒如黑影一般，籠罩著英格
蘭。宮中的耶誕節變得極爲嚴肅。一位史家記載：「所有的人都
說，那年的耶誕節聽不到音樂，因爲王后與一些貴婦人都不在。」

但是，就像回到他在位早期的黑暗日子一樣，亨利在長征波爾多失敗後，對於自己想要的結果，是毫無妥協餘地追求，反對僅會使他更堅信自己的計畫。他曾對神聖羅馬帝國大使誇口的「首年獻金法案」（Annates Bill），已經擬定妥，當最壞的情況發生時，將以此作為鬥爭手段。這使亨利開始武裝，準備與教廷作更大的爭鬥，甚至超過之前與大憲章的爭鬥。其前言寫著，如果羅馬教廷努力要將英格蘭逐出教會、停止教權，或強制執行訴訟程序，那麼所有的聖典與宗教儀式都應當繼續照常進行，而停止教權的命令，也不應當由任何一位高級教士或神職人員執行或公布。如果被國王提名擔任主教職的人選，受到來自羅馬敕令的限制，無法接掌神職，那麼，就應當由大主教對其授任，或由任何即將被命名的大主教職授任。本來，教廷財政主要是依靠首年獻金，現在被縮減到只有以前的百分之五。

這是亨利送交議會審理的法案中，最困難的一個法案。他有義務親自去貴族院，至少三次，當時，法案甚至可能無法過關；後來，他想到一個完全新的權宜之計，他將平民院公開分成兩派。「他想到一個計畫。議員中，祝福國王能夠得到幸福的人、王國更加繁榮的人站到一邊；而反對這的立場的人站到另一邊。持反對立場的人當中，有些人害怕國王會大發雷霆，都改變了立場。」這個法案也就在經過重大的修正後，過關了！

下一步，則是要使神職人員服從皇室的地位。亨利責成平民院準備了一項文件，稱作「反教士司法權請願書」（Supplication against Ordinaries），打擊教會法庭的威權。「教士司法權」是享有司法裁判權的主教與其代表們的法律術語。起初，教士會議來勢洶洶，但後來僅用曖昧不明、含糊不清的言詞表示服從；但是亨利拒絕妥協，就在第三次嘗試時，教士們終於同意亨利所訂的條款，使他成為英格蘭教會真正的主人。一五三二年五月十六日下午，當這些條款呈給國王批准時，湯瑪斯・摩爾辭去了大法官之職，以抗議國王在宗教事務上也擁有最高地位。每一件事情，他

都曾忠心耿耿地為君王效命、但現在他看得出來，亨利所走的路線，不可避免地一定會與他自己的良知信念發生衝突。

　　因此，英格蘭的宗教改革是個緩慢的過程。這個機會主義的國王，打算好每一步，直到英格蘭完全不受羅馬的管理為止。沃爾西為準備這條路，曾經倍盡心力。在關鍵的數年間，他曾經支持過教廷，結果得到的回報是極為廣大的權力，而通常，只有教皇自己或是他的使節，才能擁有如此大的權力。因此，英格蘭較其他任何一個基督國度家，更熟悉教廷賦予其教士的教廷司法裁判權，也使得這項權力更加容易移轉交給國王。沃爾西自己也曾將教皇的威權帶得比以前更貼近人們的生活，但這種不請自來的親近，使人產生厭惡。老主教沃勒姆本是反對國王離婚一事主要的人物，但他八月去世後，為此事打開更多的機會，也製造更多的難題。亨利並不急著任命繼任的大主教。他必須考慮，他能做到什麼地步。如果發生爭鬥的話，他的主教們是否能忘掉他們在就任神職時，對教皇所許下的誓言呢？會不會發生叛亂呢？神聖羅馬帝國的皇帝是凱瑟琳王后的外甥，他會不會由低地國家（The Low Countries）[4] 入侵英格蘭呢？國王能不能依仗法蘭西保持中立呢？

　　為了直接權衡這些因素，亨利國王僅僅帶著幾位朋友，其中包括安·寶琳前往布倫，與法蘭西斯一世親自討論。他返國時已經很心安。亨利自信可以完成最驚人的坎特伯里大主教的任命，於是將克蘭默由駐神聖羅馬帝國的大使館召回。克蘭默曾經結過兩次婚，第二次是在日耳曼，於神職授任禮之後，依日耳曼教士所奉行的新方式，娶了一位知名路德派教士的侄女。因為教士結婚一事，在英格蘭依舊是非法，克蘭默的妻子便喬裝先行前往。克蘭默於一五三二年十一月一日在曼特瓦（Mantua）離開神聖羅馬帝國皇帝，於次日離去，並在十二月中旬抵達倫敦。一個星期之後，他便被任命為坎特伯里大主教。他接受了。此後直到亨利駕崩之前，克蘭默的妻子永遠得都藏匿著；如果她非得陪伴他出行不可，據說她都是藏身在一個特地打造的大行李箱子裡。

　　一個月之後，亨利祕密地娶了安·寶琳。史學家從來都沒有確實地查明，該場婚禮是由何人主持，以及在何地主辦。克蘭默本人並不是教士。他與神聖羅馬帝國的大使隨後都說，婚禮是於一五三三年一月舉行的。無疑地，在羅馬天主教世界的眼中，亨利犯了重婚罪，因爲他與亞拉岡的凱瑟琳早已結婚，差不多有二十五年之久；這椿婚姻還不曾在羅馬，甚至是英格蘭，被宣布無效，也未被任何法庭或任何公開的法案宣告無效。他只不過是認爲，他根本沒有合法地結過婚，然後就留給律師與教士去彌補這個漏洞。

　　克蘭默以傳統的方式當上了大主教。在國王的要求下，藉著威脅教皇，要嚴格地地實行「首年獻金法」，克蘭默得到教皇的批准詔書。克蘭默以一般的誓言發誓要服從教皇，但卻在事前與事後都保留了些權力，還有大典授以他神職。這件事很重要：這位即將要完成宗教改革的人，就這樣地爲教皇接納並且賦以全權。然而，就在他上任兩天之後，有人在議會提出了一項法案，將教皇原來在英格蘭所擁有的：審理與裁決宗教法庭的所有案件訴願之權力，授予了坎特伯里大主教。未來如果有人到外國進行訴訟程序，都會依據「蔑視王權法規」予以嚴懲。英格蘭法庭的判決將不因任何教廷裁決或逐出教會的影響；而拒絕舉行宗教儀式或主持聖禮的教士，都可能遭到監禁。這項極其重要的法案，在議會中以適當的程序中獲得通過，這是湯瑪斯·克倫威爾的傑作，廢除了教廷仍殘留在英格蘭的威權，就是爲人所知的「上訴法」（the Act of Appeals）。接下來的那個月，亨利本人寫了一封信，描寫他的地位是「國王與君主，除了上帝之外，不承認大地上有任何地位更優越的人，而且不服從大地上任何創造物的法律。」從此英格蘭與羅馬遂完全決裂。

　　亨利既建立了他的至尊地位，便著手對它加以利用。在一五三三年三月，教士會議面對著兩個問題：一個人娶其兄長的妻室，而死者雖然死無子嗣，但已在婚姻中圓房，此人這種作法是否違反上帝的律法，而無資格得到教皇的特許呢？出席的高級教士與神職人員的回答是：是。羅徹斯特主教費希爾的回答是：否。阿瑟王子與

凱瑟琳結婚圓房過沒有？教士們的回答是：是。但是費希爾主教的回答是：否。因此費希爾主教遭到逮捕，被監禁在倫敦塔。大約十天之後，諾福克公爵帶著國王的特使（commissioner）來到安普希爾（Ampthill），晉謁凱瑟琳王后。他們向她提出，爲何應當志願正式放棄稱號的每種理由。她正在阻撓王位繼承。國人不會接納她的女兒當女王，而且，如果她繼續不講理進行阻撓，英格蘭可能被陷入混亂狀態。如果她交出后位，則仍可以享有崇高地位。拒絕辭位。然後他們將教士會議的決定告訴她，教士會議將會階段性地剝奪她的后位，她將不會再具有任何的頭銜。她表示她決心抗拒。但是國王的特使又作了另一項宣布：凱瑟琳無論如何都不再是王后了；因爲亨利國王早已經與安・寶琳結了婚。

　　現在亨利的祕密婚姻是人盡皆知。兩個星期之後，克蘭默在丹斯塔布（Dunstable）主持開庭審理，派了一位代理人去安普希爾傳凱瑟琳出庭。她拒絕了。在她缺席下，大主教克蘭默照樣作出判決。凱瑟琳與亨利的婚姻事實上是存在的，但在法律上不然；它從一開始便無效；五天之後，亨利與安・寶琳的婚姻在法律上被宣布有效。安・寶琳王后於六月一日在西敏寺大教堂加冕。

　　次月，一切眞相大白，新后已經懷孕。逼近分娩的時候，亨利一直在格林威治（Greenwich）陪她，極盡小心地不讓她受到打擾。很多的壞消息由海外與邊境傳來，在那樣的情況下，都是亨利騎馬外出到郊外，在曠野中召開樞密院，以防王后猜測情勢的嚴重性，不然，也或許是爲了避免瘟疫。有一張床價値連城，富麗非凡，本來放在國庫，它原本是一位法蘭西貴族的一部分贖金，現在拿了出來備用。一五三三年九月七日，後來的女王伊莉莎白在這床上誕生了。

　　雖然人們遍燃篝火以示慶賀，亨利心中並沒有感到絲毫欣喜。他一直想要一位子嗣。他不理會世人議論，或許還犯了重婚罪，並且冒了被教皇廢黜與外敵入侵的風險，現在是又得到一位女兒。根據記述，老保姆問道：「陛下想看看您的小女兒嗎？」亨利激憤地

回應道：「我的女兒，我的女兒！妳這老妖怪，妳這巫婆，不許這樣跟我說！」他馬上騎馬馳離格林威治與安·寶琳，在三天之後到達威特郡的沃爾夫大廈（Wolf Hall）──一位值得尊敬的老臣約翰，西摩爾爵士（Sir John Seymour）的府邸。這位爵士有位聰明的兒子在從事外交工作，還有位漂亮的女兒，以前是凱瑟琳王后的宮女。珍·西摩爾（John Seymour）大約二十五歲，雖然很有吸引力，但是沒有人認為她是個絕色。神聖羅馬帝國大使是這樣報告的：「她的皮膚十分白皙，可以說是幾近蒼白。她並不是非常聰明，甚至可以說是傲慢。」但是她非常爽朗，討人喜歡，因此亨利愛上了她。

在伊莉莎白誕生之後，再也無法掩蓋住批評國王與他的宗教措施的聲浪。人們說：「如果要在兩位公主之間做個選擇，那麼何不選擇嫡出的瑪麗呢？」但是對於這樣的爭論，亨利不理會任何一種聲音。通過了法案，賦予伊莉莎白繼承權。一五三四年三月，整個英格蘭裡每位到達法定年齡的人、不分男女，都被迫宣誓效忠此法案，並聲明絕不效忠所有在英格蘭境內的外國政權。除非得到特准，教士們無權傳教；相關當局還公告了一種「求告祈禱文」（Bidding prayer），供所有的教堂使用，祈禱文中有這樣一段話：「亨利八世的地位僅次於上帝，是英格蘭天主教會唯一至尊的領袖，他的妻子安·寶琳及他的女兒伊莉莎白公主，是他們的繼承人。」任何人以文字惡意地出版或宣稱國王是暴君或異教徒者，會被視作叛國。當亨利王朝的統治日漸殘暴，有數百人因此緣故而被問絞、破膛與分屍。

費希爾與湯瑪斯·摩爾爵士兩人都拒絕宣誓，被監禁在倫敦塔有數月之久。摩爾曾提出非常精彩的抗辯，但是亨利國王以往對他的信任，現在已經變成了憎恨。在皇室的壓力下，法官宣告他犯了叛逆罪。費希爾被監禁在倫敦塔的時候，教皇立了七位樞機主教，其中一位是：「羅徹斯特主教約翰，被英格蘭國王囚禁在獄中。」亨利一聽到這個消息，他在盛怒之下數度表示，他要將費希

爾的頭顱送到羅馬，去做樞機主教的帽子。費希爾於一五三五年六月被處死，摩爾於七月被處死。對於他們的死，亨利必須負主要的責任；這樁事是他一生的污點。不久之後亨利就被驅出教會，在理論上，他算是被教皇廢除他的王位。

摩爾與費希爾反對國王在教會內擁有至高無上的地位；他們的表現是高貴的、英雄式的壯舉。他們明白現存天主教制度的缺點，但是他們痛恨、也恐懼具侵略性的民族主義，會摧毀基督教國家的團結。他們看出，與羅馬的決裂是讓獨裁專制擺脫所有的束縛。摩爾以捍衛者的角色挺身而出，捍衛所有從中世紀眼光看來最美好的事物。他向歷史陳述這些事物的普遍性、在精神價值上的信念以及其世俗感受。亨利八世用殘忍的斧鉞，扼殺的不只是一位有智慧、有天賦的諮議大臣，也砍殺了一個制度，雖然這個制度實際上並沒有實現它的理想，但是它卻長久以來爲人類提供了其最光明的夢想。

＊　　　＊　　　＊　　　＊　　　＊

當安‧寶琳再度懷孕的消息傳出時，亨利國王仍在追求珍‧西摩爾。但是這一次亨利拒絕與安‧寶琳有任何瓜葛。她面容憔悴、病倒床榻，也失去了她的清新氣質。宮庭中謠言四起，說他三個月中間僅同她談過十次話，儘管他以前幾乎無法忍受僅與她分離一個鐘頭。安‧寶琳心急如焚，也擔心支持凱瑟琳與瑪麗會起來反對她與小女嬰伊莉莎白。安‧寶琳未與亨利或他的顧問們會商，便派遣她的保姆傳話給瑪麗，若瑪麗宣誓效忠「繼位法」（the Act of Succession）和放棄王位繼承的權力，她願意承諾任何事情。利誘之後是進行威脅，但瑪麗都拒絕讓步。有一天，在保姆作了不順利的報告之後，安‧寶琳淚如泉湧。不久之後，她的叔叔諾福克公爵大步走入房間，告訴她亨利狩獵發生了嚴重的意外。她又憂又驚，幾乎暈厥。五天之後不幸流產。

亨利國王不但不憐惜她，反而失去控制大發雷霆。他去探視她，一再重覆說：「我看上帝無意讓我有個兒子。」他轉身離去

時，還怒氣沖沖補充，等她身體好一點時，他才再跟她講話。安·寶琳回答說，未能再生個孩子並不是她的錯。聽到國王狩獵墜馬的消息時，她早就嚇壞了；除此之外，她那樣熱愛他，比凱瑟琳還愛他，看到他向其他人示愛，她心都碎了。亨利一聽到她這樣暗示珍·西摩爾的事情，不禁火冒三丈地離開房間，許多天都拒絕去看她。珍·西摩爾被安置在格林威治。她的一名男僕被神聖羅馬帝國大使收買，透過他，我們因此聽到了皇室求婚的故事。

有一天亨利派他的侍童從倫敦帶著裝滿金幣的錢包與他的親筆信函給西摩爾·珍。珍吻了親筆函卻未拆開，便將它交給了侍童。然後，她跪下來說：「我請求你替我懇求國王瞭解我謹慎的原因：我是家世清白的淑女，世上無任何財寶比得上我的名譽。如果國王想將我變成錢財可買的禮物，我哀求他，僅在上帝派給我的丈夫時，才那樣做。」亨利非常的高興。他說她表現出至高美德；而且爲了證明他的心意配得上她的人，他承諾將來除非她的親戚在場，否則他不會與她交談。

一五三六年一月，凱瑟琳王后辭世。如果亨利有意再婚，他現在就可以與安·寶琳王后斷絕關係，他之前的婚姻也不會引起尷尬的問題。西摩爾家族的人早已經散布流言，說安·寶琳王后想要個兒子，所以在生下伊莉莎白不久之後便對國王不忠，擁有好幾個情夫。如果證明屬實，就是死罪。因此，安·寶琳王后受到了監視；某一個星期天，有人看到兩個年輕的臣子——亨利·諾里斯（Henry Norris）與法蘭西斯·韋斯頓爵士（Sir Francis Weston）進入王后的房間，而且傳言說有人聽到他們與她做愛。次日，羊皮紙的文件送到亨利面前，建議授權一個有力的調查團，由大法官或其他任何四位陪審員領軍，調查與審理每種叛國行徑。亨利簽署了文件。星期二，調查團整天進行審理，直到深夜仍舊找不到充分的證據。接下來的星期日，國王內廷的一位擅長演奏魯特琴的侍從——史默登（Smeaton）——被認爲是王后的情夫而遭到逮捕。史默登在曲打成招下承認罪名。星期一，諾里斯參加在格林威治舉

行的「五朔節」（May Day）比武挑戰。國王在比武之後騎馬前往倫敦時，將諾里斯召喚到他的身邊，告訴後者自己懷疑的事情。雖然諾里斯矢口否認一切，但他還是被逮捕並且送到倫敦塔去了。

當天晚上，安・寶琳知道史默登與諾里斯都被監禁在倫敦塔。次日清晨，她便被請到調查團。雖然是她的叔叔諾福克公爵主持審問，安・寶琳後來還是埋怨說，對待任何一位英格蘭王后都不應當如此野蠻。在審問終結時，她遭到逮捕並且被看管到潮漲時，以利船隻將她押往上游的倫敦塔。消息很快就傳開了，大批群眾聚集到河岸，看到一隻專用艇載著她迅速地逆河而上，艇上有一隊擔任押送的士兵、她的叔叔諾福克、兩位宮廷內侍（Chamberlain）──牛津閣下（Lord Oxford）與桑迪斯閣下（Lord Sandys）。她在「叛徒門」（the Traitor's Gate）被移交給駐守倫敦塔的威廉・金士頓爵士（Sir William Kingston）。

當天晚上，在約克府邸，當亨利的私生子里奇蒙公爵像平常一樣向他道晚安時，亨利的眼淚奪眶而出。他說：「感謝上帝的慈悲，你與你的姐姐瑪麗已經逃脫了那該死的惡毒婊子的毒手。她正在企畫毒死你們兩人。」亨利不斷地開宴會，企圖忘掉自己的恥辱。被懷疑是居心不良、存有偏見的神聖羅馬帝國大使寫道：「自從安・寶琳等人遭到逮捕以來，亨利國王比以前快樂多了。他與貴婦們外出到處飲宴。有時他會在許多樂器的演奏，或是歌聲與樂團的音樂伴隨下在午夜之後才沿著河邊嬉遊；這些音樂家都盡力表現，以襯托出他擺脫那個瘦老婦人之後的快樂。」（實際上安・寶琳當時才二十九歲）「他最近與喀來耳主教（Bishop of Carlisle）及貴婦們一起去參加宴會。次日，主教告訴我說，亨利已極盡享受歡樂之能事。」

星期五上午，前一個星期任命審理叛國罪的特別法庭成員，其中包括安・寶琳的父親威特郡伯爵以及幾乎整個最高法庭的法官，開庭審訊安・寶琳的幾個情夫。由十二名騎士奉命組成特別陪審團，判決被告都有罪。他們被判處絞刑、破膛與分屍，但是處決要

延遲到安・寶琳王后接受審判之後。三天後（即隔週一）特別法庭才在倫敦塔的大廳，開始審訊安・寶琳。二十六位貴族坐在高起的審判台上，其中一半以上是貴族院的議員；諾福克公爵擔任主審，他因主持這一次的審判，被任命爲貴族院議長（Lord High Steward）。大法官湯瑪斯・奧德利爵士（Sir Thomas Audley），出生於平民家庭，沒有資格審判王后，只能坐在諾福克公爵旁邊提供法律上的意見。倫敦市長（Lord Mayor）與郡長（aldermen）代表團、人民代表等，依王命坐在大廳的通風井上。王后由倫敦塔的中尉埃德蒙・沃爾辛厄姆爵士（Sir Edmund Walsingham）帶上法庭，聆聽檢察長宣讀的起訴狀。她被指控對國王不貞、答應在國王歸天亡後嫁給諾里斯、給諾里斯藏毒的小盒子以便毒死凱瑟琳與瑪麗，其他罪行還包括與她的兄長亂倫。王后堅決否認指控，並且對各項指控提出詳細的答辯。貴族們先退庭商議，然後出庭宣判安・寶琳有罪。諾福克宣布判決：依國王之意，將安王后燒死或斬首。

安・寶琳鎮定而又勇敢地接受了判決。她宣稱：「如果國王允許的話，她想要像法蘭西貴族一樣被刀斬首，而不是像英格蘭貴族一樣被利斧砍頭。」她的願望獲得了恩准；但是在國王的領土中找不到會用刀行刑的劊子手，因此必須將行刑日期由星期四延到星期五，以便向神聖羅馬帝國所轄的聖奧默（St. Omer）借用一位劊子手專家。星期四的夜裡安・寶琳幾乎根本沒有入睡。倫敦塔的院子裡正在爲行刑搭建一座大約五英尺高的行刑台，因此院內傳來的敲打之聲在遠處隱約可聞。清晨，民眾獲准進入院子；不久之後大法官與亨利的兒子里奇蒙公爵、克倫威爾、倫敦市長及郡守們也都來了。

一五三六年五月十九日，劊子手雙手握住他沈重的刀，等候行刑；倫敦塔的駐守先出現，後面跟著安・寶琳；她穿著用皮毛鑲邊的、深灰色錦緞做的美麗晚禮服，裡面還襯著腥紅色的長袍。她選中這件晚禮服是爲了露出頸子，以便於行刑。她得到一大筆錢，以

供施捨群眾。她僅簡單地對群眾說：「我在這裡不是向你們講道，而是來就死。請為國王祈禱吧，因為他是位好人，已盡他所能對待我。我並不指控任何一個讓我死亡人，不指責法官或任何其他的人，因為我犯了國法而甘願就死。」然後她取下她鑲珠的頭飾，露出她已小心束起來的秀髮，以免妨礙到劊子手行刑。

一位宮女用布蒙上了她的眼睛，她跪了下來說：「為我祈禱吧。」在唸主禱文之前，她低下了頭低聲喃喃道：「願上帝憐憫我的靈魂。」「願上帝慈悲我的靈魂。」她又重複說；此時劊子手走上前來，慢慢地看準他的目標。然後大刀畫過天空一斬，便結束了。

當行刑的消息一公布，亨利就穿上了黃色服袍，帽上插了一支翎毛；十天之後他在約克皇宮與珍·西摩爾私下完婚。事實證明，珍·西摩爾是亨利夢寐以求的那種百依百順的賢妻。安·寶琳過於專橫霸道、衝動。在安·寶琳被處決的兩年前，有位大使是這樣描述她的：「當這位婦人想要任何東西的時候，沒有任何人敢反對她；或者即使是敢，也不會那樣做。甚至國王自己也是如此。他們說，國王令人無法置信地任安·寶琳擺布；因此，安·寶琳希望做某些事時，國王雖不喜歡，她還是會不顧國王的反對去做，還會假裝勃然大怒。」珍·西摩爾恰恰性相反，雖然高傲卻溫柔；亨利與她歡度一年半的時光。她是亨利唯一惋惜與哀悼的王后；她就在生下第一個孩子——未來的愛德華六世（Edward VI）之後，馬上就去世了，享年才二十七歲。亨利用王室之禮將她安葬在溫莎宮的聖喬治小禮拜堂。他自己後來亦長眠在她身邊。

【1】　譯注：the Papal States，指義大利。
【2】　譯注：John Huss 捷克愛國者與宗教改革家。
【3】　譯注：英格蘭神學家，曾寫有關之宗教論文。
【4】　譯注：指荷、比、盧三國。

第六章　修道院的末日

　　雖然珍・西摩爾爲王后的期間，宮中一片祥和，但是英格蘭的農村怨聲四起。亨利在歲收上日漸短缺，教會的財產成了誘人的目標。就在安・寶琳受審之前，他親自到了平民院建議一項法案，廢除那些收容不到十二名僧侶的小修道院。這樣的修道院在全英格蘭幾乎有四百所之多，而全部修道院的地租是筆相當大的數目。宗教秩序日益敗壞，爲人父母者越來越不肯將他們的孩子送到修道院。僧侶到鄉村去尋覓新人，時常得將舊的社會地位差別擱置一旁，吸收貧苦的農家的子弟。但是新的見習修士人數不足。在若干修道院，僧侶都放棄繼續召募新人的希望。他們揮霍教徒捐贈的財物、砍伐林木、典當金銀餐盤以及任憑屋宇傾圮失修。許多年來，教會的訪客已發現嚴重的違規情況。廢止修道院的構想並非是全新的想法，沃爾西便曾廢止過幾處小修道院，以資助他在牛津的學院，而從那個時候起，亨利國王爲了他自己的利益，便曾經廢止超過二十所以上的修道院。議會要關閉較小的修道院幾乎是毫無困難，議會也很滿意這些修道院中的教士不是被轉到大的修道院，便是用年金遣散回家。一五三六年的夏季，欽差大臣巡視各地，盡快地解散修道院。

　　亨利國王現在有個新的主要顧問。湯瑪斯・克倫威爾曾在義大利當過傭兵、便衣幹員、放高利貸者，並在沃爾夫手下學習治國之術，但是他也從他師傅的垮台學到教訓。他爲人無情憤世嫉俗，有馬基維利之風（Machiavellian），是新時代（the New Age）的人物。他的雄心與他的精力相得益彰，而他洞澈世事的智力助他發展雄心。他繼沃爾西之後擔任國王的重臣，他並未花費力氣去仿效下台的樞機主教之排場與崇尚浮華。然而，他在治理國家與教會這兩方面的成就都比較穩固。在國家管理上，他設計了新方法以取代他手邊發現的現成制度。在他之前，數百年來國家政策都是由皇家制定和實施的。雖然亨利七世改進了這種制度，但在某種意義上，

他仍然是中世紀型態的君王。湯瑪斯・克倫威爾在他掌權的十年期間，將此制度徹底改革。而他於一五四〇年下台時，政策已經由王室之外的政府部門執行。他引進現代英格蘭的政府機構，這或許是他最大的成就。儘管此一成就並不如他的其他工作那般有戲劇性。克倫威爾是我們偉大國家機構未獲紀念的建築師。

身爲第一大臣（First Minister），湯瑪斯・克倫威爾以顯著、冷酷的效率處理解散修道院的事。這一步頗受富裕者的歡迎。地位顯赫的貴族與鄉紳以優惠的條件得到了所有富庶的產業。有時候鄰近的商人，或是一些倫敦市市民與朝臣買下或租下沒收的教會土地。許多地方鄉紳長期以來都是修道院土地的管事，現在都買下他們曾管理了幾代的財產。整個中產階級對於教會持有特權與財富都感到不滿。那些在經濟上沒有任何貢獻，反而霸佔國家收入達不當比例的那些人，最叫中產階級痛恨。亨利國王卻很受議會與富裕階級的支持。大多數被趕出修道院的僧侶，總數幾乎有萬人之多，堅強地面對必須靠著補助金的救助來過日子。有些僧侶甚至娶了女尼，許多都成了受人尊敬的教區神職人員。解散修道院土地變成了國王的財物，在當時這些土地的價值一年就超過十萬英鎊；而將以前修道院的財產出售出租時，國王又可得到一百五十萬英鎊，雖然遠低於財產所值，但在當時也算是一筆偌大數目。這種交易的主要結果生效了，雖不是意圖如此，但也使擁有土地的階級與商人階級都擁護宗教改革與支持都鐸王朝。

對大眾產生的直接衝擊，則難以判斷。堅強的勞工階級似乎沒有遇到失業或陷入困境的情況。但是許多貧窮、孱弱、有病痛的人，尤其是在北方的人，修道院的慈善事業曾是他們唯一能找到的救助，後來有很長一段時間被忽略了。

舊傳統勢力在北方很難消失，新秩序激起的阻力比在南方遭到的反抗更大，新的世俗地主也比原來的教會地主更加惡劣。但是，一般社會大眾不是唯一實施圍地的地主。宗教改革之前，不只一位以上的大修道院院長都曾設法藉各種手段圍地來改善農業與畜牧。

爲了滿足日益成長的人口與紡織業拓展之需要，英格蘭的農業正開始由農耕轉向放牧。因此教會產業的新主人——鄉紳階級與商人階級提供的觀念與投資的金錢，豐富了縱橫阡陌的土地。有時宗教改革被認爲應當爲現代經濟制度中所有弊病負起責任。然而，如果這些弊病眞是弊病，早在亨利八世懷疑他與亞拉岡的凱瑟琳之間的婚姻是否有效之前，便已經存在。湯瑪斯・摩爾雖然未能活到看見事件的發展，卻曾經在他所著的《烏托邦》（Utopia）一書中爲他同時代的人們勾勒出新經濟制度的鮮明特色。

　　宗教改革運動深刻地改變了宗教信仰的領域。《聖經》現在有了新的、影響深遠的原則依據。老一代的人認爲《聖經》落在沒有學識者的手中是很危險的，而也只能供教士閱讀。諾福克公爵說：「我從來就沒讀過《聖經》（the Scripture），未來也永遠不會去讀它。在新學問出現之前，英格蘭一片祥和。唉，我寧願所有的事物都像過去一樣。」由丁道爾（William Tyndal）[1] 與科佛代爾（Miles Coverdale）[2] 所翻譯的英文《聖經》完整版，已經在一五三五年秋末首次出版，如今已經再版多次。政府禁止教士鼓勵大眾閱讀《聖經》，而且還有流言說，亨利國王在宗教事務上的代理人（Vicegerent）——湯瑪斯・克倫威爾，曾經幫忙推動此項翻譯工作。除非有主教在場，否則即便是得到許可的傳教士，全都暫時停止傳教，一直要到米迦勒節（Michaelmas，九月二十九日）之後才恢復傳教。而一五三六年八月湯瑪斯・克倫威爾下令，要以母語而非拉丁語，教授主禱文與戒律。次年，克蘭默爲教導大眾而編寫的《基督徒的基本原則》（The Iustitution of a Christian Man），顯示了明確支持新宗教的觀念。這的確是一大改變與揭示。百姓都非常地激動，尤其是在有強烈天主教背景的與經濟落後的北方。

＊　　　＊　　　＊　　　＊　　　＊

　　秋天，過了米迦勒節開始課徵新稅的時候，英格蘭北部與林肯郡聚集了大批農民與鄉下人（yokel），揚言要抵抗新稅制並且維

持舊的教會秩序。這項暴動以「慈悲的朝聖之旅」（the Pilgrim-age of Grace）爲名，是非強制性的。其領袖是個名叫羅伯特·阿斯基律師（Robert Aske），他是被眾人拱到這個位置的。貴族與高階教士都沒有參加。雖然暴動者的人數超過國王的募兵，國王除了王室衛士（the Yeomen of the Guard）外，便別無其他正規部隊，但是亨利立刻顯示出沃爾西所稱的「國王的胃口」[3]。他拒絕與暴動者妥協。當他的稅務官們在林肯郡被暴動者囚禁時，他發出了令人害怕的訊息：

「這些人實在太兇惡了，除非你能夠說服他們解散，並且把帶頭者的主謀都綁起來送交軍官，用他認爲最好的方式處置他們……否則我們就沒有其他方法拯救他們。我們已經派遣薩福克公爵，……率領十萬騎兵與步卒、軍火、大砲火速前往……我們也已經指派另一支大軍，當暴動者一旦走出他們的地盤，便進攻他們的地盤，盡一切力量焚燒、劫掠、摧毀他們的財物、妻子與子女。」

在這之後，稅務官員報告說，整體而言老百姓都預備承認國王是教會的最高領袖，也容許他以津貼的方式，取代他原先想要徵收的「初次收益」（the First fruit）與「什一稅」，這兩項原先都是屬於教士的。他們說：「但是他這一輩子都再也不會拿到老百姓的錢，也別想再壓迫任何大修道院。」他們仍舊抗議國王遴選的諮議大臣，並且要求罷免湯瑪斯·克倫威爾、克蘭默與四位主教，他們被疑爲傳播異端邪說。

亨利堅定地回答道：「關於遴選諮議大臣一事，我從未讀過、聽過或知道有任何一位君王的諮議大臣與高級教士，是由粗魯無知的平民來任命。……所以你們這一個郡的粗魯平民、全國如禽獸一般最野蠻的一群人，毫無經驗竟然敢找你們國王的錯誤，是何其放肆。……至於關閉宗教集會所一事，要知道這是我們國家所有宗教與世俗的貴族憑藉「議會法」（Act of Parliament）執行的，不是諮議大臣根據他們的意願或幻想而提出來的，就像你們那樣以不當的方式要勸服我們的國家那樣。」亨利補充道：「如果暴動者不願

意投降，他們與其妻兒都將成爲刀下之鬼。」約克郡的叛衆也與林肯郡的暴動者有同樣的目標，這些目標一如他們的誓言所示：「我以我對萬能上帝的愛發誓……不容與全體國民爲敵的邪惡血統與邪惡決策享受祂的恩典，堅決保護我面前的基督十字架，堅持基督的信仰。復興教會、打擊這些異教徒及其邪說。」

一五三七年年初，叛亂像它興起時那樣快速地潰散，但是亨利決心懲治主謀者來殺雞儆猴。單單在「卡萊爾大審」(Carlisle Assizes)中，就有七十人被當作叛徒，處以絞刑。而當常勝將軍諾福克似乎有意寬容叛亂者時，亨利派人傳話給他說，他渴望處決大批人犯。總共約有兩百五十名叛亂者被處死。

暴動分子曾經反對徵稅與關閉修道院。亨利現在以加強徵稅作爲回應，並且在鎮壓叛亂後開始關閉修道院。政府爲了給舊教更深的打擊，在巴黎大量印製英文版《聖經》，這個版本比以前任何的版本都豪華，並於一五三八年九月指示，國家每個教區都應當購買整套英文版的《聖經》，置於各個教堂，教區的居民才方便閱讀同一版本的《聖經》。據說，六大本的《聖經》置於倫敦市的聖保羅教堂，大批教民整天聚集在這大教堂閱讀它們，特別是在找到聲音洪亮的人朗誦它時。這本《聖經》一直是後來所有版本的依據，包括詹姆斯一世(James I)時所準備的「欽定版本」(the Authorised Version)。

*　　　*　　　*　　　*　　　*

截至此時，湯瑪斯‧克倫威爾在政壇都一直很得意。但是，他開始與老派貴族的保守作風衝突。老派貴族對政治革命非常的滿意，但是他們希望在國王取得最高權力之後，宗教改革就可以停止了，而且他們反對克蘭默與他的追隨者們改變教義的作法。諾福克公爵是這種股勢力的首腦，而國王是堅守正統思想也同意他們的，除了在他的感情或是利益關係也攪進來時。溫徹斯特的主教，後來瑪麗女王的參贊——史蒂芬‧加德納是諾福克一群人的幕後智囊。這些領袖們費心地指出，法蘭西與神聖羅馬帝國皇帝可能入侵英格

蘭，並且執行教皇宣稱廢黜王位的判決。亨利本人著急地想要避免與歐洲列強在宗教上決裂。天主教的陣線似乎太過強大，而湯瑪斯‧克倫威爾在海外能找得到唯一盟友，是一些微不足道的日耳曼小公國。諾福克派抓牢這些重大議題，留心等待他們的機會。機會就像亨利王朝其他許多令人懷念的行動一樣，是伴隨著亨利的婚事而來。

由於亨利拒絕與歐洲大陸的路德派教徒（Continental Lutherans）妥協，修改教義教會儀式，湯瑪斯‧克倫威爾什麼也不能做，只能尋求與德意志北部的路德派諸侯在政治上結盟，引進有學問的路德派神學家（divines），以及為一位英格蘭公主，甚至是為亨利本人交涉與日耳曼聯姻一事。亨利現在是位鰥夫。他考慮聯姻的一個歐洲大陸家族是克利夫斯公國（the Duchy of Cleves）。這個公國在某種程度上與他持有相同的宗教態度，痛恨教廷，又限制路德教派（Lutheranism）。然後外交方面傳來了驚人發展的消息。法蘭西大使與神聖羅馬帝國大使一齊來見亨利，通知他，法蘭西斯一世邀請現在正在西班牙領地的查理五世，在去平定剛特叛亂時，務必路經巴黎，查理五世已經接受了邀請。這兩位國王決定要忘掉舊恨，共創大業。

這樣一來，與德意志北部的諸侯結盟對抗兩位天主教國王一事，現在似乎是勢在必行。亨利與克利夫斯的長公主（Princess of Cleves）安（Anne）的聯姻的談判便匆匆進行。湯瑪斯‧克倫威爾報告說，安‧克利夫斯的媚力是有口皆碑的。他表示：「對於她的面貌與身材，每個人都是讚嘆有加。有人說她的美勝過米蘭公爵夫人（the Duchess of Milan），猶如金色的太陽壓倒了銀色的月亮。」當代繪畫大師，宮廷畫師霍爾班（Hans Holbein）奉命繪製她的肖像，這幅肖像現在可能在羅浮宮（Louvre）還可以看到。這幅肖像並沒有表現出安‧克利夫斯公主的美色。英格蘭駐克里夫斯的大使警告過國王：「這幅畫像非常的栩栩如生。」他還補充道，安‧克利夫斯僅會說德語，大部分的時間都在刺繡上不會唱

歌，也不會彈奏任何樂器。她三十歲，非常高挑纖細，臉上洋溢著自信與果斷，有點雀斑。但是，據說她機智且活潑，不會過分沈湎於啤酒。

安·克利夫斯在加萊過耶誕節等待風暴減弱，於一五三九年的最後一天抵達羅徹斯特。亨利已經整裝搭乘他的私人遊艇航行前往，所帶禮物中，還有一張上好的黑貂皮。亨利在新年元旦匆匆前往探視她。但是一看到她，他既驚愕又侷促不安。一路上細心盤算好的擁抱、贈禮與問候全都忘得一乾二淨。他囁嚅著說了幾句話後便回到遊艇，在艇中一語不發有幾分鐘之久。最後他非常悲哀，若有所思地說：「我在這個女人身上看不到人們報告中所說的長處，而我很訝異，聰明的人居然做出來這樣子的報告。」回程時他告訴湯瑪斯·克倫威爾：「隨便他們想說什麼。她可是一點都不漂亮。這個女人只不過身材不錯，別無其他優點。……如果我事前知道的像現在這麼多，她就絕不會來我國。」他私底下稱呼她為「法蘭德斯的牝馬」（the Flanders Mare）。

但是來自海外的威脅迫使亨利不得不履行他的婚約。後來他告訴法蘭西大使：「你們已經將我推到死角。但是，感謝上帝，我仍然活著，也不是一個像我所想的小國王。」因為他現在像歐洲的任何人一樣，對於相關婚姻的教會法規（Canon Law）非常瞭解，他將自己變成了在法律上婚姻可能被宣布無效的完美範例。他並沒有同安·克利夫斯圓房。他告訴他親密的諮議大臣，由於政治的需要，他違反自己真正的意願與良心完成了婚姻的形式，是因為他害怕引起世界上騷動及驅使安·克利夫斯的哥哥克利夫斯公爵落入神聖羅馬帝國皇帝與法蘭西國王二人的手中。安·克利夫斯有個並未充分清楚的婚約，她以前曾經與洛林公爵（Duke of Lorraine）之子有過婚約，而此項婚約並未解除。事實上，亨利僅僅是在等待時機，注視歐洲的情況，直到時機成熟可以採取離婚行動。

諾福克與加德納現在看到了他們的機會，可以藉另一位新貴婦打垮湯瑪斯·克倫威爾，就像當年被打垮沃爾西一樣。諾福克的另

一位侄女凱瑟琳‧霍華德（Catherine Howard），在加德納的府中引見給亨利，亨利對她一見鍾情。諾福克派很快強大得足以向湯瑪斯‧克倫威爾的權勢挑戰。一五四〇年七月亨利被說服，甩脫湯瑪斯‧克倫威爾與安‧克利夫斯。湯瑪斯‧克倫威爾依「褫奪公權法案」（the Bill of Attainder）被處死。他的主要罪狀是相信異端邪說並且「散發」謬誤的書籍，以及被影射叛國。安‧克利夫斯同意取消婚姻，教士會議宣布它無效。她在英格蘭住下來，靠年金過了十七年。湯瑪斯‧克倫威爾於七月二十八日被處決後幾天，亨利私下與他第五任妻子凱瑟琳‧霍華德締婚。

　　凱瑟琳年約二十二歲，秀髮是赤褐色，雙瞳淡褐，是亨利妻子當中最清秀的一位。他的精神復振，健康已恢復，便到溫莎去減輕體重。法蘭西大使在十二月分報告說：「亨利國王已經採行新的生活規則，在五、六點鐘起床，在七點鐘望彌撒、然後騎馬直到十點鐘回來進餐。他說他感到在鄉下過日子比他整個冬天住在倫敦城的府邸要好得多。」

　　但是不久，性情狂野，脾氣極大的凱瑟琳對於比她年紀大上三十歲左右的丈夫感到不滿意。她與她的表兄湯瑪斯‧卡爾佩帕（Thomas Culpeper）無所忌憚的戀情被人發現了，而她也於一五四二年二月在倫敦塔被處決，是安‧寶琳被斬首的同一地點。在處決的前一天晚上，她請求給她一個木塊，讓她可以練習將她的頭放在上面。她走上行刑台的時候說：「就死時是位王后，但我寧可死時是卡爾帕的妻子。願上帝憐憫我的靈魂。好百姓，我求你們為我祈禱。」

　　亨利的第六任妻子凱瑟琳‧帕爾（Catherine Parr）是一位嚴肅、個子嬌小的寡婦，來自英格蘭湖區（the Lake District），年三十一歲，有學問，對神學問題感興趣，在亨利之前有過兩位丈夫。她在一五四三年七月十二日於漢普頓宮（Hampton Court）嫁給亨利。一直到三年後他駕崩，她都是他敬佩的妻子，照料他潰爛的大腿，但是潰爛的大腿持續地惡化，終於使亨利喪命。她設法使

亨利與未來的伊莉莎白女王父女兩人言歸於好。瑪麗與伊莉莎白都很喜歡她；她命好，比她的丈夫長壽。

　　　　＊　　　　＊　　　　＊　　　　＊　　　　＊

　　這位聰明的、年輕的文藝復興時代的王子已經老了，也變得喜歡發怒。腿痛使亨利脾氣暴燥；他受夠那些弄臣與那些跟他一樣缺乏耐性的人。猜疑佔據他的心，他的行動極其無情。他與凱瑟琳‧帕爾結婚時，正在準備打他最後一場戰爭。蘇格蘭是這次衝突的根源。兩個民族的仇視仍舊存在，一次次地沿著荒野的邊界發生。亨利重提過時的宗主權（suzerainty），譴責蘇格蘭人是叛徒，對他們施壓，要他們放棄與法蘭西的結盟。蘇格蘭人在哈利敦山脊（Halidon Rig），擊敗了英格蘭人的侵襲。然後在一五四二年的秋天，諾福克率領的一支遠征軍又在克爾蘇（Kelso）敗陣，打敗仗的主因除了是糧食補給短缺外，它還讓英格蘭軍無啤酒可飲。蘇格蘭人順勢將戰爭推入了英格蘭境內。這個決定招致災難。因為領導無方，組織不夠完善，蘇格蘭十萬大軍有半數以上在索爾威苔地（Solway Moss）喪命，徹底被擊潰。聽到這重蹈福洛登戰役覆轍的消息，詹姆斯五世就死了，將蘇格蘭王國留給才一歲大的女兒瑪麗，即後來著名的蘇格蘭瑪麗王后。

　　這個孩子馬上成了爭奪蘇格蘭的焦點。亨利要求她作他自己兒子、繼承人的新娘。但是，蘇格蘭的太后是法蘭西的瑪麗‧吉茲（Mary of Guise）公主。親法的天主教黨派以樞機主教比頓（Cardinal David Beaton）為首，拒絕亨利所提的條件，並且開始同法蘭西人談判，要將瑪麗嫁給法蘭西的一位王子。英格蘭從來都不會接受這樣的聯姻。在與法蘭西鬥爭時曾經求助於亨利的神聖羅馬帝國大使發現，他自己在亨利的宮中備受歡迎。英格蘭與神聖羅馬帝國再度共同攜手抗法，一五四三年五月，查理五世與亨利便批准了一項密約。這一年一直到一五四四年春天，都在繼續備戰工作。亨利將蘇格蘭戰事交給了珍‧西摩爾王后的兄長愛德華‧西摩爾，現在的哈特福伯爵（the Earl of Hertford）；亨利自己要渡

過英吉利海峽，率軍與神聖羅馬帝國東北的部隊一起攻擊法蘭西斯一世。

這個計畫很傑出，但是執行失敗。亨利與查理五世互不信任，互相懷疑對方在另外尋求與法蘭西議如。亨利擔心被深深拖入查理五世的計畫，開始積極包圍布倫。這個城於九月十四日陷落，但至少亨利的軍事行動有具體成果，可以讓他爲他自己慶功。五天之後查理五世與法蘭西斯一世締結和約，拒絕聽亨利的抱怨與勸誡。同時，在蘇格蘭的英軍火燒愛丁堡，將大部分地區夷爲平地，之後便無力前進，一五四五年二月在安肯魯姆沼澤區（Ancrum Moor）遭到擊敗。

亨利的處境岌岌可危。沒有任何盟友，英格蘭面臨著法蘭西與蘇格蘭一齊入侵的可能性。這場危機呼籲英格蘭人民要做前所未有的犧牲，百姓從未曾被要求要繳納那麼多的貸款、捐款與稅金。爲了作人民的表率，亨利將他自己的金銀餐具溶化掉了，將他的產業抵押掉了。他在樸茨茅斯親自爲即將到來的入侵行動做準備工作。一支法蘭西艦隊突破了索連特海峽（the Solent），一批部隊在威特島（the Isle of Wight）登陸；但是他們馬上便被擊退，危機漸逝。次年英法簽訂和約，布倫落入英格蘭人之手，八年之後法蘭西才以高價贖回。蘇格蘭問題還未解決。英格蘭的戰爭悶燒著，雖然在比頓樞機主教遭到刺殺後，戰火曾一度戰火擴大，但是並未決定勝負。亨利在蘇格蘭完全失敗。他不願意寬厚地解決與蘇格蘭的衝突，又缺少強迫蘇格蘭人服從自己的力量。隨來的五十年間，他們還將嘲弄亨利，還找了亨利的後代繼承人麻煩。

一五四六年，亨利尚只有五十五歲。秋天，他像往常一樣出巡，經過薩里與柏克郡到溫莎，並且於十一月初返回倫敦。他從此再也沒有活著離開首都。在這最後幾個月當中，有個問題盤據在所有的人心中：大家早就知道這個王國的繼承人會是個九歲的孩子，但是，誰才是王位背後掌權的人呢？諾福克，還是哈特福呢？是保守派，還是改革派呢？

突然出乎意料之外有了三個答案。一五四六年十二月十二日，諾福克與他的詩人兒子薩里因叛國而遭到逮捕，送往倫敦塔。薩里的愚行導致這不可避免的麻煩。他口沒遮攔地談國王可能會死亡的時間，還不合時宜地想起自己是愛德華一世的後代，他又曾經不顧傳令官的阻止，將王室的紋章與他自己的紋章同時置於盾上。亨利記得，幾年前諾福克曾被推為可能的王位繼承人，也有人建議讓薩里做瑪麗公主的駙馬。他的疑心病大作，快速採取行動。一月中旬，薩里被處死。

議會通過了對付諾福克的「褫奪公權法案」。二十七日星期四，王室同意諾福克被定死罪。但是同一天傍晚，亨利本人垂危。御醫都不敢告訴他實況，因為依「議會法規」，預言國王何時死亡算是叛國。然後，漫長的時辰慢慢地逝去，安東尼‧丹尼爵士（Sir Anthony Denny）「大膽地走到國王面前，告訴他的病情，依人們的判斷他不可能活下去了；因此勸他準備歸天。」亨利堅強地接受了這個不愉快的消息。有人勸他召見大主教，他回答他想先「小睡一下；然後，當我感到好一點，就會安排後事。」在他睡覺同時，哈特福與佩吉特（William Paget）[4]在外面的迴廊走來走去，謀畫如何鞏固他們的權力。午夜前，亨利醒了過來。他請人請克蘭默前來。但克蘭默來時，亨利已經虛弱得無法講話，只能將他的手伸向克蘭默。幾分鐘之後，這位至尊領袖便停止了呼吸。

＊　　　＊　　　＊　　　＊　　　＊

亨利的統治期間，英格蘭的國家成長與國家性格有許多進展，但是這個朝代處死過太多人，不免成為亨利人生的污點。兩位王后、兩位國務大臣、一位像聖徒的主教、無數的大修道院院長、僧侶、與許多敢反抗國王意志的普通百姓都被處死。貴族中幾乎有王室血統的每位成員，都在亨利一聲令下死在行刑台上。羅馬天主教徒與喀爾文派教徒都因異端邪說與宗教叛亂罪，被處以死刑。這些迫害可能是以審訊法庭的形式，或是執法官員在國王面前主持的莊嚴儀式，這些均是燦爛的文藝復興帶來的野蠻結果。虔誠的信男、

信女捆在柴薪中遭受折磨，公堂上的酷刑、甚至對於微不足道罪行施加的重罰，都與人道主義的開明原則形成厭惡的對比。但是亨利的臣民並沒有因為厭惡他而背棄他。在歐洲的動盪中，他既無軍隊也無警力，卻成功地維持著英格蘭的秩序，他強加在英格蘭的紀律，是其他地方所沒有的。在這進行了一世紀的宗教戰爭中，英格蘭人並沒有為了信仰，拿起武器與自己的同胞戰鬥。奠定海權基礎、恢復議會制度、給予人民英文版的《聖經》等，都得歸功於亨利的統治；而最重要的是加強了受到歡迎的君主政治，在法蘭西和日耳曼為內部鬥爭傷神之際，後代才能共同為英格蘭的強盛而努力。

【1】　譯注：William Tyndal，英格蘭新教殉難者。
【2】　譯注：Miles Coverdale，英格蘭奧斯定會托缽教士。
【3】　編注：請見第四章。
【4】　譯注：William Paget，政治家。

第七章　新教的奮鬥

在亨利八世統治下的英格蘭宗教改革，自他的熱情與權力欲中得到了它的指導動力。亨利仍舊認為自己是位不錯的天主教徒。不過，他信奉天主教的妻子們都未曾為他生個兒子。亞拉岡的凱瑟琳生了未來的瑪麗女王，安・寶琳生了未來的伊莉莎白女王；而信奉新教的西摩爾家族的女兒珍生了個兒子，後來他成了愛德華六世（Edward VI）。亨利八世與全國人民都非常擔心王位繼承會發生問題。為他唯一一個合法的兒子捍衛英格蘭王位的希望與職責，促使亨利在執政晚期與羅馬決裂，也與他衷心所持的宗教信仰決裂。然而，信奉天主教的諾福克家族保有著他們大部分的權力與影響力。他們的女性親屬凱瑟琳・霍華德可能被處決；他們的子弟詩人薩里，可能隨她之後步上行刑台；修道院的土地可以被沒收，而《聖經》可用英文印出來；在亨利還活著時，他們是改革派的阻礙。亨利曾經限制過克蘭默的教義革新，並且大體上支持諾福克派的利益，這派是以溫徹斯特主教史帝芬・加德納（Stephen Gradiner）為代表的。如此便有了實際可行的妥協方式。亨利對於如何做個君王與選擇配偶上，都依照他自己的方式，但是他從來都認為，沒有必要改變臣民生來就習慣的宗教信仰或者是儀式。

雖著新王朝開始，一道更深、更強大的潮流流竄。年幼的君王的監護人兼首相是他的舅舅愛德華・西摩爾，現在是索美塞特公爵（Duke of Somerset）。他與克蘭默著手將亨利八世的政治改革轉變成宗教改革。來自日耳曼，甚至遙遠荷蘭的學者，被請到牛津大學與劍橋大學擔任教席，以改革的教義來教育新一代的教士。克蘭默以出色的英文寫成的《祈禱書》（The Book of Common Prayer），於一五四九年得到議會批准。索美塞特下台後，接下來《宗教的四十二項教規》（the Forty-two Articles of Religion）及第二本《祈禱書》問世。至少在理論上，這兩部書一直使用到英格蘭變成新教國家的時候。索美塞特與克蘭默都是真誠的人，都堅信

他們想要全國人接受的宗教觀念。但是大眾既不知道也不在意神學戰爭，還有許多人積極地反對自外國輸入的教條。

索美塞特僅僅是根據亨利的遺囑而任命的護國公中的一位成員，他耀眼卻也很危險的「護國公」（Protector）地位，在法律上無依據，也無先例可言。他的對手都心懷嫉妒，環伺在側。甚至於他的弟弟，高級海軍將領大臣（Lord High Admiral）湯瑪斯‧西摩爾也有野心。臉色蒼白的年幼君王愛德華六世，體質不佳患了肺癆，可能活不長久。下一位新教繼承人是伊莉莎白公主。她現在與亨利最後一位，也是運氣最好的妻子——凱瑟琳‧帕爾夫人住在一起。凱瑟琳‧帕爾已嫁給了這位高級海軍將領。湯瑪斯‧西摩爾甚至在他妻子去世之前，便向年輕的伊莉莎白公主猛獻慇懃，在她的臥室中打情罵俏，而後導致醜聞。湯瑪斯‧西摩爾圖謀反抗他兄長的證據被人發現了，護國公在一五四九年一月不得不以「褫奪公權法」將他判處死刑，在塔丘的刑台結束他的性命。因此，索美塞特度過了新王朝的第一次危機。

*　　　*　　　*　　　*　　　*

農村的貧苦與不滿，遠比來自個人的威脅嚴重。中世紀英格蘭的生活與經濟正快速地解體。地主看出可以藉生產羊毛發財，而鄉村社區降低了利潤。幾十年來，地主與農人之間的爭鬥不斷。鄉村社區人民的權力與特權慢慢地而又必然地遭到侵犯與取消。私人佔去了公用地，圍起來公用地變成牧羊場地。修道院瓦解後，除去了舊制度中最強、最保守的勢力，一時之間給正在進行的經濟變革程序新的動力。圍地倍增帶給全國不幸。在若干郡縣中，有多達三分之一的耕種農地都變成生長青草的牧地，對於在關閉修道院之際囊括財物，卻仍然貪婪的新貴族，遭人民怒目而視。

因此，索美塞特必須面對英格蘭有史以來最糟的一次經濟危機。不僅是失業的情形廣布四方，亨利貶低幣值也引起種種困難。受人歡迎的傳道者大聲地斥責，休‧拉蒂默主教（Hugh Latimer）於一五四八年在保羅十字架（Paul's Cross）前所做的《犁田布道》

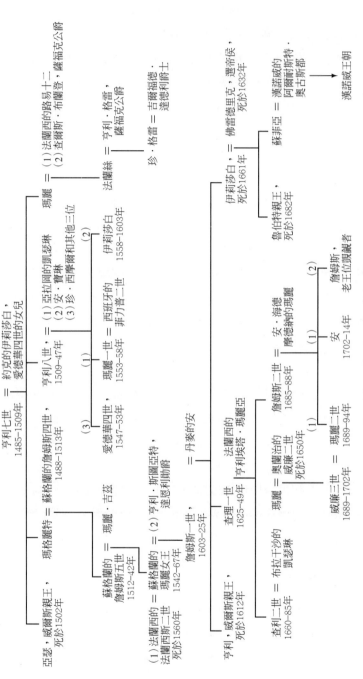

都鐸和斯圖亞特王朝

（The Sermon of the Plough），是對都鐸王朝的著名抨擊。他說：「過去人們富有憐憫心與同情心，但是如今卻毫無憐憫之情。因為在倫敦，他們的同胞將在街頭凍斃；他們自己將臥病在樹幹之間（即門柱之間），然後餓斃。在過去，任何富人在倫敦死去，會捐獎學金用來幫助大學裡的學者。當任何人臨死時，都會遺贈大筆金錢用來濟貧。……善心義行已變冷；沒有人幫助學者或賑濟貧民。聖諭（God's Word）[1] 的知識已經揭露，許多認真的研究與工作已經提出，可是幾乎沒有人幫助實現這些聖訓。」一五四九年的春天，拉蒂默再度講道，抨擊那個時代的罪惡、「人類造成的不詳的與可怕的的匱乏。」「你們這些地主、收租金，還有繼任領主，你們每年自領地拿到的太多了。……我要告訴你們，我的領主與主子們，這可不會增加國王的榮譽。為了國王的榮譽，要領導他的臣民信仰真正的宗教。為了國王的榮譽，應當推動公益、供給匱乏之物，讓這個國家所有的物品都能充分為人利用，讓其臣民都有工作，不會游手好閒。如果國王的榮譽，像某些人所講的，是在廣大的人民之中，那麼這些放牧者、圍地者與放租者，則是毀壞國王的榮譽。因為曾經有許多人居住戶的地方，現在都只有牧人與他的狗。我的領主與主子們，這樣的行徑顯然是有意要將自耕農變成奴隸。增加生產量與發展牧羊業，全都成了增加你們的私人物品與財富。你們過去已經擁有太多，現在又加倍擁有更多。即便，傳道者說破嘴，還是沒有改善這種情況。」

　　索美塞特身邊的人，都曾經用拉蒂默所譴責的方法賺錢。他自己同情農民，任命委員會調查圍地問題。但是此舉反而增加了不滿，鼓勵被壓迫者自行奮鬥。兩起暴動爆發。西南地區的天主教農民起來反抗《祈禱書》，而東部各郡縣的鄉下人反抗建立圍地的地主。這正好給索美塞特的政敵可乘之機。一五二四年至一五二六年，日耳曼在宗教改革之後發生流血的「農民戰爭」，城鄉比較貧窮的階級在改革者斯文利的率領下，起來反對壓迫他們的貴族。一五四九年，同樣的事似乎也要發生在英格蘭。外國的傭兵平定了西

部的叛亂。但是在諾福克，麻煩比較嚴重。一位名叫羅伯特·凱特（Robert Ket）的製革廠的廠主帶頭起事。他在諾威治城外的鼠穴丘（Mousehold Hill）建立他的總部。在以樹枝蓋頂的茅屋所構成之營地裡，聚集了大約有一萬六千名農民。凱特日復一日在大橡樹下審訊被控掠奪窮人的鄉紳。並無流血事件，但是鄉紳因圍公地而得到的財產，都歸還給了大眾，暴動分子藉地主的牛羊牲畜過活。地方當局毫無能力，據知索美塞特瞭解了他們的抱怨。社會失序的情形擴展到了約克郡，並且馬上在密德蘭地區引起回響。

　　沃里克伯爵（the Earl of Warwick）約翰·達德利（John Dudley），是亨利七世代理人的兒子，現在抓住了他的機會。他在亨利八世討伐法蘭西的軍事行動中，顯示他的軍事才能，他也小心翼翼的隱藏他真正的性格與動機。他是個自私自利、精力充沛的人，提倡擁有財富與財產。現在他奉命指揮部隊，去平定農民暴動。政府覺得本身的軍事實力很弱，所以承諾暴動者可以無條件赦免。但凱特不為所動。王室傳令官來到他的營前，但是一件小意外招致災禍。當時凱特正站在橡樹旁邊，在沈思默想如何接見沃里克，一個小頑童以「不當的言語與不雅的姿勢」引起傳令官一行人的注意，小頑童立刻被火繩槍（arquebus）擊斃。這項槍殺事件激怒了凱特的追隨者。雙方遂開始戰鬥起來。沃里克的精銳部隊是日耳曼的傭兵，他們精準的射擊訓練粉碎了農民的陣勢。三千五百人被殺。沒有傷者。少數人為了活命，躲在農車（farm cart）後面，但還是投降了。凱特被俘，在諾威治堡被處以絞刑。沃里克因此而得到強人的美名。

　　索美塞特的敵人都為恢復次序搶著爭功。他們將東部的起義歸罪於索美塞特的圍地委員會以及他對於農民的同情；並且將西部的叛亂歸罪於他的宗教改革。他的外交政策使蘇格蘭人與法蘭西結盟，他也丟掉了亨利八世征服的布倫。沃里克成了反對派的領袖。他的黨派被稱為「倫敦貴族」（The Lords in London），商討採取對付護國公的步驟。沒有任何人支持護國公。反動派遂不費吹灰

之力接掌了政權。索美塞特在倫敦塔中關了一陣子之後，變得毫無權勢，數月後他被允許出席樞密院；但是情勢越變越壞，支持他的人越來越危險。一五五二年一月，他盛裝像是參加國宴一般的在塔塚被處決。這位英俊且好心的人未能整頓亨利王朝的紊亂情形，反而成了他所冒犯的兇狠利益集團手下的犧牲者。不過，英格蘭人民數年來都記得他是位「善良的公爵」（the Good Duke）。

　　他的繼任者都比較不慎重，甚至於比較不成功。弗勞德（James Anthony Froude）[2] 寫道：「在古代制度的殘骸中，國家因人民的悲慘際遇、道德淪喪與社會混亂而解體，在這個時候，英格蘭的有識之士無法不問，他們由宗教改革得到了什麼好處。……政府腐敗、法庭貪贓枉法。商人階級僅關心發財致富。大眾都因爲受到壓迫而造反。在那些未受污染的好人與精英分子仍然站在宗教改革這一邊。」英格蘭有名無實的國王愛德華六世是個十五歲、冷酷、傲慢的病人。他在他的日記中記著他舅舅的死亡，但並未添上任何評語。

＊　　　　＊　　　　＊　　　　＊　　　　＊

　　沃里克成爲諾森伯蘭公爵，由於階級反抗與社會不安，他的政府反而團結在一起。他掌權三年，充分展現出統治階級的貪得無饜。改革教義只是沒收更多教會土地的藉口，新主教們必須交出部分的主教產業才能被授以神職。愛德華六世的「大學預科學校」（The Grammar school），不過是伊莉莎白王朝爲了把沒收的修道院土地用來辦教育，而完成的龐大計畫之肇始。湯瑪斯・摩爾對「政府」的定義是：「富人藉國家的各種名義進行巧取豪奪的陰謀手段。」這個定義非常適合那幾年的英格蘭。

　　這個時期有項引人注目的事業。這可視爲英格蘭與東歐一個新興強國展開關係的開端，迄至此時大家知道這個強權國家叫做「莫斯科維」（Muscovy），但是不久之後，它便稱作俄羅斯（Russia）。一小夥英格蘭人想要尋找經由北極海域（Arctic waters）通往亞洲的東北航道。在亞洲北部沿海地區，可能有人想

要購買英格蘭布匹與其他產品。早在一五二七年，有書問世並預言
這個新發現。其中有句話響起：「沒有不能居住的土地，也沒有不
能航行的海洋。」一五五三年，莫斯科維商業冒險家公司（the
Muscovy Company of Merchant Adventurers）得到政府的贊
助，支持一項探險。一位經驗豐富的老海員塞巴斯提安・卡博特
（Sebastian Cabot）被招攬來擔任公司的負責人，塞巴斯提安・卡
博特約在五十年前曾陪自己父親航行到紐芬蘭（Newfoundland）。
五月，三艘船在休・威洛比（Hugh Willoughby）與理查・錢斯
勒（Richard Chancellor）的率領下出發。威洛比與他的船員都
在拉布蘭（Lapland）[3] 的外海遇難。但是錢斯勒在阿爾漢格爾
（Archangel）過冬，於春天時才橫越陸上，抵達「恐怖的伊凡」
（Iran the Terrible）在莫斯科（Moscow）的宮廷。長久以來日耳
曼的漢薩鎮（Hansa）阻礙英格蘭商人進出整個北歐，這種壟斷現
象現在已被打破，英格蘭與俄羅斯開始進行貿易。在第二次航行的
時候，錢斯勒遇到暴風雨，在蘇格蘭外海溺斃。他的一位同伴安東
尼・詹金森（Anthony Jenkinson）繼續進行他的事業。在伊莉
莎白女王統治時期，詹金森曾經三度訪問俄羅斯，成了沙皇（the
Tsar）[4] 的密友。他沿著馬可孛羅（Marco Polo）走過的絲路到
達土耳其斯坦（Turkestan）境內的城市布卡拉（Bokhara）；他
渡海進入波斯（Persia），成為第一位在裏海（the Caspian Sea）
的上空揚起英格蘭國旗的人。但是這些冒險都屬於一個更偉大的時
代，而不是愛德華六世與他繼位者的時代。

　　根據一五四三年的「王位繼承法」（the Succession Act），
下一位王位繼承者是瑪麗公主——亞拉岡的凱瑟琳信奉天主教的女
兒。諾森伯蘭可能非常害怕未來。有一陣子，他想以伊莉莎白取代
她的異母姐姐瑪麗。但是伊莉莎白現在十九歲，就其年齡而言，她
算是十分老練而謹慎，她自己無意捲入這樣的安排。諾森伯蘭於是
孤注一擲地策畫了一項計畫。亨利七世的小女兒曾嫁給薩福克公
爵，依照亨利八世的遺囑指定，他們的後嗣可做為他自己親生子女

之後的繼承人。薩福克一系中年紀最長的孫輩是十六歲的珍‧格雷小姐（Lady Jane Grey）。諾森伯蘭讓小姐與他的兒子吉爾福德‧達德利（Guildford Dudley）結婚。年輕的國王殯天後，不可避免地引發一場軍事政變。但是，現年三十六歲的瑪麗公主非常謹慎行事，避免引起諾森伯蘭進一步的行動。在愛德華六世病重的時候，她在諾福克公爵的領地避難，不去為她的弟弟送終。一五五三年七月六日愛德華六世過世，在倫敦宣告珍‧格雷小姐成為女王。這項宣布引起的唯一反應便是日增的抗拒。全國都十分痛恨諾森伯蘭。一般人民群起支持瑪麗。樞密院大臣與倫敦市當局都順應潮流。諾森伯蘭現在完全沒有盟友。八月，瑪麗帶著伊莉莎白進入倫敦。珍‧格雷與她的丈夫都被關入倫敦塔。徒勞無功的諾森伯蘭只好屈服並保證永遠信奉天主教，此舉使新教黨震驚不已。但是，他無法免於不光采的下場。他寫信給以前的一位同僚，表示：「有句至理名言說，活著的狗勝過死的獅子（好死不如賴活）。啊！那也許可以讓女王欣然地賜我生路，就算是狗命也行。」這段話或者可以當作他的墓誌銘。

＊　　　　＊　　　　＊　　　　＊　　　　＊

現在成為女王的這位女性，大概是英格蘭君王中最不快樂、最不成功的一位。瑪麗‧都鐸（Mary Tudor）是亞拉岡的凱瑟琳與亨利八世唯一倖存的孩子，在亨利執政早期被撫養長大，因其為王位繼承人，她參加享受所有典禮。她曾經先後與法蘭西及神聖羅馬帝國的繼承人訂婚。她像母親一樣，宗教支配她整個人；凱瑟琳的離婚及英格蘭與羅馬的決裂，帶給她悲劇與災難性的轉變。瑪麗因「議會法」，被宣稱為非婚生子女；她受到壓力而放棄了她的宗教，並且忍受對父親的責任與信仰之間的痛苦衝突。在宮廷中，她的異母妹妹與異母弟弟的光環蓋過她。愛德華六世在位期間，她黏著告解神父與小禮拜堂，自然地，這使倫敦一群統治階級的新教政客感到恐懼。西班牙血統在她身上很強烈。她與神聖羅馬帝國大使雷納（Simon Renard）發展出密切關係，無話不談。她的登基預

示英格蘭將與神聖羅馬帝國恢復連繫，並且在政治上與神聖羅馬帝國結盟。

我們確信，除了宗教上的事宜外，瑪麗的天性可說是很仁慈。她的確接納了溫順諮議大臣的效忠。在這些大臣之中最精明的威廉‧塞西爾（William Cecil）將在她整個統治期間，與政府的各個圈子都保持親近，這樣子他未來在瑪麗的繼任者手下，才會有大好前途。伊莉莎白公主圓滑地下令在自己的府中望彌撒，避免與受到猜疑的人來往。

瑪麗既然登基，便著手實現她一生的期望——恢復羅馬教派。她找到亨利八世晚年諾福克派的一位成員——溫徹斯特主教史蒂芬‧加德納做她能幹、熱心的僕人。宗教改革議會所頒布的宗教法案都被廢除。但是有一件事，瑪麗是辦不到的就是收回分給貴族的教會土地。都鐸的權貴都願意去望彌撒，但是不願意失去他們新得到的財產。即便如此，也還是有麻煩。瑪麗從來就不明白，一般人民，尤其是倫敦的民眾，將天主教與外國勢力聯想在一起。在亨利八世治理下，他們的確被這樣教導，但是在更早的時候，他們便已有這種感受。他們的手裡都有英文版的《聖經》與英文版的《祈禱書》，信仰革新的教義，這些信念雖然都是表面的，但卻很廣泛。新教的領袖都逃往日內瓦與日耳曼萊茵河地區（Rhineland）的城鎮。倫敦發生了暴動。加德納的性命受到威脅。他整天穿著鎧甲護身，夜間有百人保衛。有一次有一隻死狗從女王寢宮的窗戶扔了進來的，狗的頸子上繞著絞索、耳朵被剪掉、帶著一個標籤，標籤上寫著：「英格蘭所有教士都應當處以絞刑。」

最緊迫的問題是瑪麗應當嫁給何人。平民院支持一位英格蘭的候選人——約克家族的後裔德文伯爵愛德華‧考特尼（Edward Courtenay）。但是瑪麗的目光卻鎖在海外。神聖羅馬帝國皇帝查理五世的使節雷納（Renard）動作快速，她答應嫁給查理五世的兒子，未來的西班牙國王菲力普二世（Philip II）。亨利八世王朝的詩人之子湯瑪斯‧懷特爵士（Sir Thomas Wyatt）策畫藉武

力阻止這項婚姻，而考特尼在西部聚眾，密謀反對她。與西班牙親王訂婚的消息從宮廷傳到了民間。關於舉行宗教審判（Inquisition）與西班牙部隊進駐等消息，更是眾口相傳。平民院派代表懇求女王不要違背民意。瑪麗具有都鐸王族的固執，卻毫無都鐸王族的政治意識。她現在夢寐以求的目標，是信奉天主教的英格蘭與信奉天主教的哈布斯堡家族的神聖羅馬帝國能夠親密地結盟。

人們的目光都轉到隱居在哈提福特（Hatfield），保持觀望的伊莉莎白公主身上。英格蘭的王位繼承問題對歐洲各國至為重要。法蘭西的大使諾阿耶（Noailles）開始積極活動。風險極大。瓦盧瓦王朝與哈布斯堡王朝的敵對使歐洲痛苦不堪。此時，英格蘭支持那一方，可能是決定勝敗的因素。有人懷疑伊莉莎白尋求法蘭西人的意見。有人暗示，她可能嫁給考特尼。但是局勢發展得很快。考特尼在西部突然發動叛亂。就在瑪麗與西班牙的菲力普訂婚的消息昭告天下之後不久，英格蘭南部又再度爆發叛亂。湯瑪斯·懷特爵士在肯特舉起了他的旗幟，慢慢地向倫敦進軍，一路上還隨時招募人馬。首都拉起警報。市民恐懼他們的家宅會遭到劫掠而到處奔走。瑪麗對她的子民感到怨恨與失望，她知道她不曾贏得民心，但是她卻表現出不害怕。如果懷特進入倫敦，她成為天主教女王的野心便會落空。她在倫敦吉爾德廳（Guildhall）發表震撼人心的演說，號召倫敦人保衛她。叛亂者中間存有岐見。懷特對考特尼的慘敗感到失望。肯特的叛亂者則希望逼女王講和，而不是將她廢掉。倫敦街頭上發生零零落落的搏鬥，女王的人馬殲滅了入侵的叛亂者。懷特被處決了。這樣也決定了珍·格雷與她丈夫的命運。一五五四年二月，這兩個人從容地走向倫敦塔就義。

伊莉莎白的性命現在陷入很大的危險之中。雖然懷特曾經宣布她無罪，她仍舊是唯一有權爭奪王位的對手。而西班牙人要求，在他們的親王答應娶瑪麗女王之前，要先處決伊莉莎白。但是瑪麗已經殺夠多的人了，雷納使用各種理由，都無法說服她下旨取她異母妹妹的性命。他寫信給他的主子說：「伊莉莎白女士今天已前往倫

敦塔，據說她身懷六甲。人們說，她像她的母親一樣，是位輕浮的
女人。一旦她與考特尼都死了，這個王國便不會有任何人爭奪王權
或者給瑪麗女王惹麻煩。」伊莉莎白的希望的確很小，而且像她的
母親一樣，她可能會被死於刀下。但是她毫不畏懼，而且情緒激
動，否認她與考特尼或懷特有任何不忠的勾結。或許瑪麗相信她的
話。無論如何，在幾個月之後她被釋放了，送往伍斯托克
（Woodstock），在那裡靜靜地、虔誠地隱居等待轉運。

　　夏季來臨時，菲力普渡海北上，前來英格蘭。瑪麗前往溫徹斯
特去迎接她的新郎。一五五四年七月，他們根據天主教教會的儀式
與十六世紀王室的隆重豪華方式，舉行了婚禮。加德納已死，英格
蘭樞機主教雷金納德‧波爾（Reginald Pole）代替他的位置。在
亨利八世王朝期間，波爾都在流亡，他的家族則遭到亨利的司法謀
殺，而被斬首與。教皇的這位代表不但是「教會親王」（Prince of
the Church），也是「血緣親王」（Prince of the Blood），他
是瑪麗女王的堂兄弟，也是「虛偽的、無常的、做偽誓的克拉倫斯
（Clarence）」的孫子。他是個狂熱、生活簡樸的天主教徒，現在身
為特使，前來與雷納共同為瑪麗女王獻策用計，以及強迫全國都皈
依天主教。

　　在信奉新教的國人心中，瑪麗永遠讓人憎恨，永遠都是「血腥
女王」，她迫害了她最高貴的臣民。世世代代的英格蘭人在童年時
期就從福克斯（John Foxe）[5]所著、附有令人毛骨悚然插圖的《殉
道者書》（Book of Martyrs）中，知悉那些高貴臣民犧牲的悲壯故
事。這些故事已經成為人民共同記憶的一部分，諸如，一五五五年
發生在牛津的著名事件，新教的主教拉蒂默與里德雷（Nicholas
Ridley）被燒成飛灰；年邁體衰的克蘭默大主教可憐地放棄信仰，
最後於一五五六年三月英勇的犧牲。他們的殉道行為，為許多迄今
漠不關心的人，鋪起信仰新教的路。

　　這些殉道者預見他們的死難並非白費，他們站在行刑柱前發表
千古不朽之言。拉蒂默在火焰啪啦作響中大喊：「放寬心吧，里德

雷主教。做個男子漢吧。憑藉上帝的恩典，我相信我們今日在英格蘭點燃的燭火，永遠不會熄滅。」

　　瑪麗女王努力地想要結合英格蘭的利益與西班牙的那些利益，但是枉費心機。她與菲力普結婚，使英格蘭能信奉天主教，為了這個理想，她犧牲了自己可以得到的、微不足道的個人幸福。她身為西班牙國王之妻，她罔顧自己王國的利益、罔顧審慎諮議大臣們的建議，這其中包括波爾樞機主教，她讓自己捲入與法蘭西的戰爭，導致英格蘭在法蘭西的最後領地加萊，在未抵抗便告陷落。此種國恥、喪失中古世紀英格蘭權力與榮耀的行徑，使人民深感痛心，女王也頗感內疚。她想生個孩子以保住天主教繼承權的希望也落空。她的痛苦很難用一個成就彌補。然而，她的王朝並沒有太大的成就，很少受到史家的注意，因此既未載入史冊也未受到讚揚。在她短暫的統治期間，瑪麗的大臣主要的任務在刪減開支與從事改革。到她去世的時候，他們已經做了不少事，讓政府肅清在諾森伯蘭執政時的貪污腐敗與舖張浪費等弊端。

　　菲力普對於整個政治大計的百事無成，保持疏遠且失望的態度，他退隱到尼德蘭，然後回到西班牙。瑪麗身邊環繞著不忠與不滿，她的健康也就日益衰退。以一五五八年十一月，她因病去世；幾小時後，在藍貝斯宮（Lambeth Palace）她的幫手波爾樞機主教隨她之後而去世。她的王朝的悲劇性插曲就此落幕。英格蘭人民由天主教到新教的轉變就此大功告成。

　　　　　＊　　　　　＊　　　　　＊　　　　　＊　　　　　＊

　　新教的宗教改革在歐洲開始的時候，是抗爭當地的天主教會濫用權力。但是若干年後，天主教已經整頓好它的門戶，這種反抗的動機便不存在了。只剩下北歐民族反抗整個羅馬教會機構，而這種反抗似乎是與人類心智的發展相衝突。基督的啟示可以經得起時代的考驗，但未來的年代不一定需要清規戒律，在羅馬帝國敗亡後，清規戒律是用來控制古代世界的野蠻征服者。亨利八世王朝以前，在貴族的爭執、國王與教會的衝突、統治階級與人民的衝突之中，

有著某種廣為人接受的準則。中世紀的不幸與遺憾已經持續甚久，因此它們似乎是悲慘世界中，不能分離的存在條件。沒有人提出新的療傷止痛的處方或慰藉之道。宗教改革帶來新的力量，深深地動搖了英格蘭的社會基礎，鼓動所有階級的人採取行動或是抵抗舊制度，他們高舉準備忍受苦難或採取非常手段的旗子。舊的框架雖然過去受過許多打擊，多少世紀以來都還是維持原形，現在卻因為歧見而裂開了。其中階級對立與利益對立等，之後都將會受到整頓與治理。至今，在所有的爭吵與苦難中，總還是只有一個統一的民族與系統。此後，對未來許多世代而言，不僅是英格蘭，還有所有的歐洲國家，都涉入「支持」或「反對」新教皇教改革的陣營。

這種大變動的猛烈程度，幾乎不是我們今天所能衡量的。它在英格蘭的破壞，比在日耳曼或法蘭西者來得小。這是因為這個問題來得比較早，而且是在都鐸王朝強有力的統治下。不過，克蘭默在愛德華六世治下執行的教義改革，與加德納、波爾與其助理們在瑪麗統治下所進行的反改革，在十年中讓焦慮的英格蘭島民曝露在令人震驚的動盪中。英格蘭市民、農民組成整個英格蘭民族的人，依國王愛德華六世之名，奉命前往救贖的道路途。後來，在瑪麗女王統治下，人們再度朝反方向走。不論是按照愛德華六世的命令在原地不動的人，或者按照瑪麗女王的命令而不改變方向的人，若有必要，都必須在絞刑架或火刑柱上證明他們的信念。就這樣，新的英格蘭強加在舊的英格蘭上；就這樣，舊的英格蘭在可怕的反擊下短暫地搖擺。所有的這些痛苦，在伊莉莎白妥協新、舊制度的統治下浮現，這種妥協並沒緩和衝突，但到目前為止是限制住衝突，而這衝突也無機會證明它是否會讓對民族社會的統一與存亡構成致命的威脅。

【1】　譯注：God's Word，即《聖經》。
【2】　譯注：James Anthony Froude，英格蘭歷史學家。
【3】　編注：斯堪的那維亞半島的最北端地區。
【4】　譯注：the Tsai，即伊凡。
【5】　譯注：John Foxe，英格蘭聖公會牧師。

第八章　賢明女王貝絲

　　伊莉莎白於一五五八年十一月十七日繼她的異母姐姐登基，年二十五歲，從未試過治理國家。這是英格蘭的幸運，新女王因遺傳與教養的關係，有許多不凡的特質。她的父親是誰自然無疑問。攝人的儀態、赤褐色的秀髮、雄辯的口才、天生高貴的氣直，在在都顯示她是亨利八世的女兒。很快地就讓人觀察到父女兩人其他相似之處：在危機的時刻勇敢無比，受到挑戰時容易被激怒且專橫，體力則幾乎充沛得無耗盡之虞。她熱愛的許多嗜好都和她父親一樣，造詣也和她父親一樣好──熱愛狩獵、精於射箭放鷹、擅長舞蹈與音樂。能夠說六種語言，精通拉丁文與希臘文。她像她的父親與祖父，活力十足，總是由一個宅邸搬到另一個宅邸，所以時常沒有人說得出她在一星期以後會下榻何處。

　　艱苦的童年與危機四伏的青少年時期，是伊莉莎白的命運。她父親在世期間，曾宣布她是私生女而將她逐出宮廷。在瑪麗當政階段，她若有所疏失就可能喪命，這讓她學到謹慎與掩飾的價值。何時保持沈默、如何等待時機與善用她的資源，都是她青年時期所學到的教訓。許多史家都指責她優柔寡斷、生性吝嗇。她性格中的這些要素，說得公道一點，的確使她的顧問們失望。不過，王室的財庫從來都不曾充盈得足以激勵他贊助所有的冒險計畫。在那個時代動盪的急流中，避免作出無法挽回的決策，常常也不失為明智。那個時代要求一位熟諳政治手腕、深謀遠慮、直率的人物作為國家元首，而伊莉莎白正好具有這種本事。她也具有知人善任的天賦，能為治國工作挑選能臣。有佳績她自然讚揚，有過錯也會譴責。

　　她心思敏捷，當時幾乎沒有幾個人能凌駕在她之上。許多到她宮廷覲見的外國使節，都有充分理由承認她豐富的機智。脾氣方面，她的憂鬱症左右她的脾氣，因此時而快樂忘形、時而勃然大怒。她的智力永遠縝密，但在態度與語言表達方面卻時常肆無忌憚，甚至是粗鄙。她被觸怒時，就會掌摑她的財政大臣，或將拖鞋

丟到她的書記官（Secretary）臉上。她表面上顯得非常爽朗，與男性的關係比較微妙；因此一位著名諮議大臣說：「頭一天她比男人還要有氣慨，次日則比一般女人都不如。」不過，她有激起臣民對她表示忠誠的能力，這一點英格蘭的君王無人能望其項背。從現代人的眼光看來，宮廷對她的奉承可能有些怪異，但是她從來就沒有虧待她的人民。她本能的知道如何贏得人民的擁戴。就某種意義而言，她與臣民的關係是種輕浮的戀愛。她給這個國家的愛，是他從來沒有給過任何男人的愛；而臣民則以忠誠回報她，幾乎是等於崇拜她。她在歷史上留下了賢明女王貝絲（Good Queen Bess）之名，並非無因。

　　幾乎沒有任何一位君主一繼位要面對的危險比她還要多。由於西班牙的關係，英格蘭失去了加萊且與法蘭西敵對。都鐸王朝的蘇格蘭政策已經失敗。中世紀舊的軍事危機──法蘭西與蘇格蘭的結盟──再度威脅英格蘭。在信奉天主教的歐洲人眼中，蘇格蘭人的瑪麗女王是法蘭西皇儲（Dauphin of France）的妻子，他已於一五五九年成為國王，即法蘭西斯二世（King Francis II），瑪麗女王比伊莉莎白更有權登上英格蘭的王位；在加上有法蘭西的權力在背後為她撐腰，她很有機會獲得王位。瑪麗・吉茲（Mary of Guise）是蘇格蘭的攝政兼母后，奉行親法與親天主教的政策；同時吉茲家族在愛丁堡與巴黎都位居權力的要津。英格蘭的財政甚至在亨利八世去世之前，就已經捉襟見肘。英格蘭在歐洲貨幣市場中心安特衛普的信用極低，以致於政府必須付百分之十四的利息才能借到貸款。在愛德華六世統治下，貨幣甚至更進一步貶值，現在是一片紊亂。英格蘭唯一的正式盟友西班牙，因為宗教的原因對這新政權心存疑慮。這就是伊莉莎白登基時，愛德華六世樞密院的一位前任文書（Clerk）調查的當時情況：「女王經濟拮据，王國民生凋敝、貴族窮苦衰微。軍隊需要良將良兵。人民失序。司法不彰。百物昂貴。酒肉與衣服滯銷。我們自己內部意見分歧。對外與法蘭西及蘇格蘭正在做戰。法蘭西國王橫跨我國土，一腳站在加萊，另

一腳站在蘇格蘭。海外只有不共戴天的敵人，而無堅固的盟友。」

伊莉莎白是由新教徒帶大的。她是「新學問」（New Learning）培育出來的典範。她的身邊聚集了一些最有能力的的新教人士；例如，馬修‧派克（Matlhew Parker）——後來成爲坎特伯里大主教；尼古拉‧培根（Nicholas Bacon）——她任命爲掌璽大臣（Lord Keeper of the Great Seal）；羅杰‧阿沙姆（Roger Ascham）——當時首屈一指的學者；以及也是最重要的人——威廉‧塞西爾（William Cecil），他是位適應力很強的公僕，曾在索美塞特與諾森伯蘭治下擔任過書記官。在十六世紀英格蘭的政治家當中，塞西爾無疑是佼佼者。他飢渴地消化與國家事務有關的情報，在處理公務上勤奮無比。凡事都三思而行。伊莉莎白以本能決定召他爲她效勞。她指示他：「我對你的評價是你不會接受任何形式的餽贈而貪污。你會忠於國家；而且不受任何私人意願影響。能給我你認爲最好的建議。」這番話是這位年輕女王放在她首相塞西爾肩上的重擔，他當時三十八歲。儘管有過不愉快與衝突，他們仍然每日密切研商持續四十年之久，直到塞西爾去世爲止。

國內的宗教和平與蘇格蘭的安全，是英格蘭國最迫切需要解決的問題。就法律而言，英格蘭以經是新教國家，瑪麗女王爲確立天主教地位而頒布的法律均已經廢除和已經宣布國王是英格蘭最高的宗教領袖。但是這並不是伊莉莎白所有困難的終點。新觀念全都引起爭議，不僅是教義與教會權力方面的觀念，還有政治權力的本質與基礎。自從一三八○年代魏克利夫（Wyclif）事件起，就有一股反抗教會團體的運動，祕密地在英格蘭社會的底層進行著。自從羅馬帝國皈依基督教以來，大多數的人信仰基督教。但是，「只要個人確信現有的制度不當，就有責任反對它」的觀念，隨著宗教改革首次形成。但是教會與國家緊緊相扣，若不服從某一方，就等於是挑戰另一方。一個人應當自己挑選他想要堅守的教義與觀念，是無法見容於那個時代的人，而另一個觀念：他應當選擇自己該遵守的法律與該尊敬的地方行政長官，也是一樣的。他至少在表面上應當

順從教會，頂多是沈默不語，保留他自己的意見。但是在歐洲的大動亂中，人們不可能保持沈默。他們總要談話：祕密地交談，在他們的著述中公開表達意見，現在著述都印一千分，不論帶到任何地方都能燃起人們的興奮與好奇心。即使只允許所謂「那裡」（thereto）的人合法地辯論國事，一般人仍可以查閱《聖經》的片段（Scripture），及藉著福音書（Evangelist）作者與耶穌十二使徒（Apostle)的話，去檢驗教義、去檢驗教會的管理、去檢驗它的儀式與儀禮。

就在此時，被稱爲清教徒（the Puritans）的一幫人，首次進入了英格蘭的歷史，他們將在之後的一百年間，扮演重大的角色。清教徒在理論與組織上都主張民主，在行動上不能容忍所有與他們的看法相左的人，並挑戰伊莉莎白女王的國家與宗教政治權力。雖然伊莉莎白女王追求宗教自由，可以眞誠地表示她「不干涉人類的思想信仰」（made no windows into men's soul），卻不敢讓清教徒在教會或政府機構中建立基層組織。意見不和、活力充沛的少數派，能夠撕裂她耐心編織出來的纖細易碎的社會和諧。她的繼任者詹姆斯一世用理論詳細闡述了她的實踐術語：「沒有主教，便沒有國王。」她也明白，除非政府控制教會，否則將無法抵抗歐洲天主教日益高漲的「反宗教改革」運動。因此伊莉莎白不僅得馬上對付國外天主教世界的威脅，還得應付國內清教徒的攻擊。這些清教徒的領袖都是瑪麗王朝時代流亡的狂熱宗教人士，現在由日內瓦與萊茵河左岸地區的城鎮陸續地歸來。

然而，歐洲的宗教改革傳到英格蘭之後，呈現了新貌。使世人不安的所有新奇問題，例如，國內教會與羅馬教廷的關係以及與君主的關係、它未來的組織、教規、財產及修道院的財產之處置，都只能由議會決定。而清教徒不久就在議會形成了勢力龐大、坦率直言的反對派。議會中的仕紳本身逐形分歧。他們或許只有在兩點上還意見一致；第一：一旦他們分得到大修道院土地，便無意放棄；第二：任何事情都勝過重燃玫瑰戰爭的戰火。除此以外，他們分成

兩大派：一派認爲改革已經夠好，另一派認爲還要進一步的改革。這兩派就是未來的保王黨（Cavalier）[1] 與清教徒（Puritan）、國教信徒派（Churchman）與不順從國教派（Dissenter），最後演變成托利黨（Tory）與輝格黨（Whig）[2]。但因爲人們對於皇位繼承爭執與內戰有共同的恐懼，而且只有君王才可以制定政策與法律，長期以來兩派的分歧處於蟄伏的狀態。

*　　　*　　　*　　　*　　　*

英格蘭迫在眉睫的威脅來自「邊界」的北方。法蘭西的部隊在蘇格蘭支持法蘭西血統的皇太后。蘇格蘭貴族中有權勢的清教徒黨受迫害的教士唆使，武裝反抗太后與法軍。同時約翰‧諾克斯（John Knox）大聲疾呼反對外族統治，並在流亡日內瓦時公開譴責「醜惡的女人政權」。自然地他是意謂，由女人治國似乎是違反自然常理。伊莉莎白憂喜交參地注視著這一切。如果法蘭西的勢力控制了蘇格蘭，他們的下一步行動將是反對她的王位。她需要金錢大舉興兵，但是卻派艦隊前往封鎖蘇格蘭的港口，防止法蘭西的援軍抵達。武器與補給都走私越過邊界交給英格蘭的新教徒。諾克斯也獲准假道英格蘭返回他的祖國，他的傳教很有影響力。一小撮英軍奉派到蘇格蘭支持新教徒，而瑪麗‧吉茲在這個時刻去世。伊莉莎白做了很小的努力，但是成效卻很大。因一五六○年通過利斯條約（the Treaty of Leith），蘇格蘭的新教徒在在蘇格蘭的地位永遠確定了。法蘭西本身陷入了國內的宗教鬥爭，同時還得集中軍力對抗哈布斯堡王朝。伊莉莎白獲得了喘息之機，而可以正視未來的問題。

對所有的當時的人而言，有個問題似乎是最重要的。要解決英格蘭的安定問題，最後的解決辦法仍得依賴確定的王位繼承人。伊莉莎白女王的婚姻，這個微妙問題開始在政壇上投下陰影；她對此項挑戰的態度，充分表露出她堅強而又難以捉摸的性格。全國人民深知她所負的責任。如果嫁給英格蘭人，可能會削弱她的權力，求婚者也可能興起戰端。這個方式會帶來的危險，她從她的朝臣對羅

伯特‧達德利（Robert Dudley）的反應可以知道。羅伯特‧達德利是諾森伯蘭英俊、有企圖心的幼子，伊莉莎白女王對她頗有好感，並冊封他爲萊斯特伯爵（The Earl of Leicester）。這條路根本走不通。在她統治的最初幾個月內，她也得考慮她的姐夫西班牙的菲力普二世的求婚。與西班牙聯姻曾經爲她的姐姐帶來災難，但是她與菲力普的婚姻可能買到一個強有力的朋友；拒婚可能驅使他公開表示他在宗教上的敵對情緒。但是一五六○年，她獲得了暫時的安定，可以拖延一下。與歐洲任何一王室聯姻，會使她自己將與這個國家的歐洲政策糾纏不清，同時也需要面對她丈夫的敵人。議會兩院要求他們的「童貞女王」（Virgin Queen）結婚生個子嗣，結果是白費功夫。對此伊莉莎白很生氣。不准他人討論此事。她的政策是：一輩子都要保護她的人民，讓他們不需要負起聯姻帶來的義務，並且利用她未婚這個條件吸引求婚者，分化與她爲敵的歐洲聯盟。

　　　　＊　　　　＊　　　　＊　　　　＊　　　　＊

　　同時還有一個瑪麗‧都鐸，蘇格蘭人的女王。她年輕的夫婿法蘭西斯二世（Francis II）登基不久便去世，她則於一五六○年十二月返回她蘇格蘭。她母親的幾位叔叔吉茲兄弟不久就在法蘭西宮廷失去了影響力；她的婆婆，凱瑟琳‧麥迪奇（Catherine de Médicis），取代他們，成爲查理九世（Charles IX）國王的攝政。因此在十六世紀的下半葉，女性一度控制三個國家——法蘭西、英格蘭與蘇格蘭。但是在這三人之中僅有伊莉莎白能夠牢握政權。

　　瑪麗‧都鐸的性格與伊莉莎白截然不同，儘管在某些方面她們的處境很相似。瑪麗是亨利七世的後代。她擁有王位。在她生存的年代，女性身爲國家元首是很新奇的一件事情；而且她現在未婚。她「存在」在蘇格蘭這一件事情，打亂了伊莉莎白想藉著「利斯條約」（Treaty of Leith）達成的微妙均衡局面。信奉天主教的英格蘭貴族，尤其是北方的貴族，無法漠視瑪麗的權力。有些人夢想成爲他的丈夫。但是伊莉莎白瞭解她的對手。她知道瑪麗無法將情感

與政治分開。這位蘇格蘭的女王缺乏警覺的自我控制，而這是伊莉莎白在辛酸的童年時期就學會了。瑪麗的婚姻說明了兩位女王的差別。伊莉莎白看到了從她的宮庭中挑選夫婿的危險，並且也避開了這個危險。瑪麗在返回蘇格蘭幾年之後，便嫁給了她的堂兄達恩利勛爵（Lord Darnley）亨利·斯圖亞特（Henry Stuart），他是一位柔弱、自負的青年，身上有都鐸王族與斯圖亞特王族的血統。結果是場災難。舊的封建派系因為宗教衝突而更加尖銳，將蘇格蘭緊緊抓在他們的手中。瑪麗的權力慢慢地消失與逐漸旁落。她由文化深厚的法蘭西宮廷帶回到這個無情國家的寵臣都不受到歡迎。其中的大衛·里奇歐（David Riccio），在她的眼前被殺死。她的丈夫變成了反對派的工具。她情急之下默許他人將他殺害，並且在一五六七年下嫁給殺害她丈夫的人；一位好戰的邊界領主，博斯韋爾伯爵（the Earl of Bothwell）詹姆斯·赫伯恩（James Hepburn），他動輒殺人的劍尚可能挽救她的王位與幸福。但是瑪麗後來因兵敗與入獄，於一五六八年逃到英格蘭投向仁慈等待她的伊莉莎白。

瑪麗在英格蘭證實是比在蘇格蘭更加危險。她成了奪取伊莉莎白性命的陰謀詭計中心。新教在英格蘭的存活，因她的存在受到威脅。西班牙的密使紛紛潛入英格蘭助長叛亂，奪走信奉天王教的臣民對伊莉莎白的忠誠。反宗教改革的各種力量一起釋放，對抗歐洲唯一一個統一的新教國家。如果英格蘭被摧毀了，似乎其他的國家都可以消滅新教。第一個步驟將是進行刺殺。但是伊莉莎白被保護得很好。法蘭西斯·沃爾辛厄姆（Francis Walsingham）原是塞爾西的助理，後來成了塞爾西在政府中的對手。他追捕到了許多西班牙的密探與英格蘭的叛賊。這位敏銳的的知識分子也是狂熱的新教徒，在瑪麗·都鐸主持朝政期間都滯留國外，他對於歐洲政治的知識，凌駕伊莉莎白任何一位諮議大臣。這個人創立了當代任何政府中最優秀的特務組織。但是，總是會有機會讓人溜掉；只要瑪麗活著一天，危險就永遠存在，不滿的民眾或野心的人士總能利

用她與她的王位繼承權來傷害伊莉莎白。一五六九年，這種威脅成真。

　　英格蘭的北方的社會遠比肥沃的南方來得原始。作風驕橫、桀驁不馴、半封建的貴族現在覺得他們不但受到伊莉莎白威權的威脅，而且還受到一批像塞西爾家族與培根家族這樣新仕紳階級的威脅，新仕紳階級是因關閉修道院而致富，且渴望取得政治權力。再者，南北雙方的宗教歧見很深。南方大都信奉新教；北方主要仍信奉天主教。在荒涼、貧瘠的山谷間，修道院曾經是社區生活與慈善活動的中心。摧毀修道院一事曾經挑起天主教徒反對亨利八世，發起「慈悲的朝聖之旅」活動，同時也煽動他們頑固且消極地反抗伊莉莎白改變宗教信仰一事。這個想法現在演變成，有人建議瑪麗應當嫁給諾福克公爵，前都鐸王朝貴族中的顯赫人物，他拙劣頭腦竟也期盼要為王位進行一搏。然而他及時悔悟。但是一五六九年諾森伯蘭伯爵與威斯特摩南伯爵（the Earl of Westmorland）在北方率兵起事。瑪麗被監禁在塔特伯里鎮（Tutbury），由亨斯頓爵士（Lord Hunsdon）看管；亨斯頓爵士出自寶琳家族，是伊莉莎白的軍官表兄，在她統治期間，都是位值得信任的忠臣，也算是她為數不多的親戚之一。在叛亂者快要抓到瑪麗之前，她已經匆忙地被押送到南方。伊莉莎白很慢才意識到危險。她說：「這些伯爵們雖屬名門望族，可是力量不大。」叛亂者計畫佔據英格蘭北方，等待王軍的攻擊。他們彼此互不信任。在南方，信奉天主教的貴族都按兵不動。叛亂者似乎並沒有共同的行動計畫，而分散成為北方山區的小股人馬。他們丟盡顏面，七零八落越過邊界逃入蘇格蘭，天主教對付伊莉莎白的陰謀的第一幕就此告終。在她非常有耐心地統國家治十二年之後，已是全英格蘭無法挑戰的女王。

＊　　　　＊　　　　＊　　　　＊　　　　＊

　　羅馬教廷迅速地進行報復。一五七〇年二月，前任的宗教裁判所所長（Inquisitor-General）——教皇庇護五世（Pope Pius V），頒布將伊莉莎白逐出教會的敕令。由此刻起，位居信奉天主教的歐

洲各國之首的西班牙獲得了宗教武器，在必要的時候藉此攻擊英格
蘭。伊莉莎白的地位被削弱了。議會對於女王的獨身問題更加焦
慮，議會接連不斷的情願書，刺激她採取了行動。她與凱瑟琳‧麥
迪奇展開談判，而於一五七二年四月在布盧瓦（Blois）締結政治
聯盟。在凱瑟琳領悟到信奉天主教的法蘭西與信奉新教的英格蘭一
樣，都很懼怕西班牙之後，兩位女性都不懷疑西班牙的力量。有一
段很短的時間，伊莉莎白百事順遂。西班牙的弱點集中在尼德蘭；
個性剛強的尼德蘭人民擁有豐富的稅收資源，在菲力普的統治下，
長期以來處於摩擦狀態。整個地區都處於叛亂邊緣；「布耳瓦條
約」幾乎還未簽署，著名的荷蘭反抗暴政者，即一般人所熟知的
「海上乞丐」（Sea Beggars）就佔領了布里爾鎮（Brill），低地
國家燃起了叛亂的戰火。伊莉莎白現在於歐洲大陸有了一個潛在的
盟友。她甚至於想到下嫁給凱瑟琳太后比較年輕的一位兒子，條件
是法蘭西不要乘此一動亂拓展版圖進入尼德蘭。但是在巴黎一椿恐
怖的事件粉碎了這的聯姻的希望。一五七二年八月二十三日，聖巴
多羅繆節（St. Bartholomew）的前夕，胡格諾教徒（Huguenots）
[3]突然遭到屠殺，吉茲家族親西班牙又極信天主教，重新奪回他
們十年前丟掉的政權。倫敦的情緒高漲。英格蘭大使法蘭西斯‧沃
爾辛厄姆奉召返國。法蘭西駐英大使入宮解釋此一事件時，伊莉莎
白與她的朝臣全部穿著喪服默然以對。伊莉莎白如此盡了她身為新
教女王的職責之後，身為法蘭西國王幼兒的教母，同時繼續交涉她
與法蘭西國王的弟弟聯姻的事宜。

　　無論如何，她與法蘭西宮廷的結盟顯然失敗了，現在被逼得只
能祕密援助胡格諾教徒與荷蘭人。當她的金錢有限，她能夠提供的
協助就很少，除非暴動已在造成災難；因此成功與否完全在於是否
及時提供援助。沃爾辛厄姆現在是國務大臣（the Secretary of the
State），在女王的樞密院中，其地位僅次於塞西爾，他對這些援
助很不滿意。他在瑪麗臨朝時流亡海外，做過駐巴黎大使，這使他
深信，只有在英格蘭給予新教無限的鼓勵與援助時，新教才能夠在

歐洲存活下去。就長遠來看，與天主教徒是不可能達成妥協。戰爭遲早都會來臨，因此他敦促在最後衝突之前，應當盡一切力量爭取與保持潛在的盟友。

塞西爾現在已是柏里爵士（Lord Burghley），他反對所有一切主張。與西班牙的友誼表現在亞拉岡的凱瑟琳與亨利八世的聯姻中，而商業利益也助長了兩國的友誼，這是自亨利七世以來的都鐸王朝傳統；西班牙控制尼德蘭大部分地區，只要與這個強國保持友好關係，就能夠為英格蘭羊毛與布匹保住很大的市場。瑪麗女王與菲力普的聯姻在英格蘭並不受歡迎。但是依柏里的看法，不宜因此採取極端的措施和參與尼德蘭叛亂者反抗菲力普。這一步恐會激怒清教徒極端分子，並將危險的狂熱情緒注入外交政策。當柏里於一五七二年成為財政大臣（Lord Treasurer）後，他的態度從此便強硬了起來。他意識到國家的資源不足，同時深深關切會喪失與西班牙尼及德蘭的貿易，他認為沃爾辛厄姆的政策會導致經濟崩潰與災難。

伊莉莎白傾向於同意。她並不太喜歡幫助其他國家的叛亂者。她有次用嘲笑的口吻對沃爾辛厄姆說：「叛亂者是你與你的基督教兄弟」（you and your brethren in Christ）。」她並不贊同頑固不肯妥協的清教主義（Puritanism）。但是沃爾辛厄姆的主張因為聖巴多羅繆節的屠殺事件，忽然顯得非常正確；直到她與西班牙的無敵艦隊（Armada）大舉對抗前，伊莉莎白女王被迫在尼德蘭進行冷戰，在海上進行不宣而戰的活動。

＊　　　＊　　　＊　　　＊　　　＊

發生的這些事對英格蘭的政治很有影響。大多數的清教徒起初都願意遵從伊莉莎白的教會團體（Church Settlement），希望能從內部進行改造；但現在他們努力強迫政府採行新教強硬的外交政策，同時想要確保自己宗教組織的自由。他們在這國家的地位很強。在宮廷與樞密院中都有像沃爾辛厄姆之類的盟友。女王的寵臣萊斯特現在與沃爾辛厄姆連繫密切。清教徒在英格蘭東南部的城

鎮郡縣大肆喧嚷。不理會伊莉莎白的教會機構，開始成立他們自己的宗教社團，有他們自己的神職人員與禮拜儀式。他們的目標就是要建立「神權專制」（theocratic despotism）。像天主教徒一樣，他們主張教會與國家應當分開而各自獨立。與天主教徒不同的是，因為他們相信教會的威權是握在長老會（the Presbytery）之手，而長老是由全體教徒自由選出的。但是長老會一旦選出，就有無限的統治權力，並且取代世俗權力，支配人類廣大的生活領域。

　　對清教徒而言，伊莉莎白的教會機構、英格蘭國教（the Anglican Church）與其歷史性禮拜儀式（liturgy）、周延的教規，主教團治理的制度，好似喀爾文闡釋《聖經》一樣，與古老的《聖經》不符而令人排斥。英格蘭國教的確有妥協的若干弱點。再者，除倫敦、各大學與少數大城外，伊莉莎白統治時代早期的一般教區的牧師，都不是令人敬畏的人物。有時候他會為了保住薪俸，在愛德華六世統治時信奉國教，在瑪麗統治時期又改變自己的信念，最後為了糊口，只好接受農村法院所說的「女王所規定的宗教」（the religion set forth by Her Majesty）。他用懂得不多的拉丁文閱讀古老的祈禱書，幾乎無法讀寫也要講道，根本無法與充滿宗教熱忱及具有新觀念的辯論者一較短長，也不是口若懸河的說教者與擅長謾罵小冊子作者的對手；他們拉攏他的教徒，向教徒灌輸新奇而又驚人的見解、宣傳教徒有權組織自己的教會，以自己的方式敬拜以及訂立自己的教會制度。而哪天，他們何不制定自己的政治制度呢？如果在英格蘭不行，或許可以在另外的國家吧？一道裂縫出現在英格蘭的社會表層，這個裂縫正擴大為一條鴻溝。路德宗教會與君主，甚至是絕對專制政治（absolutism），都配合得很好。然而在歐洲廣為流傳的喀爾文主義（Calvinism），卻是一股製造分裂的力量，猛烈干涉歷史的進程。在瑪麗‧都鐸統治時期逃到國外的流亡人士歸國與東山再起，在英格蘭國教與國家內部放入一個爆炸性的因素，可能會粉碎國教與國家。伊莉莎白知道清教徒或許是她

最忠誠的臣民，她也擔心他們兇猛的衝動，不僅會挑起她憂心忡忡的歐洲衝突，而且還可能危及這個王國的統一。她或她的政府都不敢交出部分權力。現在的情勢不容國內發生宗教戰爭或動亂。

　　因此伊莉莎白女王的樞密院進行反擊。教會官員組成的團體──即為人所知的「高等宗教法院」（Court of High Commission）──對出版品進行檢查。它是一五五九年成立的，負責處理違反教會機構的種種案件。這種混合主教與監察人員兩種功能的做法，激怒了清教黨。他們設立祕密、流動的印刷廠，多年來印製大量惡毒文字的匿名小冊子。一五八八年他們的活動達到高峰，以「馬丁‧馬普瑞雷」（Martin Marprelate）之名發行的小冊子，攻擊「板著面孔的主教」（the wainscotfaced bishops）與其機關。他們激烈生動的語言，顯示帶有強烈喜好意識的英格蘭散文創作的可能性。小冊子中有許多粗鄙的、令人印象深刻的形容詞；句子卻都笨重的像一部乾草車（hay-cart）；一度印刷機都是藏在乾草車。有數個月的時間，高等宗教法院的人員都在追查進行祕密宣傳的籌畫者。後來發出一樁意外，在一處鄉村的大道上，印刷機從乾草車中掉了出來，印刷工人遭到逮捕，但是小冊子作者始終追查不到。

　　　＊　　　　＊　　　　＊　　　　＊　　　　＊

　　天主教也在聚集力量猛攻。整個一五七〇年代，無數的天主教教士從設在法蘭西的杜亞（Douai）與聖奧默的英格蘭神學院，來到英格蘭，他們的任務是培養天主教徒的宗教情感，以及維持英格蘭天主教徒與羅馬教廷聯繫。他們的出現，起初並沒有在政府的圈子中引起疑慮。伊莉莎白也不輕易地認為，她任何一個天主教臣民會是叛賊，一五六九年叛亂的失敗使她更相信他們的忠誠。但是大約在一五七九年，一批新的、令人生畏的傳教士溜進了英格蘭。這些人都是耶穌會教士（the Jesuits）──反宗教改革的先驅與傳教士。他們獻身於重建整個基督國度與天主教的信念。他們都是狂熱分子，不顧個人的安危，被精挑細選出來從事他們的工作。他們的敵人指控他們利用暗殺達成目的。他們當中最重要的人物是埃

德蒙・坎皮恩（Edmund Campion）與羅伯特・帕森斯（Robert Parsous）。沃爾辛厄姆的密探小心地監視他們的動向，發現了許多謀害伊莉莎白的陰謀。英格蘭政府被迫採取比較激烈的手段。瑪麗女王在她最後三年的統治期間，燒死了大約三百名新教的殉難者。在伊莉莎白在最後三十年的統治期間，以叛國罪處死的天主教徒，大約是相同的數目。

自然地，以上各種陰謀活動的焦點都集中到長期被囚禁的蘇格蘭女王瑪麗身上。如果伊莉莎白去世，瑪麗就成了英格蘭王位的繼承人。伊莉莎白本人勉強地承認她的生命遇到這種危險，然而這些陰謀卻使得繼承英格蘭王位的問題變得愈形突出。瑪麗若是去世，她的兒子詹姆斯會成英格蘭王位的繼承人，而詹姆斯在蘇格蘭喀爾文派信徒的手中倒是很安全。為了避免出現另外一位信奉天主教的女王，首要之務必須先將瑪麗除掉，以免耶穌會教士或他們的盟友會暗殺伊莉莎白。沃爾辛厄姆與他在樞密院的追隨者現在全力說服伊莉莎白女王處死瑪麗。他們將瑪麗參與無數陰謀中的證據呈給伊莉莎白，並且逼她要硬起心腸；但是她卻不願讓王室成員血濺宮廷。

有些跡象顯示，耶穌會的傳道並非完全沒有成果。但是伊莉莎白不想草率。她寧願等待時機。不久，決定性的時刻就來了。一五八四年仲夏，起義反抗西班牙的荷蘭新教領袖「沈默者」威廉（William the Silent）在代爾夫特（Delft）的家中被一位西班牙密探刺成重傷。沃爾辛厄姆要除掉瑪麗的主張，因為此項暗殺而更加有力，英格蘭的民意也反應強烈。在此同時，由於伊莉莎白的默許，英格蘭私掠船（privateer）襲擊西班牙船隻，已使西班牙人反英的情緒燃燒成敵意。西班牙一旦在尼德蘭恢復了秩序，就要以尼德蘭作基地，對英格蘭發動總攻擊。伊莉莎白不得不派萊斯特率英軍前往荷蘭，去防止荷蘭人被完全消滅。

＊　　　　＊　　　　＊　　　　＊　　　　＊

一五八五年，為了保護伊莉莎白的性命，信奉新教的仕紳志願

聯合起來。次年，由一位英格蘭天主教徒安東尼·巴賓頓
（Anthony Babington）主導的陰謀被揭發，沃爾辛厄姆將證據攤
開在樞密院面前。他的一位密探曾混在陰謀者當中，臥底時間長達
一年。瑪麗默許其事，確實不容否認。伊莉莎白終於被說服，明白
爲了政治上的需要，瑪麗一定得處死。在正式審判後，瑪麗被判犯
了叛國罪。議會請求將她處決，伊莉莎白最後簽署了死刑執行令。
不到二十四小時她又後悔了而想取消處決，但是爲時已晚。她想到
自己對另一位同樣是女王的君主作出「司法謀殺」（Judicial
murder）一事負責，不禁害怕，雖然她知道爲了國家的安全必須
要這樣做。她感到不安，覺得這最後決定不應該在她身上。

　　瑪麗死亡的場面很能抓住了史家們的想像力。一五八七年二月
八日清晨，她被召至福瑟林蓋堡（Fotheringay Castle）的大廳。
她由六名侍從陪同，等候英格蘭女王的官員的到來。鄰近鄉村的仕
紳都紛紛趕來，爭相目睹行刑。瑪麗身著素淨的黑色緞服，在指定
的時刻現身。大廳裡寂靜無聲，她儀態萬千地走向壁爐旁，用布覆
蓋的行刑台。肅穆的儀式有條不紊地完成了。但熱情的彼德波羅大
教堂的教長（the Dean of Peterborough）仍企圖迫使瑪麗女王
在最後關頭皈依新教。她無比嚴肅地將他大聲的勸告撇到一邊。她
說：「教長先生，我是個天主教徒，必須死也像個天主教徒。要想
說動我，根本就行不通，你的祈禱對我沒有什麼助益。」

　　瑪麗爲這最後的場面精心地盛裝打扮了一番。爲了使劊子手的
行動方便，她由哽咽的宮女脫下了她的黑緞袍服，露出了深紅天鵝
絨的緊身圍腰與襯裙。一位宮女遞給她一雙深紅色的袖套，讓她戴
到袖子上。這位不幸的女王最後立定站在行刑台上，從頭到腳一片
血紅色，與行刑台的黑色背景成對比。整個大廳只聽到嗖的一聲。
她跪了下來，劊子手再砍，施出了致命的一擊。敬畏的與會者完成
了他們的任務。死亡的這一幕令人膽戰心驚。劊子手拿起了戴著假
髮、成熟女性的人頭。一隻哈巴狗由血淋淋的屍體的衣服底下爬了
出來。

　　瑪麗歸天的消息傳到了倫敦，街上到處都燃起了篝火。伊莉莎白獨自在她的房間中，為一位女王而非一位婦女的不幸命運啜泣。她設法將這件事的責任推到了她的男性顧問的身上。

【1】　編按：是十七世紀英格蘭查理一世時代。
【2】　十七、十八世紀英格蘭輝格黨。
【3】　譯注：即法蘭西新教徒。

第九章　西班牙無敵鑑隊

　　現在確定會爆發戰爭。情勢對西班牙極其有利。從墨西哥與秘魯的礦區湧進來的金、銀，大大增強了西班牙帝國（the Spanish Empire）的實力，菲力普國王可以將部隊的裝備增添至空前的程度。英格蘭的統治階級深知這種處境。只要西班牙控制住新大陸的財富，就能添置大批的艦艇，建立大批的無敵艦隊。因此必須控制住財寶的來源，或是在越洋船隻運送之際，攔截奪取這些財富。為了加強自己的財政，以及騷擾敵人對付尼德蘭以及對付英格蘭的準備工作，伊莉莎白批准了對西班牙沿海地區與南美殖民地作許多非正式遠征。這些遠征持續進行了一段時間，雖然尚未公開宣戰，但是她已經意識到這些她宣稱事先並不知情、零零散散的襲擊，不能對隔海的西班牙帝國或西班牙在北歐的屬地造成持久的傷害。因此，這些遠征逐漸地有了正式的資格，由約翰・霍金斯（John Hawkins）重建及改造亨利八世時代倖存下來的王室海軍。霍金斯是普利茅斯一位商人的兒子，以前在葡萄牙的巴西領地與葡萄牙做過生意。他在西非海岸經營販賣黑奴的生意，將黑人運往西班牙殖民地，因此學會了航海技術。一五七三年他被任命為海軍的財務兼審計官（Treasurer and Controller of the Navy）。他還教出一位機敏的學生，來自德文郡的年輕冒險家法蘭西斯・德雷克（Francis Drake）。

　　那個時代的西班牙人，都稱德雷克為「陌生世界的盜帥」（Master Thief of the Unknown World），他成了西班牙港口與海員害怕的人物。逼英格蘭與西班牙公開衝突是他公開的目的，他襲擊西班牙的運寶船，於一五七七年環繞世界時，強劫南美洲西海岸的西班牙領地。此外，還時時襲擊西班牙在歐洲的港口，這些行動全都在驅使西班牙對英格蘭作戰。英格蘭水手憑他們在西班牙海域（the Spanish Main）的各種經驗判斷，知道只要雙方軍力維持合理的均勢，他們就可以應付這種挑戰。只要使用霍金斯建造的船隻，便

能與西班牙艦艇戰鬥，擊沈西班牙可能派來攻擊的艦艇。

同時，伊莉莎白的水手在一些還未開發的水域中獲得不少經驗。當時大家都知道，西班牙處心積慮地在新大陸攔阻其他國家從事貿易。一位德文郡的仕紳漢弗萊・吉爾伯特（Humphery Gilbert）開始尋找別的地方，首先引起女王興趣的是要找一條由西北方通往所謂中國，或是叫做「國泰」（Cathay）的航路。他飽讀詩書，研究過當代探險家的成績。他知道在法蘭西與尼德蘭之間的零星戰鬥中，培育出來許多冒險家，他可以號召他們前來爲國效勞。一五七六年他寫了一本《由西北通往國泰與東印度群島的通路之論述》（A Discourse to prove a Passage by the North-West to Cathaia ad the East Indies）的書。他在書的結尾部分提出一個著名的警告：「一個人若怕死而不替國家效勞服務、不顧自己的榮譽，他就根本不值得生存於世。若他正視死亡而不懼，則其美德之名永垂千古。」他的觀念激起了馬丁・佛羅比歇（Martin Frobisher）從事航行的壯志，女王還賜給他從事探險的特許狀。宮廷與倫敦市贊助這次的探險遠征，於是兩艘二十五噸的小船就啓航去尋找黃金。佛羅比歇將哈德遜海峽（Hudson Strait）附近蒼涼海岸繪入海圖之後，就返國了。人人都滿懷希望，以爲他帶回來的黑色礦沙中可能含有黃金。讓大家失望的是，礦沙經分析之後，證明毫無價值。可見在西北方的冒險並不能使人立即致富。

不過吉爾伯特並不灰心。在英格蘭人中，他是第一個明白海上探險的價值並不僅僅是要發現貴重金屬。英格蘭居民人口過密。或許他們可以移居到新發現的土地。在美洲建立殖民地的想法開始抓住人們的想像力。少數大膽的人已經在夢想，海洋的可以建立許多新的英格蘭。第一次他們的心中有極爲實際的目標。希望將貧困的失業人口運到新大陸，也在土著中爲英格蘭布匹打開市場，吉爾伯特本人於一五七八年獲得了伊莉莎白所頒的特許狀，「去發現不在基督國家控制下任何遙遠的、野蠻的異教徒土地，並且可以在那裡定居。」許多紳士冒險家，其中包括他自己同母異父的弟弟沃爾

特‧雷利（Walter Raleigh）共同駕六艘船，作了幾次充滿希望的航行，但是沒有一次獲得成功。至於雷利其他的事蹟以後會再述。

　　一五八三年，吉爾伯特以英格蘭女王之名佔領了紐芬蘭[1]，但是並沒有在那裡久居。他決心來年再試，於是啓程返國。這隻小船隊在海上遭遇到驚濤駭浪，「海浪突然洶湧撲來，高如金字塔」。愛德華‧海斯（Edward Hays）的記述留存至今：「九月九日那個星期一下午，護航艦幾乎被海浪沖走，被海浪壓下吞沒，然而它又破浪而出；從後面傳出快樂的呼喊聲，上將（General）手上拿著一本書坐在船尾，用印地語（Hind）向我們一再大喊：『我們在海上跟在陸地上一樣地接近天堂。』」當晚十二點鐘的時候，吉爾伯特的「松鼠號」（The Squirrel）上的燈火突然滅了。英格蘭第一位往西開拓的偉大人物過世。雷利繼續進行吉爾伯特的未竟之業，於一五八五年在美洲大陸海外的羅阿諾克島（Roanoke Island）上建立起一個小殖民地，並爲了向「女王」表示敬意而將它命名爲維吉利亞（Virginia）[2]。這個詞涵義模糊，後來這個名稱包括現在的維吉利亞州以及北卡羅萊納州（North Carolina）。這項冒險事失敗了，而兩年後的第二次的探險也一樣。但是現在，來自西班牙的威脅隱約地加劇；爲了要應付它，所有的力量必須集中在國內。因爲對西班牙戰爭的緣故，要建立殖民地的努力又延擱了二十年。就國家資源而論，在這場戰鬥中兩國的實力懸殊很大；但是女王的船員受到無可匹敵的訓練，將能拯救英格蘭。

＊　　　　＊　　　　＊　　　　＊　　　　＊

　　西班牙人長久以來便在思索入侵英格蘭的大計。他們明白英格蘭的干預，妨礙到他們想要再度征服尼德蘭的企圖，除非打垮英格蘭，否則尼德蘭的動亂將無限期地持續下去。自從一五八三年以來，他們就從許多不同的管道蒐集情報。流亡在外的英格蘭人士累積的長篇報告都送往馬德里（Madrid）。有無數的間諜提供地圖與統計數字給菲力普。西班牙的檔案保管處至今還保存著入侵英格蘭的幾種可能的計畫。

兵源不成問題。如果尼德蘭的秩序能維持一段時間，就可以從駐紮在那裡的西班牙軍隊中抽調部隊遠征英格蘭。西班牙認爲一個兵團便綽綽有餘。建立與裝備一支艦隊的工作則會比較艱鉅。西班牙國王的大部分船隻都來自他的義大利屬地，都是爲供在地中海使用而建造的。並不適合在歐洲西海岸航行，也不是合橫渡英吉利海峽。爲通往南美洲西班牙殖民地的貿易路線而建造的大帆船（galleon）則不太容易操縱。但是一五八○年，菲力普二世併吞了葡萄牙，而葡萄牙的海軍承包商（naval constructor）並未受到地中海環境的限制。爲了能在南大西洋行動，他們曾對各類船隻作過實驗，葡萄牙的大帆船因此成了西班牙艦隊的基礎，現在集中在里斯本（Lisbon）港口。每艘可用的船隻都奉命進入西班牙西部水域，其中甚至包括名爲「印度警衛」（the Indian Guard）的私人軍隊與其私有帆船。一五八七年，德雷克對卡地茲（Cadiz）著名的襲擊，使得西班牙的備戰工作延遲了一年。在這個「燒焦了西班牙國王鬍子」（singeing of the King of Spain's beard）的事件中，大量的補給品與船隻都遭到了破壞。不過一五八八年五月，西班牙的無敵艦隊已經準備就緒。共集結了一百三十艘船，上面配備著二千五百門火砲與三萬多的人，其中三分之二是作戰士兵。船隻中有廿艘是大帆船、四十八艘是武裝商船與八艘是地中海平底長船。其餘的不是小艇，便是未武裝的運輸船。它們的目標是由沿英吉利海峽北上，去尼德蘭將亞歷山大·帕爾瑪（Alexander of Parma）率領的一萬六千名經驗豐富的老兵載上船，並且在英格蘭的南部沿海登陸。

聲名卓著的西班牙海軍將領聖塔·克魯茲（Santa Cruz）已經去世，指揮權移交給麥地那——席當尼亞公爵（Duke of Medina-Sidonia），他對於此戰有很多的擔憂。他的戰術是遵照地中海的模式——與敵戰纏鬥，緊靠敵船航行，然後登艦攻擊來取勝。他的艦隊的配備令人讚嘆，可運載大批人馬；它的短程重砲火力很強，但是遠程重砲（culvein）則很弱，這便是英艦一直保持在射程之

外避免近戰的原因。從士兵人數上來相互比較，西班牙艦隊的水手數目在士兵總人數中所佔的比例很低。他們是從西班牙社會底層的殘渣召募而來的，再由出身貴族世家卻毫無海戰經驗的軍官指揮。許多船隻的維修很差；因貪污舞弊，私人合約所負責提供的糧食不但不敷食用，而且都已變質發霉；飲水用的盛水木桶，是取還未乾透的木材所製，所以木桶時時漏水。他們的指揮官沒有指揮海上作戰經驗，還曾經求國王不要讓他指揮這樣新的冒險。

英格蘭人計畫在西南部的一個港口集結一支艦隊，並且在英吉利海峽西端入口處攔截敵軍，陸軍則在東南方集中迎戰來自法蘭德斯沿岸的帕爾瑪部隊。很難確定西班牙人會從何處攻擊，但是西風連日不斷，因此西班牙的無敵艦隊可能從英吉利海峽北上，與帕爾瑪會師，在東塞克斯海岸強行登陸。

英格蘭全國在對西班牙備戰時團結起來。天主教主要的人物都被拘留在伊里島（Isle of Ely），但是就整體而言，他們對於君主的忠心卻毫未動搖。在提伯立（Tilbury）集結了一支部隊，有兩萬人之多，由萊斯特爵士指揮。這支軍隊，加上鄰近郡縣集結的軍隊，構成的兵力讓人無法低估。當西班牙的無敵艦隊仍在英格蘭外海的時候，伊莉莎白女王在提伯立閱兵，並以下面這段撼動人心的話向士兵致詞：

　　我可愛的臣民們，有人勸我，為了國家安危，必須留意如何對待部隊以防背叛。我向你們保證，我自始至終都不會不信任我忠實可愛的臣民。只有暴君才疑懼擔憂。我的行為素來如一，故依上帝意旨，我將最主要的力量與保衛寄託在我臣民的忠誠之手；所以，如同你們所見，我來到你們中間，在戰鬥方酣之際，我決心與你們全體同生共死，為上帝、為我的王國、為我的臣民、為我的榮譽與血統戰死疆場、甚至伏屍沙塵亦在所不惜。我自知身為婦女，體虛力弱，但我有國王的心胸與肚量，尤其是英格蘭國王，同時鄙視膽敢侵略我國土邊界的帕爾瑪、西班牙或歐洲的任何王親貴冑。因為

外患，而非因為我個人所受到的屈辱，我將親執干戈，親自掛帥，並對你們在戰場上的各種表現論功行賞。我知道，就因你們的勇往直前，你們就值得獎賞與賞賜。我以一國之君的身分向你們保證，到時你們必將獲得封賞。

　　　　＊　　　　＊　　　　＊　　　　＊　　　　＊

　　霍金斯為建設海軍所做的工作，現在要付諸考驗。霍金斯憑藉他在殖民地海域從事海盜活動時所累積的經驗，多年來已經開始修改了英格蘭船隻的結構設計。高聳在大帆船甲板上方的船樓都被降低了；龍骨全部都加深，將結構的重心放在適航性與速度上面。其中最值得注意的是安裝了更重的遠程火砲。坎農砲在傳統上被認為是「下等武器」，只適合在短兵相接的初時發射；但是霍金斯建造了不怕任何海上氣候的軍艦，他反對肉博戰而主張隔著一段距離，用新砲轟擊敵人。英格蘭艦隊的艦長都雀躍欲試這個新的戰略，想用他們的平底船與藉著在大風中飄流，順勢試一試對抗敵方巨大的大型帆船。儘管霍金斯竭盡全力，一五八八年僅有三十四艘女王的船艦，載著六千人馬，赴海上作戰。不過，按照慣例，匆忙地搜集了所有可用的私人船隻，加以武裝，以便為國效勞；結果搜集起來的船隻總共有一百九十艘；其中半數至少都太小，以致於不能派上用場。

　　伊莉莎白女王已經督促她的水手「盯住帕爾瑪」，並對於要將主要艦隊送到西邊很遠的普利茅斯頗感不安。德雷克想採取更加大膽的措施。他在一五八八年三月三十日的奏章中提議，派遣主力艦隊攻擊西班牙海岸的一個港口，但並不是攻打已加強防禦的里斯本，而是它附近一處海港，以迫使西班牙的無敵艦隊出海防衛海岸線。他主張的理由是，如此一來英格蘭艦隊就篤定能與西班牙艦隊交戰，可以預防西班牙有機會趁著順風溜進英吉利海峽的危險。

　　英格蘭政府寧可採助更加冒險的構想，將各獨立的艦隊分開，各自防守南部沿海，以便對敵人全線攻擊。他們堅持將其中一支小

艦隊派到英吉利海峽的東端，監視帕爾瑪的動靜。德雷克與他的上司，英格蘭艦隊的指揮官愛芬罕的霍華德爵士（Lord Howard of Effingham），聽到後又驚又煩，費了最大的勁才防止再度分散的軍力。一場強勁的南風阻止他們攻擊西班牙海岸，他們被風吹回了普利茅斯，結果補給品耗盡，船上壞血病叢生。

　　他們終於有充分的時間考慮他們的戰略。西班牙的無敵艦隊於五月二十日離開塔古斯河口（Tagus），但是遭到曾經逐退霍華德與德雷克的暴風雨侵襲。他們兩艘重達千噸的軍艦桅檣折斷，只得停泊在科藍納（Corunna）整修，一直至七月十二日才再度啟航。七月十九日的傍晚，他們逼近里利澤德岬角（Lizard）外海的消息傳到了普利茅斯港。當晚英格蘭艦隊必須在微小的逆風中出港（the Sound）迎敵。第二天風又大了起來。霍華德在七月二十一日致沃爾辛厄姆的信中對這次海戰有詳實的報告：

　　雖然風非常弱，我們仍於那天晚上先費勁地駛出港口，星期六西南風變得非常強勁；大約下午三點鐘的時候，我們可以遠望到西班牙的艦隊，我們儘量利用【今】晨已經克服的風勢，遠遠看到他們的艦隊有一百二十艘船艦，其中有四艘平底長船，與許多非常笨重的船艦。約上午九點鐘的時候，我們向他們開戰，戰鬥持續到下午一點鐘。【3】

　　如果麥地那-席當尼亞在星期六，英格蘭船艦費力離開港口時，由上風處施以攻擊，會使英格蘭艦隊慘敗。但是他得到的指令，使他不得不沿英吉利海峽北上與帕爾瑪會師，幫忙將集結在敦克爾克（Dunkirk）久經戰爭的部隊運到英格蘭。他送呈馬德里的報告顯示，他對於機會毫無所知。英格蘭艦隊歷經困難、有耐性、在險象環生中搶風行駛，到了他的上風之處，在他的艦隊沿英吉利海峽北上的九天時間中尾隨在後，用他們的遠程火砲轟擊行動緩慢的大帆船。他們位於上風，已經佔了優勢。七月二十三日風勢減

弱，雙方艦隊在波特蘭岬停了下來。那不勒斯（Neapolitan）大帆船使用百名奴隸，西班牙人企圖它來反攻。但是霍華德與德雷克先後襲擊西班牙的主力艦隊。霍華德報告說：「西班牙人被逼讓步，像綿羊群集在一起。」

七月二十五日雙方接著在懷特島（the Isle of Wight）再度交戰。看起來西班牙人的計畫是要奪取該島做為基地。但是西風越來越強勁，英格蘭人仍占上風，再度將西班牙人驅逐到加萊方向的海域；麥地那不知道帕爾瑪的行軍動向，希望在加萊蒐集消息。英吉利海峽的航道對西班人而言是種折磨。英格蘭船艦上的砲火橫掃大帆船的甲板使船員喪命，導致士氣渙散。英格蘭艦隊幾乎未遭到任何損失。

然後麥地那犯了一個致命的錯誤。他在加萊停泊處下錨。英格蘭女王原本駐紮在英吉利海峽東端的船艦與主力艦隊在海峽中會師，現在英格蘭整個海軍力量合在一起。七月二十八日傍晚，在英格蘭旗艦上召開作戰會議，決定攻擊。決定性的戰爭馬上展開。夜幕低垂後，八艘東端的分遣艦隊船隻裝滿了炸藥，準備充當火船（Fireship）——即當時的魚雷——奉派火攻在停泊處下錨的西班牙艦隊。躺在甲板上的西班牙水手，看到了不同尋常的火光沿著奇怪船隻的甲板不知不覺地朝著他們移動。突然一連串的爆炸聲響徹雲霄，烈焰飛騰的龐然大船移向下錨的無敵艦隊。西班牙艦長們紛紛砍斷下錨的纜索，任船隻飄向大海。接著發生不計其數的船艦碰撞事件。一艘最大的平底長船「聖洛侖索號」（San Lorenzo）因為舵撞得不知去向，漂流到加萊港擱淺，加萊的總督將水手都拘留了起來。西班牙無敵艦隊剩下的船艦藉南南西方向的風勢，向東駛往格拉夫林（Gravelines）。

麥地那現在派信使前往帕爾瑪那裡，宣布他已抵達。七月二十九日破曉時分，他已在格拉夫林的沙洲外面，希望能找到帕爾瑪部隊，他們已經準備用運輸船載運他們。但是連一艘船都看不到。敦克爾克港內的潮水已退到最低水位。僅能趁春潮來臨、加上順風船

隻才可能出港。這兩種自然情況都不存在。西班牙的部隊與運輸船
未能會師。西班牙人於是轉過頭來面對追逐他們的敵人。雙方苦戰
了八個鐘頭，船艦都逼近交鋒，戰況混亂。英格蘭政府接到了簡明
的戰報：「霍華德在戰鬥中重創許多西班牙人，擊沈五艘船，並將
另外四、五艘驅至岸上擱淺。」此時，英格蘭人彈藥已盡，若非如
此，西班牙的船艦應該沒有一艘能夠脫逃。然而，霍華德自己並不
明白他的戰果實在輝煌。他在戰役結束後的晚上寫道：「他們的兵
力強大，而我們一一拔掉了他們的羽毛。」

　　受到重創的西班牙無敵艦隊現在向北行駛，脫離戰鬥圈。他們
唯一的目的就是回國。繞著蘇格蘭北方作長途返國航行的恐懼開始
了。他們在航道上遇到悄悄地尾隨在後的英格蘭小型船隻。雙方都
沒有足夠的彈藥。

　　西班牙無敵艦隊的返國行，展現了西班牙水手的品質。面對著
浪高如山的怒海與疾如奔馬的潮水，他們還是從追逐他們的敵人手
中逃脫。英格蘭船艦缺乏糧食與彈藥，水手又抱怨裝備破舊，被迫
調頭南駛，前往英吉利海峽的各處港口。天氣幫了西班牙人一次大
忙。西風將他的艦隊中的兩艘大帆船刮到挪威海岸上撞成碎片；但
是，風向之後就變了。如同麥地那所記載的：「我們在蘇格蘭北方
繞過了不列顛群島，現在正乘著東北風駛往西班牙。」他們向南航
行時，不得不駛往愛爾蘭的西海岸補充淡水。他們早已將本身的
馬、騾都投入了海中。決定在愛爾蘭進港一事可說是又為軍隊招來
災難。他們的船艦已被英格蘭砲火轟擊得七零八落，現在還得受秋
天風暴的侵襲。有十七艘船在岸上擱淺。為了尋找淡水而使五千多
名西班牙士兵喪生。不過當初下海赴戰的艦隊大約有半數，約六十
五艘以上的船隻在十月間抵達了西班牙。

　　英格蘭連一艘船也沒有損失，損失的兵卒幾乎不及百人。但是
他們的艦長都很失望。因為過去三十年來，他們都相信自己強過敵
手。但現在發現，與他們作戰的西班牙艦隊，比他們自己想像中西
班牙會放到海上的艦隊，都還要強大。而他們自己的船艦裝備卻很

少。他們的彈藥竟然在生死關頭用盡。商船上的火砲威力很差，敵人的艦隊竟有半數以上得以逃脫。他們沒有什麼戰功值得誇耀，而只記錄下他們的失望。

但是對全體英格蘭人而言，無敵艦隊被擊敗宛如奇蹟。三十年來，西班牙霸權的陰影使得政壇陰鬱。一股宗教情緒充滿英格蘭人的心裡。有一枚為紀念這場勝利而鑄造的勛章，上面有如此的題辭：「上帝吹一口氣，他們便東奔西逃。」（Afflavit Deus et dissipantur）

伊莉莎白與她的水手都知道這首辭是如何的真實。西班牙的無敵艦隊的確在戰役中受創，但是都是天氣使它的士氣瓦解、逃竄的。然而此次戰役產生決定性的影響。英格蘭水手可說是高奏凱歌。雖然他們的補給與船艦都數量有限，霍金斯的新戰術仍帶來了勝利。舉國上下都充分感到安心與自豪。幾年之後，莎士比亞寫了《約翰王》（King John）。他的文句深深打動了觀眾的心：

> 全世界與我們為敵，三路進兵，
> 我們要使他們喪膽。我們無所悔憾
> 只要英格蘭忠於自己。

【1】　編按：加拿大東海岸的島嶼。

【2】　譯注：Virginia，女王有「童貞女王」之稱，故命令亦依此，該地乃童貞地（處女地）。

【3】　Laughton,Defeat of the Spanish Armada (Navy Records Society)（1894）vot I,P.273.

第十章　最光榮的女王

伊莉莎白王朝的危機隨著一五八八年成了過去。從擊潰西班牙無敵艦隊的那年起，英格蘭崛起成了世界上第一流的強國。英格蘭抵抗了自羅馬時代以來最強大帝國的勢力。英格蘭的人民意識到自己力量的偉大，伊莉莎白王統治的末期，看到了民族活力與熱誠都聚集在女王個人身上。在無敵艦隊潰敗的次年，斯賓塞[1] 所著長詩《仙女王》（Faerie Queene）前三冊出版，伊莉莎白在詩中被頌爲「最光榮的女王」（Gloriana）。詩人與朝臣都爭相歌誦這位象徵豐功偉業的君主。伊莉莎白培育出來了一代英格蘭俊彥。

海軍作戰成功指明了一件事：只要勇敢地去遠征，就有很大的機會可以贏得財富與名聲。一五八九年年理查·哈克盧特（Richard Hakluyt）[2] 出版他的巨著《英格蘭民族重要的航海、航行與發現》（The Principal Navigations, Traffics and Discoveries of the English Nation）。在書中敢於冒險的航海家用自己的話敘述他們的故事。哈克盧伊特在說出這個時代勇往直前的精神時，他宣稱：「英格蘭這個民族在搜尋世界上的各個角落與各個區域；而且明白地說，英格蘭民族多次環繞地球，次數勝過地球上其他所有的國家與人民」。在伊莉莎白王朝結束之前，另一項重要的事業已經開始了。過去幾年來，英格蘭人一直繞過好望角，越過中東廣闊的地域，探索通往東方的路途。這些冒險事業是「東印度公司」（East India Company）創立的起因。一開始的時候，東印度公司是一家努力求生存的小公司，資本僅七萬二千英鎊。這項投資後來贏得耀眼的紅利。不列顛帝國（The British Empire）在印度的起源，得歸功於伊莉莎白女王於一六〇〇年賜給一批倫敦商人及金融家建立東印度公司的特許狀；而印度在往後的三個世紀之間受盡苦難。

在垂垂已老的女王宮庭中，年輕人一輩出頭，要求女王准許他們掌管許多事業。而後幾年間，他們在世界各地打擊西班牙軍隊與

其盟邦——遠征卡地茲（Cadiz）、亞速群島（The Azores）、加勒比海與低地國家，以及在胡格諾教徒支持下遠征法蘭西的北方海岸。這個故事是接二連三進行的混戰，其中的第一個只有獲得微薄的資源支援，有幾次在戰事達到高潮的時刻結束。英格蘭對抗西班牙之戰從未正式宣戰，戰爭沈重的負擔卻延伸到伊莉莎白繼任者統治的第一年。英格蘭政府的政策是在世界各地牽制敵人，並且在「低地國家」與法蘭西資助新教分子，以防止敵人集中武力對付英格蘭。同時英格蘭還進行干預防止西班牙人攫取諾曼第與不列塔尼的港口，做為另一次入侵英格蘭基地。由於這些持續的、規模不大的努力，荷蘭人在荷蘭以及法蘭西的胡格諾教徒各自得到了勝利。新教擁護者兼法蘭西王位的繼承人——納瓦爾王國的亨利（Henry of Navarre）——最後終於勝利，這大部分得歸諸於他接受了天主教的信仰，以及他在戰場上屢屢獲勝。他似乎說過，巴黎值得為這件情做一次望彌撒。他皈依天主教的決定終止了法蘭西的宗教戰爭，然而對英格蘭而言，解除了以西班牙為後盾的法蘭西國王對英格蘭構成的威脅。荷蘭人也開始掌握他們自己的命運。英格蘭這個島國終於趨於安定。

　　但是，英格蘭並沒有對西班牙作決定性的一擊。英格蘭政府沒有錢發動進一步的戰役。王室一年的整個歲入幾乎未超過三十萬英鎊，其中還包括議會批准的稅賦。這筆數目得應付宮廷與政府全部的支出。擊敗西班牙的無敵艦隊算起來用了十六萬英鎊，而尼德蘭遠征軍在某個階段曾要求一年需要十二萬六千英鎊。英格蘭人的熱忱慢慢地消退了。一五九五年雷利再度一試身手，去尋覓圭亞那（Guiana）境內的黃金國（Eldorado）。但是他的遠征並沒有為國家帶回利益。同時德雷克與現年六旬的老將霍金斯出發作最後一次遠航。霍金斯在途中病倒。他的艦隊在波多黎各（Porto Rico）外海下錨時，他在船艙中去世。德雷克由於他昔日的贊助者去世而感到沮喪，啟航去攻擊富足的巴拿馬城（Panama）。他發揮他以前的勇敢精神，攻入了諾布雷德迪奧斯灣（The Bay of Nombre de

Dios）。但是現在的情況北今非昔比。早年的日子已一去永不返。西班牙新大陸的殖民政府設備完善、武器精良。擊退了這次侵襲。英格蘭的艦隊被擊退到海中。一五九六年六月，法蘭西斯・德雷克身披上盔甲，如戰士般迎接死亡，死於指揮艦中。當時的英格蘭編年史家約翰・斯托（John Stow）寫到德雷克時說：「他在歐洲與美洲的名聲，如同泰姆勃蘭（Tamburlaine）在亞洲與非洲一樣著名。」[3]

英格蘭與西班牙的衝突仍持續進行，無日或止，雙方互相攻擊，攻勢不斷而損耗益增，但是海戰的英雄的年代已經過去。一個壯烈如史詩般的時刻留在英格蘭人的記載上——英艦「復仇號」（The Revenge）在亞速群島中佛洛羅斯（Flores）最後的戰鬥。培根（Francis Bacon）[4]在記載中寫道：「一五九一年有一場很棒的海戰，是一艘叫作「復仇號」的英艦，由理查・格倫維爾爵士指揮，（依我之見）戰況激烈得甚至令人無法置信，而有如壯麗史詩。雖然它是一場敗仗，然而它勝過勝利；像參孫（Samson）[5]的所為，在他死的時候所殺的人，比他一生殺死的人還要多。這艘戰艦在十五個鐘頭內，像被獵犬困住而蹲著不動的公鹿。西班牙共有五十五艘戰艦，其中十五艘包圍住「復仇號」並且輪番對它攻擊；其餘的船艦像教唆者一樣，遠眺這場海戰。巨艦「聖菲力波號」（San Philippo）重達一千五百噸，是十二艘「海上使徒」（Sea Apostles）中的泰斗。它擺脫了「復仇者號」時，樂不可支。勇敢的「復仇者號」戰艦上，僅有二百陸、海官兵，其中有八十人病著，然而，他們在海戰進行了十五個小時之後仍能撐下去，兩艘敵艦在他們的兩側被擊沈，還有更多艘敵艦被損毀，殺死無數敵人，而且它西班牙人從來沒有被殺上船佔領船艦，「復仇者」是被敵人以和解協議的方式虜獲。西班牙人對「復仇者」指揮官的伍德與該艦的悲劇感到敬佩不已。」

固然，人們最好能記得，英格蘭的普通水手有時乘坐只有二十噸的小船，駛入北大西洋與南大西洋的荒涼海域，飲食奇差、薪水

低微，從事極其危險的冒險，卻只有微薄的資金支持。這些人都面對著各種可能的死亡——患病而死、溺水而死，被西班牙的長矛與獄砲弄死、在無人居住的海岸飢餓而死，囚在西班牙獄中而死的威脅。英格蘭艦隊的海軍將領愛芬罕的霍華德爵士（Lord Howard of Effingham）道出了他們的碑文：「情勢需要，上帝就派遣我們再度結伴下海。」

＊　　　＊　　　＊　　　＊　　　＊

　　打敗西班牙，獲得勝利，是伊莉莎白統治時期最輝煌的成就，但決不是唯一的成就。擊退西班牙無敵艦隊已經緩和了國內宗教上的意見分歧。在天主教捲土重來的危險逼近時，讓英格蘭走向清教的種種事件。於無敵艦隊在格拉夫林（Gravelines）燃燒，煙飛灰滅之際，將英格蘭轉回到「國教」。幾個月之後，後來成為坎特伯里大主教的理查·班克羅夫特（Richard Bancroft），在聖保羅十字架前講道，攻擊清教的信仰，他深信英格蘭國教並不是政治團體，而是神聖機構。他使用的唯一方式，是用與它攻擊者的不相上下的熱忱捍衛國教；它並不是「女王頒布的宗教」，而是藉著主教繼承制度傳襲下來的使徒教會（the Church of Apostles）。但是班克羅夫特也看出，要維持這個主張，需要更好的神職人員，也就是「有紮實學問」的人。一個世紀之後克拉倫登（Edward Hyde Clarendon）寫道：「如果他再活下去，會迅速地撲滅所有在英格蘭境內燃起的宗教大火，同樣的火苗曾在日內瓦（Geneva）的燃燒。」但是伊莉莎白駕崩時，這場大火仍在燜燒而且十分危險。

　　不過，伊莉莎白培育具實力的教會，與她執政早期時三心二意、無所適從，現在的她更有信心、學問高深而且幾乎不需要與國內分歧分子及國外分離主義分子（separatist）妥協；數以千計的信徒對它很有情感，都因為習慣而珍視祈禱儀式，他們也都是經過受洗而進入這個教會。他們將英格蘭教會視為神聖的制度，對它表現出來的愛，有如喀爾文主義者對長老會，或獨立派（the Independent）對他的會眾一樣的真誠。而且，即使將要來臨的分

歧將令人心酸，英格蘭仍團結一致，珍視伊莉莎白對人民與宗教所作的服務。奧利佛・克倫威爾（Oliver Cromwell）稱她是「盛名永遠爲人記得的伊莉莎白女王」（Queen Elizabeth of famous memory）；並且補充：「我們如此稱呼她，一點也不心虛。」那些仍舊記得充滿災難與迫害的黑暗歲月，並且見過西班牙威脅的加劇與消除的人，他們的心中都能再度對理查・胡克（Richard Hooker）莊重的著述給予回響。胡克是《論教會組織體制法》（Of the Laws of Ecclesiastical Polity）一書的作者，這是本爲伊莉莎白時代教會仗義直言的經典之作。他寫道：「在上帝與吉甸（Gideon）[6]的劍下，有時是以色列人民發出痛苦的呼聲。今日無數群眾則唱出歡樂歌聲，這種成就可以成爲這個王國屹立的所有教堂的銘文的眞正題辭、方式與稱號。感謝萬能的上帝與祂的僕人伊莉莎白的仁慈，我們正是如此。」

＊　　　　＊　　　　＊　　　　＊　　　　＊

　　自一五五〇年代以來就治理英格蘭的人都正由掌握大權與功成名就陸續進入墳墓。萊斯特已經於一五八八年逝世，沃爾辛厄姆於一五九〇年去世，伯利於一五九八年最後去世。擊潰西班牙無敵艦隊戰後的十五年裡，都由其他人物把持朝政。與西班牙的戰爭中已設立了崇尙戰爭的賞金制度。年輕而又急於一試的人，如雷利（Walter Raleigh）及東塞克斯伯爵羅伯特・德佛羅（Robert Devereux），爲爭取領軍對抗西班牙人而起爭執。伊莉莎白女王猶豫不決。她知道她終生努力追求的安定很脆弱。她知道向西班牙的武力挑釁的危險，因爲西班牙有東、西二個印度群島的財富作後盾。她正日益老邁，與年輕一代漸少接觸。她與東塞克斯伯爵的爭吵顯示、也透露出她的心情起伏不定。

　　東塞克斯是萊斯特的繼子，萊斯特將他帶入了宮廷的政治圈子。他發現政府掌握在極爲謹愼的塞西爾家族——威廉[7]與其子羅伯特的手中。伊莉莎白女王的寵愛則是心腸強硬、英俊瀟灑、雄心勃勃的禁衛軍統領雷利身上。東塞克斯比較年輕，性情也比較火

爆，不久便取代了這位統領而贏得女王的眷顧。他也雄心勃勃，著手在宮廷與樞密院中樹立他自己的黨羽，並且壓抑塞西爾家族的勢力。他獲得培根兄弟——安東尼·培根（Anthony Bacon）與法蘭西斯·培根的支持；這對兄弟本是尼古拉·培根（Nicholas Bacon）之子。尼古拉身為掌璽大臣，早年曾經是伯利的同僚，也是妻舅。伯利對於培根兄弟漠不關心，使他們感到不滿。他們是危險的敵人而東塞克斯正好是個合宜的領袖，可以迫使伊莉莎白女王接受比較具有前瞻性的政策。他們兩人都在英格蘭駐巴黎的使館中服務，像沃爾辛厄姆一樣，他們已經建立了令人稱讚的情報組織。由於他們的協助，東塞克斯成了外交方面的專家，得以向女王表現他有魅力也有能力。一五九三年他被任命為樞密諮議大臣（Privy Counsellor）。英格蘭與西班牙的關係此時正好再度緊張。東塞克斯馬上在樞密院領導主戰派；年邁的財務大臣有次由他的口袋中掏出一本祈禱書，並且用顫抖的手指指著他年輕的對手，朗讀下面的詩句：「嗜殺的與使詐的人，必將短命夭折。」一五九六年，東塞克斯與雷利聯合指揮，率軍遠征卡地茲。在奪取這個港口的海戰中，雷利是位傑出的領袖。西班牙的艦隊中彈焚燒，卡地茲城投降。東塞克斯是海岸戰鬥中的英雄。這是場漂亮的聯合作戰行動，英格蘭人佔據卡地茲達兩週之久。艦隊凱旋歸國，令伊莉莎白感到遺憾的是，這幾乎沒有使國家變得更富足。在艦隊出征之際，羅伯特·塞西爾（Robert Cecil）已任了國務大臣。

　　卡地茲的勝利，提升了東塞克斯在年輕朝臣中以及在全國的聲望。伊莉莎白女王很親切地接見他，但是私下卻有疑慮。她害怕新一代的人輕率魯莽，而東塞克斯是否是新一代的精神化身呢？不過此刻一切都還好。東塞克斯被任命為軍械署總管（Master of the Ordnance）並得到授權，統率遠征軍攔截正在西班牙西部港口再度集結的無敵艦隊。一五九七年夏季，似乎即將發動另一次「入侵英格蘭的大業」。英格蘭艦隻首途駛向西南，前往亞速群島。那裡並沒有英艦需要攔阻航道來阻止的西班牙大艦隊的跡象；但是這些

島嶼成了方便的基地，英艦可以在那裡等候來自新大陸的運寶艦隊。雷利也參加了這次遠征。英格蘭人未能奪下島上的任何港口；西班牙運寶艦隊躲過了敵人；在北方海上沒有英艦防禦的情形下，西班牙無敵艦隊開進了比斯開灣（The Bay of Biscay）。海風再度拯救了這個英格蘭。操作不良的西班牙大帆船遇到了強勁的北風，船隻潰散、沈沒。這支被拆散隊形的艦隊只好狼狽地退回了各個港口。菲力普國王跪在埃斯科里亞建築群（Escorial）[8]的小禮拜堂內，為他的船艦祈禱。在艦隊撤回的消息還未送達之前，他已經中風癱瘓，臨終之際壞消息才帶來給他。

東塞克斯返國時，伊莉莎白女王仍活力充沛，而且臨朝執政。混亂與爭吵使得英艦遠征亞速無功而返，令伊莉莎白女王大怒。她宣布她將永遠不再派艦隊駛出英吉利海峽，這一次她說話算話。東塞克斯自宮廷中引退，而風雨的日子隨後而來。東塞克斯確信自己遭到了誤解。他的黨羽也憂思滿腹。各種瘋狂的想法像波浪穿過他的心中。他的身邊集合著一小群人，計畫撥雲見日，迫使女王的寵愛再度降臨。

愛爾蘭境內的動亂現在已達到頂點，似乎為東塞克提供了一個機會，重獲女王好感與重建自己威望。在伊莉莎白統治期間，愛爾蘭一直都是棘手的問題。享利八世曾經擁有愛爾蘭國王稱號，但是他並無實際擴張權力。雖然英格蘭將封號賜給愛爾蘭的部落首領，希望能依英格蘭方式將他們改變成權貴，但他們仍然緊緊抓住他們古老的、宿仇相侵的氏族生活不放，大都不理會都柏林都尉（Lord Lieutenant）的指揮。反宗教改革運動再度活躍，與信奉新教的英格蘭（Protestant England）對立。對於在倫敦的女王政府而言，這意謂著令人焦慮的重要問題，因為任何對英格蘭敵對的強權都可以馬上利用愛爾蘭的不滿來對抗英格蘭。能幹的總督（Viceroys）率領一小股兵力，非常努力地維持秩序與維持愛爾蘭對英格蘭法律的尊重，並且努力安插可靠的開拓者移民愛爾蘭。但是這些措施都沒有獲得顯著的的成果。在伊莉莎白統治時期的前三十年當中，有

三次大的叛亂動搖愛爾蘭。到了十六世紀九○年代，第四次的叛亂已經爆發，演變成磨人又勞民傷財的戰爭。

仗著西班牙的支持，泰隆伯爵（Earl of Tyrone）休‧奧尼爾（Hugh O'Neill）正威脅英格蘭對愛爾蘭的支配地位。如果東塞克斯成了代表大人（Lord Deputy）並且撲滅叛亂，他就可能恢復他在英格蘭的權勢。這是很危險的一搏。一五九九年四月，東塞克斯獲准率領部隊前往愛爾蘭，這支部隊是英格蘭曾經派往愛爾蘭的所有部隊中最大的一支。他一事無成，而且還幾乎一敗塗地。但是他計畫使出戲劇性的一擊。他違背伊莉莎白女王的特別命令，放棄職守，不作任何宣布便匆匆策馬前往倫敦。羅伯特‧塞西爾稍稍地等候他的敵手，想要贏過他。東塞克斯與伊莉莎白女王之間發生爭吵，他隨即被軟禁在他的家中。幾星期慢慢地過去了，東塞克斯與他的年輕同伴，包括莎士比亞的贊助人南安普敦伯爵，策畫了一個孤注一擲的的計畫，要在倫敦市起事、集中軍力攻打白廳（Whitehall）[9]，以及抓住女王本人。為了表示這個結果，莎士比亞後來在紹斯瓦克（Southwalk）製作一齣新戲《理查二世》，以推倒國王作為高潮。

這樁計謀失敗了，最後，一六○一年二月東塞克斯在倫敦塔內被賜死。目擊處決的人當中有沃爾特‧雷利。他靜悄悄地走到白塔的門口，經由軍械庫的樓梯爬上來，俯覽行刑台。他——最後一個伊莉莎白女王時代的人，也在那裡有同樣的結果。年輕的南安普敦伯爵則被饒了一命。

伊莉莎白很了解一些利害關係問題。東塞克斯不僅是位朝臣，曾經奮力獲得女王的眷顧。他是她宮廷中準備奪權一派的領袖。他心思敏銳，知道女王的年歲日增，因此有意控制王位繼位，並且支配下一位君主。當時還不是實行政黨政治的年代，而是講究贊助人與門客的年代。東塞克斯與雷利不和，或培根家族與塞西爾有歧見，都未涉及到基本原則。官場肥缺、權勢、與影響力才是牽涉到厲害關係，東塞克斯如果勝利，可以在整個英格蘭任意封官，或許

甚至對伊莉莎白女王發號施令。但是伊莉莎白長年掌政，手腕遠勝
過年紀只有她一半、野心勃勃的一位臣子。她採取反擊，毀掉了東
塞克斯，也拯救了英格蘭，使它免受內戰摧殘之苦。

　　至於英格蘭在愛爾蘭的問題，東塞克斯逃回英格蘭對英格蘭人
反而是福氣。一位性格頑強、精力十足的指揮官蒙喬伊爵士（Lord
Mountjoy）接替東塞克斯的位置，不久就控制住了這次叛亂。當
西班牙的援軍，大約有四千人之多，於一六○一年在金塞爾
（Kinsale）登陸，為時已晚。蒙喬伊擊潰了愛爾蘭人，逼西班牙援
軍投降。甚至泰隆伯爵最後也只好歸順。愛爾蘭終於被英格蘭的武
力征服了，雖然僅是暫時的。

＊　　　　＊　　　　＊　　　　＊　　　　＊

　　如果東塞克斯是向伊莉莎白的政治權力挑戰，就未來局勢而
言，更加重要的問題是一六○一年議會對伊莉莎白立憲權力的挑
戰。在伊莉莎白統治期間，議會的分量與權力一直在穩定地成長。
現在爭論的焦點轉向「壟斷專利權」（monopoly）。有段時間，王
室藉由許多不同的手段來彌補自己微薄的收入，其中包括將壟斷專
利權賜給臣子或其他的人，而他們支付報酬來交換。有些壟斷專利
權是為了保護與鼓勵發明，可以說是有正當的理由，但是許多經常
是無正當理由的特權，結果使物價上漲而負擔落到每個人民肩上。
一六○一年，種種不滿引發平民院為此展開正式的辯論。一位憤怒
的議員朗誦一分名單，其中從製鐵到風乾沙丁魚等各種壟斷專利權
皆有。另一位坐在後排的議員大嚷道：「名單上沒有麵包專制權
嗎？」平民院舉座為之嘩然，塞西爾大臣因此作出激烈的譴責。他
說：「任何人在討論這點時，都受到你們藉叫喊或咳嗽所做的故意
阻撓，這實在是太無禮的舉動了。這種情形比較像在大學預科學
校，而並不像是在議會。」伊莉莎白女王比較喜歡狡猾的方法。如
果平民院議員將他們的提案作分組表決，她立憲權力的整個基礎就
會受到抨擊。她馬上行動。一些壟斷專利權立刻就被廢止了。她答
應會調查一切的壟斷專利權。她搶先行動以破壞對她直接的責難，

而且召集大批平民院議員到王宮對他們發表出色的演說，告訴他們：「雖然上帝已將我置於萬人之上，然而我認為，我以你們的愛戴治理天下，是我至上的榮耀。」這是她最後一次在他們面前露面。

在統治英格蘭多災多難的歲月中，伊莉莎白女王展現出來的充沛活力已慢慢地、無情地消逝。她一連好幾天躺在房中一堆軟墊上，默默地忍受持續幾個鐘頭的痛苦。外面迴廊上傳來激動、匆忙的腳步聲。最後羅伯特‧塞西爾壯著膽子對她說：「陛下，為了讓你的人民安心，你必須躺在床上去。」他得到的回答是「為人臣子的，可以對君王使用『必須』這個字眼嗎？」年老的坎特伯里大主教惠特吉佛特（John Whitgift），她曾稱他是她的「小小的黑丈夫」（her "little black husband"），跪在她身邊祈禱。一六○一年三月二十四日的清晨，伊莉莎白女王終於去世了。

＊　　　＊　　　＊　　　＊　　　＊

都鐸王朝如此便結束了。一百多年來，靠著少數的護衛者維護歷代國王的王位、維持安寧，阻擋歐洲的外交攻勢與軍事侵襲，而且引導這個國家度過可能摧毀它的種種變遷。議會正以國王、貴族院與平民院之間實際的和諧為基礎，成為有名有實的機構，英格蘭君主制度的各種傳統都已經恢復、發揚光大。但是並不能保證這些成果會永垂不朽。國王只有在深得民心時才能統治天下。王位現在將要傳給算是異族的蘇格蘭，他們在政治本能上都仇視英格蘭的統治階級，都鐸王朝孕育出對議會的良好關係，在新國王就任不久後就走向結束。新的國王即位不久，即將與這個日益成長的國家的武力對抗、發生衝突，還會引起內戰（The Civil War）、共和插曲、王政復辟（The Restoration）以及革命。

【1】　譯注：英格蘭詩人，著有《仙女王》、《牧人日曆》、《結婚曲》等詩。
【2】　譯注：英格蘭地理學家，西北航道創始人之一。
【3】　譯注：即 Tamerlane， 亦即 Timur 帖木兒（1336-1405），帖木兒帝國創

　　　建者。
【4】　譯注：英格蘭哲學家及政治家，曾於一六一八年任諮議大臣。
【5】　譯注：聖經中之大力士。
【6】　譯注：古代以色列勇士。
【7】　譯注：伯利爵士。
【8】　譯注：西班牙馬德里附近之大理石建築群。
【9】　譯注：倫敦街名，英格蘭主要政府機關所在地。

第五部

內戰

第十一章 統一的王室

　　蘇格蘭國王詹姆斯六世是蘇格蘭女王瑪麗的獨生子。他年輕的時候受到嚴謹的喀爾文派的教養，可是這個教派卻不符合他的喜好。他幾乎沒有錢，導師們又很嚴格，他長久以來便渴望英格蘭的王位，但是直到最後一刻，這個目標似乎都遙不可及。詹姆斯僅由時斷時續的的聯繫知道伊莉莎白的情形，東塞克斯與羅伯特・塞西爾奪權爭寵可能常常激怒伊莉莎白，她一怒之下若採取迅雷不及掩耳的決定，將使詹姆斯得不到王位。但是現在一切似乎已經塵埃落定。塞西爾是他的盟友，在伊莉莎白駕崩後那段緊張的日子中，他很有技巧掌理國政的人。詹姆斯被宣布成為英格蘭的國王詹姆斯一世，未遭到任何反對，於一六○三年四月悠哉地由荷里路德宮（Holyrood）前往倫敦。

　　他是個陌生人，也是個異族，而且他統治英格蘭的資格猶待考驗。特里威廉（George Macaulay Trevelyan）[1] 說：「詹姆斯對於英格蘭與英格蘭法律一無所知，以致於他在紐瓦克（Newark）將當場抓到的一名扒手，未經審判便下令處以絞刑。」這項處決並沒有舉行。詹姆斯憎惡他喀爾文派導師的政治觀念。他對於王權及神授君權有自己固定的想法。他是位學者，自負自己是個哲學家，一生出版了許多小冊子與專著，範圍從譴責巫術、煙草到闡述抽象的政治理論不等。他帶著封閉的心智與喜歡說教的弱點來到英格蘭。但是英格蘭正在改變中。服從王朝的習慣已隨都鐸王朝最後的一位君主而逝。西班牙不再是威脅，王國的合併（The Union of the Crowns）[2] 使外敵無法在這個島嶼上找到盟友，甚至立足在這個島嶼上。都鐸王朝為了維持權力均衡、對抗舊貴族而依仗鄉紳，並且將整個管理地方政府的事務交給鄉紳，這些鄉紳開始感受到他們的力量。英格蘭很穩定，可自由地關注本身的事務，一個有權勢的階級正躍躍欲試，急著參與國政。另一方面，詹姆士繼承王位的權力並非無懈可擊。而神權（the Divine Right）這個教義原來是為

了辯護國家主權的存在，用來對抗普教會或是帝國的，現在詹姆士則將神權用來加強他的地位。但是如何使「神權治國」的國王，與沿襲古代習俗的議會和睦和處呢？

比這些尖銳的問題還要重要的是即將來臨的財政危機。自新大陸輸入的貴重金屬價格飛漲，整個歐洲都處於通貨膨脹；王室每年固定的歲收價值越來越少。藉由節約政策，伊莉莎白女王延緩了衝突。但是衝突是躲不掉的，而且還會引起可怕的憲政問題。關於稅務，誰有最後的決定權呢？至今每個人都接受中世紀的學說認為：「國王不能以人民不同意的法律統治他們，因此國王無法不經人民同意就對他們課徵稅賦。」但是沒有人分析過這一個學說，或是追溯它每個細節的含意。如果這是英格蘭的重要的法律，它是否出自令人難解的古代生活，或是昔日某位國王對臣民的恩惠呢？它是英格蘭人不可剝奪的、與生俱來的權力，或是可以取消呢？國王是服從法律的，還是不服從呢？由何人制定法律呢？十七世紀有大部分的時間都將花在尋找歷史、法律、理論、與實務問題的答案。律師、學者、政治家、軍人全都加入這場大辯論。無爭議的繼位人讓人們如釋重負，因此忠誠地、甚至熱忱地歡迎新君。但是詹姆斯與他的臣民不久就為這件事與其他的問題產生不和。

詹姆斯召開的首次議會立刻引起「議會特權」（Parliamentary privilege）與「國王特權」（Royal　Prerogative）的問題。平民院以恭順又堅定的語氣起草了一分辯護文（Apology）提醒國王，他們的自由權包括選舉自由、言論自由以及議會開會期間免於逮捕的自由。他們抗議：「國王的特權可輕易地與日俱增，但臣民的權力多半永會保持不變。……人民的聲音……關於他們所知的事情，據說是上帝的意旨。」詹姆斯他的兒子後來在位時也一樣，輕蔑地對待全國不滿之情緒並置之不理，並將此視作出言不遜及欺君罔上。

在此之前，詹姆斯經濟向來拮据；現在他認為他很富有。隨他一同南下到英格蘭來的「乞丐似的蘇格蘭人」（beggarly　Scotsmen）

也都自行致富。宮廷的支出以驚人的速度增加。詹姆斯不久便發現他自已的財務吃緊，他甚感託異。這意謂議會經常召開會議。因此議員有機會藉頻繁地開會而組織起來。而詹姆斯忽略了可以藉由自己的樞密諮議大臣控制議會，就好像以前伊莉莎白女王做的一樣。羅伯特‧塞西爾現在是沙利茲伯里伯爵（The Earl of Salisbury），他並沒有與平民院保持直接接觸。詹姆斯沈溺在自己說教的愛好，經常提醒議員們，他有統治的神權，而他們重要的職責便是供應他的需求。

有個古老而根深蒂固的信仰，便是國王應當「自力更生」（live of his own）。傳統上，來自王室土地與關稅的歲收應當足以維持公眾事業。議會通常會表決，將關稅提供給君主做生活費用，並不希望再另外撥款，除非是有緊急事故。為了應付自己的需求，詹姆斯不得不強調、重申中世紀國王徵稅的特權。他不久便惹火了平民院，他們還記得自己最近才在專賣權問題上勝過伊莉莎白。幸好法官們都裁決港口屬於國王專門的司法管轄範圍，只要認為適當，他就可以發行「估價簿」（book of rates），就是課徵額外的關稅。這一來就給了詹姆斯一筆歲收，這並不像古代封建制度下的撥款，隨著國家財富的增長、物價的提高而提升。平民院質疑法官們的裁決，而詹姆斯則將這個爭議變成了有關王室特權的技術性問題，將事情弄得更糟。不過這個問題一陣子之後，便擱置了下來。

詹姆斯國王對宗教問題早有明確的看法。他一登基就接到清教徒所做的請願，這些清教徒在一五九○年代就被伊莉莎白解散組織。反「國教」（State Church）的主教制度者以為來自蘇格蘭喀爾文派的新國王，可能會聽聽他們的立場；如果換上一個較溫和的教派，那麼在宗教儀式做若干修改可能便會使它滿意。但是詹姆斯已經受夠了蘇格蘭教會（The Kirk）。他意識到喀爾文主義與君主制度終究會起爭執，如果人們能夠自行決定宗教，就也可以自行決定關於政治事務。一六○四年，他於漢普頓宮（Hampton Court）與清教徒領袖以及那些接受伊莉莎白制度 [3] 的人舉行會議。他的

偏見很快顯現。他在辯論當中譴責清教徒企圖推展「蘇格蘭長老會」制度，這個制度會使教會與君主平起平坐，就如同上帝與魔鬼沒有分別。……這樣一來，隨便什麼人都可以聚集在一起，隨他們高興地責難我、責難我的樞密院與所有的議事活動。然後某某人會站起來說：『它必定是這樣子。』；然後某某會回答說：『不是那樣子。』……等一下，我求你們等個七年再向我提出這些要求，而且，如果到時你們發現我又肥又喘不過氣來，或許我會傾聽你們的意見。讓這個政府跟從前一樣吧，我確信到時我將會活得很好；然後我們所有的人都會有事可做，也都有利可圖。」詹姆斯明言他不會改變伊莉莎白的國教政策。他的口號是：「沒有主教，沒有國王。」

　　天主教徒既焦急，也懷著希望。畢竟國王的母親曾是他們的擁護者。他們的處境很微妙。如果教皇允許他們對俗世的國王效忠，詹姆斯可能會讓他們在英格蘭傳他們的宗教。但是教皇不會對在這一點讓步。他禁止教徒對信仰異端的君王效忠。關於這點是沒有妥協的餘地。歐洲的一些辯論問題正拿服從的本質大開玩笑，而詹姆斯捲入了這項爭論。曾經抨擊伊莉莎白的耶穌會會員在羅馬掌有大權，他們出版許多書籍，不承認他繼承王位的權力。似乎到處都有人在耍陰謀。詹姆斯雖然傾向容忍，但還是被逼著採取行動。天主教徒因為拒絕參加國教的禮拜儀式而要交罰款，他們的教士都遭到放逐。

　　一小撮天主教鄉紳因為失望而絕望，設計了一個壞計謀，準備當詹姆士與議會成員在西敏寺開會時，用火藥炸死他們。他們希望在這件事之後，便發動天主教徒起義，並在混亂中藉西班牙的幫助重建天主教政權。主謀是羅伯特‧凱斯比（Robert Catesby），蓋伊‧福克斯（Guy Fawkes）則從旁協助，他是西班牙抵抗荷蘭人戰爭的老兵。他們的一位追隨者警告一位天主教親戚。這個消息傳到了塞西爾那裡，議會的地下室全都遭到了搜索。福克斯當場被捕，市區掀起了一場驚天動地的風暴。詹姆斯前往議會，發表一場

充滿感情的演說，表示若他與忠心的平民院議員一起死，會是多麼的光榮。他說國王總是暴露在危險面前，超出了普通凡人所遇的危險範圍。只不過因為他的聰明，才使他們全體倖免於難。平民院議員表現出完全的冷漠，轉身去處理當天的事務，討論一位患了痛風的議員請求解除議會職責的申情。密謀者都遭到追捕、被施以酷刑並行處決。如此新奇的大規模叛國行動，使天主教團體立即受到嚴厲的迫害與更長期且普遍的憎惡。為了紀念十一月五日的解救事件所舉行的感恩節禮拜（The Thanksgiving Service）一直留在祈禱書上，直到一八五四年才取消。它的週年現在還是會以篝火與焰火慶祝，但也有人舉行反天主教的示威活動污損了它，不過卻也使它生動起來。

＊　　　＊　　　＊　　　＊　　　＊

這個時候，由於英語民族的天才創造了一個壯麗、持久的作品。清教徒所有的要求都遭到了拒絕；但是在漢普頓宮會議要結束的時候，一位清教牧師，牛津聖體學院（Oxford College of Corpus Christi）的院長約翰・雷諾博士（Dr. John Reynolds）表面上似乎是心血來潮，曾經問到是否可以出版一種新版《聖經》。這個主意甚投詹姆斯所好。至今神職人員與一般社會大眾都仰賴許多不同的翻譯本，例如，廷德爾的、科佛代爾的日內瓦聖經（the Geneva Bible）與伊莉莎白女王手下的「主教的聖經」（Bishop's Bible）。這些聖經的內容各自不同。有些添加了頁邊注記與眉批，或是為了擁護某個教派對於聖經的闡釋以及教會組織極端派理論，將聖經弄得面目全非。各個黨派與教派都使用最適合本身觀點與原則的版本。詹姆斯心想，此時雷諾提出建議正是大好機會，可以藉此擺脫具有宣傳性質的《聖經》，翻譯出一個能夠供所有人使用的統一版本。幾個月之內就成立了六個翻譯委員會或「公司」，在牛津、劍橋與西敏寺各有兩個，總共約有五十位學者與神學家參與。他們因為這項工作而被挑選出來，根本不管他們的神學方面或教會背景。他們迅速接到了指令。每個委員會被指定負責翻譯一部分的《聖

經》內容，草稿都將由其他的五個委員會審查，最後並由一個十二人組成的委員會修改定稿。禁止有偏見立場的翻譯；除了為相互參考或解釋難以翻譯的希臘文或希伯來字詞的意義，也禁止有頁邊注記或眉批。初步研究就用了大約三年時間，主要的翻譯工作一直要到一六○七年才開始進行，但是之後完成的速度快得驚人。在一個沒有高效率郵政服務，也沒有機器複印及複製方法的時代，委員會彼此雖然相隔甚遠，仍於一六○九年完成了任務。十二人的監督委員會只用了九個月作審查工作，而詹姆斯國王的印刷廠（The King's Printer）於一六一一年出版了欽定本（the Authorised Version）的《聖經》。

這個欽定版本立即受到歡迎贏得長久的勝利。任何人只要花區區五先令便可買到一本；即使如今物價暴脹，仍可以用這個價格購買。差不多有三百年的時間，都沒有人認為它需要作新的修訂。在開往美洲新大陸、擁擠的移民船上，幾乎都找不到放行李的地方。如果冒險家需要隨身帶書籍，他們都攜帶《聖經》、莎氏比亞作品、後來還有《天路歷程》（The Pilgrim's Progress）；而他們大多數帶的《聖經》都是詹姆斯一世欽定的版本。據估計，這一個標準譯本單單用英語出版冊數，就達九千萬冊。這一個版本被翻譯成七百六十種語言。在英格蘭與美國，欽定本仍舊是最流行的版本。這可能是詹姆斯最偉大的成就，因為大體上都是他在推動此一版本的編譯等工作。這位蘇格蘭學究所作的貢獻遠出乎他的預料。造就這項傑作的學者大多數都不知名，也未受到後人的紀念。但是他們為世界各地的英語民族鑄造了文學與宗教上的永久聯繫。

＊　　　＊　　　＊　　　＊　　　＊

隨著歲月流逝，詹姆斯與他的議會越來越沒有交集。以前都鐸王朝都很慎重地使用國王特權，也沒有提出任何關於治國的一般理論，但是詹姆斯認為自己是全國人的老師。在理論上，實行君主專制頗為有理。十六世紀的整個政治發展都有利於他這種主張。他發現法蘭西斯‧培根是個很聰明的支持者。培根是位雄心勃勃的律

師，曾經與東塞克斯一起涉獵過政治；當他的贊助者東塞克斯下台時，他又回頭投靠女王表示順從。培根擔任過一連串高級法律職務，最後成了大法官。他主張國王在法官的幫助下，進行絕對開明的統治，才是有效率的；但是他的理論都不切實，很不得人心。

隨後而來的衝突集中在國王特權的本質與「議會法」（An Act of Parliament）的權限上。「議會法」是至高無上、除非是廢棄或修正否則不能改動，這是行使國家的最高權力的唯一方式，這種現代觀念，在當時尚未出現。都鐸王朝的法令的確是使教會與國家產生重大改變，它們幾乎無所不能。但是法令都一定要得到議會的同意與國王的批准。沒有國王的召集令，議會就不可以召集，也不可以在國王解散議會之後繼續開會。除非財政需要，不然幾乎沒有其他任何事能逼國王召集議會。如果國王能從其他途徑籌募到金錢，他就可能統治多年，而不需要召集一次議會。而且國王確實有某種未予界定的特權，用來應付政府遇到的緊急事件。什麼人能夠告訴他可以做什麼，與不可以做什麼呢？如果國王為了大眾的利益，選擇通過條例（ordinance）而廢除某項法令，又有什麼人能說他在違法行事呢？

在這個問題上，律師們以大法官科克（Chief Justice Edward Coke）為首，挺身而出，成了英格蘭歷史上受人注意的焦點。科克是英格蘭最有學問的法官之一，對這些爭議作出了直率的回答。他宣布，特權與法令之間的衝突不應當由國王裁決，而應當由法官裁決。這是個驚人的主張，如果由法官決定法律何者有效與何者無效，他們就成了國家最高立法者。他們會成立最高法院，審查國王與議會兩者制定法律的合法性。科克種種重要的要求並非沒有根據。它們全都依據古代的傳統，即是在法庭上宣布的法令，優於中央當局頒布的法令。科克自己認為法律是不可以由人任意捏造，甚至更改的。法律本來就已經存在，僅僅等人去揭示與闡述。如果議會的許多法案與法律相互衝突，它們便無效。因此，在他事業開始之初，科克並沒有與議會並肩作戰。在英格蘭，他為了維護基本

法而提出的主要主張被駁回了。但這些主張後來在美國受到的待遇則完全不同。

詹姆斯對於法官的職責有非常不同的看法。在議會法令與國王特權發生衝突時，法官可能有責任作出裁決；但是如果如此，他們必須支持國王。猶如培根所言，他們的本分就是當「王座底下的獅子」（lions under the throne）。由於法官是由國王任命的，得到國王的垂愛，他們才能保持自己的職位，他們就應當像其他王室官員一樣服從國王。這項爭議因為培根與科克之間的個人恩怨而更形加劇。科克發現自己處於難以防守的地位。如果法官很容易因為國王的命令就遭到免職，就沒有任何法官能對國王的特權保持不偏不倚的立場。詹姆斯起初想讓科克閉嘴，就將他由民事法庭（Court of Common Pleas）提升到王室法庭（The King's Bench）。但這沒有成功，就在一六一六年將科克免職。王室法庭的其他法官便轉而支持國王。

五年後科克進入平民院，發現當時最活躍的律師都同意他的見解。他們的領導才能已經被人接受。在平民院開會的那些鄉紳，很少有人對議會的歷史有很深刻的認識，或是能夠提出任何有條有理的理論，為議會的種種權力辯護。他們只不過對國王武斷的行為與刺耳的理論感到忿忿不平。儘管那是個活躍的社會運動，但是對於法律先例與立憲形式都極為尊重。如果律師都對國王忠貞，整個立法的力量會整個偏向支持國王，平民院的任務就更加困難了。但是闡釋的法律先例與他們的主張相反，他們不得不與過去的主張斷絕關係而承認他們是改革派；但是律師們的堅持讓他們免於痛苦的選擇。科克、塞爾登（John Selden）及皮姆（John Pym）等人，即使不是執業的律師，也都在「中殿律師學院」（The Middle Temple）[4] 唸過法律，他們形成了一個幹練的、採取主動及把持主動的領導團體。他們精通法律，而且經常任意的解釋法律，他們逐漸地自圓其說的建立起一項理論，議會可以根據這理論，宣稱它並非為什麼新事物，而是為英格蘭人民合法的古考遺產。這樣便奠

下了團結而又有紀律的反對派基礎，而皮姆後來將領導他們對抗查理國王。

詹姆斯並不贊同反對派的這些活動。他並不想妥協；但是他比他兒子精明，知道什麼時候妥協對他最有利。僅僅是因爲財政窘迫，他才與議會打交道。他有一次告訴西班牙大使說：「平民院是一個無頭的機構。議員們發表意見都雜亂無章。他們開會的時候都亂叫亂喊，什麼都聽不見。我很詫異我的祖先們怎麼允許這樣的機構存在。我並非本地人，到這裡的時候才發現了這種情形，因此我只好忍受這個無法擺脫的這個東西。」

* * * * *

詹姆斯的外交政策或許適合和平時期的需求，但是卻時常與當時大環境的趨勢發生衝突。嚴格說來，他登基的時候英格蘭仍與西班牙作戰。由於塞西爾的支持，終於終結這敵對情勢，也與西班牙重新恢復外交關係。從各種情況來看，無論如何，這都是聰明審慎的行動。主要的對抗已經由公海轉到歐洲大陸。神聖羅馬帝國的哈布斯堡王朝，仍由維也納宰治著歐洲大陸。神聖羅馬帝國皇帝與他的西班牙國王表弟的領土，已經由葡萄牙延伸到了波蘭，他們的勢力也受到耶穌會的支持。平民院與全國人仍對西班牙保持強烈的敵意，並且驚惶憂心地注意反宗教改革運動的發展。但是詹姆斯不爲所動。他視荷蘭人是反抗國王天授神權的叛徒。西班牙大使貢多馬伯爵（Count Gondomar）資助詹姆斯宮廷中親西班牙的一夥人；詹姆斯並沒有由都鐸王朝的經驗中學到任何教訓，不僅提議與西班牙結盟，而且還有主張他的兒子與一位西班牙公主結婚。

不過他的女兒已經加入反對派的陣營。伊莉莎白公主（Princess Elizabeth）嫁給了新教在歐洲的擁護者腓德烈（Frederick）──一位享有王權的萊茵選帝侯（the Elector Palatine of the Rhine）；腓德烈婚後不久，就被投入了對抗哈斯堡皇帝斐迪南的抗爭活動。神聖羅馬帝國的法律曾經承認日耳曼的部分地區信奉新教，哈布斯堡企圖使這些地區叛依，引起信奉新教的國家君

主激烈的反對。這場風暴的中心是波希米亞，傲慢而又果決的捷克貴族阻擾維也納在宗教與政治的中央集權政策。在十五世紀約翰‧胡斯（John Huss）時期，他們建立了自己的教會與教皇和神聖羅馬帝國皇帝對抗。現在他們與斐迪南對抗。一六一八年，他們的領袖在布拉格將皇帝的使節從皇宮的窗戶丟出去。這個後來稱之為「丟出窗外」（The Defenestration）的行動，開啓動了一場蹂躪日耳曼長達三十年的戰爭。捷克人提議將波希米亞的王位給腓德烈。腓德烈接受了，成為公認的新教叛亂領袖。

雖然詹姆斯的女兒現在是波希米亞王后，詹姆斯並不願意代表她從事干預行動。他決心不惜任何代價要置身於歐洲大陸的衝突之外，認為透過與西班牙的重修舊好，才是最能幫助他女婿的方法。議會是又驚又怒。詹姆斯提醒議會，這些事都超出了他們的權限。有人嘲弄他怯懦，但是他仍舊不改初衷。他堅守信念，維護和平。他這樣做是否聰明或具有遠見，並不太容易斷定，不過確實是不得民心。

腓德烈選帝侯不久就被逐出波希米亞，他世襲的土地都被哈布斯堡王朝的部隊佔領了。他在位的期間相當之短，以致於在歷史上，他被人稱為：「一冬之王」（the Winter King）。英格蘭平民院吵著要作戰。為了捍衛新教，募集了私人捐款與志願軍。詹姆斯很滿意與西班牙大使就波希米亞的主權問題作學術性的討論。他堅守的信念是，英格蘭王室與西班牙王室藉婚姻結盟，可以確保英格蘭與強國的和平。歐洲大陸上的任何劇變都不應當妨礙這個計畫。在已經開始的大戰中扮演新教的擁護者，可能會使他獲得臣民一時的愛戴，但也會使他受到平民院的牽制。議會會要求控制軍備金錢支出，不可能慷慨地答應撥款。國內的清教徒勢力會更加大聲。除此之外，戰爭的成敗難測。詹姆斯似乎相信，他的使命是要做歐洲的調解者（The Peacemaker of Europe）；而年輕時在蘇格蘭的動盪經驗，使他根深柢固地厭惡且討厭戰爭。他不理會請求他干預的要求，並且繼續與西班牙談判聯姻。

　　　*　　　　*　　　　*　　　　*　　　　*

　　在這些動亂中，沃爾特‧雷利爵士（Sir Walter Raleigh）以討好西班牙政府的理由，在塔丘（Tower Hill）遭到處決。詹姆斯即位之初，雷利便因爲密謀，想以詹姆斯的表妹阿拉貝拉‧斯圖亞特（Arabella Stuart）取代詹姆斯而遭到監禁。這項指控的罪名大概是不很公平，審判也確實如此。雷利夢想著要在奧利諾科河（The Orinoco river）[5] 找到黃金，這個念頭讓他在長期監禁時得到一點鼓舞，卻因一六一七年的災難而結束。爲了這最後的一次探險，特別將他由倫敦塔中釋放出來，結果他失策，冒犯在南美洲的西班牙總督們。現在爲了他，又恢復了古老的死刑方式。他於一六一八年十月二十九日在受刑台上被處決，這個事件顯示英格蘭奉行新的綏靖政策（appeasement），以及爲英、西兩國建立友好關係舖路。這椿可恥的行爲在詹姆斯國王與英格蘭人民之間築起了一個永久的障礙。但也還有其他的障礙。

　　詹姆斯很喜歡寵臣，他對英俊的年輕男子的注意，讓對他的尊敬明顯地越來越減少。他賢明的諮議大臣羅伯特‧塞西爾去世後，宮廷便爲無數令人厭惡的醜聞所折磨。他一時興起，將一位寵臣羅伯特‧卡爾（Robert Carr）封爲索美塞特伯爵；卡爾涉及下毒謀殺的陰謀，他的妻子也無疑有罪。詹姆斯無法拒絕卡爾的任何要求，起初幾乎根本不注意卡爾這椿罪行引起的風暴；但是後來甚至他也不可能支持卡爾官居高位。一位面容姣好，機智、喜好奢侈的年輕人喬治‧維利爾斯（George Villiers）繼卡爾之後，獲得詹姆斯的寵愛，被封爲白金漢公爵（The Duke of Buckingham），很快地在宮廷中掌握大權，得到詹姆斯的寵信。他與威爾斯親王（Prince of Wales）查理友誼深厚。他毫不遲疑地接受了國王欲與西班牙聯姻的政策，並於一六二三年陪威爾斯親王前往馬德里去會見親娘。他們不依正統的行爲無法打動講究正式儀禮的西班牙宮廷。而且，西班牙人要求英格蘭對國內的天主教徒作出讓步，而詹姆斯確定議會永遠都不會同意此事。西班牙人拒絕替詹姆斯請求神

聖帝國皇帝，將選帝侯侯國（the Palatinate land）交還給腓德烈。詹姆斯終於良心發現說：「我不喜歡以女兒的眼淚去為我的兒子娶親。」英格蘭與西班牙的談判遂告失敗。威爾斯親王與他同伴現在對西班牙的一切都感到幻滅，於是啓程返國，但是遭到逆風的延誤。護送親王的英格蘭艦隊因受氣候所阻而留在聖坦德（Santander）。英格蘭驚懼不安地等待著。消息傳來，說親王已安全地回到樸茨茅斯，沒有與西班牙公主結婚，也沒有受到引誘而放棄新教信仰，所有階層的人都欣喜若狂。英格蘭人抱著與西班牙及其一切勢力對抗的強烈意願與意志，必要時不惜一戰。當年賢明女王貝絲（即伊莉莎白）擊潰西班牙無敵艦隊的記憶鼓舞著人們的心靈。天主教偶像崇拜的罪惡使他們的心靈感到害怕。福克斯（Fox）所著的《殉道者書》（Book of Martyrs）於一五六三年首次出版，仍廣為被大眾閱讀，教導大眾要將肉體的折磨與磨難提升為自己的光榮職責。倫敦的大街上都擠滿了載著篝火所用柴薪的運貨馬車。歡樂的紅色火光映紅了倫敦的天空。

但是詹姆斯國王與他的樞密院在這條親西班牙的路上走得太遠，因它突然刹車受到了衝擊。非常自責的樞密院對詹姆斯說，因為白金漢公爵的沒耐性、自負，破壞了整件事。他們大肆抨擊白金漢的行為。他們釐清對西班牙宮廷無禮的指控，也為西班牙對萊茵選帝侯侯國的態度辯護。但是白金漢公爵與查理現在急於興起戰端。詹姆斯起初躊躇不決。他說他是個老年人，一度對政治略有所知。現在，這個世界上他最愛的兩個人催促他該採取的途徑，與他的判斷及過去的行動全然相反。

在這個緊張的時刻，白金漢公爵無比的敏捷，搖身一變，從一位王室的寵臣變成一為憂國憂民的政治家。他使用個人的談吐風度說服國王，同時設法獲得議會與人民的支持。他採取了許多手段肯定議會的權力與權力，讓步的程度是自蘭開斯特王朝以來都不曾有過的。都鐸王朝不許議會干涉外交事務，詹姆斯也遵守，可是現在這位寵臣大臣（Minister-Favorite）卻邀請貴族院與平民院兩院議

員發表意見。兩院的意見都迅速而又明確。他們說，繼續與西班牙談判有損國王的尊嚴、臣民的福祉、王子與公主的利益以及有違以前與他國的盟約。關於這點，白金漢毫不隱藏在與他的主人的意見有些不同。他直率地公開表示，他期望只走一條路，詹姆斯國王則認為可以同時走兩條不同的路。白金漢並非一直是個奉承者；他也得表達他自己的信念，否則便是個叛徒。

議會樂見這些發展。但是現在遇到了為即將來臨的戰爭籌募軍款的問題。詹姆斯與查理王子心中想的是要在歐洲發動戰爭，設法重新奪回萊茵選帝侯侯國。議會則力勸只與西班牙從事海戰，如此可能贏得自東西印度群島運來的豐富財富。平民院對國王的意圖有所猜疑，於是批准的軍費不到他請求的半數，並且還訂下了這筆軍費應當怎樣支用的嚴格條件。

白金漢調整自己的方向，並在此刻保持著他在議會新建立的聲望。他利用這一點制服了他的敵手——財政大臣克蘭菲爾德（Lord Treasurer Lionel Cranfield）。財政大臣當時已受封為中塞克斯伯爵（the Earl of Middlesex），是王國「新貴」中的佼佼者。他本來是商人，但因發財致富而地位高升。現在他遭到議會彈劾而被免職下獄。議會也曾經用彈劾這項武器對付過培根。他於一六二一年因為貪污而被發現有罪，被免除了大法官之職，被判交罰鍰並被放逐。在許多重大問題解決之前，這項武器從未被擱置在一旁，當時有許多重大問題，只不過白金漢或他親愛的朋友查理王子沒有理會。

與西班牙的聯姻剛破裂，白金漢便馬上前往法蘭西為查理王子尋找新娘。當初他與王子前往馬德里路經巴黎的時候，查理便對瑪麗‧麥迪奇（Marie de Medieis）之女亨利埃塔‧瑪麗亞（Henrietta Maria）的魅力留下深刻的印象。她是路易十三（Louis XIII）的妹妹，當時才十四歲。白金漢發現法蘭西宮廷，尤其是瑪麗太后，欣然贊同這個聯姻。查理王子若與一位新教的公主聯姻，會使國王與議會團結起來。但是這向來不是統治圈的求婚意圖。對他們而

言，法蘭西的公主只不過是另一個選擇，用來代替西班牙公主罷了。英格蘭怎麼能單獨對付西班牙呢？如果英格蘭不能仰仗西班牙，似乎必須擁有法蘭西不可。年紀老邁的詹姆斯國王希望看到他的兒子結婚。他說他就是爲了這個兒子才活著。他於一六二四年批准了這項婚約。三個月之後，大英帝國的第一代國王便辭世了。

【1】　譯注：George Macaulay Trevelyan（1879-1762），英格蘭歷史學家。
【2】　譯注：一六〇三年，英格蘭與蘇格蘭兩個王國的合併。
【3】　譯注：指國教。
【4】　譯注：倫敦培養律師的四個組織之一。
【5】　譯注：委內瑞拉境內之河流。

第十二章 「五月花號」

　　對抗西班牙早已經耗盡英格蘭人的精力，在伊莉莎白女王統治晚期，僅有幾項新的航海事業。有一陣子也幾乎沒有聽說新大陸的事。霍金斯與德雷克在他們早期的航海冒險活動中，曾經在加勒比海為英格蘭展開廣大的遠景。佛羅比歇（Frobisher）與其他的人曾經深入加拿大的北極地區，尋找通往亞洲的西北通道。但是探險與貿易的誘惑都必須對戰爭的需要讓步。建立殖民地的新觀念也遭到挫折。吉爾伯特、雷利、與格倫維爾都曾經是其先驅。他們大膽的計畫都沒有成效，但是卻留下了啟發他人的傳統。現在，經過一段時間之後，他們的努力已有一批新人接手，這些人都不太耀眼，但是比較實際而且更加幸運。逐漸地，由於許多的動機，許多英語社會在北美建立了起來。這項改變來自一六○四年，當詹姆斯一世要與西班牙締結和約時。討論受到理查·哈克盧伊特（Richard Hakluyt）所著《關於西方種植的論述》（Discourse on Western Planting）的刺激而死灰復燃。以他為首的一群作家提出的嚴肅的論點，重新受到歡迎並富有新的相關意義。英格蘭有種種麻煩。淪為乞丐及流浪的人民很多，需要為整個民族的精力與資源找新的出路。

＊　　　＊　　　＊　　　＊　　　＊

　　物價不斷上漲使薪水階級面臨許多困難。雖然十六世紀整個生活水準都有所改善，但各種物價上漲了六倍，工資漲了兩倍。因受到政府過分規範使工業受到的阻礙。中世紀工匠的同業公會（guild）制度仍舊盛行，使得年輕的學徒入行變得極其困難。地主仕紳階級在政治上與國王結盟，擁有大多數的土地並且控制所有的地方政府。他們進行的圍地活動使許多英格蘭農民離鄉背井。整個生活格局似乎縮小了，社會組織的架構也硬化了。在新的生活條件下，有很多人失去了優勢、失去了希望，甚至是生計。一般認為，建立殖民地可能幫忙解決這些令人苦惱的問題。

　　政府對此並非毫不關心。與生氣勃勃的殖民地進行貿易，也可以增加王室深為依賴的關稅收入。商人與富有的地主仕紳階級看到大西洋對岸有利於投資的新機會，既可以逃避限制工業發展的種種約束與規範，也可以克服宗教戰爭期間歐洲貿易的普遍衰退現象。進行海外實驗的資金唾手可得。雷利的種種嘗試顯示，各人個別努力是不會成功的，新的方法是以合股公司的方式，發展可以支持大規模的貿易事業。一六六六年，一群投機商人獲得了王室的特許狀，創立了維吉尼亞公司（The Virginia Company）。從最廣義的角度來了解早期的投機事業，如何在美洲開始扮演它的角色，是很有趣的切入觀點。

　　同哈克盧伊特這樣的專家共同研諮商之後，就小心地擬就了一項計畫。但是他們幾乎根本沒有實際經驗，低估了他們正在從事的新方案的困難之處。畢竟去開創一個國家的人並不多。展開第一步的人只有幾百人。一六〇七年五月，這批人在維吉尼亞的海岸切薩皮克灣（The Chesapeake Bay）中的詹姆斯城（James town）定居。次年春天，半數的人口都死於瘧疾與饑饉交迫。經過了英勇的長久奮鬥之後，倖存者可以自給自足，但是國內的提倡者可以得到的利潤非常的少。約翰・史密斯隊長（Captain John Smith）是位參加過土耳其戰爭的軍事冒險家，成了這個小小殖民地發號施令的人，執行甚為嚴厲的紀律。他的副手約翰・羅爾夫（John Rolfe）與印第安人酋長的女兒波卡洪塔斯（Pocahontas）的婚姻，在英格蘭的首都大為轟動。但是倫敦的公司很難控制殖民地，這個殖民地的行政管理很粗糙。董事們的目標紛雜且界定不明。有些人認為殖民會減輕英格蘭的貧窮與犯罪。其他的人則尋求在北美海岸發展漁業的利潤，或是希望找到新的原料，以便減少對西班牙殖民地進口物品的依賴。所有的想法都錯了，維吉利亞的財富來自一個新奇且出乎意料之外的原因。有人因緣際會種植了煙草，結果證明土壤是有利於煙草種植。煙草已經由西班牙人引進歐洲，抽煙的習慣擴散得很快。對於煙草的需要日益成長，維吉尼亞首次收割的煙草利潤

便很高。小地主的土地都被人買走，開闢成了大的種植園，殖民地開始獨立自主。隨著殖民地的成長與繁榮，它的社會變得類似母國（The Mother Country），仕紳的地位由富有的大農場主人代替。他們不久便發展出獨立的思想及健全的自治能力。距離倫敦的政權很遠，實在有助於他們的發展。

＊　　　　＊　　　　＊　　　　＊　　　　＊

　　詹姆斯一世統治期間的英格蘭，表面上單調而無生氣，宮廷中則寵臣得勢，王室在歐洲忍屈曲從，其他比較有活力的力量仍在運作。伊莉莎白國教教會的主教們已將比較重要與頑強的清教徒逐出去。他們雖然毀掉了清教徒的組織，宗教極端分子卻仍繼續舉行小型不合法的集會。他們並沒有對這些人作有系統的迫害，但是瑣碎的限制與暗中的監視，阻礙這些人進行平和的宗教活動。在諾丁罕郡（Nottinghamshire）斯科洛比（Scrooby）的一些清教徒，由牧師約翰・魯賓遜（John Robinson）及約克大主教莊園的清教徒土地管理人（bailiff）威廉・布魯斯特（William Brewster）率領，決心到海外尋求宗教自由。他們於一六○七年離開英格蘭到荷蘭的來頓（Leyden）定居，希望能在容忍、勤奮的荷蘭人這裡找到避難所。這些清教徒教區的居民奮鬥達十年之久，希望能爭取到合理的生存環境。他們都是小農夫與雇農，在荷蘭這個以海洋為主的社會中格格不入，而且他們由於國籍的關係，無法進入工匠的同業公會，沒有資金也毫無訓練。他們唯一能找到的工作就是粗重的體力勞動工作。他們都性格堅毅，不屈不撓，但是他們在荷蘭只能面對著蒼涼的未來。他們與自己生俱來的權力太引以為傲，以致於無法與荷蘭人融為一體。荷蘭當局很同情他們，但實際上卻是愛莫能助。清教徒於是開始另覓他途。

　　移民到新大陸是要自罪人生活中脫身。他們在新大陸可以自謀生計，不受荷蘭同業公會的阻撓，也可以實行自己的宗教信仰，不受英格蘭國教神職人員的騷擾。他們當中的一個人記錄道：「他們夢繞魂縈的那個地方是美洲的荒野，那裡幅員廣大、人煙稀少，但

是果實充盈，適合居住；那裡完全沒有文明的居民；只有未開化的、野蠻的人類，他們與野獸同樣地棲息各處。」

　　一六一六年冬季，荷蘭面臨重新與西班牙開戰的威脅，在焦急的清教徒團體中有很多討論。極大的危險與重大的冒險活動在他們的面前。除了未知事物的危險、饑饉、前人失敗的紀錄，還另有令人不寒而慄的印第安人傳聞，像是他們如何用貝殼剝俘虜的皮，切掉肋骨，在受害者的同伴眼前放在火上烤著吃。但是後來成為新殖民地總督的威廉‧布雷德福（William Bradford），針對大多數人的爭論提出答辯。在他所著的《普利茅斯種植場的歷史》（History of the Plymouth Plantation）一書中，他表達出當代人所持的看法：「所有偉大崇高的活動都伴隨著極大的困難，人們必須用可相對應的勇氣去從事、克服。危險都很大，但是並非險惡；困難很多，但並非無法克服。危險與困難可能都很多，然而並不一定會出現；有些人們恐懼的事情可能永遠都不會發生；其他的事情則因為深謀遠慮與使用良策，大部分都可以預防；而所有的事情藉著上帝的幫助、靠著自己的堅忍與耐心，能都夠被忍受或者克服。若是沒有很好的理由或觀點，是不會從事這樣的嘗試的；不會像許多人一樣，因為好奇或貪圖有所得而輕舉妄動。但是他們的情況非同尋常，他們的目的充分而又崇高，他們的欲望合法而且緊迫；因此他們可能期望在過程中得到上帝的保佑。是的，在這個行動中他們可能會喪失生命，然而他們也可能在這個行動中找到安慰，他們的努力會很光榮。他們生活在這裡卻像是流亡者，生活條件貧苦，還可能遭到巨大苦難；因為十二年的停戰時間已經過去，此刻只聞戰鼓聲，備戰動作四起，局勢永遠不定。西班牙人可能像美洲野人一樣的殘忍，這裡的饑饉與瘟疫也像在美洲那樣猖獗，而他們的自由權找不到救治之道。」

　　這些清教徒首先計畫在圭亞那（Guiana）定居，不過他們隨即明白不可能憑藉自己的力量從事冒險，一定得有來自英格蘭的援助。因此他們派人前往倫敦，與對移民有興趣的唯一團體維吉尼亞

公司談判。該公司董事會有位成員是有影響力的議會議員埃德溫‧桑茲爵士（Sir Edwin Sandys）。在這家公司是倫敦商界贊助的支持下，他推動這項殖民方案。這裡有理想的移民者，他們頭腦清楚、刻苦耐勞、精通農業。他們堅持要有信仰自由，因此勢必要安撫英格蘭國教的主教們。桑茲與來自荷蘭的使節去見國王。詹姆斯表示懷疑。他問這一小撮人用何種方法在這家公司的美洲地盤上自力更生。他們回答道：「靠捕魚。」這句話使詹姆斯龍心大悅。他說起話來也就比較贊同：「上帝保佑。這是誠實的行業！這是使徒的召喚。」

　　位在萊頓的清教徒得到特許，可以在美洲定居，於是他們便火速安排行前計畫。他們當中有三十五名成員離開了荷蘭，在普利茅斯與英格蘭西陲（West Country）的六十六位冒險家會合，並且於一六二〇年九月共乘一艘重一百八十噸的「五月花號」（the Mayflower）揚帆出發。

　　在寒冬的海上航行兩個半月之後，他們抵達了鱈魚灣（Cape Cod）的海岸，意外地在維吉尼亞公司管轄權之外的地方登陸。他們手上的倫敦特許狀因此變成無效。在他們登陸之前，這群人為了究竟由何人管理紀律而產生爭執。在普利茅斯上船的那些人並不是精選的聖徒，無意服從萊頓清教徒的領導。向英格蘭訴願是不可能的。但是，如果他們不想全部餓死，便一定得達成某種協議。

　　因此四十一位比較負責的成員便擬了一分正式的協議。它是歷史上一項了不起的文獻，也是一分建立政治組織的非強制性公約（Covenant）。「以上帝之名起誓，阿門。在公約上簽署姓名的我們，全都是令人敬畏的君主詹姆斯國王的臣民。蒙受著上帝、大不列顛、法蘭西與基督教信仰的捍衛者愛爾蘭國王的恩典。為了上帝的榮耀、傳播基督教的信仰、我們國王與祖國的榮譽，我們已航行至此地，在維吉尼亞的北部建立第一個殖民地。我們在上帝面前相互鄭重地訂約，並且將自己組成為一個民間政體，以便能維持更好的秩序，保護社會，達到上述目標。並且藉我們的德行，不時地

制定、設立、擬定公正與平等的法律、條例、法案、憲法與各種官職，以滿足與適應殖民地的普遍利益，我們承諾絕對服從與遵守。」

這些人於十二月在美洲的鱈角灣建立了普利茅斯鎮。他們開始了在維吉尼亞經歷同樣艱辛奮鬥。這個地方並沒有大宗的作物。但是他們靠著胼手胝足的苦幹與對上帝的信仰，存活了下來。倫敦的資助者沒有撈到任何利潤。一六二七年，他們賣掉了普利茅斯的股票，只剩下它本身的資源。這就是就新英格蘭（New England）的建立。

*　　　*　　　*　　　*　　　*

在此之後的十年裡，未再見到有計畫地向美洲移民的活動。但是普利茅斯這個小殖民地指引了通往自由之路。一六二九年查理一世（Charles I）解散議會，開始所謂的「親自主政」（Personal Rule）。國王與臣民的摩擦逐日加深，鄉間反對英格蘭國教的活動也越來越強。歐洲大陸各國盛行專制主義（absolutism），英格蘭似乎也在走同樣的路。許多有獨立思考能力的人開始考慮離開家國，到荒野去尋找自由與正義。

與斯科洛比的會眾集體移民到荷蘭一樣，多塞特的另一批清教徒受到伯翰·懷特牧師（Reverend John White）的激勵，決心前往新大陸。這項冒險起初並不愉快，後來得到倫敦與東部諸郡（Eastern Counties）貿易、漁業以及移民等贊助人的支持。有影響力的反對派貴族也給予他們幫助。根據維吉尼亞的前例，一家公司得到特許狀而成立了，最後命名為：「新英格蘭麻薩諸塞灣公司」（The Company of the Massachusetts Bay in New England）。這個消息傳得很快，不怕找不到殖民者。一隊人先在普利茅斯北方建立了塞勒姆（Salem）殖民地。一六三〇年該公司的總裁約翰·溫思羅普（John Winthrop）與一千名移民者隨後前往。他是這項冒險事業的領導人物。他的書信反映出這個時代的不安，透露出他的家人前往的種種原因。他信中寫到了英格蘭時表示：「我非常

相信，上帝將爲這塊土地帶來一些重大的苦難，而且非常迅速地；但請安心。……如果主看到對我們有益，祂將爲我們與其他人提供棲身之所與藏身之地。……當教會必須逃入曠野的時，就是災難的時刻即將到來。」溫思羅普選擇的曠野位於查爾斯河（Charles river）畔，殖民地的首府將遷往這個沼澤地區。波士頓（Boston）這個城後來就在此地悄悄地崛起，並在下一個世紀成爲反英格蘭統治的中心，長久成爲美洲的知識之都。

麻薩諸塞灣公司根據它的章程是一家合股企業，完全爲了貿易的目的而組織起來的，塞勒姆殖民地第一年由倫敦加以控制。但不知識無意或有意，特許狀中並沒有提到該公司將在什麼地方開會。若干清教徒股東意識到，要將公司、董事會與所有機構轉到英格蘭是沒有什麼困難的。該公司舉行了例行會議，作出這個重大的決策。這家合股公司便製造出麻薩諸塞自治殖民地。領導這項事業並擁有土地的清教徒仕紳，引進了他們在查理國王「親自主政」之前已爲人所知的「代議制度」（Representative system）。約翰·溫思羅普在這個階段統治這個殖民地，它不久就行擴展。在一六二九年至一六四〇年之間，殖民人數由三百人暴增到了一萬四千人。公司的資源爲小規模的移民提供了很可觀的遠景。在英格蘭，農場勞工的生活經常都是很艱苦。在新大陸，每位新來者都可以分到土地，也免除對勞工遷移的所有限制，以及中世紀壓迫與欺凌農民的其他規定。

不過，在麻薩諸塞進行統治的領袖與神職人員有自己對於自由的一套看法。一定得由信徒（godly）治理，他們與國教派一樣，根本不了解容忍之義，因此時時爆發關於宗教的爭執。但是所有的人都不是嚴格的喀爾文派，在爭吵加劇時，不服從的人便會脫離這個殖民地母體（Parent Colony）。在這塊殖民地之外，有著一望無際、令人神往的土地。在一六三五年與一六三六年，有些殖民者便遷往康乃狄克河（The Connecticut river）的河谷，在河岸附近建立了哈特福德鎮（Hartford）。許多直接由英格蘭來的移民加

哈德森灣

魯伯特特領地

哈德森灣公司

加拿大
（法屬）

（法屬）（英屬）
紐芬蘭

阿卡迪亞
（法屬）

休倫湖

安大略湖

緬因1622

伊利湖

新罕布夏1622

阿巴拉契山脈

麻薩諸塞1628

紐約
1664

普利茅斯1620

羅德島1642

康乃狄克1633

馬里蘭
1634

新澤西1664

德拉瓦1664

維吉尼亞1607

大西洋

北
卡羅萊納1633

羅阿諾克島1587

南
卡羅萊納1670

百慕達1609

佛羅里達
（西屬）

十七世紀美洲殖民

巴哈馬群島

入他們的行列。這形成了河鎮（the River Towns）殖民地的核心，後來發展成了康乃狄克殖民地。他們在距英格蘭有三千英里之遙的地方，擬就了開明的治理規則，宣布了：「基本議事規則」（Fundamental Order）或憲法，內容與大約十五年前「五月花號」的協議相似。建立起由所有的「自由民」（freeman）共同參與的全民政府（Popular government），並且謹慎地維持它本身的運作，它的地位直到斯圖亞特君主制度復辟（the Restoration）之後才獲得正式承認。

康乃狄克的建立者已離開麻薩諸塞去尋找更大、可以定居的新土地。宗教上的鬥爭使其他的人離開殖民地母體的範圍。一位來自劍橋大學的學者羅傑·威廉斯（Roger Williams）被大主教勞德（William Laud）逼得離開這所大學。他循著現在已知的、通往新大陸的途徑，來到麻薩諸塞屯墾定居。對他而言，那裡的信徒幾乎像英格蘭國教派教徒一樣專制。威廉斯不久便與當局衝突，成了理想主義者以及下層民眾的領袖，他們在海外殖民地的新家也設法逃避迫害。當地的行政長官都認為他是社會失序的煽動者，決心將他送回英格蘭。他及時得到警告，於是逃到他們抓不到他的地方，其他的人間歇地投奔他，而在麻薩諸塞的南邊建立了普羅維登斯鎮（Providence）。其他來自麻薩諸塞的流亡人士，其中有些是被迫放逐的，在一六三六年加入了他的殖民地，這地方後來成了羅德島（Rhode Island）殖民地。羅傑·威廉斯是美州的第一位政治思想家，他的觀念不但影響了與他一同打拼的殖民者，還有英格蘭的改革派。從許多方面看來，他都是約翰·彌爾頓（John Milton）政治概念的前輩。他是第一個將教會與世俗政府完全分開的人。而羅德島是當時世界上完全講求宗教自由的中心。這個殖民地因為釀造與銷售烈酒而很繁榮，也因此支持著這個崇高的主張。

到了一六四○年，在北美就這樣建立了五個主要的英格蘭殖民地：維吉尼亞名義上由國王直接統治，在一六二四年該公司的特許狀被廢止之後，由樞密院的一個常務委員會管理，但績效多少不

彰；第一批原始清教徒移民位於普利茅斯的殖民地，因缺乏資金而
不曾擴展；麻薩諸塞灣殖民地正趨興隆，另外兩個是康乃狄克與羅
德島。

　　最後的四處是新英格蘭的殖民地。儘管在宗教上意見不合，它
們在其他方面都很相似，主要都是沿海殖民地，因貿易、漁業及海
運結合在一起，不久便被逼共同對抗它們的鄰居。法蘭西人由他們
在加拿大較早的基地向外延伸，趕走一群愛好冒險的蘇格蘭人，他
們住在聖勞倫斯河上游河區定居已有一段時間了。到了一六三〇
年，這條河完全落入法蘭西之手。唯一的另一條水道哈德森河
（The Hudson）由荷蘭人統治，他們已於一六二一年在它的河口
建立了新尼德蘭（New Nether land）殖民地，即後來的紐約。在
麻薩諸塞的英格蘭人因為將公司遷往新大陸，早已將與英格蘭政府
脫離關係。一六二七年，普利茅斯殖民地在股東們賣出股權後，實
際上已在實行自治。不過，他們不可能要求脫離英格蘭而宣告獨
立。那樣會使他們遭受法蘭西人或荷蘭人的攻擊與征服。但是這些
危險尚未到來。同時英格蘭正忙著處理本身的事務。一六三五年，
查理一世有一陣子與他的樞密院考慮，要派遠征軍去維護他在美洲
的威權。殖民者紛紛建立要塞與碉堡，開始備戰。但是英格蘭的內
戰懸擱了這些計畫，而任由殖民者自行發展了將近四分之一世紀之
久。

　　　　　＊　　　　＊　　　　＊　　　　＊　　　　＊

　　兩項其他主要都是商業性質的冒險事業，在新大陸建立起英語
民族。自伊莉莎白時代以來，他們就時常設法在西班牙的西印度群
島（the Spanish West Indies）找尋立足點。一六二三年，薩福
克一位名為湯瑪斯·沃納（Thomas Warner）的紳士遠征圭亞那
無功而返，回程到西印度群島一個人煙稀少的島上探險。他在聖克
里斯多佛（St. Christopher）島上留下了少數殖民者，然後匆匆
回國申請國王的特許狀，以便擴展殖民事業。他得到特許狀之後，
就返回加勒比海。雖然受到西班牙人的侵擾，他仍在這個有爭執的

海域建立了英格蘭的殖民地。到了十七世紀四○年代，巴貝多
（Barbados）、聖克里斯多佛（St. Christopher）、尼維斯
（Nevis）、蒙瑟拉特（Montserrat）、與安提瓜島（Antiqua）都
落入了英格蘭人之手，數千名殖民者也已經抵達。糖生產可以保證
這些地方繁榮，而西班牙對於西印度群島的掌握開始不穩。英、西
雙方在後來的歲月中有激烈的競爭與戰事。但是，有很長的一段時
間這些島嶼殖民地對英格蘭而言，在貿易上遠比北美洲的殖民地有
價值得多。

　　這個時期，有另一處殖民地是由國王本人贊助的。在理論上，
英格蘭人移民開拓的所有土地都屬於國王。他有權任意處置，將這
些土地賜給他承認的公司或個人。正好像伊莉莎白與詹姆斯曾將工
業與貿易專利權賜給朝臣，因此查理一世企圖規範開拓的殖民地。
一六三二年，早就對殖民有興趣的羅馬天主教臣子巴爾的摩爵士
（Lord Baltimore）喬治‧卡爾佛特（George Calvert），申請在
維吉尼亞相鄰地區開拓的特許狀。他去世後，拓殖特許狀賜給了他
的兒子。特許狀中的條件與當初在維吉尼亞持有土地的條件類似。
特許狀將擁有新地區的全部產權授予申請人，並且設法將莊園制度
移植到新大陸。巴爾的摩家族擁有極高的權力，可以任命官員與制
定規範，統治殖民地的權力也就授予這個家族。朝臣與商人都捐款
贊助此一冒險事業。新殖民地命名爲瑪麗蘭（Maryland）[1]，用
來紀念查理的王后亨利埃塔‧瑪麗亞。雖然這個殖民地的業主是位
羅馬天主教徒，但是他一開始治理這殖民地的時候，有種寬容的特
色。因爲巴爾的摩是宣稱英格蘭國教是這個新殖民地的官方宗教，
才獲得殖民特許狀。這個地區的貴族統治的性質實際上大爲減弱，
在巴爾的摩花錢買的特許狀上，他所設立的地方行政當局的權力則
大增。

　　在這壯觀的移民潮前十年中，八萬多名英語人口渡過了大西
洋。自從日耳曼人入侵不列顛以來，從未見過如此龐大的民族大遷
移。撒克遜人與維京人曾經到英格蘭殖民。現在，一千年之後，他

們的後裔開始佔領美洲。許多的移民潮流將在新大陸匯集，爲塑造未來美國的多重性格作出貢獻。但是不列顛的移民潮是最先開始的，並且保持著領先。從一開始起，它的領袖們便未得到國內政府的支持。移民在荒野中建立城鎮與殖民地與印第安人交戰、置身於遙遠與新奇的環境，這些都擴大了與舊大陸之間的裂痕。在新英格蘭開拓與鞏固的艱難歲月裡，母國因內戰全面停擺。當英格蘭再度達到安定時，北美殖民地已經建立了自立自強的社會，這個社會發展出自己的傳統與觀念。

【1】　譯注：今皆作馬里蘭。

第十三章 查理一世與白金漢

在關於查理一世統治初期的眾多敘述中，沒有比德國史學家蘭克（Ranke）所敘述的片斷更具有吸引力的，我們得感謝他這一本淵博的研究。蘭克說：「查理一世正當壯年，他才剛滿二十五歲。他的馬上英姿非常好看，人們看到他安全地將一匹烈馬馴服；他擅長武藝，使用弩是箭無虛發，槍也是彈無虛發，他甚至學會如何裝填坎農砲彈藥。他醉心逐獵而不知疲倦，不輸他的父親。他的智力與知識無法與他的父親相比，他充沛的精力與討人喜歡的個性也比不上他去世的兄長亨利。……但他在道德方面勝過父親與兄長。他是人們所說沒有任何過失的年輕人之一。他的舉止嚴謹合宜，帶點少女的靦腆，他的眼神安祥，透露出內心認真而有節制。他有領悟的天賦，能了解很複雜的問題，他也是個好作家。他在青年時期便表現出講求節儉、不浪費，卻也不吝嗇；在所有事情上都恰如其分。」[1] 不過，他患有小兒麻痺症，說話有些口吃。

　　一場嚴重的政治與宗教危機正逼近英格蘭。在詹姆斯一世的統治時，議會便開始採取主導，不僅在稅收方面，而且在處理事務上，尤其是外交政策，也逐漸增加主導權。看到這個歐洲英語系國家中受過教育的人，表現出來如此深遠的興趣，的確令人嘆為觀止。在布拉格或拉提斯邦（Ratisbon）[2] 發生的事件對英格蘭人而言，似乎與在約克或布里斯托（Bristol）發生的事件一樣重要。波希米亞的邊界、萊茵選帝侯侯國的局勢，像許多國內問題一樣，極具重要性。這種宏觀的目光不再像金雀花王朝時期那樣，是因為王室爭奪控制歐洲大陸才產生的。宗教衝突將人們的思想帶遠了。英格蘭人民覺得，他們是得以倖存還是得以救贖，都與改革信仰（The Reformed Faith）[3] 緊緊相連；因此他們以緊張、警戒的眼睛注意能讓宗教改革進步或不幸的每個片段。他們熱切地期望英格蘭領導與擁護新教，不管新教在何地遭到攻擊，就要促使議會採取行動，能動用的力量可以超過需要處理國內現在正在發生的問題

所用的力量。阿克頓爵士（Lord Acton）說：「如果沒有十七世紀宗教全力提供的力量，世界走向自治的進展就會停止。」

不過，俗世的問題本身就很有分量。以前人們之所以接受都鐸王朝的權威是因為人們認為，這樣可以擺脫玫瑰戰爭的無政府狀態，但是這個方式現在已不適合這個持續成長的社會的需求或特質了。人們會回顧較早的時代。像科克與塞爾登那樣偉大的律師將目光放在議會的權力上，他們認為這些權力是在蘭開斯特國王統治下獲得的。談得遠一點，他們會驕傲地談到西蒙・德・蒙福特（Simon de Montfort）的功業，大憲章、甚至盎格魯-撒克遜君主統治時期的古老權力。從這些研究中他們確信，他們可以由這個島嶼的習俗中繼承到一整套基本法，這些法律對他們眼前的問題，是最適宜且不可少的解答。對他們而言，過去的歷史似乎幾乎提供了一套成文憲法，而現在國王卻威脅要背離這個傳統。但是國王也在回顧歷史，他找到許多相反的先例，尤其是最近的一百年有許多徹底實行王室特權的例子。國王與議會都各自有一套堅信的法典基礎。這為即將來臨的爭鬥帶來痛苦與悲壯。

一個比都鐸王朝時期更加複雜的社會即將產生。國內、外貿易都正在擴展。採煤與其他工業正迅速地發展。較大的既得利益團體已經存在。倫敦身居前鋒，成了維護自由與進步的光榮鬥士；倫敦有數以千計精力充沛、講話坦率的學徒與富裕的同業公會及公司。在倫敦之外，有許多地主仕紳成為議會議員，正與新興工業及貿易建立密切聯繫。在這些日子裡，平民院並沒有積極尋求立法，他們正在逼迫國王承認古老的習俗，免得太遲而使得最近所有的發展都落入專制統治的掌握。

對我們的時代而言，領導這個艱苦、無價社會變遷的人，都是著名的人物。科克曾教導詹姆斯一世統治晚期的議會，可以依仗哪些論據，或是可以讓議會佔上風的方法。他的習慣法（Common Law）知識可說是獨一無二。他由歷史中發掘出無數的先例，並將許多例子翻新及增強。有兩位鄉紳與之並肩作戰：一位是來自英格

蘭西部康瓦耳郡的約翰・埃利奧特爵士（Sir John Eliot），另一位是來自約克郡的湯馬斯・溫特沃斯（Thomas Wentworth）。這兩個人都擁有極高的能力與堅忍的心性。他們兩人有時候是一起共同工作，有時候是互爲對手，有時候是仇敵。兩人所走的路相反，後來走到了極端，最後都犧牲。他們之後的人都很有勇氣，且全都是清教徒仕紳中的佼佼者，如登齊爾・霍利斯（Denzil Holles）、亞瑟・黑茲里格（Arthur Hazelrigg）、約翰・皮姆（John Pym）。皮姆最後更爲努力，更加推展他們的事業。他是個索美塞特人，身爲律師，強烈反對高教會派（High Church）[4]，對於殖民冒險事業很有興趣。此人了解政治遊戲中的每一步棋，而且會無情地將它玩到結束。

*　　　*　　　*　　　*　　　*

詹姆斯統治時期的議會與查理統治時期的議會，都主張在歐洲發動戰爭及進行干預。議員們控制著金錢力量，企圖使用金錢力量引誘國王與大臣們走這條危險的路。他們清楚，與其他事情相較，戰爭的壓力較容易逼迫國王求助他們。他們也看到了，他們的權力會隨著他們的政策被採納而擴張，而這些政策也是他們的信念。詹姆斯一世採取的政策時常都是有失顏面的和平主義，因此，基本上他們避開了這個陷阱。但是查理國王與白金漢都是精神飽滿、血氣方剛的年輕人。查理國王因他的父親提議與西班牙聯姻被拒，認爲自己受到了侮辱，他自己也在馬德里受到過輕視。他主張與西班牙一戰。他甚至期望，不需要因國王駕崩而重新舉行選舉，就可以召集議會。他立刻與法蘭西公主亨利埃塔・瑪麗亞完婚。公主由一群法蘭西天主教徒與教士簇擁下，到達多佛，首次嚴重地影響查理的歡迎度。新議會批准了他對西班牙發動戰爭的軍費；他們想要重新檢討間接課稅（Indirect taxation）這個問題的目的很明顯，他們決定，在經歷數任王朝以來，以「噸數」（tonnage）或「磅數」（Poundage）爲基準的關稅，首次改成每年表決一次，本來都是在國王的終身統治期間有效；甚至在和平時期，國王沒有這個間接課

稅都會活不下去。這種限制侮辱也傷害了查理，但他並未因此而不想掀起戰端。因此，從他一即位起，他就讓自己處於格外依賴議會的地位，同時卻也憎恨議會日益增加的要求。

　　與西班牙的戰爭進行得不順利。白金漢率領一支遠征軍前往卡地茲，企圖效法伊莉莎白女王建立勛功偉業，但是卻無功而返。他回國時議會決議罷免這位耀眼、崇尚奢侈、沒有能耐的大臣。平民院告訴查理：「我們會一直抗議到這個大人物不再干涉國家大事為止。我們應該或是可以給的錢，會因為他的濫用，甚至比其他事物都更加容易傷害及損及這個王國。」白金漢遭到彈劾，查理國王為了拯救他的朋友而匆匆解散了議會。

　　這個局勢又添上了新的複雜情況。查理希望與法蘭西締結盟約，抵抗西班牙與神聖羅馬帝國的哈布斯堡王朝。但是法蘭西表示，他們沒有意願為英格蘭要收復萊茵選帝侯侯國而戰鬥。查理與亨利埃塔・瑪麗亞王后完婚也引起了英法的爭執，而胡格諾教徒的問題使雙方裂痕更加擴大。擁有大權的法蘭西新任大臣黎世留樞機主教（Cardinal Richelieu）決心要鎮壓胡格諾教徒在法蘭西從事獨立活動，尤其要征服他們在拉洛歇爾（La Rochelle）的海上據點。英格蘭自然同情這些法蘭西新教徒的處境，英格蘭人也曾經在納瓦爾的亨利（Henry of Navarre）[5] 執政時支持過他們，英、法兩國遂走向戰爭一途。一六二七年，一支相當大的軍力在白金漢的指揮下，奉派前往拉洛歇爾，幫助在那裡的胡格諾教徒。軍隊在雷島（île de Ré）的海岸登陸，但是攻不下城堡，只好在混亂中撤退。白金漢的軍事行動再度浪費金錢又失敗。在國內，士兵的留宿問題讓數千戶農家極其不滿。更由於武斷的決定要實施戒嚴法來解決軍人與人民之間的爭端，將情況弄得更加嚴重。

　　查理國王一方面得應付籌募軍費的沈重需求，一方面又得面對議會再度彈劾他朋友的危險而面臨兩頭為難的局面。他需要應付戰爭，於是在焦急中採用一種頗為人爭議的募款辦法。他強行借款；許多重要人物因拒付，都被他逮捕入獄。為人所知的「五騎士」

（The Five Knights）對這些處置提出了上訴。但是王室法庭裁決，「人身保護令」（Habeas corpus）是不適用在因「依國王特別命令」（by special command of the King）而遭到監禁的人身上。著名的「權力請願書」（Petition of Right）就是在這次事件引起的騷動中產生的。

強行借款不足以補充國庫，而議會承諾不會對白金漢進行彈劾，查理國王便同意召集議會。全國現在人心激動。議會重新選舉，人民誓言要抵抗不合理的苛捐雜稅。一六二八年三月召開的議會所產生的人民代表，代表全國人民的意願。議會支持戰爭，但是不願撥款給查理國王與他們不信任的大臣。貴族與仕紳，即貴族院與平民院，同樣決心要捍衛財產，以及此時被認為是與財產相似的目標——自由。查理國王揚言要採取獨裁行動。他必須擁有「那筆撥款，才能使我們自己感到安定，拯救我們的朋友免於毀滅。……每個人現在都必須憑自己的良心做事，如果你們此時不盡責為國家貢獻所需（但願不要如此），我就一定要……使用上帝授予我的那些方法，來拯救因其他人的愚蠢而可能喪失的東西。不要將這番話當作是空言恫嚇，……應該將它視作是訓誡。因為我不喜歡威脅地位比我低的任何人。」

不要以為所有的壞事都是一方所為。同意作戰的議會正在與國王玩一場硬仗，他們要國王棄胡格諾教徒不顧而失掉王者的榮譽，或者國王得放棄以前歷代國王享受的特權。議會的戰術都很巧妙，其信念與論據可證明這些戰術是正當的。議會共撥了五筆款項，總數達三十萬英鎊，全部在十二個月內交清。此時這筆錢足夠繼續作戰之用；但是在議會正式批准這些款項的法案之前，他們要求相對的代價。

下列的四項決議案都無異議地獲得通過：除非有合法的理由，否則不應監禁或羈押任何自由民；應當授予每位受到監禁或羈押的人一張人身保護令的令狀，即使他是因國王或樞密院的命令，被逮捕的人；如果未能出示任何監禁的法定原因，就應當釋放當事人或

讓他得到保釋；每位自由民都有古老且肯定的的權力，即是，他對他的動產或不動產擁有充分、絕對的產權，而國王或他的大臣在「議會法」批准之前不應當徵稅、借款或恩德課稅（benevolence）[6]。

在科克的推動下，平民院議員現在繼續擬定「權力請願書」。權力請願書的主旨在削減國王的特權。權力請願書控訴強迫借款、未經審判的監禁、部隊進駐民宅與戒嚴法。這些情形以及其他國王處置的情形都被譴責是：「與臣民的權力及自由、國家的法律及法令相抵觸。」除非國王接受權力請願書，否則他將得不到議會的任何撥款，還必須面對議會曾經敦促他要盡最大力量去對抗的戰爭。查理遂玩弄花招，祕密地與法官們磋商。法官們向他保證，即便他同意上述的這些自由，也不會影響到他至高的特權。他對於這種保證毫無把握；因此在貴族院先閃爍其詞，作答時，全場頓時譁然，不僅平民院議員，而且所有開會的大多數人都大聲吼叫。因此他只好依法官們的意見，而完全同意要「照眾人的願望行事」（que droit soict fait comme il est désiré），內心卻有所保留。查理國王說：「現在，我已經完成我的部分了。如果這次議會沒給個愉快的結局，那就是你們的罪過了。我與這毫不相干。」聽到這番話大家都很高興。平民院議員投票通過所有的撥款決議，並且相信確定的一次交易達成了。

在這麼多的混亂中，我們到達了英格蘭自由人主要基礎。政府行政部門監禁人，不論其地位是高是低，權力已遭到否決；這個否決是經過痛苦的奮鬥才得到好的結果，是任何時期、任何國家、任何有自尊心的人的特權。若觸犯現有的法律，只有由地位相等者組成的陪審團進行審判，才能決定這個人是否應當受到監禁。但是，如果國王認為這會阻礙他行使權力，毫無疑問地他可以提出一個合理的藉口，即在緊急時監禁危險人物。當時統治者還不曾想到「保護性監禁」（protective arrest）與「對逃跑者格殺勿論」（Shot while trying to escape）這些術語。這些是後來才創造出來的。

在議會所有的活動背後，傳達了一種很深的恐懼。歐洲各國的

君主變得日益獨裁。「兩院制議會」（The Sates-General）於一六一四年在巴黎召開後，未曾再度召開；一直要到一七八九年，法蘭西大革命時才再召開。常備軍都是有受過火器訓練的人，還有一連串的大砲支援，常備軍的崛起除去了貴族與庶民爭取獨立的手段。即使是前幾個世紀的動盪不安，幾乎沒有任何國王敢挑戰議會的「法案與反彈」，因爲這是最後資源。但是現在，議會這邊似乎缺乏力量。

*　　　*　　　*　　　*　　　*

國王與議會雙方的要求都得到更多。國王已經得到了軍款，還過分地相信法官保證他的特權會完整無缺。平民院進一步表示不滿，反對天主教制度（Popery）與阿米尼烏斯派的教義（一種與喀爾文派相對的高教會派教義）[7]的發展、指責對戰爭的處理不當、海軍軟弱無力，而使得在狹海的貿易與商業活動受挫。平民院重新抨擊白金漢並且質問國王，這位製造這麼多災難的肇事者繼續保有官職或者靠近國王，是否有利於國王的安全或國家的安全。但是查理國王與白金漢現在希望第二次的遠征能成功地解救在拉洛歇爾的胡格諾教徒。於是查理解散了議會兩院。在他再度需要這些議員的時候，他與他寵臣會呈現給他們值得慶祝的軍事或外交成果。最好是拯救海外的新教徒，而非迫害國內的天主教徒。能拯救拉洛歇爾的國王，當然也有權力實行特赦，甚至包括他自己領土上的天主教徒。這並不是從事有損名譽的事；但是命運卻走向不同的方向。

白金漢深知他是憎恨的目標，顯然地，他親自率領新的遠征軍前往拉洛歇爾，是希望能再度爲自己贏得人民的若干支持，這樣至少會分化他的敵人。但是當他的決心達到最高點，在樸茨茅斯上船，擔任龐大軍力的總指揮，帶著新的裝備要去破壞黎世留在被圍困港口上所建的水柵（boom）時，這個時刻，他卻被一位狂熱的海軍中尉刺死了。

兇手約翰·費爾頓（John Felton）似乎本性惡劣，以致於做

出那樣的事來。私下他是因為受到忽略，未獲得擢升而心懷不忿，也因為看到從來不曾作戰的軍官晉級，而感到不平。但是他身後留下來的文件證明，他是受到更廣泛的思潮所影響。議會在國王面前指責白金漢奢侈浮華、貪贓枉法，這個說法已經深深地影響費爾頓。他認為，人民的福祉就是最高的法律，而「上帝自己已經制定這個法律，為了國家的福利所做的任何事都應當視作是合法的。」在刺殺之後，他混雜在人群當中；但是聽到有人譴責有惡徒殺了高貴的公爵時，他站出來說：「這不是惡徒所為，而是位有榮譽感的男子漢所做的。我就是那名男子漢。」他是的身材瘦弱的人、滿頭紅髮、皮膚黝黑而面帶憂鬱之色。他對向他叫囂的群眾反唇相譏：「你們的心中為我的做為感到喜悅。」一些船上的水手都歡呼著他的名字。後來死期來臨時，他才相信他做錯了。他接受了「絕對不能用普通的良善作某種特別禍事的藉口」的看法，在被處決之前，他請求允許他表達此種看法。

　　白金漢的死亡對於年輕的查理國王而言，是極具毀滅性的打擊。他從來沒有原諒埃利奧特（Eliot），並將費爾頓的犯行歸罪於埃利奧特控訴性的演說。同時這件事大大地解除了他的困境，因為議會大部分的憤怒已隨著白金漢這位寵臣而逝；而且這件事使查理的婚姻生活進入和諧地步。迄今他在精神上與心理上都受他童年與青年時期的摯友「斯蒂尼」（Steenie）的支配，他一向都是向這位朋友透露他內心的想法。三年來，他冷冰冰地疏遠王后。甚至有人說，他們從來沒有圓房；他遣散她所有的法蘭西侍女，令她痛苦不堪。白金漢的死亡是他對妻子的愛的誕生。在他們之前有一場小風暴，但此後他們一起面對這場風暴。

　　　　*　　　　*　　　　*　　　　*　　　　*

　　雖然平民院已經答應五項撥款，卻保留了以「噸」與「磅」為基準的關稅決定權。當議會已經為這種事曾作過表決，有效期一年之後發現，國王仍藉著他的官員繼續徵稅，像許多前朝的慣例一樣，全國人民都很生氣。拒絕交稅的人都被「扣押財物」

（Distraint）或被監禁。這一切都可以看出國王蔑視「權利請願書」，而且有意躲避他曾同意接受它。當權利請願書印發之後，人們發現了國王增補了首次閃爍其詞的回答的部分，增補之處並不是他後來坦然接受的古老形式。另一位指揮官率領船艦，對拉洛歇爾所作的遠征也失敗了。黎世留樞機主教成功地保住他用來對抗英格蘭船艦與裝備的水柵，胡格諾教徒終於在絕望中投降，將這個城市獻給了法蘭西國王。這項慘敗引起英格蘭全國的震驚與憂傷。

　　就這樣，議會再度於一六二九年年初開會，此時議員對國內、外政策都感到不滿。然而他們的抨擊是由宗教問題開始。平民院議員本身表現出好鬥的情緒，針對執行反天主教制度的法律變得寬容與鬆弛的情形，滔滔不絕地辯論，讓他們自己變得十分激動。這將大多數人都團結在一起；其中的狂熱分子無論如何都不能容忍，他們激動的要求淨化們認為腐敗的教會，為英格蘭自由奠定基礎的愛國人士也加入他們。好似回教徒用《可蘭經》武裝他自己，防衛他的領土一樣，也好似犀牛依仗牛角，老虎依仗利爪一樣，這些煩惱的議會議員在英格蘭的宗教偏見中找到聯盟的結合力，最後並找到作戰的方式。

　　平民院在一個內容周詳的決議案中宣布，不論何人推展天主教制度或阿米尼烏斯派的教義、不論何人在以「噸」與「磅」為基準的關稅獲准徵收或交稅之前進行徵收、幫忙徵收，都是公敵。以前扣在白金漢身上的許多罪名，現在都落到財政大臣理查·韋斯頓（Richard Weston）的頭上，他被指控是一名天主教徒，假若他的確不是耶穌會會員，也從事非法徵稅活動。所有這些罪名都具體列在一分抗議書（Remonstrance）中。議長（Speaker）已經被拉到國王那一邊，他於三月二日宣布，國王令平民院休會一直到三月十日，如此便使得抗議書一事受挫。會場中頓時掀起了怒潮。議長起身準備離去時，被逼著退了回來，並且被兩位意志堅決、孔武有力的議員霍利斯與瓦倫泰（Valentine）按在他的椅子上。門被關上以阻擋黑杖侍衛（Black Rod）[8]，霍利斯憑記憶背誦進抗議

書，議員們以鼓掌方式予以通過，然後議會的門都打開了，議員鬧哄哄地一湧而出。很久以後他們才再度在他們的會議廳開會。顯然地國王與平民院無法再在任何條件基礎上一起作事。一個星期以後，議會遭到解散，查理國王「親自主政」的時期就此開始。

【1】　Ranke, History of England（1875),vol.i, P.537 .
【2】　譯注：又作 Ratisbona，即雷根斯堡（Regencburg）。
【3】　譯注：The Reformed Faith，指新教。
【4】　譯注：英格蘭國教中注重教會權威，並且強調儀式的教派。
【5】　譯注：即亨利四世。
【6】　譯注：昔日英王向民間強行徵收的稅金。
【7】　譯注：Arminism，荷蘭基督教神學家阿米尼烏斯（Arminius）所創教義。
【8】　譯注：英格蘭貴族院中引導議員入席的官吏，一三五○年設立的，因執行任務時執黑檀木杖，故名。

第十四章　親自主政

　　查理國王並非祕密地或逐漸地親自主政。他公開地宣布他的意圖。他說：「經常與民眾見面已經展現出我們是如何地喜歡使用議會，然而目前就議會濫用權力的行爲來看，這讓我們不得不脫離這個路線。我們認爲，任何人規定我們議會的時間表，都是一種放肆的舉動。召開、繼續及解散議會的權力永遠都是在我們的手中。當人民更加清楚地看到我們的利益與行動時、當這些使議會議事中斷的人得到他們應受的懲罰時，我們會更加樂於重新召開議會。」

　　這項政策需要其他重大措施的配合。首先，必須與法蘭西及西班牙締結和約。沒有議會的支持，查理沒有與外國作戰的力量。獲得和平並不困難。的確，當法蘭西與西班牙兩政府自願遣返在拉洛歇爾與尼德蘭俘獲的戰俘時，是對於英格蘭的努力表示藐視。第二個條件是，至少得掌握住議會的幾位領袖。關於這個問題，一定有過長期的討論。當時幾乎沒人不想要王室的寵信。有些人設法以奉承的方式想獲得王室的寵信，其他的人採取反對的立場。查理視埃利奧特爲無法妥協的人物；但是視亨利‧薩維爾爵士（Sir Henry Savile）、湯瑪斯‧狄格斯（Thomas Digges）、與溫特沃斯（Wentworth）都是可能徵召的人，且是可用的之材。狄格斯起初願意爲了議會而忍受牢獄之災，但後來也融化在皇室的陽光下。但是溫特沃斯是其他人當中最值得爭取的人。在對「權力請願書」所作的辯論中，他採取的立場有所控制。他在議會的強烈謾罵背後，有人注意到他多少有些肯定國王意見的意願。他的才幹顯然屬於一流，他的雄心也是。他陰沈的力量可決定國王現在想建立的制度之成敗。

　　因此查理國王便求助於溫特沃斯。的確，甚至在白金漢去世之前，這位議會的鬥士便已經作出不失爲尊嚴而合理的明確提議。對於實行「親自主政」而言，延攬溫特沃斯變得很重要。溫特沃斯自

然相當願意。他知道他的判斷力遠勝過大多數其他的人；他是位天生的行政管理人員；他想要的是他能施展抱負的天地。一六二八年十二月，他成了北方議會（The Council of the North）的主席以及樞密院的成員。從此時起，他不但放棄了他曾經提倡的所有理[念]，也放棄了曾與他並肩作戰的所有朋友。他既有權力，又得到寵[信]。然而他的對手——也是長期的夥伴——埃利奧特卻因為蔑視國王[政]府（The King's Government）而被判刑，結果在倫敦塔中衰[竭]至死。溫特沃斯講求現實的理智引導他採取與以前所支持的主張[全]然相反的論調。有人提供過複雜的的解釋，說明這突然的轉變。因[為]他被視為是能夠使議會與國王重新合作的唯一人選。我們必須承[認]，對於王室寵信與公共的職責，在當時有不同的評價。蘭克公正[而]嚴謹地注意到：「英格蘭的政治家永遠都與其他國家的政治家截[然]不同，他們在樞密院與內閣中的活動需與議會中的活動合在一起[，若]不如此，便無法贏得一席之地。……大臣的行動必須與他在議[會]的行動保持和諧一致，這個原則對於傑出人物在道德與政治上的[發]展都非常重要，但一般人對這原則仍無清楚的認知。在溫特沃斯[的]行動中，非常清楚的是，他反對當日鎮壓他的政府，目的是使自[己]成為管理政府所需要的人才。他一度公開地說，他天性喜見君[王]對他微笑而非對他皺眉。他反對政府的言辭幾乎還未停止，就接[受]政府的邀請，加入政府，雖然他並未引進什麼改變這個政策。」這便是可以讓溫特沃斯激起恨意，不同於其他大臣是因為缺乏能力的原因。他是「背教的撒旦」（The Satan of the Apostasy），「墮落的大天使」（The lost Archangel）、「頑固的、背叛議會事業者」。他行政上的成就、辦理事務的本領、雄辯的口才、偉大的人格，無法使他以前的朋友原諒他的背棄行為。而他們有十一年的時間思索這所有的一切。

　　薩維爾與狄格斯已經接受了官職。曾對王室發表不利言論的幾位著名律師也被說服，唱著擁護國王的調子。溫特沃斯因此也被國王徵召。議會行動中的次要人物不是在國王的牢獄裡受苦，

就是像霍利斯、黑茲里格和皮姆一樣，在謫居的生活中低頭沈思或發發牢騷。

　　但是「親自主政」的第三個、最無情的條件──金錢。如何籌措金錢呢？首先，行政部門必須厲行節約──不打仗、不做任何冒險、不要發生任何的動亂；所有的國家活動要減少到最少；一定要休養生息。回顧一下，現代人的眼光就可以察覺到，在這個專制政權中至少有些成就是布萊特（John Bright）與科布登（Richard Cobdon）[1]在十九世紀時力圖達到的。行政部門此時是最虛弱的時期。所有在國外的發展大都已經停止。王室必須改變，使用它能湊到的舊稅收應付王室支出。甚至在維多利亞女王時代有句口頭禪說：「舊稅收等於沒稅收。」全國辛勤所得到的財富都入了人民的口袋。整個國家一片和平。不會掀起任何大問題。國王與他文雅、尊貴的朝臣，以最小的規模主持朝政。凡‧戴克（Van Dyck）[2]以鉛筆繪製他們的肖像，他們的風範與品德成了所有人的典範。查理是位專制君主，但是並未擁有武力。他沒有常備軍執行他的命令。國王的宮廷比國內任何一個地方，更能容忍宗教上不同的意見。他真誠地相信，他是根據這個王國舊的習俗治理國家，他的法官們也極力地如此聲明，他的人民也發現，很難否認這個情形。以任何令人印象深刻的方式將這段「親自主政」時期描述成暴政時期，都是種曲解。後來，在克倫威爾的將領們（Major- Generals）統治下，所有英格蘭人回頭一看，都認為這平靜的三十年實在是安樂、平靜的時代。但是，人向來都不會單只尋求平靜。一個人在命運的道路上本來可以適可而止，坐享其成，但他的本性驅使他繼續向前闖，其結果可能更好，也可能更壞。

　　國王的特權提供了十分廣泛卻又界定模糊的的地帶，讓國王可以藉之徵稅。國王在他的法官支持下，用盡了所有的權宜之計。他不僅持續徵收每個人都已經十分習慣的「噸稅」（tonnage）與「磅稅」（poundage），而且對還提高或變動某些物品的稅率。他授權地方官員官員（commissioner）以較高的價格批准某些人非法的

土地所有權，並且在出售土地時獲利。他使用王室監護權，監護許多未成年繼承人的產業並從中牟利。他對於在他加冕時不奉旨接受「騎士資格」（Knighthood）的人科以罰款。他們的出席長久以來都被認為僅是一種形式。現在，他們的缺席卻為國王開闢了一個新的歲收來源。他將零星的專利權變成一種制度，伊莉莎白女王與他父親曾縱容專利權，並且讓議會痛恨專利權。現存的反「專利權」的法案有許多漏洞，查理能夠重新批准獲利更多的專利權，其中許多獲得專利權的企業都有朝臣與地主參與。實際上這是一個間接收稅制度，由深感興趣的收稅人分包出去。每批准一項專利權，國王就得到大筆的金錢，他還可以從每年的貿易活動中獲得豐厚的賦稅。受惠的人全都支持「親自主政」，而那些未曾受惠的人則群起反對。倫敦的成長廣受囑目且使人擔憂。加上郊區，倫敦的人口達到二十五萬。人民的居處擁擠，潛伏著瘟疫，輿論支持嚴格禁止興建新廈。不過，許多人都在造房子，倫敦與其他的城市都在成長。國王的地方官員現在出現了，人們若不拆除房屋便得繳納罰款。在若干案例中，有些貧窮的、房屋比較破舊的人只好拆掉已經建好的房屋；大多數人都是繳交罰鍰。

同時，溫特沃斯現在身為愛爾蘭的「都尉」（Lord-Lieutenant），運用他的圓滑與威權，使愛爾蘭王國較以往或從此更加順從英格蘭王室。他平息了部落之間的宿仇，他建立了秩序與繁榮並且用愛爾蘭大眾默許的手段，組織一支愛爾蘭部隊，籌措到大筆實質的愛爾蘭補助金（subvention），用來維持查理的王權。他在歷史上留下的名聲，是基於他在愛爾蘭的治績。七年努力束時，他平定了愛爾蘭，極盡搜刮愛爾蘭的財物，他並未採取任何明顯的兇狠手段或流血事件，便使愛爾蘭柔順地在他的掌控之中。

由於適度節儉的政府採用以上所有手段，查理遂未動用議會而能進行治國。伺機而噬的勢力仍隱藏在陰影中。他們珍視的與擁護的所有觀念仍在他們的心中激盪，但是他們沒有集中的目標，也未作表達。交通困難重重，在任何地點集會都危險萬分、英格蘭太平

愉悅安逸的生活，也壓制著他們的行動。如果機會順著他們，許多人會表現得很熱烈，但此時則滿足於他們日常的生活。這個國家地很不錯；春、夏、秋三季各有樂趣；冬天則有耶誕柴（The Yule-Log）[3]與新的玩樂。從事農業與獵狐活動成了好動者自得其樂或作為慰藉。現在農作物很豐富，物價已幾乎停止飆漲。不再有工人階級的問題。「貧民救濟法」（The Poor Law）施行得格外富有人情味。普通的上流人士可能無權分擔治國大任，但仍舊是他們產業上的領主。他們仍在季審法院（quarter session）中治理郡裡的事，只要他們奉公守法，忍氣吞聲地付稅，便可安享太平。在這樣的情況下，議會勢力一定要加緊努力才能喚醒他們心中對民族的感情以及對國家的關切。不滿者在四處尋找時機，準備激起國內蟄伏的不滿力量。

＊　　　　＊　　　　＊　　　　＊　　　　＊

查理的律師與偵騎（sleuth-hound）不久便注意到在歲月的推移中，逐漸成長的反常現象。根據英格蘭古老的法律，或許是阿爾弗烈德大王時代的法律，全國應當支付艦隊的維修費用。不過，長久以來只有濱海的郡縣在支付海軍的費用。然而，難道海軍不是捍衛不列顛和平與自由的成長的盾牌嗎？既然全國皆受惠，為什麼不讓所有的人支付海軍的費用呢？為了維持艦隊，所有的郡縣都應當負擔海軍費用，這個島從來就不曾向它的臣民作出比這更公正的要求了。向忠心的議會適當地提出這個建議，也會得到一致批准，因為這個提議有部分是來自古代的傳統。但是不對內陸郡縣抽稅已成慣例，甚至於在抵抗西班牙無敵艦隊時，伊莉莎白女王都未曾打破這個慣例。國王對這個提案很讚賞。一六三五年八月，他開始對全國徵收「造船費」（Ship Money）[4]。

白金漢郡（Buckinghamshire）立刻有一位仕紳立刻挺身而出，拒絕付稅，他是一位十分反對國王的前任議會議員。他需要付的稅額不會超過二十先令；但是他堅持一個原則：即使是最適當地的稅款，也只有在議會批准後才能徵收；之後他因抗命

（contumacy）而得到懲罰——扣押財產與監禁。約翰・漢普頓（John Hampton）拒絕納稅一事被雙方選來作爲測試。議會議員派沒有其他表達意見的方式，他們看出這場審判會吸引全國人的注意，便歡迎有人成爲烈士，他的犧牲能打動溫順的社會大眾。他們期望聽到人民在暴政下發出的呻吟。另一方面，國王派則因自己的論點有理而受到鼓勵。因此漢普頓這個案子馬上變得很有名而且永垂青史。直到今天，他英勇的主張還記載於里斯波羅王子城（Princess Risborough)的方尖碑上：內陸郡縣與王室海軍（The Royal Navy）毫無關係，至今僅有議會可以要求它們出造船費。王室戰勝。法官們判決王室有理。甚至這個提案看起來並沒有任何曲解法律之處。但是不滿情緒四布。一六三七年最後徵收了百分之九十的「造船費」，但一六三九年僅徵收到百分之二十。全國有財產的人都因爲生活愉快，看起來很快樂，而且再度開始使用「權力請願書」中的文字。

　　然而，單單這件事還不足以喚醒全國人民。議會派知道單單依仗這個憲法問題是不可能夠成功。因此，他們繼續助長宗教騷動，將此當作將英格蘭人由冷漠態度中喚醒的最佳辦法。此時，崛起了一位人物——威廉・勞德（William Laud），他身爲坎特伯里大主教，是查理手下裡的邪惡天才。他是位信仰堅定的英格蘭國教教徒，全心全意反對羅馬教廷與日內瓦的教派，也是脫離喀爾文教派運動中的領袖。但是他嚮往政治，曾經是白金漢的心腹，的確也是白金漢數次最成功演說的講稿作者。當宗教事務被認爲極爲重要的事務時，他行動敏捷地放棄牛津的學術生涯，進入國家政治及國王的樞密院。伊莉莎白女王的國教得依仗國家。教會本身沒有能力承受此種重擔。因此世俗管理階級與宗教觀禮階級建立非正式的契約，國家認可教會的財產，而教會宣揚服從國家的職責與國王的神權。

　　勞德絕對沒有發起這項合作關係，但是他卻不合時宜地花精力執行它。他的改革中包括：用欄杆隔開聖壇、重新強調宗教儀禮及

神職人員的尊嚴。神職人員與信徒之間的鴻溝益形擴大，看得出來加強了教會的權力。這樣一來，查理國王的宗教觀念與他的政治一同發展，而民眾的怨恨也增加。勞德現在為國王找到了新的歲收來源。依照伊莉莎白的法令，每個人都有上教堂的義務；他們可能喜歡怎樣想便怎樣想，但是在公開儀式中他們必須信奉國教。這種做法已經廣為廢弛。有些人根本嫌煩而不去做禮拜；其他的人則認為做禮拜很可憎。現在全英格蘭，不論男女都發現自己會因為不上教堂，而被拖到法官面前，每次罰一先令。這的確是普通人可以瞭解的事。對法庭中的律師與法官而言，這並不是跟國庫有關的事而是戲弄人的新花樣。已經被激怒的清教徒，視它為迫害活動；許多人談論著史密斯菲爾德（Smithfield）的火刑，認為這樣下去一定會演變成那樣的迫害活動。在國王的麻煩已經高高疊起時，議會多年來在幕後指揮的宗教騷動情況，普遍增加更多的力量。

普林（William Prynne）[5] 與其他清教徒作家在特權法庭（The Prerogative count）上受審，他們受到的懲罰，如戴枷鎖、烙印與割耳朵，都是一個王朝的污點[6]，但與那個時期的其他國家相比，不論是稍早或稍後，都還算是溫和敦厚。的確，這樣是絕對無法確定因議會分裂而導致叛亂。反倒是蘇格蘭，斯圖亞特王族的家鄉與查理的出生地燃起了戰苗，開始引發漫天大火。勞德不滿意這個北方王國的宗教情況，說服國王作點努力改善。蘇格蘭人必須採用英格蘭的《祈禱書》（Prayer Book），並且與英格蘭教友廣為交流。

除了想要在不列顛全島建立一致的宗教儀禮之外，查理國王還有實際的、世俗的目標。他的父親詹姆斯國王曾經在蘇格蘭重新設立主教，目的是要約束直言無隱的長老教會牧師（The Presbyterian Minster）。詹姆斯也巧妙地支持過蘇格蘭貴族反抗蘇格蘭教會（Kirk）[7] 的要求（pretensions）。查理登基時曾企圖藉由一項法案，奪走自宗教改革以來貴族所得到的所有教會土地，結果與貴族疏遠了。而且，他決心改革什一稅的徵收制度，因為大部分的

什一稅都落入貴族的手中。這個改革制度讓小地主承受的負擔減輕，神職人員的薪俸增加。這樣一來，查理想強化強蘇格蘭境內主教統轄制度的計畫讓蘇格蘭的貴族群起反對。在蘇格蘭，主教的角色是國王的代理人，主教發現自己日益受到神職人員與及地主的厭惡。為了加強蘇格蘭主教的力量，教會法規（Canon Law）有了新的解釋，強調王室的地位。另外，在倫敦草擬了新的《祈禱書》或《祈禱文》（Liturgy），使蘇格蘭公開禮拜的形式規則化。這些書籍於一六三六年頒布，似乎沒有一本達到想要預見的結果。

查理與他的顧問們都無意挑戰教義，也不想轉向羅馬天主教。他們想要維護新教高教會的看法。他們新強調王權至上（The Royal Supremacy）來界定教義，且規定更多講究的儀式，特別是「領聖餐禮」（Sacrament of Lord's supper）的儀式。因此在他們從事改革的過程中，同時冒犯了有權勢者的資產利益、所有階級的宗教信念以及蘇格蘭民族的獨立精神。蘇格蘭人普遍表示憎恨，並且立即變成最強烈的偏見。蘇格蘭人相信、他們的民族領袖也告訴他們要相信，英格蘭國王的威權會迫使他們朝羅馬天主跨出致命的第一步。新《祈禱文》中的每項教條（Tenet）、每個字在細讀時，都讓他們都深深地猜疑。難道國王不是娶了一位信奉天主教的妻子，她在私人小禮拜堂作偶像崇拜嗎？不是寬容了整個英格蘭的天主教徒，而這對新教信仰構成日益增加的威脅嗎？難道沒有一個舖路通向羅馬的計畫嗎？

一六三七年七月，蘇格蘭教會及政界的顯要都在愛丁堡的聖吉爾斯教會（St Giles's Church）集會，準備首次鄭重地朗讀新的《祈禱文》，資料顯示許多宗教神職人員與無數的世俗人士都來到愛丁堡。當首席牧師要唸新的《祈禱文》時，憤怒的情緒爆發，侮辱的言詞壓倒了首席牧師。一位貧苦階級的婦女甚至將她的腳凳擲向出現在他們面前的這隻披著羊皮的狼。這場儀式變成了暴動。憤怒的情緒橫掃古都，主教與國王的威權為之動搖。愛丁堡蔑視王權，但是找不到抗拒它的武力。查理國王聽到消息大驚。他設法使

蘇格蘭臣民安心。他以具有說服力的辭句詳述他對於天主教的仇視，並且聲稱願意修訂《祈禱書》。但是這樣的做法徒勞無功，只有立即收回那一本令人討厭的《祈禱書》才行。不過國王並未收回《祈禱書》，雙方對於一些小細節展開長時間的辯論，國王一再地讓步，而蘇格蘭人的憤怒日增。我們在長時間的文字戰與合法性問題的交鋒中，再度看到一場驚天動地的劇變即將展開的序幕。蘇格蘭人精明地聽從律師的勸告，將他們的抗爭化爲「大懇求」（Grand Supplication）請願書的形式，在它的壓力之下，新的《祈禱書》被收回了。但是已經太晚了。暴風雨已經興起，促使人們前進。他們對國王仍表示尊敬與忠誠；狂風打擊著主教們。最後查理國王撤消原始的政策。但這已經引起一場日益緊張的反抗行動。一六三七年一整年，查理國王表面上在讓步，實際上在賠罪，但他同時也考慮使用武力。另一方面，蘇格蘭民族團結成一體挑戰教會與國家的現況。

　　一六三八年年初，因爲與查理國王簽訂盟約，蘇格蘭便放棄了請願書。這盟約少有新義。許多部分僅是重複五十年前於國王詹姆斯六世統治下，所有人都同意的宗教信仰。那個時候，在歐洲大陸的宗教戰爭的壓力下，有股期望要證實羅馬教廷的權力與各種惡行。但是，這盟約現在成了全國團結的神聖聯繫。所有在盟約上簽名的人都發誓自己會「信奉與捍衛前述的眞正宗教，在最高宗教裁決會議（Assembly）與議會審查和批准之前，克制不對禮拜上帝的事體作任何更改（novation）。」不論他們當中最弱的人遭到什麼不利，都與所有的人有關係。一六三八年二月二十八日，在愛丁堡的黑修士教會（The Church of Blackfriars）[8] 當眾宣讀了此一盟約。薩瑟蘭伯爵（the Earl of Southland）首先在盟約上簽名；隨後許多有名人士也簽了名，他們都感到自己身不由己地被大眾「著魔似的狂熱」（demoniacal frenzy）推動著。在教堂中許多人割脈、蘸血作墨，在紙上簽名；一分分的盟約被人拿到每個城鎮鄉村去供人簽名。這具體地表現出全民不變的決心，他們寧死也

不願對羅馬天主教屈服。查理國王從來就不曾有意、或想過到這種事。但是這是他惹起的一場風暴。

　　他重新裝作讓步迎接這場風暴。漢彌爾頓侯爵（James Hamilton, The Marquis of Hamilton）是位有經驗的蘇格蘭政治家，後來將隨查理國王走上行刑台。他奉派前往北方，擔任世俗方面的專員，與蘇格蘭人重新修好。漢彌爾頓不是要奮戰什麼，只是要表示一點尊嚴，以掩飾國王暫時的讓步。他像旋風般地規勸蘇格蘭人。他們都同意應當召開一次最高的宗教裁決大會（General Assembly）。神聖盟約簽名者組成的委員會（The Committee of the Covenanters）坐鎮愛丁堡，自行籌畫以前從未辦過的選舉。這次最高宗教裁決會議在格拉斯哥（Glasgow）的聖芒戈天主教大教堂（St. Mango's Cathedral）舉行，最高宗教裁決會議受到這個北方王國的宗教信仰的支配，以及得到一位難纏的世俗人士支持；他身著武裝，佩劍與戴著匕首坐在這教堂中間，身邊圍著所有階級的狂熱擁護者。

　　　　　＊　　　　　＊　　　　　＊　　　　　＊　　　　　＊

　　查理派遣漢彌爾頓到蘇格蘭去之前，與他作過重要的商談。查理國王曾說，如果調停失敗，漢彌爾頓就可集合部隊，平定叛亂。「但是！」漢彌爾頓說：「如果在當地找不到足夠的部隊平定叛亂，那該怎麼辦？」查理回答說：「那麼，英格蘭將派出部隊，我將親自率軍親征，我寧可不要性命，也不讓至高的權威受到到侮辱。」這個狀況發生了。他遭遇到有敵意、有組織的最高宗教裁決會議；這個會議本來是為了調整宗教歧見而召開的，現在卻由武裝的世俗前輩領導，他們的目的確時有政治性目的，而他們的要求是要確實地、真正地廢除主教統轄制度。查理國王下令解散最高宗教裁決會議。這個團體宣稱，其本身決心成為永久機構。他們走到這步時，充分地知道這是什麼意義。一六三八年十一月，蘇格蘭的最高宗教裁決大會拒絕依國王使者的要求解散。這件事被人拿來與一七八九年法蘭西國民大會（The French National Assembly）首次抗拒國王旨意的情形比較。無疑地，這兩件事的事實與環境毫不

相同。但是，兩件事都是起因於一連串不可分割的原因，也導致同樣的結局——即國王隆重地被斬首。

受挫的調停者漢彌爾頓返回白廳，因自己建議國王進行調停而自責。現在他贊成採取激烈的手段。這件事在國王樞密院展開了冗長的辯論。一方面，有人問道，為什麼要對仍然宣稱愛戴國王與尊敬國王的民族動武呢？沒有金錢、沒有部隊，也沒有英格蘭一致的支持，怎麼對他們發動戰爭呢？而且查理的大臣不可能看不到蘇格蘭的叛亂對於表面十分平靜、實際十分緊張的英格蘭情勢，會產生致命的反作用。如果成功了，要到何種地步才會停下來呢？皇室權威得到法庭的支持，自然遇到過挑戰，即使沒有議會，也有效地主持朝政達十年以上。如今北方的蘇格蘭人竟公然抵抗。勞德在英格蘭，溫特沃斯在愛爾蘭，兩人經常有書信來往，都想及早鎮壓蘇格蘭人的動亂。那樣的心情佔了上風，查理國王與神聖盟約成員都在尋找武器備戰。

現在查理一定要動用武力。樞密院將它的目光轉到溫特沃斯在愛爾蘭的部隊，甚至西班牙部隊上面。他們談到雇用二千名西班牙步兵形成一個核心，再加上蘇格蘭的步兵，特別是蘇格蘭東方高地（the Eastern Highlands）有很多深受英格蘭影響的人所共同組成部隊。但是神聖盟約的成員在海外有更好的資源。古斯塔夫‧阿道弗斯（Gustavus Adolphus）統率的蘇蘭軍旅與蘇格蘭將領在日耳曼扮演重要的角色，使蘇格蘭有了無與倫比的後備部隊。亞歷山大‧萊斯利（Alexander Leslie）[9] 在三十年戰爭（The Thirty Years War）中已晉升為陸軍元帥（Field- Marshal）。他覺得祖國在召自己回去蘇格蘭，去打同樣的仗。對他而言，這戰爭只不過是新教教徒與天主教教會巨大衝突中的側翼行動。蘇格蘭對其海外戰士所做的召喚並沒有徒勞無功。數以千計的人奔回蘇格蘭，其中包括受過訓練的軍官與士兵、也有無情戰役使其堅強而又倍增經驗的領袖。他們立刻成了這支訓練有素的部隊的核心，有著組織有方、精明幹練的參謀人員，以及一位傑出、善於征戰的總指揮。蘇

格蘭的貴族都對萊斯利軍事聲望肅然起敬。他們服從他的命令。他們個人的私怨都平息了。在幾個月裡，在南方的英格蘭還沒有做好任何有效的準備之前，蘇格蘭就已經擁有不列顛島上最強的武裝部隊。它擁有軍事知識與優秀的軍官。還有它受到誠摯、慢慢喚起，現在變成狂熱宗教熱情的鼓舞。傳道者都腰上佩劍，手中持短筒馬槍（carbine），以勸誡性的講道（exhortation）幫助訓練士官（drill-sergeant）[10] 進行訓練。士兵排列成行，謙卑地祈禱和唱聖歌。在宗教以及政治方面，他們都謹言慎行。他們仍舊尊敬國王，甚至會偶而歡呼他的名字。但是他們的旗幟上寫著：「為基督的冠冕與盟約而戰。」的口號。冷靜、追求極致、堅定的決心形成蘇格蘭的抗敵陣線。一六三九年五月，這支大約有兩萬之眾的部隊，駐守在蘇格蘭邊界上，面對查理與他的顧問們聚集較弱、訓練不良、軍心不堅的部隊。

　　情勢從一開始就很清楚，查理國王的陣營中沒有統一的意願要與蘇格蘭人作戰。相反地，與敵方的談判已經興致勃勃地在進行，六月十八日，雙方同意簽訂了「柏立克和約」（Pacification of Berwick）。蘇格蘭人承諾解散他們的軍隊，歸還他們佔領的王室城堡。查理國王同意在同年八月召開最高宗教裁決大會與議會；這兩個會議從今以後應該經常召開，前者決策教會的事務，後者則決策俗世的事務。國王拒絕承認格拉斯哥最高宗教裁決會議通過的條例，因為它們批評他的君主職責；但是他目前同意廢除主教團。自從制定高教會《祈禱文》的樂觀計畫之後，查理總是在旅行。不過，查理將「柏立克和約」視為是一種爭取時間的方法，神聖盟約的成員很快就確定這點。現在蘇格蘭全境都興起了獨立精神，人們對歸還王室堡壘非常憤怒，對遣散蘇格蘭軍隊則頗感恐懼。漢彌爾頓回到了蘇格蘭，發現他自己處於一個敵意高漲的世界。一六三九年八月底在愛丁堡召開了蘇格蘭議會，議會立刻聲稱，國王的樞密院（King's Privy Council）應當對議會負責，而且國王應當聽議會的建議任命指揮官，尤其是堡壘的指揮官。議員們抨擊財政部，

尤其是指責錢幣的管理工作，當時貨幣不斷地在貶值。他們甚至要求，一定要依照他們的意願才能授予勳章及官職。當議會的意圖變得很明顯時，起初漢彌爾頓只能靠休會（adjournment）拖延時間，最後宣布閉會（prorogation）到一六四〇年七月。最高宗教裁決會議解散前，留下一個有權力、享有全權的代表委員會，事實上就是蘇格蘭政府。

在西歐的複雜錯綜的形勢中，蘇格蘭人不僅是新教熱烈的支持者，而且是法蘭西對抗奧西聯合（Austro-Spanish）的朋友。他們視查理國王中立兼孤立主義的外交政策，不當地偏袒天主教的利益。他們設法與法蘭西恢復傳統上的密切交往。到了一六三九年底，查理看到他自己面對北方一個獨立國家兼政府，這個國家形式上還是將他視為國王，對他效忠。但是已決心在內政與外交上都推行它自己的政策。因此，這不但是向國王的特權挑戰，也威脅到他領地的完整性。他覺得到了非開戰不可的地步。但是如何打呢？

漢彌爾頓由蘇格蘭回來，提出了個難以作答的問題：「如果採用國王的決定，要如何徵募軍費呢？沒有議會是否也能募集到軍費呢？」溫特沃斯現在奉召由愛爾蘭回來加強樞密院。他在宮廷中的名望很高。他不但恢復了整個愛爾蘭的秩序，而且愛爾蘭人還對英格蘭國王表現忠誠。要知道，愛爾蘭本來傾向信奉天主教。他像個開明的獨裁者在愛爾爾進行統治，這位代表大人（Lord Deputy）已經用錢募集到一支擁有八千人的愛爾蘭部隊，並且加以訓練。他相信自己成功地在不列顛的姊妹島中實行的專制統治制度，他也有能力帶到蘇格蘭，之後則是英格蘭。「徹底」（Thorough）是他的格言。我們無法判斷他會成功到什麼地步。他現在力主與蘇格蘭作戰。他希望一旦開始戰鬥，便可以喚起英格蘭人昔日對抗蘇格蘭的敵意。他夢想一次新的弗羅登戰役（Flodden）的勝利。而且，隨時準備在必要時在蘇格蘭使用他的愛爾蘭部隊。

＊　　　　＊　　　　＊　　　　＊　　　　＊

在這個決定性的時刻，英格蘭的君主可能繼續遵行在整個歐洲普遍風行的權力獨裁。不過，形勢起了變化。查理國王背離了他所瞭解的古代法律。但他還尊重教會與國家兩者的傳統，而這是無情又能幹的冒險家溫特沃斯卻缺少的，他的個人勢力隨著這場危機日增。溫特沃斯清楚地看出王室的歲收不足以支持這場戰爭。因此，他決定必須要召開議會。他過分自信的認為平民院可以受人控制。結果他錯了。但已經跨出重要的一步。在查理國王「親自主政」約十一年之後，頒布詔令召開新議會，英格蘭全國都開始舉行選舉。開啓舉世聞名的議會與國王之間的抗爭。議會勢力雖然沒有公開表達意見的管道，但是並非沒有力量，也沒有閒置著。在溫和的專制政治制度下，他們已經在全國許多地方牢牢地控制著地方政府。選舉運動突然開始，他們立刻就組成議會，在上次失敗的地方重新站了起來。不僅這樣，他們發出十一年來遭受箝制所累積的怒氣與痛苦，提出一六二九年議會已通過的種種議題。查理現在不得不低聲下氣，恭敬地請他曾經不屑地解散的那些勢力。議會於一六四○年四月十三日召開。因為時移境遷，議會的成員都有所變動。上屆議員只有四分之一再度露面。埃利奧特已經死於倫敦塔；溫特沃斯現在是斯特拉福伯爵（The Earl of Strafford）兼國王的首相。但是在舊議員中，有個人才能出眾，受過良好的訓練，又報復心切。從這個新的議會——後來稱作「短期議會」（The Short Parliament）——召開的那個時刻起，皮姆（Pym）就是個中心人物。他同時代的人物克拉倫登（Clarendon）是這樣描述他：「他觀察到政府的過失與錯誤，深知如何使這些過失與錯誤比真正的情況更加嚴重。」他在一次長時間的威嚴演說中，重述主要的問題以及附加的麻煩。查理國王與他主要的諮議大臣斯特拉福伯爵和勞德，在新的議會中找不到安慰。相反的，他們遇到的卻是這樣的怒氣，所以幾天之後，他們在五月五日輕率地將議會解散了。召開這次議會只不過激起是非，讓整個英格蘭陷入紛爭中。

召開議會這個方便之計顯然失敗了，對於斯特拉福而言，「徹

底」一詞變成了當日的命令。蘇格蘭的部隊已在邊界布軍，英格蘭集聚起來抵抗的只有紀律不佳、兵力薄弱的士卒。要將武裝人馬上戰場需要金錢，也得師出有名。但兩者都不具備。許多的貴族捐款或借錢給國王保衛國土。信奉天主教的英格蘭人，儘管沈默受制，但仍對國王心存感激，也祕密地貢獻捐贈，捐款也祕密地被接受。但是這淺淺之數的捐款對戰爭有什麼幫助呢？

斯特拉福伯爵希望調來他在愛爾蘭的部隊。但是樞密院擔心對這個步驟可能挑起強烈的反應，因此不敢有所決定。他身為北方樞密院的主席，在約克以粗魯猛烈的言辭訓斥貴族。貴族的反應很冷漠，使人失望。蘇格蘭人不久便軍容整齊地越過了特韋德河。騎兵佔據上游以減緩水勢，同時協助步卒涉水而過。他們一直挺進抵達泰因河，才遇到抵抗。然後，像之前「柏立克和約」的情形，兩軍終於彼此對峙。蘇格蘭的領袖入侵時看到在議會運動與清教徒運動在整個英格蘭蓬勃發展，因而倍受鼓舞，皮姆則是組合兩個社會運動力量的中心。又過了幾天，雙方幾乎都沒有什麼行動。但是有一天的早上，一位蘇格蘭的騎兵在讓他的馬在河中飲水時，走得距英格蘭的哨站太近。有人扳動槍機，這位不夠謹慎的騎兵被擊中而受了傷。蘇格蘭所有的大砲一齊發射，英格蘭全軍逃走。當時有人寫道：「從來沒有那麼多的士卒，在那麼少且未有何行動的敵人面前逃走。」英格蘭士兵振振有詞地解釋，他們的逃竄並不是因為怕蘇格蘭人，而是有所不滿，他們並特別提到沒有領到薪餉。這並沒有軍隊抵擋住蘇格蘭人，蘇格蘭人快速地抵達紐塞的城下。此時蘇格蘭的將領宣布他們是為英格蘭的自由而戰，並且呼籲所有擁護議會與清教徒主張的人給予援助。不過有人僅直率地提醒行政官員們，說紐塞實際上是個被征服的城市，然後他們就被說服打開了城門。同時斯特拉福伯爵在約克氣急敗壞地拼命組織防禦軍隊以抵抗入侵，妄想著英格蘭土地遭到侮辱一事會重振長久盼望的民族精神。他並且設法在樞密院爭取多數的支持，以便輸入愛爾蘭部隊，不過事與願違。

　　此時正在倫敦開會的許多貴族對查理國王施壓，提議召開平民院不能參加的貴族大會（Magnum Concillum）。這個大會已有幾百年未召開了，但是目前有危機，不正是需要召開這樣的大會嗎？查理國王同意了。但是，這個古老的團體只能建議召開議會而已。國王一人不能捍衛國家。只有議會才能由將英格蘭自蘇格蘭的侵略行動中拯救出來。在這個時刻，查理國王的情緒極其低沈。他已經徹底檢討過個人失敗的原因。他的敵人包圍他，最後甚至可以毀滅他，現在他們企圖重建一個政黨與一個目標，任何人都會因此死掉。

【1】　譯注：兩人皆爲英格蘭議員。
【2】　譯注：查理一世的宮廷畫師。
【3】　The Yule-Log，耶誕前夕在爐中燒的大木
【4】　譯注：戰時對港口，沿海城市等徵收的稅，供建造軍艦之用，一六四〇年廢除。
【5】　譯注：英格蘭清教徒小冊子作家。
【6】　Written in 1938.——W.S.C.
【7】　譯注：即蘇格蘭長老會。
【8】　譯注：又作多明我教會。
【9】　譯注：又作 Alexander Leslie Leven。
【10】　譯注：即教育班長。

第十五章 議會的反抗

　　各種無法阻擋的力量迫使查理國王得做他最擔心的事。入侵的蘇格蘭軍隊已經佔領了德拉姆與諾森伯蘭。他們的領袖與英格蘭議會勢力及清教徒通訊密切。他們不但提出影響蘇格蘭這個北方王國的要求，也提出了他們知道會在南方產生回應的其他要求。他們很小心，不讓供應倫敦的海上煤炭（sea coal）短少一日，但同時他們的隊伍也從事搶劫，騷擾被佔領的郡縣。查理國王無法戰勝他們。斯特拉福伯爵相信他能夠守住約克郡，但也僅止於此。樞密院忙著與蘇格蘭人締結停戰協定，但蘇格蘭人要求英格蘭每月支付四萬英磅，用來維持他們在英格蘭軍隊的費用，直到英格蘭都實現為止。經由討價還價，這個數目減到了每天八百五十英鎊。於是，互相對峙的兩軍暫時收起刀劍，在無限期的協商期間由王室提供費用，但王室此時早已身無分文。所謂的「主教戰爭」（Bishops' War）已經過去，而真正的戰爭則尚未開始。

　　現在全國四面八方都呼籲應當召開議會。至少半數的貴族院議員仍留在倫敦。他們之中有一群人，由與皮姆保持密切聯絡的貝德福德伯爵（William Russell Bedford）領導，拜訪樞密院，要求召開議會。甚至有人暗示，如果國王不親自下詔，議會會在沒有國王的情況下開會。王后與一些諮議大臣緊急寫信給查理國王，表示他們看出來別無他策。查理國王自己也有同樣的結論。在這段時間他的看法有了決定性的改變。他明白他的君主政治理論必須修改。他同意召開新議會，接受人民與國王之間的新關係。

　　召開議會一時之間舒解了緊張的局面，而選舉議員的活動讓各黨派狂熱。但是僅在長久懇求之後，在反對國王的貴族支持下，並以他們各人的安全作為擔保，倫敦市才答應在議會開會期間預支五萬英鎊，用來維持在英格蘭北部的蘇格蘭佔領部隊的費用，並且防止英格蘭部隊叛亂而解散。

　　沒有其他的更好的方法，比舉行大選（The Generad Election）

更能讓民眾興奮的了。情緒達到最高點；啤酒四溢。雖然這次大選的籌備工作沒有像一六三九年蘇格蘭大選那樣的妥善，各個受到歡迎的派系領袖都匆匆地從一郡到另一郡，激勵他們的擁護者。查理國王也向貴族中支持他的重要人物呼籲，因而得到了一些回應。有些地方同時出現四、五位候選人互相競爭；但是這股潮流猛烈地衝擊著王室。一六四三年有一本小冊子寫道：「我們選擇的這些人並不是以美德著稱，而是因為他敢反抗權威。」「短期議會」的四百九十三名議員，有二百九十四人當選，佔總數的五分之三；幾乎所有的新當選者都是反政府者。著名的反對派候選人無一落選。查理國王只能靠平民院中不到三分之一的人的支持。

因此，在一六四〇年十一月三日召開了英格蘭有史以來，會期長度是歷屆第二、最令人難忘的議會。它的影響力是政府觀念與宗教觀念的綜合。當時成長的社會需要支持這屆議會的召開，這個社會需要一個比都鐸王朝專制統治更為堅實的基礎。為了策略目的，這屆議會利用了蘇格蘭入侵的軍事威脅。蘇格蘭的地方行政官員與神職人員均抵達倫敦，對他們受到的歡迎均感到驚訝，英格蘭人認為他們是英格蘭的救星。他們發現英格蘭議會若干盟友比他們更加痛恨主教。協商一週週進行，由國王負擔一切開銷，但這些費用只有議會才有能力支付。英格蘭與蘇格蘭兩個王國的各方勢力聯合起來，要求對數世紀以來實行的行政與宗教制度，進行更深遠的改革。詹姆斯一世在英格蘭登基，英格蘭與蘇格蘭的王位合而為一。然而現在的情形與詹姆斯或他的兒子所想的截然不同，這兩個王國中佔優勢的政治勢力團結一致，為共同的主張一起努力。這些力量像威力強大的大砲中裝填了炸藥，砲口瞄準查理國王與他信任的大臣。

這些大臣中，最可恨的是斯特拉福伯爵。新的平民院領袖皮姆與漢普頓，立即指揮大多數憤怒的議員。王室現在不再抵抗，議員們要求先發洩怨恨，然後再撥款的原則；但是議員只能靠報復才能一洩心中的怨恨。斯特拉福掌握著皮姆與入侵的蘇格蘭人往來的書

信。如果國王的命令一下，這可是叛國罪。大家相信，斯特拉福有意掀開這驚人的案子；但是皮姆先發制人。整個議會的憤怒，發誓要放棄對舊同僚的怨恨以及所有的自我克制，全都集中在要對付「邪惡的伯爵」，英格蘭歷史上從來沒有見過這種記錄。十一月十一日的上午，聖斯蒂芬小禮物堂（St. Stepten Chapel）的門全都鎖上了而鎖匙放在桌上；任何陌生人都無法進入，也不可能有任何議員能夠離去。下午的時後，皮姆與漢普頓，還有三百名在場的議員，將彈劾斯特拉福的條款提交給貴族院。斯特拉福奉國王之命回到倫敦。那天上午他還曾受到貴族恭迎。他聽說情勢有變，便回到貴族院。但是現在一切都改變了。迎接他的是指責之聲。有人說，在討論這個問題的時後，他應當避嫌退席。他被逼而只好照辦。不到一個小時，這位大權在握的大臣成了被指控的階下囚。他自己及眾人都感到驚訝，是他居然跪在法庭上接受貴族的發落。黑杖侍衛解下了他的配劍，將他逮捕。他穿過群眾走向黑杖特衛的看守所，眾人均對他怒目而視。他這樣子下台，可說是措手不及，使人想到了提比略（Tiberius）[1]為人痛恨的大臣賽西努斯（Lucius Aelius Sejanus）[2] 的命運。

　　國王所有的大臣都被一一判刑。勞德大主教在貴族院遭到彈劾，他想答辯但被禁止發言，而被人由水路押送到倫敦塔。國務大臣法蘭西斯·溫德班克爵士（Sir Francis Windebanke）與其他若干人逃往歐洲大陸。掌璽大臣約翰·芬奇爵士（Si John Finch）離開了他的貴族院議長席位（Woolsack），身穿官服出現在平民院，手握的繡袋中裝著英格蘭的玉璽，在平民院為他自己辯護。他的言辭動人，讓所有的議員都沈默了。不過，這種作法只能拖延一段時間，使他能夠逃往國外。所有這一切都是平民院議員的憤怒造成的，他們有倫敦市民與遠方蘇格蘭軍力的支持，並且也得到貴族院議員的贊同。

　　對於我們這一代而言，清教徒革命的主要特色是它有適度的節制。各種議題都是在雙方無休止的敵意下爭論，不但是在議會，議

員在議會中彼此怒視，準備將對方送上行刑台，也是在街上，倫敦街頭的敵對幫派也都彼此冷眼相對，甚至混戰在一起。不過，法律與人命倒是受到相當的尊重。在這場生死相搏的鬥爭中，肢體暴力長久受到壓制，甚至當鬥爭爆發成為內戰時，人們都能遵守慣例，讓人們在運用意志時，不會淪為野獸的野蠻暴行，好像早些時候或晚些時候一樣。

＊　　　＊　　　＊　　　＊　　　＊

平民院受到種種恐懼與謠言的侵擾。議員們曾經小心翼翼地付款給入侵英格蘭的蘇格蘭軍隊；欠缺糧餉的反而是英格蘭的部隊。有關部隊叛變與軍事陰謀的謠言四起。皮姆擅長以冷酷手段利用這些驚慌，只要議會有風吹草動的情形，謠言便會成真。平民院大多數的議員好鬥的傾向，逐漸變成要求廢除主教團。蘇格蘭人如今在倫敦很有影響力，他們又是北方的主人，因此企圖建立長老會的教會管理制度。的確是扭轉局勢。一萬五千人簽署了一分呈給平民院的請願書，要求「連根帶枝」（root and branch）地根絕主教團，獲得了多數議員的支持。但現在首次出現了有力的對立勢力。七百位不滿國王與大主教的原則的神職人員，簽署了第二分請願書，提議限制主教管理宗教事務的權力，並且還在某些地方再加以限制他們的權力。這是另一道防線，可以組成捍衛主教團的勢力。大家都知道，國王認為以羅馬教皇繼承法（the Apostolic Succession）為基礎的主教團，與基督教信仰是不可分割的。英格蘭的主教團開始於聖奧古斯丁的時代，而亨利八世與羅馬天主教的決裂，對主教團的持續性並未造成任何影響。查理國王全心全意地握著由他任命主教的世襲權力，他的對手看到了這種權力是危險的權力泉源。因此在這場宗教鬥爭中，失和的全是基督徒，也全是新教徒，但是他們是因為對教會的管理方法產生岐見。對這件事情，他們準備以極端的方式互相對抗。政治方面，此時反對「親自主政」的勢力已取得優勢。但在教會問題方面，兩派勢力甚至比以往更加勢均力敵。皮姆看清楚這種情形，決定將全面辯論的時間延後。兩分請願書因

此都交給了同一個委員會。

　　同時，對於斯特拉福的審判已經開始了。平民院議員進行的訴訟程序顯然是依據法律與司法的另一種解釋，結果他們立刻發現，這樣很難將這位被人痛恨的大臣定罪。他是主流派的主要敵人，也的確是人民權力與自由的敵人。但是要證明他犯了叛國的滔天大罪則是不可能。在西敏寺搭建的巨大木製審判台上，全國的領袖、顯貴、政治家與神職人員聚集一堂。大廳內三分之一的地方擠滿了觀看審判的群眾。國王與王后每日出庭，坐在他們特別座上，希望親自在場能夠抑制住迫害活動。斯特拉福大展長才，為他自己辯護。每天上午他都向審判長（Lord Steward）下跪，向貴族院議員與集會的群眾鞠躬。每天他靠著道理與懇求，打破項項的指控。他很成功地嘲弄「累積叛國罪」（Cumulative treason）的理論，讓彈劾他的人很快地信服這個理論。許多未能證實的錯誤行為，如何能累積成為叛國罪呢？他深入核心，談到英格蘭自由的重要學說：「沒有法律，何來犯罪。」（No law, no crime.）他犯了什麼法呢？如他的敵人所言，他運用演說家、演員的每種本領，不僅操縱觀眾的心智、也操縱著他們的情緒。查理國王日夜對貴族院議員下功夫。在拯救斯特拉福這件事情上，他決不會讓步。他曾經以君王之言向斯特拉福保證，斯特拉福不會失去自由或喪失生命。旁聽席擠滿了所有領導人物的夫人，還有貴族自己，全都漸漸產生了同情心。審訊到了第十三天的時候，這位犯人存活的希望十分看好。

　　皮姆與他的同僚此時使出了致命的一擊。樞密院的秘書亨利・韋因爵士（Sir Henry Vane）有個兒子對於公眾事物很熱心。這個兒子因為一個令人懊悔的諾言而做了一件事，這件事在數年之後，讓他賠上生命做代價；他的兒子偷了父親保存的一六四〇年五月五日國王樞密院會議紀錄。紀錄上記載著斯特拉福的一段話：「只要權力允許，你就可以去完成任何事。他們拒絕的話，你就對上帝與人類盡責。你在愛爾蘭有支軍隊，可以調來此地，攻陷降伏

『這個王國』。像天下的萬物一樣保持信心，蘇格蘭一定不會支持到五個月。」

平民院議員說，這番話證明斯特拉福有罪，因為他建議動用愛爾蘭的軍隊來攻擊英格蘭。文中上下文的意思似乎是指蘇格蘭有意如此，當時蘇格蘭正在進行反抗國王的叛亂。在反覆訊問中，樞密院的秘書韋因無法說，或者也是不願說「這個王國」這些字眼，是指英格蘭或蘇格蘭。盤問樞密院其他成員時，他們都表示不記得那些字眼；討論時所關心的重點是降服「蘇格蘭」，而非降服「英格蘭」的方法；他們也從來沒有聽到任何暗示，說要在任何地方動用愛爾蘭軍隊，除了在蘇格蘭。所有的人可能會想到，如果在蘇格蘭成功地使用愛爾蘭的軍隊，則保證此後會在別的地方動用這股兵力，但是這不是當時爭論的重點。韋因說：「如果國王樞密院的成員的發言，不論是半懂或被半誤解的發言，最後這發言導致變成實際的犯罪行為的話，會有什麼樣的後果呢？以後就沒有人會坦率地對國王說出他的意見。」律師宣布贊同他的看法。無疑地，他贏得了勝訴。

平民院議員受到了阻擾，聲稱要提出新的證據。斯特拉福要求，如果這件事獲准的話，他也應當有同樣的權力。貴族表示同意他的意見。然而法庭中聚集的大批平民院議員突然大喊：「退席！退席！」他們像部隊一般回到聖斯蒂芬小禮拜堂，再度將四門鎖上。難道這位英格蘭各種權力的敵人能逃掉法律的制裁嗎？平民院的議員知道，斯特拉福是他們的仇敵，他們有意讓他濺血。他們想要省掉審判的過程，直接藉由「議會法」宣布他有罪。皮姆與漢普頓並未親自提出「褫奪公權法案」（Bill of Attainder）的計畫，而是讓他們一位主要的追隨者提出這個建議。但是在提出建議的時候，他們予以大力地支持，還發動外面憤怒的倫敦亂民搖旗吶喊。貴族院議員不理會平民院正在做的事情，且明顯地帶著同情，聆聽斯特拉福結尾的辯詞。他的話深深地打動了他們：「議員先生，我現在的不幸會是你們未來永遠的不幸。……除非你們運用智慧來防

止我的不幸的發生，否則我的血將描繪出你們將來淌血的道路。如果這些有學問的紳士們打從骨子裡熟悉這些訴訟過程，他們會開始對付你們；如果你們的朋友、律師，被拒絕會見你；如果你們的敵人被准許作不利於你的證名；如果你們說的每句話、每個意圖、所處環境，都不是根據法規，而是根據一個推論、根據一個誇張扭曲的解釋，被定爲叛國罪，那麼你們本身、你們的產業、你們的後代，現在都處在危急關頭。我將這些留給你們思考，會有怎麼樣的危險以及會引起什麼後果。

那些紳士告訴我，他們的所言都是爲了捍衛國家利益，反對我武斷專橫的治理。請容我說一句，我的所言也是在爲捍衛國家利益，對抗他們的專橫與叛國。因爲，如果他們這種言語、行動等的自由受到准許，國王與國家將會受到怎樣的損害，如果你們與你們的後代將因同樣重要的國家事件失去能力。至於可憐的我，如果不是爲了你們貴族的利益、如果不是爲了已進入天堂的聖人（指他的第一任妻子）的利益，她給我留下兩個孩子在世上，（他說到這些話時已激動得語不成聲），如果不是爲了這些，我就不會辛苦地去維護我破敗的小屋了。……我也不會在過去比較好的時光離開它，當時我希望世界比較好的人會認爲——這也是我的不幸——我已經將我的誠實給了上帝、我的國王與我的國家。」

但是一六四一年四月二十一日，「褫奪公權法案」在平民院以二百零四票對五十九票獲得通過。少數黨中有位狄格比爵士（Lord Georre Digby），他是議會中反對王室的一位領導人物。他運用特殊的天分，爲他自己的黨派辯護。他一無所得，反而被人懷疑是叛徒。波濤般的恐懼與狂怒震撼了議會。樓上有塊木板發出咯吱咯吱聲，他們以爲是火藥爆炸。投反對票的五十九人的名字迅速傳開，他們被人視作是爲叛徒辯護的叛徒。每天都有多群眾封鎖通往議會的道路，而且越來越具脅迫性。被視爲支持斯特拉福的貴族院議員，都被身邊的瘋狂景象嚇住了。奧佛·聖約翰（Oliver St. John）在議會兩院共同召開的會議上，極力推動「褫奪公權法案」

時，他不僅提出法律的論據，還提出變革的論點。他表示，議會像低等的特別法庭（tribunal），不受現有法律的約束，有理由為適應環境的需要而制定新的法律。它唯一的引導指南應該是保護公眾的福利：它是個政治體，包含的人上至君王下至乞丐，可以為了全體的利益而處置一個人，也可以割開一條血管，讓邪惡的血流出。過去曾說，應當是先有法律，而後才有犯罪問題；沒有法律、也就沒有違法的事。但是這個道理並不能適用於曾經推翻所有法律的人。聖約翰說：「敲狐狸與狼的腦袋從來就不算是殘暴或可惡的的行為，因為狐狸與狼是野獸。養兔場管理設陷阱誘補臭鼬與其他害蟲，是為了保住養兔場。」

斯特拉福聽到了這種嚴厲的復仇呼籲時，雙手高舉過頭，彷彿在懇求上帝大發慈悲，他知道他已經失去世上的一切。只有在彈劾時出席的半數貴族議員，敢投票贊成「褫奪公權法案」，將他處死，這些人以他們的優勢，將斯特拉福送上了死路。他們早就深信，如果他們讓他走，國王會利用他來與兩院開戰；而且，好似伊莉莎白女王的寵臣之子——東塞克斯伯爵，心懷不滿冷酷地說：「人亡政息。」（Stone-dead hath no fellow.）

不過，還有其他機會。查理國王試圖得到倫敦塔與這位犯人的控制權。但是倫敦塔的管理人威廉・鮑爾福伯爵（Sir William Balfour）關閉塔門，不讓國王的軍力闖入。他對斯特拉福提出的巨大賄賂，也不屑一顧。要求「正義」的呼聲響徹了倫敦的街頭。數千名暴民，其中許多還持有武器，聚集到王宮之前，狂吼要處死斯特拉福。議會裡有人揚言，他們現在將要彈劾王后。

這是查理國王一生中至大的痛苦，他所受的其他苦難都無法與之相比。問題不是現在他是否能夠拯救斯特拉福，而是國王的權威是否將隨著斯特拉福一同毀滅。他向主教們求情，他們除了兩名主教外，全都勸他必須畫分身為普通人的感情與身為君主的感情。但是他真正的解脫來自於斯特拉福本人。他於貴族院投票表前給查理寫了一封壯麗的的信，請國王不要因對他作過的任何承諾，而危及

到君主制度或王國的和平。最後查理終於讓步了，這件事使他抱愧終生。他批准了「褫奪公權法案」，這等於賜死。但是他的良心仍然不安。第二天，他放棄了他國王的威權，派遣年輕的威爾斯親王去求貴族院，將死刑改成終身監禁。出席的貴族拒絕了此項請求，甚至也不肯寬容幾天，讓斯特拉福安排他的後事。

不列顛島還從來沒有見過匯集如此多的人，擠在行刑的地方。斯特拉福堅毅而又莊嚴地從容就義。毫無疑問地，他是個自知有指揮才能的人，同時雄心勃勃，有意治理天下。他設法經由議會的途徑尋求權力。由於得到國王的寵信，得以掌執大權。他建立了與自己興趣相符的制度，這個制度與他堅強的性格交織在一起。他的受審與「褫奪公權法案」判死罪的事件，使迫害他的人都背上了惡評。他們殺害了一位他們無法定罪的人。但是，如果能讓那個人完成他的整個事業，或者會使英格蘭的「民主自由」（Civil freedom）之窗關上數代之久。

　　　*　　　　　*　　　　　*　　　　　*　　　　　*

在斯特拉福的審判與被處死刑事件的衝擊下，查理國王在許多事情都讓步。「三年一次法案」（The Triennial Bill）規定議會至少每三年得召開一次，如果有必要，可以不理會國王，這結束了查理至今的「親自主政」制度。「噸稅」與「磅稅」每次批准後，只能徵收一年，同時徵收造船費的做法也受到議會譴責，所有抗繳造船費而受罰的人，都應得到賠償。查理國王必須同意這一切。但是當他同意一項「為預防因不適時地休會或解散現有的議會，可能會造成不便」的措施時，他必定完全地垮掉了。他在同一天接受了這項措施與褫奪斯特拉福公權的法案。事實上它是法律，使得這個議會即時起便成為永久議會，這屆議會因此被稱為「長期議會」（The Long Parliament）。對於時代需求改變，或是對於不滿者的補償也都完成了。在過去任期端賴國王喜怒而定的法官，現在只要表現良好便能保住官職。如同我們所見，亨利七世曾經用來箝制貴族，後來變成欺壓民眾的「專斷暴虐的法庭」（Court of Star Chamber）

被廢除了。曾經努力要強行在宗教上獨尊一家的高等宗教法院也是。樞密院的司法權受到了嚴格且又精細的界定。「權力請願書」中關於個人權力，尤其是免於任意逮捕的權力，現在終於建立其原則。查理批准了這些重大決策。他意識到，他抓了太多被託付於君主身上的權力。此後，他會在廣義的立場抓住自己的立場。斯圖亞特王朝由都鐸王朝繼承的整個制度的基礎已經動搖。

但是現在每件事情都是如此易變；此時意志堅強、強健的以及個性倔強的英格蘭人不顧過去的行動，為自己找尋可靠的立足點。自斯特拉福的頭落下的那天起，就開始產生一股保守派的力量，後來演變成全國人皆如此。查理在議會開會時幾乎都是孤單一人，與他痛恨的大臣在一起相處，忽然發現他日益受到現今一股激烈的、深切的大眾情感的支持。如果他任由這股情緒自行發展，他就可能會有非常好的社會基礎。清教徒過分狂熱、攻擊國教與蘇格蘭入侵者結盟，都挑起對立，迄今無助的宮廷在這場鬥爭中不過是旁觀者，可以藉著耐心與運用智慧而出頭，權力或許不如從前，但會比較穩定。此後，這不再是國王與人民雙方的對抗，而是兩派主題、情緒的對抗，它們直到現代還在爭奪統治英格蘭的權力。二十世紀已經顯現曙光，人們開始可以在古代的衝突中辨識出他們的政治前輩。

查理國王現在覺得，他的希望寄託在與蘇格蘭和解一事上。駐紮在北方的蘇格蘭軍隊與身在西敏寺的清教徒勢力相互合作，力量強大的令人無法抵抗。他決定親自前往蘇格蘭，在愛丁堡召開議會會議。皮姆與他的擁護者幾乎無法反對此事。溫和派的言論也贊成這個計畫。查理國王賢明的祕書愛德華·尼古拉爵士（Sir Edward Nicholas）寫道：「如果國王可以處理蘇格蘭的事情，與蘇格蘭人建立和平，將會為這裡一切歧見作個快樂、完美的結局。」查理國王於是前往蘇格蘭。公布新《祈禱書》的時代與統一英格蘭及蘇格蘭這兩個王國政教的夢想都已逝去。查理接受了他深惡痛絕的每件事情。他努力想贏得蘇格蘭簽訂盟約者的好感，虔誠地聆聽他們講

道和以蘇格蘭教會的方式唱聖歌。他同意在蘇格蘭建立長老會制度（Presbyterianism）。但是他的努力都是白費力氣。查理國王被控指與人合謀，企圖與保王派綁架蘇格蘭領袖阿蓋你侯爵（the Marquis Argyll）。蘇格蘭人性情頑強，確信有此事。查理國王只好洩氣地返回英格蘭。

在這個陰沈的事件中，出現了一個可怕的突發事件。斯特拉福被處死之後，他成功地在愛爾蘭抑制舊勢力的制度都鬆解了。位在都柏林的愛爾蘭議會以前是很順從的，現在立刻對統治他的勢力發出怨言聲。同時，信奉羅馬天主教的克爾特人對英格蘭的新教極爲厭惡。斯特拉福紀律嚴明的愛爾蘭軍隊解散了。查理國王的大臣努力爭取愛爾蘭人的宗教上信仰，以爲國王的事業效力。但是一切努力皆成不可避免的廢墟。愛爾蘭原來的居民，以及饑饉的、受到踐踏的大眾，情緒燃燒到不受控制，指責「愛爾蘭部分地區」（The Pale）內外的仕紳、地主以及新教徒。令人想起法蘭西的一次眞正的「扎克雷起義」（Jacquerie）[3]。於一六四一年的秋天在愛爾蘭爆發動亂。有產階級、他們的家人與眷屬，都逃往少數有守備部隊的城鎮。蘭克說：「但是，沒有人能夠描繪在這整片土地上的野蠻與殘忍，人們對沒有武裝、沒有防衛的人施暴。成千上萬的人死了，屍橫遍野，成了鳥獸腸胃中的食物。……宗教的深仇大恨結合了民族的宿仇的怒火，令人畏懼。西西里的晚禱（The Sicillian Vespers）[4]與聖巴塞羅繆之夜（The Night of St Banthelomew）大屠殺的動機結合在一起。」[5]各方都有無法言喻的暴行的報導，在政府同法官的領導下，無情地進行反擊。在鄉村大部分地區見到男人就殺，並且進行焦土政策。這些暴行的消息都不知不覺傳回了英格蘭，震撼人心，在他們心中盤據良久，久久不能忘懷。這種局面深深傷害到查理國王的利益。清教徒在愛爾蘭人的暴行中看到了，也宣布他們看清楚了，如果主教都有天主教趨向，並且與國王的生殺大權合而爲一，清教徒一定會遭到厄運。他們認爲愛爾蘭人是見到便可殺掉的野獸。他們在此刻領教到愛爾蘭人的殘暴，後來

他自己得勝了，也就如法泡製。

＊　　　＊　　　＊　　　＊　　　＊

　　查理國王不在倫敦的期間，讓議會的勢力能夠充分發揮，這種事爲他帶來的好處，遠勝對過他對國家政務的密切的注意。九月與十月間，保守派勢力反彈已經成了一股潮流。英格蘭與愛爾蘭軍隊兩者已解散，誰還能夠指控宮廷從事軍事陰謀？英格蘭人，不論在宗教上或憲法上秉持任何立場，都無意爲維持入侵的蘇格蘭部隊而繳稅。長老教派對於大部分的英格蘭人都幾乎沒有什麼吸引力，他們一直都對伊莉莎白時代的國教傳統表示不滿，企圖在宗教改革的動亂裡所產生的偏激的教派中找尋精神上的安慰或喜樂；諸如再洗禮教派（Anabaptism）與勃朗尼教派（Brownism）[6]，兩派都相當反對長老會制度（Presbytery）以及主教。平民院在一六四一年底，已經有很大變化。皮姆與他的支持者仍佔著優勢，並且更爲極端。但是反對派也更爲堅定的。貴族院現在與平民院不合，開會出席時，大多數議員都是站在國王一邊。清教徒本來是爲民族事業效力的僕人，現在都已經變成了好鬥的派系。但是即使在那個固執己見的時代，這場爭論已經變得太長且使人苦惱，並且非靠舌劍唇槍就能解決問題。人們都覺得他們的右手癢得想握刀劍，似乎只有這樣才能夠推動他們的法案。

　　正是在這狂風暴雨的時期，皮姆與漢普頓想團結他們的力量，提出了所謂的「大抗議書」（the Grand Remonstrance）。幾個委員會工作了許多個月，草擬的這分冗長的文獻，事實上是分政黨宣言（Party manifesto），宣傳議會至今在治療傷痛方面的一切成就，並且闡明議會領袖們的未來政策。皮姆希望這能使他意見分岐的追隨者重新團結起來，因此便放棄了對於宗教改革比較極端的訴求。「大抗議書是要求削減主教的權力，但並沒有說要廢弛主教。」不過，保守派或人們有時所稱爲「主教派」（Episcopalian Party）的這個團體日益成長，感到受到了「大抗議書」的侮辱，於是決心反抗它。他們並不喜歡皮姆的做法。他們想要「以比較討

好的方式來贏得國王的支持，要隱藏國王的過錯，而不是宣揚過錯。」不過皮姆準備更進一步地抗爭，他向民眾呼籲，也使議會完全控制國王的大臣。他已經在談及愛爾蘭叛亂的信件中，要求國王「任用議會同意的樞密院大臣與行政大臣。」他揚言如果國王不對這項意見讓步，議會便會自行處理愛爾蘭問題。現在國王的威權真的遇到了徹底的挑戰。但是現在國王身邊的樞密院大臣已與一年前的樞密院大臣十分不同。以前許多反對他的人，現在在狄格比與其父布里斯托伯爵（The Earl of Bristol）的帶領下，都與皮姆為敵。批評勞德的先鋒威廉斯主教（Bishop William），現在反而挺身成為對抗勞德的人。福克蘭子爵（Lucius Carey Falkland）與科爾派帕爵士（Lord Colepeper）兩人都反對大多數人的暴力行為，不久都在查理國王的政府中擔任官職。愛德華·海德（Edward Hyde）──即後來有名的史家克拉倫登──針對「大抗議書」展開辯論，堅持說現在的目標必須是尋求和平，如果「大抗議書」能夠表決通過，尤其是假如它出版問世的話，目前的各種爭執將會惡化，也會拖得更久。

　　議員們對「大抗議書」進行很長而且認真的辯論，熱烈但抑制自己的激情，他們將「大抗議書」略加修正便進行表決。議會在一年前開會的時候，支持國王的議員不到三分之一。現在「大抗議書」僅多十一票通過。多數派提出臨時動議，表示應當立刻將它出版。平民院此時起身表達相反的意願。大約清晨一點整，中殿律師學院的一位律師傑佛利·帕麥爾先生（Mr.Geoffery Palmer），要求文書人員記下所有持異議者的姓名。少數派發表異議是貴族院的慣例，後來也是如此；但是平民院的原則是多數派的表決即等於是平民院的表決。帕麥爾似乎要問什麼人準備提出異議。許多人立即站了起來大喊：「全體反對！全體反對！」四處都有人在揮舞插著羽毛的帽子而且都緊握刀劍，有些人甚至拔劍出鞘，將他們的手放在劍柄的圓頭上。議員菲力普·沃里克（Philip Warwick）此時正在人群擠擁、燈光黯淡的小禮拜堂中。他寫道：「我認為我們

全都坐在死亡的蔭谷（The Valley of the Shadow Death）裡，像押尼珥（Abner）[7] 與約押（Joab）[8] 的子孫，彼此抓住頭髮，要將劍刺入對方的腹中。」幸好漢普頓及時勸阻，才阻止一場流血衝突。但是，現在正式辯論的路已經斷了，只有戰爭才是前進之路的踏腳石。

迄今幾乎無人注意到來自劍橋的議員奧立佛·克倫威爾（Oliver Cromwell）。他的舉止頗為粗野，但是卻是湯瑪斯·克倫威爾的後代。他在離開貴族院時對福克蘭說：「如果『大抗議書』遭到否決，我會在第二天早上將我擁有的一切都賣掉，而且永遠離開英格蘭；而我知道還有很多同樣意志堅定的正直人士。」他，還有皮姆，都隔著大西洋遠眺著彼岸的新土地，在那裡，他們準備不惜犧牲生命、為之奮鬥的事業可以存活下法，即使那裡是片荒野。他們的想法在美洲喚起了回應，直到一個多世紀及經過許多流血之後，這種回應才靜止下來。

　　＊　　　　＊　　　　＊　　　　＊　　　　＊

儘管查理國王在蘇格蘭受挫，在愛爾蘭碰到災難，他知道支持他的人日益增加，不過他現在卻被犯了各種相互矛盾的錯誤。他有一度想以平民院多數派組織政府。貴族院反對派的十二名議員都是宣誓就職的樞密院成員。但是幾個星期之後便發現，這些議員開始說到國王時都不尊敬，倫敦各個派系吼叫著說他們大是「落伍者」。查理仍在拼命地尋求立足點，邀請皮姆本人擔任他的財政大臣。這樣的計畫與現實脫節。科里派帕反而擔任這個職位，而福克蘭成了國務大臣。接下來查理突然一反初衷，決意以嚴重叛國罪名對平民院中他的五位主要反對派提出控訴。是亨利埃塔·瑪麗亞王后迫使他採取這種激烈的行動。她嘲弄他膽怯懦弱，並且對他說，如果他還想見到她，就應該對成日圖謀要推翻他與取她姓命的那些人施以鐵腕政策。他自己則確信皮姆有意要彈劾王后。

查理國王受到這樣的唆使，由三、四百名劍客——我們現在可以稱他們為「騎士黨」（Cavaliers）——陪同前往平民院。時間是

一六四二年一月四日。以前從來沒有一位國王到過會議廳。他的軍官們上前敲門，宣布國王本人已經親自到來，各派的議員都很驚訝。查理國王的衛士將所有的門都關了起來。他進入時，全體議員都起立相迎。議長威廉·倫索爾（William Lenthell）離開了議長席在他面前跪下。查理本人在坐在議長席上，然後向貴族院致意。並要求交出五位被起訴的議員——皮姆、漢普頓、霍利斯、黑茲里格、與斯特羅德（Strode）。但是王后臥房裡的一名宮女已經及時向皮姆告密。被控告的五名議員已經逃到了西敏寺的台階，安全地躲在倫敦市的民兵團（Frainband）與行政長官中間裡。議長倫索爾無法提供任何消息。他辯稱：「我的眼睛只能往平民院所指示的方向看，我的耳朵只能往平民院指示的方向聽。」查理國王已經知道自己又棋輸一著，對顫抖的議員望了一下。他有氣無力地說：「我看，鳥都飛走了。」他在客氣地重新搜查一番後，率領著失望、咆哮的佩劍衛士離開了平民院。但是就在他離開的時候，平民院會議廳裡發出了低沈、持久的「特權」抱怨聲。一直到最近，代表倫敦商區的議員於會期開始時，都是坐在平民院國務大臣的席（Treasury bench）位。以對倫敦商區出力保護這五位議員的行動，表示永久的感謝。

倫敦民眾對這個插曲憤怒得無法控制。被激怒的暴民湧上街頭，在王宮外面大吼大鬧，使得查理與他臣子由首都逃往漢普頓宮。一直到他被審判與受死刑時，才重返倫敦。在他闖入平民院後一週之內，那五位議員就由倫敦當局護送回到了平民院。他們的行徑如同凱旋一般。二千多名武裝戰士陪伴他們乘船溯河而上，兩岸各有一支部隊攜同八門大砲，與這小型船隊並駕前行。國王從此就丟掉了倫敦，無力收復。他慢慢撤往紐馬克（Newmarket）、諾丁罕與約克。在一六四二年初的前幾個月，他都在約克等待時機，分裂英格蘭的無休止的敵對情勢，有助於他慢慢地重建權力與組織一支武裝部隊。現在英格蘭出現了兩個政治中心。皮姆、清教徒與議會中剩下的成員，在倫敦藉國王之名進行獨裁統治。國王身邊有

許多昔日英格蘭的精英分子。他自霸道的倫敦暴民手中逃脫後，再度成了擁有君權的國王。這兩個政治中心都在慢慢地擴充部隊與聚集資源，準備進行內戰。

【1】　譯注：羅馬帝國皇帝，西元一一三至一一四年在位。
【2】　譯注：羅馬皇帝提比略的禁衛軍長官。
【3】　譯注：一三五八年，法蘭西北部農民反對貴族的大規模起義。
【4】　譯注：指一二八二年西西里人屠殺法蘭西人事件。
【5】　History of Esngland,vol.ii,p.287
【6】　譯注：羅伯特‧勃朗尼（Roher Browne, 1633），英格蘭傳教士所創之教派；勃朗尼首先創立公理教會制（Congrelgimalism），教導指教會是公開信仰基督，並藉盟約與祂及彼此聯成一體者之團體。
【7】　譯注：古代色列第一代國王掃羅的堂兄，軍隊指揮官。
【8】　譯注：大衛王軍隊的元帥。

第十六章　大叛亂

　　一六四二年頭幾個月的時間都花在查理國王與議會之間的談判，但這只不過加深了他們之間的歧見。同時雙方則正在聚集自己的武力。議會的好戰派現在被稱作圓顱黨（The Roundheads）[1]，其中的一位軍官寫道：「國王的黨與我們之間爭執的主要問題是：國王是否應當像上帝一樣憑他的意志治國，國家應當像野獸般被武力統治；還是應當由人民自己制定的法律來治理國家，人民在根據他們同意而產生的政府之下生活。」為了使這段話更加中立平恆，他還可能添上「或者說應該是根據他們本身同意」。一六四二年六月一日，議會向國王提出十九項提議。這一項最後通牒要求樞密院成員、國王的治國要員（Great Officers of State）及他子女的教師等，都應當由議會任命。應當賦予議會權力，控制全部民兵、控制為了重新征服愛爾蘭而不得不需要軍隊，也就是說，應當「執掌兵權」（The Power of The Sword）。以什麼宗教為國教，應當依議會的意願決定。簡而言之，國王應交出他控制教會與國家整個實際的主權。但是，在清楚的憲政問題背後，存有宗教與階級兩種衝突。清教徒在議會中佔了優勢，而宮廷中則是國教的高教會派教徒（High Churchman）佔了優勢。商人與製造商這批「新階級」（New class）以及若干郡縣中大量數目的佃農要求分享政治權力，而政治權力至今幾乎都是由貴族與世襲地主獨佔。

　　然而，當我們審視內戰爆發前夕各派結合的情況時，會發現這些派系之間的分歧並不簡單。時時可見兄弟鬩牆、父子敵對。保王黨的訴求不彰，但是仍舊有它的潛力。他們呼籲人們反對議會，而對國王效忠；反對清教徒的狂熱，而敦促英格蘭國教徒團結一心。他們喜歡有神佑威權的光明，而不取遙遠而又黯淡的民主政治。一位騎士黨（Cavalier）的騎士，勉強的佩劍赴戰，他寫道：「上帝說：『勿犯我聖上。』」雙方的人馬前往戰場時都帶著疑慮，但也受到他們自己相信的理想人物的指引。雙方都有一些其他的

人，如行爲放蕩的朝臣、野心勃勃、積極主戰的政客以及閒散地準備在國家不安定時發國難財的傭兵；但是就廣義而言，這場相爭現在變成了忠誠與理想不同的悲劇性衝突。

議會派言語傲慢，日益提出要求，使兩派對抗的路線至爲明顯，許多人被趕到國王的一方。大部分的貴族漸漸地團結起來支持保王派；工人與商人階級大都傾向支持議會派；但是較多的貴族支持皮姆，而許多自治市鎮則忠心耿耿支持保王派。郡縣中的仕紳與自耕農分歧很深。住得較近倫敦者一般都支持議會派，而北部與西部地區大部分都是保王派。雙方都以國王之名作戰，也都贊同議會制度。圓顱黨常常喊著：「國王與議會。」他們給第一位總指揮東塞克斯伯爵的命令就是：「拯救被邪惡樞密院大臣控制的國王與王子，如果有必要使用武力的話。查理本人則須誓言要做立憲君主，並且尊重王法。」這場鬥爭絕對不是獨裁政治對抗共和政治，而是，如同蘭克簡潔的話就是：「一派想要有國王，卻不是不要議會，另一派想要有議會，卻不是不要國王。」宗教爭執是所有階級與政治問題的驅力。借用克倫威爾的話說：「宗教問題並非一開始造成兩派爭執的重點，但是最後上帝將這個問題帶入了爭執之中；而且一再地讓問題出現，直到最後會證明，哪一個對我們而言是最珍貴的。」

七十多年來英格蘭一直處於平和的狀態。除了少數曾在歐洲大陸服役作戰的軍官以外，沒有人熟悉任何軍事事務。起初騎士黨受過擊劍訓練，擅長狩獵，加上有獵場看守人與侍從相助，因此在軍事上勝過圓顱黨。查理國王由約克眺望著赫爾（Hull），那裡曾儲存著他的部隊抵抗蘇格蘭人後解散時留下來的武器。才十二歲的威爾斯王子與九歲的約克公爵，到赫爾訪問並且受到親切的接待。但是當查理國王本人想進城時，城守的約翰・霍瑟姆爵士（Sir Gohn Hotham）關上了城門，派人把守堡壘不讓他入城。查理國王只有幾千名募集的地方民兵，只好吃了閉門羹。然而這不只是拒絕，更是沈重的打擊。武器是攸關生死的。在諾丁罕的城鎮同樣表示效忠

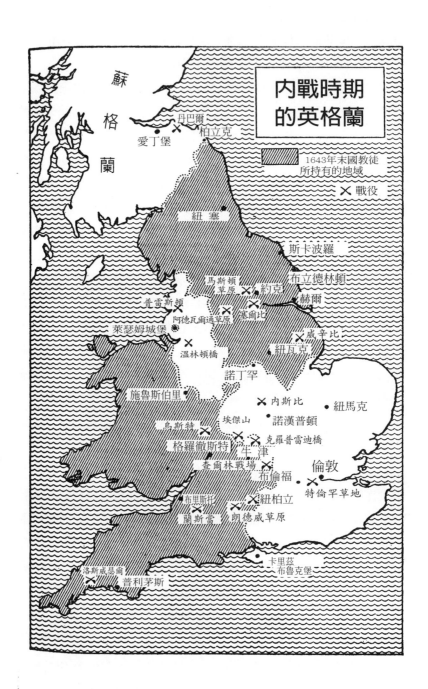

内戰時期的英格蘭

1643年末國教徒所持有的地域

✕ 戰役

蘇格蘭

丹巴爾 ✕ 柏立克
愛丁堡

紐塞

斯卡波羅

布立德林頓

馬斯頓草原 ✕ 約克
赫爾
聾雷斯頓
塞爾比
萊瑟姆城堡 阿德瓦爾通草原

威辛比
溫林頓橋
紐瓦克

諾丁罕

施鲁斯伯里 ✕ 內斯比 紐馬克

烏斯特 埃傑山 諾漢普頓

格羅徹斯特 ✕ 克羅普雷迪橋
牛津
查爾林戰場
布倫福 倫敦

布里斯圩 ✕ 紐柏立 特倫罕草地

蘭斯當 朗德威草原

卡里兹
布魯克堡

洛斯威瑟爾 ✕ 普利茅斯

國王，查理於八月二十二樹立起他的軍旗，召喚忠誠的臣民出力助王。這是通知人們履行封建職責的傳統信號，它的訊息使全國人想起祖先忠君愛國的情操。德昆西（Thomas De Quincey）的文才點亮這些人的這場悲劇：「和平相處、同桌飲宴、藉婚姻或血統而結盟的這些人，在一六四二年八月某日之後，彼此便永遠不笑顏相對，只在戰場上以短兵相見；在馬斯頓草原（Maiston Moor）、紐柏立（Newbury），以殘忍的軍刀斬斷所有友愛的連繫，並且用鮮血沖洗掉傳統友誼的記憶。」[2]

*　　　*　　　*　　　*　　　*

　　查理國王在諾丁罕起兵時，僅有八百名騎兵與三百名步兵，起初是否能夠募集到軍隊似乎令人頗有疑問。但是議會派的凶狠幫了他的大忙。到九月底他已經擁有二千名騎兵與六千名步兵。幾個星期之後，他們的數字增加了一倍有餘。他在全國各地都募集到兵馬。在荷蘭避難的王后，送來出售王室珠寶而購置的武器與訓練有素的軍官。但是，查理曾與他的臣民發生爭執而留下來的海軍，卻擁護議會派，因此難以通過海軍設置的封鎖。豪門貴族以金錢供應國王。據說紐塞侯爵（the Marquis of Newcastle）曾經為了保王派，花了幾乎一百萬英鎊，而烏斯特侯爵（The Marquis of Worcester）花了七、八十萬英鎊。牛津大學熔毀了他們的金銀盤碟，許多大宅與莊園都群起效尤。當在劍橋大學也發現同樣的氣氛的時候，克倫威爾便以武力干預。同時，由於圓顱黨掌有握著倫敦的財富與過去的稅政，擁有大筆款項，他們召募與訓練了一支有兩萬五千人的軍隊，交由東塞克斯伯爵指揮。在保王派方面，大多數兵團都是由知名之士以個人名義召募的，國王僅能授權募集的兵團或部隊，而議會派甚至能夠提供裝備。議會派的部隊素質低劣，軍紀不佳，軍事技術不足，但是他們以熱誠作為彌補。日耳曼教官訓練的倫敦民兵，已具戰鬥實力而受到尊重。

　　查理國王巧妙地避開了東塞克斯的軍隊，揮軍西行與威爾斯增援部隊會合，然後撲向南方泰晤士河流域與倫敦。國王的動向變得

明顯之後，倫敦一片驚惶。議會派匆匆地派人送信給查理國王，提議他返回議會，同時命令東塞克斯追上查理國王。查理不敢讓自己受到倫敦的部隊與身後猛追的其他部隊夾擊。十月二十三日保王部隊在沃里克郡（Warwickshire）的厄齊丘（Edgehill）掉頭迎戰追兵，在追兵的後衛部隊靠近基尼頓村（Kineton）之前，便攻擊他們。這一仗的特色是雙方都非常無知，但情緒沸騰。查理國王的外甥——萊茵選帝侯國魯伯特親王（Prince Rupert of the Rhine），與他的弟弟摩里斯親王（Prince Maurice）才自歐洲的戰爭中歸來，匆忙地加入了他這一方，指揮騎兵衝鋒陷陣，打垮了議會派左翼的騎兵。由於魯伯特自己衝勁十足，也可能是他的騎兵不守軍紀，他們緊追圓顱黨部隊而殺入了基尼頓村，大肆劫掠敵軍的輜重車輛。另一方面，查理國王與保王派的步兵沒有任何騎兵支援，不得不抵擋議會派步卒與數隊強大騎兵的攻擊。在浴血混戰之後，甚至查理自己的衛隊也被擊潰了。坎農砲也被敵人擄走。王旗一度被奪易手，掌旗官埃德蒙‧佛內爵士（Sir Edmund Verney）被人殺死倒臥在地。隨後漢普頓指揮的議會派後衛部隊趕到了基尼頓村，迫使魯伯特與他的騎兵丟下輜重車輛逃走。他們及時返回戰場避免戰敗。雙方都將部隊撤回到他們早上的陣地，懷疑又困惑地凝視對方。至少有五千名英格蘭人伏屍沙場；一千二百人由基尼頓的教區牧師予以安葬。

　　厄齊丘一役，本來可能輕鬆結束而讓國王這一方獲勝，結果是不分勝負。東塞克斯正確地繼續行軍前往保護倫敦，不過事實上等於在撤退。查理國王佔據了班伯里鎮（Bambury），凱旋般地進入牛津，現在牛津成了查理國王的指揮總部，一直到戰爭結束。

　　時常有人問，查理是否能夠搶在東塞克斯之前到達倫敦，以及，當他到達時，會發生什麼事。魯伯特親王在厄齊丘之役次日便敦促向倫敦進軍。保王派的軍隊可能會與倫敦市民激戰，另一方面，人馬仍佔優勢的東塞克斯也穩定地逼近他們。但是保王派現在由牛津向前挺進，沿途解除攔路的地方部隊的武裝，遣散他們，查

理對此甚感滿意。同時議會派的特使另外向國王呈上新的書信，雙方進行談判，但未正式停火。東塞克斯的主力兵團已經快速地接近倫敦，準備與倫敦的守軍聯繫並且在布倫福獲得援兵。魯伯特由泰晤士河畔發射攻擊而擊潰了他們，並且對他們窮追不捨。兩派各自控指另一方玩弄陰謀詭計。議會派宣稱，談判正在進行，他們無辜的軍隊受到攻擊，飽嘗日耳曼式的殘酷虐待。保王派指出軍事的事實是東塞克斯與倫敦守軍不斷地進行連絡。雙方都沒有立場抱怨。指責查理背信棄義，未免不公。這是忽略了當時的戰況，與大批軍隊在朝著軍事據點挺進。

幾天之後，在倫敦以西幾英里的特倫罕草地（Turnham Green），查理國王發現自己面對著東塞克斯的野戰軍隊與倫敦衛戍部隊結合在一起的兵力。他的人馬以一敵二還不止。他在一陣砲擊之後撤退前往牛津。如同若干人所言，他僥倖全身而退。由這一點我們更能判斷，在厄齊丘一役之後，反對揮軍猛襲倫敦甚有道理。立即攻向倫敦可能可以掃平敵人，但另一方面，也可能身陷在佔優勢的敵方陣營，最後被趕上決戰而被擊潰。一六四二年的戰鬥就這樣結束了。

＊　　　＊　　　＊　　　＊　　　＊

在怒火高張的英格蘭各地，在每個郡、每個鎮、每個村與在許多家庭內經常都是意見分歧，人人都在注視著這兩支主要軍隊的衝突與調動情況。雙方都希望這些軍事行動會決定戰局，此後便天下太平。看到這種期待根本不會發生，而只有長期、勢均力敵的鬥爭，所有暫時擱著的敵意便開始轉變成為行動。戰鬥與搶劫遍布全國。憲政的問題、宗教的爭執與無數地方家族間的宿仇，全混合在一起，形成黨派仇恨的新浪潮。兩派鬥爭在地理上的範圍與十九世紀保守黨（Conservative Party）及自由黨（Libera Party）在投票和競選範圍甚為相符。這場兇狠內戰造成的裂痕，支配英格蘭人的生活達兩個世紀之久。這次內戰一些奇怪堅持到的例子留存在英格蘭實行普選現今的選舉區。

　　一六四三年年初，戰火便遍及各方。階級、利益團體、派系和教派彼此使盡全力拼鬥。港口、城鎮與製造中心大多數都擁護議會派；稱作「舊英格蘭」（Old England）的地區則團結在查理旗下。在北部與西部兩大地區，國王可說是兵多將廣。此時亨利埃塔‧瑪麗亞王后由荷蘭回到北部。她冒險衝過封鎖線，帶著一隻滿載大砲與彈藥的船，運到約克郡海岸上的布立德林頓（Bridlington）。議會派的戰船緊緊跟隨在後追趕。當時正在退潮，軍艦在水位允許的情形下，儘量駛進海岸淺水區對她的臥室進行砲擊。王后的手下向她保證，會保衛她的船與這些無價的貨物，她則赤腳匆匆走避，躲開在村子裡呼嘯而至的砲彈。議會派的海軍將領巴滕（Batten）砲擊王后的行為，在那個性別、階級與騎士制度仍然受人尊重的時代，被人認為是行為不當與失禮。在我們自己的時代，有一位皇后在地下室被殺，但這個文明時代的大眾都對此種行為都沒有任何顯著的反應。

　　亨利埃塔‧瑪麗亞王后在熱烈的歡呼聲中進入約克。忠心的群眾人山人海，看到她身後數目極多的大砲都不禁欣喜萬分。有些人認為王后身為女性，可以敦促國王尋求和平。不過，她反而帶著一種難以馴服與不肯認輸的好戰精神，有如安茹的瑪格麗特（Margaret of Anjou）。

　　起初在北部並無決定性的戰鬥行動。議會派有些懷疑東塞克斯是否有擔任將領的才能。主和派支持他，但是主戰派則屬意派往西部統率議會軍隊的威廉‧沃勒爵士（Sir William Waller）。不過，西部康瓦耳人（The Cornishmen）表現出忠於國王和罕見的敏捷與英勇善戰。在那裡擔任指揮的是保王部隊將軍中最精明、幹練的拉爾夫‧霍普頓爵士（Sir Ralph Hopton）。沃勒與霍普頓有過三次小規模的激烈戰鬥。兩人的私交甚篤；但是有如沃勒寫給敵手的信中所說：「就榮譽與忠貞而言，各人都應當盡其本分。」霍普頓率領的康瓦耳人在巴斯城（Bath）外的蘭斯當（Lansdowne）猛攻沃勒的陣地。沃勒的主力是倫敦的騎兵。這些騎兵全身披帶甲冑，看起來像是「活動的堡壘」，而被雙方稱作：「龍蝦兵」（The lobsters）保王派部隊向山上的龍蝦兵攻擊，大大地破壞龍蝦兵陣式，打敗了沃勒；但是霍普頓的損失也十分慘重，因此退到德維齊斯（Devizes）。霍普頓軍中唯一的彈藥車爆炸，他本人也受到傷害。他手下的騎兵在摩里斯親王帶領下逃走了。但是這位親王，在牛津新募得騎兵之後，又火速行軍趕回戰場，發現沃勒在朗德威草原（Roundway Down）列陣以待。保王派部隊發起攻擊，將龍蝦兵趕下陡峭的山坡；同時霍普頓率領他的步兵由城中殺出，大獲全勝。

受到這些勝利的鼓舞，魯伯特率領牛津部隊與霍普頓的部隊會師，遂對布里斯托城（Bristol）招降、繼而攻打並且得手。布里斯托是英格蘭的第二大城，它的居民全是保王派。他們破壞了議會衛戍部隊的防禦，視魯伯特為解救者。港口的戰艦宣布支持國王，希望一支王室艦隊能夠掌控布里斯托海峽（The Bristol Channel）。查理國王此時成了英格蘭西部之王。

他在約克郡也獲勝。費爾法克斯閣下（Lord Fairfax）與他的兒子湯瑪斯爵士（Sir Thomas）在那裡指揮著議會派的軍隊。這些軍隊主要都是來自由利茲（Leeds）、哈利法克斯（Haeifax）與布魯德福（Bradford）「三個人口很多，極為富裕的城鎮」，根據克拉倫登在此事件後幾年所寫：「這三個城完全依靠布商，天生就是仇視仕紳階級。」費爾法克斯父子包圍住約克，但是不諳軍事、富有、肥胖、傲慢、忠心耿耿的紐塞伯爵，率領著他領地的家臣——英勇的「白袍兵」（White coats）前往為約克解圍，夏天時於阿德瓦爾通草原（Adwalton Moor）擊敗了費爾法克斯父子。議會派部中現在出現了為數極多以長柄鐮刀或大頭棒（bludgeon）作武器的農民，他們也因此被人稱作「持棒兵」（The Clubmen）。這些人在大屠殺中全軍覆沒。這次失敗之後，議會派在北部只剩下赫爾（Hull）作為他們的據點。斯卡波羅城（Scarborough）的城守休·喬姆利（Hugh Cholmley）是位傑出的議會議員。他已經拋棄了圓顱黨，帶走他的部隊而獻城投降。現在在赫爾，迄今對圓顱

黨都是死心塌地的城守霍瑟姆也改變主場投向保王派，部分是由於他的一位俘虜狄格比爵士（Lord George Digby）[3] 的勸說，此外，無疑地也是受到查理國王一再獲勝的影響。十八個月之前，赫爾與它的彈藥可能決定全局，霍瑟姆很可以輕鬆地交出一切。但現在他已經在市民中建立起抗敵的情緒，市民不願與他一樣改變立場。他與他的兒子被逮捕，由海路解往倫敦。同時，保王派在密德蘭也有進展。哈斯廷家族（The Hastings）在列斯特郡（Leicestershire）佔了上風，卡文迪什家族（The Cavendishes）在林肯郡佔了上風；不過查爾斯·卡文迪什本人在根茲堡（Gainsborough）附近的激戰中被打敗，克倫威爾上校殺了他。克倫威爾也是首次將他所組織與訓練的東方諸郡聯盟（The Eastern Counties Association）騎兵帶上戰場。但是他們無法阻止保王派奪下了林肯。雙方的騎兵都不曾成功地守住城鎮。

＊　　　＊　　　＊　　　＊　　　＊

查理國王擁有一定的戰略眼光。他並沒有具備偉大將領那種洞燭一切、行動果決的特質；但是他在軍事方面仍能放眼全局，而且英勇行動。一六四三年初，他計畫向倫敦全面進攻。霍普頓由西面，紐塞由北面，他自己由牛津出發，一齊到倫敦會師，攻破這個叛亂中心。一直到仲夏，戰鬥的結果都利於這項決定性的計畫；但是他既無資源，也無威權作如此大規模的合併。西部地區瘋狂的戰鬥使他喪失了擁護他的精英。霍普頓的小軍隊穩定地逐步向東前進，通過了漢普郡（Hampshire）與南塞克斯，結果受到阻擋；在西部的保王派本來應當前往增援，但到普利茅斯之前，便高興地在原地坐下休息了，駐守普利茅斯的議會派衛戍部隊不斷地由遠處瘋狂的侵襲。的確，在一個普遍效忠王室的區域裡，有一個城鎮忠於議會派，讓查理國王很難抽調當地的部隊，去參加全國性的戰役。無法勸阻紐塞侯爵從陸上進攻赫爾的決定，那裡的海潮洶湧，無法建造水柵（boom）封鎖港口。但若是他的北方部隊不南下增援，根本就別期待在密德蘭勢的衝突，現在雙方是勢均力敵。王后與其

他積極主戰的樞密院大臣都催促查理孤軍向倫敦進軍。在另一方面，格羅徹斯特是議會在布里斯托與約克之間剩下的唯一據點。若格羅徹斯特失陷會使得塞汶河（The Severn）防守門戶大開，保王派的小型艦隊與平底船補給（Supply-barge）就能夠長驅直入，並且讓牛津、英格蘭西部與支持保王派的威爾斯聯合起來。因此，查理國王在他的軍事運氣正達到高點之際，決心包圍格羅徹斯特。他可能是正確的。英格蘭是個頑強的國家，人民為自己的局部的部分戰爭鬥爭到底，根本不理會其他地方的壞消息，也不可能產生感覺上的劇變。而且人們基於某些人鄭重的斷言，確信城守梅西（Governor Massey），已準備改變支持的立場。結果查理於八月五日包圍這個城。

　　另一方面在倫敦，皮姆成了議會的主宰以及圓顱黨軍事靈魂人物，他正陷入沈重的困境之中。截至此時一切都不順利，各種希望都已經破滅。他身為政府領導人，有義務為這日益不得人心的戰爭募集軍費，用的是像查理於一六四○年用來抵抗蘇格蘭人所用的同樣手段，極其違背他擁護的原則。他的手段包括義務貸款和向每個人直接徵稅。在倫敦掀起保衛國王的強烈情緒，並且與和平運動結合在一起。倫敦平民樞密院（The Common Council of the City）並不讓步；但是保王派的輿論太強烈，無法壓制下去。有一次，七十名商人因為判斷該繳付的稅賦是非法，拒付這筆稅賦而被送入監獄。另一次，數以百計的婦女群集在西敏寺前面提出求和請願書。騎兵部隊在她們當中奔馳，這些婦女氣極了，試圖將他們由馬上拖下來，一面喊著：「讓我們將皮姆這隻狗丟到泰晤士河裡去。」但是騎兵拔出軍刀，非常殘暴地砍殺這些婦女，繞著雅德王宮（Palaoe Yard）追趕她們，有許多人沒有逃脫而受了傷。貴族院，現在只有不到二十位的議員，通過了一項鄭重、明確地要求和談的決議。甚至於平民院，也以些微的多數，對貴族院的提議表示同意。皮姆的生命正在衰退中。他患了癌症。他最了不起的同僚漢普頓，已在年初於查爾林戰場（Chalgrove Field）與魯伯特的騎兵

交鋒受傷身亡。他的事業即將毀滅，他也逐漸靠近死亡，這一連串的災難似乎成了皮姆奮鬥這麼久得到的唯一報酬。他毫不畏懼，挺身面對一切；只要生命的脈搏還在跳動，都很可能扭轉一切。倫敦所有的清教徒勢力都起身抗拒和談。其中教士規勸他們的信徒，好戰的群眾則包圍了西敏寺宮。平民院撤消他們修好的決議，而現在吶喊著要解救格羅徹斯特。

東塞克斯伯爵做為一個將領的名聲不佳，而且被人懷疑他對政治的態度不夠熱忱。雖然他曾經忠於他信奉的事業，此時卻尋求和平解決之道。他的方案很異想天開，但背後的目的很嚴肅。他提議查理國王應當離開保王派軍隊，並且嚴守中立，同時騎士黨與圓顱黨各以相等數目的步兵、騎兵與砲兵，在指定地點作戰，直到上帝作出決定，而所有人都必須接受。這是一項包裹著武裝的和平提議。不過議會下達命令催促他去解救格羅徹斯特。他接下了這項責任，或許是希望此次行動能給予他力量，以便阻止英格蘭本身因為國內戰而四分五裂。倫敦的民兵或隨從隊伍鬥志高昂，疾呼進軍。他們出發時，群眾夾道歡送，街頭到處都可見到熱情洋溢的場面。倫敦最有勢力的人物再度表現出無可爭議的影響力。

在格羅徹斯特，駐城梅西已經拒絕查理國王的要求。城內的清教徒誓死抗敵，他無法選擇背叛的道路。查理向這個城招降，城中派出兩個人，板著面孔說：「他們僅能在國王透過議會兩院下達命令時，才會服從國王的命令」。他們幾乎還尚未離開國王，就已經將東塞克斯軍隊的橙色帽徽貼到帽子上。這被認為是非常不好的表現。但是不久橙色帽徽就到處可以見到了。國王的資源的確是那個時代的戰爭藝術，而查理國王無法提供令人滿意的圍城方法。與日後巨大的系統性軍事作業相比較，英格蘭內戰時期的圍城攻勢顯得薄弱無力而方法又很原始。幾門大砲因彈藥不足，無法在城牆上轟出缺口，雙方只好以刀劍及毛瑟槍近身相搏，直到對方糧草斷絕，或者居民害怕屠城而迫使守軍投降。查理國王攻打格羅徹斯特毫無進展，九月初東塞克斯與倫敦軍隊在數目上趨於接近優勢。查理國

王別無選擇，只有撤消攻城，退回牛津。

* * * * *

東塞克斯凱旋進入格羅徹斯特，但是立即發現缺糧食與補給均告短缺，而且在他與倫敦之間有支強大的敵軍。雙方軍隊首次同時前往倫敦，於九月二十日在柏克郡的紐柏立交鋒，做長時間的激戰。魯伯特的騎兵一度擊退了對手；但是他們無法對倫敦的長矛兵及毛瑟槍兵造成任何影響。雙方各傷亡三分之一的部隊，保王派部隊的許多貴族都陣亡了，其中福克蘭的爵士已無法忍受這個世界與這場衝突，此時在死亡中找到了尋找已久的解脫。黑夜降臨時仍勝負未定，東塞克斯只有等到破曉時再戰。但是查理國王看到許多摯友陣亡而受到打擊，又短缺彈藥，便撤軍了。圓顱黨大軍前往倫敦之路因此大開。

* * * * *

查理國王一六四三年的計畫終於失敗。不過戰役對他非常有利。他控制了英格蘭的大部分地區。他的部隊整體而言，戰士的品質仍舊勝過圓顱黨部隊的戰士。戰爭初期失去的土地都已經恢復。議會派棄逃亡，而保王派陣營的風潮已經開始。所有的人都能夠看出分裂英格蘭的雙方勢均力敵。交戰雙方都想停止戰爭，唯獨皮姆例外。他希望著蘇格蘭出兵，因此付出大筆金錢，引誘人數有一萬一千人的蘇格蘭軍隊參戰。他的熱忱不減，九月二十五日領導議會與英格蘭人簽署以利宣戰的「正式同盟盟約」（Solemn League and Covenant）。它是具宗教宣言方式的軍事聯盟。然後十二月八日皮姆辭世，他未因勝利而高興，但也未因戰敗而憂鬱。他為國事奔忙，置個人私事於不顧。若不是議會多少表示他們的悲傷與感激之情替他還債，他的產業恐怕早已破產了。他依然是舊議會議員中最有名的人，他是那個將英格蘭國自專制君主立憲中拯救出來，並且使英格蘭一直在追尋的道路的人。

蘭克對皮姆表現給予高度的敬意。他說：「如果他決心要通過重大的措施和使用一些小技巧時，他擁有創造革命時代的天賦、擁

有同時撼動與破壞舊制度、再建立新制度的才能；他所制定的方案便會表現得很大膽，可是在執行時也講求實際，一旦行動就不屈服，大膽而又審慎，有條理而又有彈性，非常為他的朋友著想，對他正在奮戰對抗的敵人毫不留情。皮姆身上同時有西哀士（Emmnanurl Soseph Sieyès）[4] 與米拉波（Conte de Mirabeau ）[5] 的某些特質：他是歷史上著名的偉大革命領袖之一。今後還會出現像他這樣的人物，他們完全粉碎現在，然而未來將依循自己的原則發展，而這些原則與他們置入的原則大大的不同。」[6]

＊　　　＊　　　＊　　　＊　　　＊

一六四三年冬季有段時間平息無事。法蘭西執掌大權的大臣黎世留去世，權力重回亨利埃塔・瑪麗亞王后的兄長路易十三（Louis XIII）的手中，同時丹麥國王又對英格蘭王室給予友誼的幫助，查理因此倍受鼓勵。在愛爾蘭，都尉的奧蒙德伯爵（The Earl Ormonde）已經與天主教徒停戰；天主教徒從事過也遭受過所有的暴行，但仍然贊成君主立憲。保王派陣營甚至考慮將愛爾蘭的天主教徒帶入英格蘭作戰，關於這種事的謠言傷害國王的事業。但是在愛爾蘭所謂的「停戰」（Cessation）是指終於能將愛爾蘭的新教兵團與其他保王派部隊調到英格蘭，在英格蘭的內戰中扮演重要的角色。

查理從來沒有解散與他交戰的議會，因為這樣做的話，等於不承認他在一六四一年不智地批准並使議會永遠有效的法案，也等於不承認其他有利於他的支持者的許多法律。因此，他宣布在西敏寺的議會不再是個自由的議會，同時召集所有在那裡被趕走的議員或逃離那裡的議員成立一個對立議會（Counter- Assembly）。這個口號的回應驚人。八十三位貴族院議員與一百七十五名平民院議員於一六四四年一月二十二日奉王命在牛津開會。

但是這些有利情勢，都因為一月分時，一萬八千步兵與三千騎兵組成的蘇格蘭軍隊，渡過特韋德河抵達英格蘭而消失了。為了獲得這支援軍，倫敦的議會每月需付三萬一千英鎊以及其他的裝置費

用。蘇格蘭人在名義上雖然算是受雇，但是他們現在有了金錢以外的目的。他們現在期望根除主教團，而且藉武力在英格蘭推行長老會的教會管理制度。這的確是六年以前，查理與勞德對他們強行實施「英格蘭祈禱文」之日以來的一場巨變。現在蘇格蘭人不再捍衛他們的宗教自由，他們想強迫遠比他們強大的英格蘭民族順從他們的想法。蘇格蘭的野心大有實現的希望。他們佔盡兩邊領域最好的資源，為了全能的上帝及他們自己特別的信教方式，他們應邀前來侵略一個國家，並由這個國家支付軍費。只要他們一越過邊界，就可以得到一筆的現金，也可以拯救那裡的人們。對蘇格蘭的榮譽而言，必須說，愛丁堡的蘇格蘭議會（Edinburgh Assembly）是打算採取這樣的政策，但內部仍有勢力甚大的少數反對派反對此一政策。後來這個反對派總算被壓制下去了。

【1】　譯注：英格蘭內戰期間的議會派成員，因剪短髮故名。
【2】　譯注：英格蘭散文家與評論家。
【3】　譯注：後來成為第二任布里斯托伯爵。
【4】　譯注：法蘭西大革命時期的活動家，天主教教士。
【5】　譯注：法蘭西大革命時期君主立憲的一位領袖，演說家。
【6】　History of England,vol.Ii, P.294

第十七章 馬斯頓草原與內斯比

一六四四年初，查理國王擁有他英格蘭大部分地區，也在牛津召開規模可觀的議會。他在英格蘭軍事方面似乎已經穩操勝算，然而蘇格蘭人的入侵扭轉了這個均衡的局勢。蘇格蘭人的軍隊向南挺進，控制住保王派在北部的郡縣。他們猛攻紐塞，並且向西敏寺當局催討軍費款項。他們的優勢已成定局。他們的代表抵達倫敦，有三個主要的目的：第一：在整個英格蘭大力推行長老會制度；第二：根據「正式同盟盟約」的規定，設立「兩個王國委員會」（The Committee of Both Kingdoms），以便分享英格蘭政府，這不僅是爲了指揮戰爭，而且還要制定一般政策；第三：維持君主立憲。他們口口聲聲表示支持國王的權力與神聖地位，而反對建立共和政體的趨勢，因爲他們樂於見到蘇格蘭王族保有英格蘭的王位。所有的這一切對他們都有利。

雖然已故的皮姆與漢普頓兩人的主張現在減弱了勢力，與蘇格蘭人協議進行的這些交易，在議會中無異議地沒有通過。議會派的納稅人痛恨爲蘇格蘭軍隊支付費用。貴族院，或者說是貴族院在西敏寺殘留的成員，反對建立「兩個王國委員會」這個計畫，因爲這計畫破壞了他們在憲法上的權力。但他們得到的回答是，英格蘭與蘇格蘭在這場戰爭中必須並肩作戰。但是最嚴重的的歧見出在宗教方面。現在是奧立佛・克倫威爾嶄露頭角的時刻。這位代表劍橋的議員儘管還不曾掌握過最高指揮權，但被視作是議會軍隊中最傑出的軍官。他率領東部諸郡聯盟的軍隊，曾經在危急時在根茲堡（Gainsborough）獲得勝利。他的軍團軍紀嚴明，素質極佳，勝過雙方任何一支部隊。因此他無法被人忽視，也無法受人壓制。克倫威爾在一六四四年間崛起，達到了權力的巔峰，一方面是由於他在戰場上頻頻奏捷，另一方面是由於他抵制西敏寺議會中的長老教派與蘇格蘭人。他主張，除了天主教徒與新教聖公會教徒之外，每個人應有信仰的自由。因此，比較無名的新教教派都視他爲他們的保

護者。

　　英格蘭與蘇格蘭的神職人員在西敏寺召開的宗教聯席會議上，激動地辯論基督徒之間教會管理的難題時，長老教派與公理教會教徒（Congregationalists）──或獨立主教正派（Independents）──之間出現了可怕的歧見。公理教會人數僅佔總會議人數的七分之一，但是他們的熱忱與勇氣使他們成爲軍中強者。他們拒絕以按手的方式進行的所有神職授任禮（ordination）。他們還聲明一些道理，說這些做法都有主教團的意味。宗教改革只能回歸到獨立教派原來的制度，才能夠實現。關於舉止言行是否正確一事，他們不如長老教派嚴格，也沒有比清教徒資深，但是每位教徒必須慈悲爲懷，且由全體教徒來判斷。他們有自己的神職人員，但是他們拒絕給予神職人員任何權力，如英格蘭國教牧師或長老教派的神職人員。這些公理教會教徒是政治極端主義觀點的滋生之地。長老教派的規律，對他們而言，一如主教團般的令人憎恨。蘇格蘭的代表與神職人員聽到這種對宗教無政府主義的點觀不禁大爲震驚，但是他們或英格蘭同僚在保王派尚未被降服前，都沒有能力足與克倫威爾及他的獨立派爭吵。他們認爲，在與這些「存有歧見的兄弟們」打交道之前，最好能讓他們的大軍深入英格蘭，捲入戰爭。因此，並非首次，也非最後一次，宗教理論伺候著軍事行動；就長遠來看，英格蘭國教教徒與長老教派聯手對抗他們的共同的敵人──獨立派，才能夠恢復君主立憲與英格蘭國教。

　　在北部，現在紐塞侯爵必須一面與蘇格蘭軍隊交戰，一面同費爾法克斯父子交戰。他通常都在這樣的情況下調動部隊。到了春天時，他行軍北上抵抗蘇格蘭人，而留下貝拉西斯爵士（Lord Bellasis）去抵擋圓顱黨。四月十一日，貝拉西斯在塞爾比（Selby）被費爾法克斯父子擊敗。紐塞侯爵的後方因此暴露在敵人眼前，此時他只好被迫固守約克，不敢進兵，約克立即遭到重重包圍。約克若失陷，國王在北方的大業就會付之東流。查理因此派遣魯伯特親王帶著強大的騎兵援助，一面行軍一面擴充隊伍，去解救

約克城及援救被困的忠實侯爵。魯伯特奮戰進入蘭開郡，重挫蘇格蘭部隊與議會派部隊，解救了守衛萊瑟姆城堡（Lathom House）的德比伯爵夫人（Countess Charlotte Derby），殲滅了圍城的敵軍。掠奪了斯托克波特（Stockport），猛攻波爾頓（Bolton）。六月一日，戈林爵士（Lord Gorigh）率領五千名騎兵與他會師。他們合力攻下了利物浦。

查理國王此時寫信給魯伯特，信中表示：「如果失去約克，我王冠的價值就會低一點，除非能得到你急行軍前來支援，趁敵人在北方的部隊趕來此地之前，奇蹟似地征服南方。……我知道你對我有義務與情義，因此我命令你、召喚你，將所有新的事業放在一邊，秉持你的初衷，立即帶著你所有的兵馬去拯救約克；但如果約克失守……你就立即帶領全軍直接趕到烏斯特，協助我與我的軍隊。若不能如此，或你不能擊敗蘇格蘭人解約克之圍，即使以後你能全然無誤，對我而言也是無用的。」[1]

魯伯特跟本不需要激勵，他將這些複雜的句子視作抓住先機便立即戰鬥的命令。科爾派帕（Colepeper）聽說國王寄出這樣的書信，便對查理國王說：「在上帝面前，您的已經毀了一切，因為接到這道不容違背的命令，遇到任何情況他都必須戰鬥。」結果果然如此。

魯伯特在約克最後危險時拯救了這個城市。他率軍趕到時，地雷已經爆炸，城牆已被攻破。蘇格蘭人與圓顱黨人一齊往西撤，退守利茲，與同曼徹斯特爵士（Lord Manchester）、克倫威爾率領的東盎格魯部隊會合。因此，清教徒的三股兵力匯集在一起，高達二千名步兵與七千名騎兵之多。他們的前哨設在馬斯頓草原的一道山脊。魯伯特與紐塞侯爵會師，他們合起來共有七千步兵與七千騎兵。紐塞侯爵反對出戰。他認為北方戰區情勢此際已暫時獲得舒緩，正盼望德拉姆派援軍前來。他因為魯伯特指揮他而感到氣憤。若魯伯特親王南行，回去見國王，侯爵一定求之不得；但是魯伯特說自己：「有一封國王的親筆信，絕對有權積極抗敵。」侯爵對他

的朋友說：「無論發生什麼事，我都不會怯戰，因為我沒有什麼野心，除了生死皆要作國王的忠臣。」因此，保王派軍隊一直尾隨敵人到馬斯頓草原，並且於七月二日發現自己已接近敵人營地。人們的意見雖然分歧，但整個說來都是譴責魯伯特求戰的決心；他的戰術更是有問題。他將他的步兵布置於戰線的中央，卻將他至今無敵的騎兵分成許多隊，他自己因此無法指揮經常戰勝的強大兵馬，以致浪費了勝利的機會。他焦急地詢問一位俘虜：「克倫威爾在你們軍中嗎？」

　　這一整天時雨時晴，雙方軍隊緊密地接觸。魯伯特想在隔日開始發動進攻，但是在傍晚六點鐘的時候，他已經受到圓顱黨部隊的攻擊。他們以二對一數目勝過他的步兵。有人看到一隊身披鐵甲的的騎兵急馳而來。他們是克倫威爾與他的「鐵騎軍」（Ironsides）。保王派軍隊雖說已經集結就序，正在準備吃晚飯，既未佔到有利的防禦地勢，又缺乏攻擊的衝勁。不過，他們仍舊起身奮戰。戈林左翼的騎兵攻打圓顱黨的右翼，撲向位於陣中央的蘇格蘭人，將他們打得潰不成軍落荒而逃。沙場老將利文爵士（Lord Levin）亞力山大‧萊斯利（Alexander Leislie）離開了戰場，宣布已經失去一切，在十英里外被一位王室軍官捕獲，但是克倫威爾得到大衛‧萊斯利（David Leslie）率領剩下的蘇格蘭軍隊的幫助，扳回了這一天的局勢。現在英勇的、令人畏懼的騎士黨首次遇到對手，以及對手的主人。克倫威爾寫道：「我們將魯伯特親王的騎兵全部驅離了戰場。上帝使他們成為我們劍下的枯木殘株。然後我們用騎兵攻打他們的步兵，將我們遇到的全部敵人打敗了。」

　　馬斯頓草原之役是這場內戰中最大、最血腥的一役。雙方都根本不饒敵人性命，共有四千人被殺。紐塞伯爵的「白袍軍」浴血奮戰，到死為止。他們曾經誇口要以敵人鮮血來染紅白色戰袍。白袍的確被染紅了，但用的是他們自己的血。黑夜來臨，議會部隊才終止追逐。如此的慘敗已經重創國王的事業。他的北方軍隊被瓦解了，整個北方地區落入敵人議會派之手。魯伯特麾下騎兵的威

風掃地。心碎的紐塞侯爵走上了流亡之途。什麼都不怕的魯伯特，召集他剩下的軍隊，率領他們安全地抵達南方的施魯斯伯里（Shrewsbury）。

＊ ＊ ＊ ＊ ＊

查理國王在南方用兵成功，至少在一時之間，掩蓋住了在馬斯頓草原的慘敗。查理國王展現出出人意料之外的大將之才。他開始喜歡戰爭生活與戰爭中的一舉一動。法蘭西大使薩布朗（Sabran）曾是他長久的馬上觀眾，對他高度讚美。薩布朗說：「他能判斷、有智慧，從來不讓自己在險境中魯莽行事，對大小事都親自下令，從不簽署任何沒看過的奏折；不論是騎馬或步行，他總是身先士卒。」到了五月，查理國王只能募集到一萬人馬，迎戰各自擁有一萬人馬的東塞克斯與沃勒。他希望圓顱黨將領之間的不睦，能讓他有機會將他們各個擊破。但是恰好相反，他們一齊向牛津進軍。這個城所儲備的糧草不足以應付圍城的行動，的確難以維持保王派野戰軍與它的衛戌部隊。不但是議會派，連國王本身的圈子，都希望在牛津俘虜國王，並且迫他投降。不過，查理國王為這個城提供防禦之需以後，以絕妙的技巧，避開了兩路合圍的敵軍，安全抵達了烏斯特。

然後，兩位圓顱黨的將領不得不如他們預估的那樣，兵分兩路。沃勒揮軍進攻漸漸向北移動的國王，同時東塞克斯攻入保王派勢力龐大的西部地區。接著，在六月六日國王轉而向東，在牛津郡的克羅普雷迪橋（Cropredy Bridge）重創沃斯，俘獲了所有的大砲。他不畏不懼，不因馬斯頓草原之役而灰心喪志。他在行軍速度與運用智慧上都勝過沃斯。八月時，他突然往西行，意圖要由背後攻擊東塞克斯。東塞克斯已經有所進展，他紓解萊姆（Lyme）與普利茅斯之圍；但是他發現他在這些地區都遭到頑抗抵抗，整個鄉村仇視圓顱黨。現在國王本人突然攻擊他。東塞克斯寡不敵眾，補給線都被切斷了。他在拒絕投降提議之後，與他的軍官乘船逃往普利茅斯，並且命令他的騎兵殺出重圍，讓其餘的兵卒自生自滅。九

月二十六日，所有的步兵與砲兵，爲數遍八千人，在康瓦耳郡的洛斯威瑟爾（Lostwithiel）棄械投降。

嚴冬日近，但是戰火未歇。騎士黨，並未因他們佔據的領土越來越小，和圓顱黨人數與資源都佔優勢而感到挫折，仍在他們各個郡縣的據點捍衛自己。議會派的大部分軍力現在都用來對付查理國王。曼徹斯特與沃勒都獲得克倫威爾的增援。保王派的防區以牛津爲中心，有一個系統地防禦工事城市，包含威爾斯與英格蘭的西部地區。查理國王就在這些城鎮之中調動兵馬與敵人周旋。十月二十七日，雙方軍隊再度在紐柏立交手，再度不分勝負，接下來是保王派部隊退出戰場。十一月下旬，積極的戰事才告暫歇。查理凱旋重新進入牛津。這場軍事行動是他軍事上最佳成就。儘管處境艱難，他都能在只有一點點錢與一點點糧食的情況下，以一敵二或以一敵三。而且，在議會派這一方還永遠有著極有分量的優越砲兵。

＊　　　＊　　　＊　　　＊　　　＊

克倫威爾騎馬由軍營前往議會，履行本身的議員職責。他與蘇格蘭人的意見分歧、他反對長老教派一言堂的做法，已經左右圓顱黨的政策。他對於慷慨激昂、有條有理地攻擊作戰管理的方式，並且指責一些不熱心的貴族，是指將領東塞克斯與曼徹斯特，不善管理作戰指揮。東塞克斯在羅什退爾戰役之後已經失去名譽，但是克倫威爾也指責曼徹斯特因爲懶散與求攻心切，而在紐柏立第二次戰役中失利。他自己渴望權力與指揮權，而且相信自己能夠行使指揮權；他精明地獲取權力時。他敦促根據一個「新範本」（New Model）完全改編議會派的軍隊，這個範本與他自己在東部諸郡建軍時用的類似。同時他在貴族院的朋友們提出所謂的「克己」法令（Self-denying Ordinance），依此法令，兩院的議員都不得擔任軍職。仍留在西敏寺貴族院的議員十分明白，即使這的法令不是抨擊他們的社會地位，也是打擊他們在作戰中發號施令的權力。但當時有令人不得不採取這一個措施的軍事情勢，他們或蘇格蘭人都對

克倫威爾感到害怕，但都無法阻攔這項法令的通過。東塞克斯與曼徹斯特從戰爭一開始便同國王作戰，曾經募集兵團，忠心耿耿為議會派的事業賣命，此時卻被拋棄了。他們一齊從歷史舞台上消失了。

在冬季的幾個月裡，議會派軍隊都依照克倫威爾的構想進行改編。以往由議會貴族個人募集的的兵團都被拆散了，其軍官與士卒全部納入新的編制，稱為新模範軍（the New Model），其中包含十一個騎兵團，每團足足有六百人；十二個步團兵，每團足足有一千二百人；還有一千名龍騎兵（dragon），總共二萬二千人。並且隨時地採行強制徵兵（compulsion）以補充兵源。在南塞克斯的一個地區中，一六四五年四月、七月與九月進行了三次徵兵，共招收到一百四十九名兵卒，並用一百三十四名士兵護送他們去服兵役。

在查理國王的指揮部，將領都認為這些措施會破壞議會派部隊的士氣；起初的情形無疑是這個樣子。但是圓顱黨現在有了個對稱的軍事組織，由戰場中崛起的將領率領，這些人除了他們的軍事資歷與宗教熱忱之外，別無任何軍事地位。湯瑪斯・費爾法克斯被任命為總指揮。克倫威爾身為劍橋選的議員，因此起初未有任何軍職。不過，不久他的「克己法令」似乎只應用到他的對頭身上。新戰役的情勢緊急，只有他能平息軍中的種種不滿，逼得貴族院勉強破例對他授以軍職。一六四五年六月他被任命為「驃騎將軍」（General of the Horse），成為唯一集軍事指揮權與議會地位於一身的人。從此時起他成了這兩方面大權在握的人。

就在這情勢緊急之際，倫敦塔裡因病痛而苟延殘喘的勞德大主教，被帶上了行刑台。圓顱黨人、蘇格蘭人與清教徒全都參加這一仇視行動。平民院由於有歧見，拒絕了他寧可砍頭而不受絞刑、破膛、分屍的請求。不過，一夜之間這個殘忍的決定有了轉圜，在他慷慨陳詞之後，這位老人的頭就被劊子手以莊嚴面的方式砍了下來。

英格蘭人都想要結束這場違反人道的鬥爭，對狂熱的黨派分子造成很大的壓力。「持棒兵」（Clubmen）再度出現了。很多的農人與他們的雇工，連同城鎮人士，都持有身邊能找到的東西作武器，在全國許多地區聚集，抗議敵對雙方苛捐雜稅與搶劫掠奪。他們現在表現出比較支持國王而不支持議會的態度。大半是爲了取悅蘇格蘭人，議會派在倫敦附近的阿克斯布里奇村（Uxbridge）與國王舉行和談。許多人都寄望於這次談判，儘管議會派中的頑固分子並不如此想。會談總共二十天，雙方的代表分別居住在村莊與旅舍裡。他們依莊重的儀式相見，進行討論。但是查理國王與圓顱黨的首領都絲毫無意在主教團與武裝部隊的控制上讓步。到內戰的第四年，仍無妥協這些問題的可能。阿克斯布里奇村的談判僅僅證實了，雙方在爭奪最高權力的鬥爭中，永遠都不改其兇狠的本性。

蘇格蘭人對於克倫威爾的敵視、企圖以法律使獨立教派信奉長老派教義而施的壓力，現在都已達到高峰。馬斯頓草原之役的反應交纏著教義上的歧見。獨立派盡量利用這個戰役的部分片段。利文與部分蘇格蘭部隊曾經逃離戰場，另一方面，克倫威爾與他的鐵騎軍則戰鬥到底，奪得勝利。蘇格蘭人還以回報，指責克倫威爾個人在行動中表現怯懦；但是這種說法並沒有令人信服之處。他們非法干預英格蘭事務，雖然收獲甚多，但已經爲自己招來可怕的憎恨，而他們要執行長老派教義的主要目的至今還無法想像，卻已經被有如重刀利劍的力量挫敗。

同時，蒙特羅斯候爵（James Graham Montrose, the Marquis of Montrose）在政壇掘起。他曾經是位「定約者」（Covenanter）[2]，但是因爲與阿蓋爾（Archibald Campell Argyll）不和而投向了查理國王。現在他已經在歷史上成名，成爲高貴人物與優秀將領。他向查理宣誓效忠，並且由於以寡敵眾，並且連戰皆捷使整個蘇格蘭轉移了注意力，有時他的人馬在使用雙刃大刀（claymore），從事攻擊之前僅僅只以扔石頭抗敵。他先後攻佔敦提（Dundee）、阿伯丁（Aberdeen）、格拉斯哥、帕斯與愛丁堡。他上書給查理

國王，向查理保證，如果查理能支持下去，他會率領所有蘇格蘭的
武力援救國王。但是在南方，一場決定性的戰役已逼近。

　　一六四五年六月十四日，雙方的實力接受最後的考驗。查理國
王的部隊已經佔領並且洗劫了萊爾斯，而與費爾法克斯及克倫威爾
在內斯比（Naseby）附近一處宜於狩獵的地區相遇。保王派部隊
時常都因進攻的精神旺盛，而拯救了自己，魯伯特也具體表現出這
種氣概，使得其他軍事才能相形失色，所以保王派部隊這次也一樣
毫不猶豫地攻擊山上比自己多一倍的圓顱黨部隊。這項行動是依照
以前已經幾乎變成常規的方式。魯伯特擊潰了議會派部隊的左翼；
不過像在厄齊丘上一役一樣，他的騎兵部隊被議會派部隊的一列輜
重裝備吸引住，他回頭來痛擊圓顱黨步兵的中央軍對。但是在另一
側的克倫威爾，驅走了他面前所有的保王派人馬，並且指揮著圓顱
黨的後備部隊。保王派的步兵四方八面被敵人大軍團團圍住，但仍
舊奮力死戰。查理國王希望自己能夠帶著身邊最後一支後備部隊衝
鋒，前去拯救他們。實際上他已經下達了命令；但是他的一些幕僚
很謹慎，勒住了他的戰馬，阻止他前往。保王派的後備部隊迂迴到
右翼，撤退一英里多。他們在此與一路過關斬將的魯伯特會合，保
王派的騎兵毫髮未損地離開了戰場。步兵不是被砍殺便是被俘。由
於議會派部隊不殺棄械的對手，所以屠殺敵人的慘況比馬斯頓草原
一役好多了。在保王派軍營中發現了一百名愛爾蘭婦女，克倫威爾
的鐵騎軍基於道德原則與民族偏見，將她們都殺死了。內斯比一役
是保王派在空曠戰場上死亡前最後一擊。後來仍舊還有許多圍攻
城池、救援與軍事調動的情形，但是這場內戰在軍事上大局已
定。

　　克倫威爾後來以令人反感的的字句寫下他的印象：「我可以這
樣說，在內斯比一役，當我看到敵軍部隊整齊、軍容鼎盛，朝著我
們逼近的時候，我們的部隊相形見絀、全然無知。」他是如此描寫
富有經驗的士兵，他們是英格蘭有史以來裝備精良，軍紀嚴明、薪
餉最高、數目為他們對手兩倍的部隊：「尚未決定如何下令作戰，

將軍令我指揮所有的騎兵，我獨自騎馬巡視，無事可為，只有朝上帝微笑，希望得到勝利的保證，因為上帝能無中生有，有變成無，即敗者勝，而勝者敗。我對此極有自信，而上帝果然如此。」

【1】　Gardner, History of the Great Civil War（1901), vol. i, P.371.
【2】　譯注：蘇格蘭反對派。

第十八章 斧頭落下

到了一六四六年的春天，保王派對於議會派軍隊的武裝抵抗全都被平定了。傑可布・阿斯特利爵士（Sir Jacob Astley）隨同查理國王最後的一支部隊在窩德河畔的斯托（Stow-on-the-Wold）戰敗被俘，他對俘虜他的人說：「好吧，小伙子們，你們已完成了使命，可以回家去了，否則你們彼此會打起來。」

清教徒已經勝利。大體上，中產階級比較堅決支持議會派，打敗了分歧的貴族與仕紳。倫敦市新興的「金錢力量」（Money-power）打敗了陳舊的忠君思想。城鎮民眾掌握著鄉村。其他的教派（Chapel）打敗了國教。許多地方的例子與此種情形相反，但是整體說來情形大致如此。不過憲政體制的問題仍舊沒有解決。查理「親自主政」時所支持的一切都已徹底清除；但是因為國家與時間尚未準備好也尚未成熟，以致出現了更大的問題。所有這些問題都是集中在國王的職司與他個人身上。查理國王現在預備在控制武裝部隊的問題上讓步，至於英格蘭國教的主教團建制，他預備繼續單獨從事奮鬥。蒙特羅斯（Montrose）早在一六四五年秋天，於「邊界」附近的菲力普霍（Philiphaugh）被入侵英格蘭的蘇格蘭正規軍編制內的支隊擊敗。然而查理國王之所以想到要求助於蘇格蘭政府，是因為他看到蘇格蘭與鐵騎軍之間出現了很深的裂痕。他沒有物質上的資源；他的君權儘管已被剝奪，但是他希望仍可能由逆境中找到新的資源，來支持他無法壓抑的雄心壯志。他也深切的冀望法蘭西能給予援助，亨利埃塔・瑪麗亞王后已經在那裡避難。她在這場戰爭中為查理國王所作的努力全都化為烏有，她從此再也沒有見到她的丈夫。

在令人痛苦的幾個月當中，魯伯特輕易地就交出了布里斯托，保王派的堡壘相繼失陷，查理國王想獨自返回倫敦，為他在戰場失利一事向他的臣民作一番辯解。許多區的居民都很渴望知道這件事情。顯然地他對個人的安危毫無所懼。倫敦平民樞密院（The

Common Council in the City）以及議會、圓顱黨中有影響力的
人都贊成這個計畫；但是最後他終於決心將自己交到蘇格蘭人的手
中。一名法蘭西間諜獲得了蘇格蘭人的口頭承諾，即是國王本人一
定安全，榮譽無損，不會受到壓力做違背良心的任何事。查理國王
得到這種承諾之後，便前往蘇格蘭軍隊的指揮部，此時蘇格蘭軍隊
正與圓顱黨部隊一起圍攻紐瓦克。紐瓦克陷落了，蘇格蘭軍隊也就
立刻移師北上。

　　查理國王說服自己是個客人；但是他立即發現自己是位階下
囚。行軍的途中他請一位蘇格蘭軍官告訴他，他是處於何種狀態，
大衛‧萊斯利將軍斷然地禁止繼續交談。查理國王雖然受到禮遇，
卻遭到嚴密看管，剝奪了與他的隨從所有交談的機會。他的窗戶都
遭到監視，以防止未受到檢查的信會由窗口投到街上。在這種艱難
的環境下被軟禁在紐塞，針對危急的國家議題，查理國王開始了長
達將近一年時間的頑強討價還價。蘇格蘭人努力要迫使他接受盟約
與強迫英格蘭信奉長老教派，他與蘇格蘭人爭吵。同時，他與英格
蘭議會爭辯議會向他提出的政體問題。議會的計畫是軟禁查理，直
到他們已經為他建造好憲政與宗教的牢籠，同時利用他的名義以及
他所簽署的文書，為他們黨派的利益背書，從事所有他們希望做的
事情。他一定得在盟約上簽字；同時主教全都要廢掉。艦隊與民兵
將由議會掌控二十年。被稱為「資格限制條例」（branches and
qualifications）的許多懲罰措施，讓他所有忠實的朋友與支持者被
褫奪公權，其程度一如在陶頓（Towton）一役之後，蘭開斯特王
族遭到的那種打擊。一位具有深刻洞察力的現代作家寫道：「查理
只需要放棄他的王權、教會與朋友，他就還可能仍舊是英格蘭國
王，這樣也是值得的。……所謂英格蘭國王，實際上是外國軍營中
的囚犯，不准與自己的牧師相見，被迫在臥室裡獨自唸《祈禱
書》，變成一個具危險吸引力的人，一個『受傷者』（The injured
man）。」[1]

　　查理國王自然希望能因議會與軍隊之間、英格蘭政府與蘇格蘭

政府之間的歧見，獲得一些利益。他拖延的時間太久，以致於兩個政府撇開他達成談判。蘇格蘭人得到入侵英格蘭的半數酬勞，並於一六四七年二月獲得議會派保證查理的安全後，將他交給了議會派的人，而返回自己的國家去了。這項交易雖然十分實際，卻不免令人悲傷。許多人還說著這首詩：

蘇格蘭人是背叛者
為了四便士銀幣出賣國王

　　一六四六年是混亂而又艱苦的一年，混亂的憲政體制、宗教爭議以及國家生計的癱瘓，造成人民強烈的不滿，各地區人們的眼光又重新回到忠君這件事情上。

　　蘇格蘭人得到了入侵的報酬之後，查理國王被他新的擁護者必恭必敬帶到了北安普敦郡的霍姆比府邸（Holmby House）。他的聲望立刻顯露無遺。由紐塞南行的路上，伴隨著群眾的歡呼聲與國王車上的車鈴聲。迎接國王、擺脫殘酷的戰爭、恢復英格蘭舊制等無疑地還需要一些重大的改變，這些是全國人的期望。查理在戰場像以前與議會中對抗的情形一樣是一敗塗地，但他仍然是英格蘭最重要的人物。若國王會從事人民期望的事，每個人都會支持他。被奪去了所有經濟上的力量，他較以往更加意識到，他所代表的制度具有的力量。但是英格蘭舞台上出現第三位新的夥伴。這就是克倫威爾的鐵騎軍，約有二萬二千人，鐵騎軍現在還不是創立它的人的主人，但已經不是創立它的人的僕人了。率領它的都是一些有名、受人信賴的將領：總指揮湯瑪斯・費爾法克斯、榮耀的奧立佛・克倫威爾，以及智囊與部隊良知的代表——亨利・艾爾頓（Henry Ireton）。在他們領導的這支令人畏懼的軍隊期間，充滿著政治與宗教分歧，這些分歧本身便是足以引起比剛剛結束的戰爭更加激烈的內戰及社會衝突。

　　議會已經進行新的選舉，以補充保王派議員的空缺，議會因此

重新提起精神。議會中有一股強大的獨立派，支持著鐵甲軍。但是大多數議員仍究代表長老教派的利益，主張實行限制嚴格的君主立憲。軍隊完全不贊成他們長老教派雇主的宗教觀點。它最勇猛的戰士、最有說服力的鼓吹者、最熱情的教派成員，幾乎像反對主教團一樣地大力反對長老會建制。軍隊與蘇格蘭人之間的歧見，多的就像與勞德大主教之間的歧見一樣。軍隊中的教派眾多而且活躍，所以軍中內部早就產生了宗教自由的觀念。軍隊的確準備去鎮壓他人；但是有什麼人能夠鎮壓他們呢？

　　議會派現在已經戰勝，大多數的議會議員及其他的領袖便不再需要軍隊。必須適當地縮減軍隊。應當由文官主政。軍費必須削減。應當調遣許多兵團前往愛爾蘭，以報復一六四一年愛爾蘭的大屠殺。另外，英格蘭必須維持適當的衛戍部隊。至於剩下的兵卒，讓他們帶著平民院的一番感謝解甲返鄉，以娛晚年。但是此時突然出現了一件非常棘手的事。平民院拖欠軍隊的薪餉未付。一六四七年三月，步兵有十八週未領薪餉，騎兵有四十三週未領薪餉。在西敏寺，曾經偉大的議會議員覺得付六週的薪餉便可以一筆勾消這些負債。士兵們卻不是這樣看待這一切。他們在許多大事上意見分歧，但是對於薪餉的問題都完全團結一致。他們決定，在薪餉問題與他們關心的其他問題還沒有獲得解決之前，不去愛爾蘭也不解甲還鄉。議會與軍隊之間開始起了嚴重的衝突，雙方都覺得自己有過勝利，值得獲得獎賞，而不免洋洋得意。

　　在這場衝突的初期，議會以為本身有發號施令的權力。劍橋議員克倫威爾以萬能的上帝之名向議會保證，軍隊接到解散的命令便會解甲歸田。但是在另一方面，他就一定有番不同的說詞，因為軍隊接到議會的解散命令時，軍官們回應了一分恭敬的請願書。在這件可能是由艾爾頓撰擬的文件中，他們要求補發積欠軍官與士卒的薪餉、保證不會懲罰他們在戰爭中的行為、保證未來不再徵兵，以及發放撫恤金（pension）給殘障士卒、寡婦與兒童。他們說：「由於戰爭的需要，我們採取了許多法律不會批准的行動（我們在和平

時期是不會這樣做的），我們謙卑地期望，在解甲返鄉之前，議會能通過針對我們的補償與安全的法令，做出完整而充分的規定（更希望王室的批准）。」甚至在馬斯頓草原與內斯比兩役之後，勝利的鐵騎軍都不曾確定，未經國王授權的任何事是否算數。他們尋求全國性與永久用的保證；而對在西敏寺所有嚴密的組織而言，僅有國王才能提供這種保證。這是英格蘭的革命與其他國家的革命顯著不同的地方：掌握不可抵抗武力的人始終深信，武力不能給予他們任何安全保證。英格蘭人民的最大特點是，他們本能地尊重法律與傳統，即使是在叛亂時期。那些毀掉王權的人也深信，以國王之名制訂的法律，是他們能夠依賴的唯一基礎。

議會的領袖們收到了軍官們的請願書，而感到不悅。他們似乎認為自己控制著一切。最後，他們命令各個兵團前往不同的駐地，以便分別解散這些兵團或是將他們派往愛爾蘭。軍隊答覆，他們要集中在紐馬克。在那裡，他們立下堅定的誓言，在他們希望實現前他們不會解散。權力當局與武裝勢力兩者之間似乎勢均力敵，雙方都努力尋求盟友。議會中的長老會教派向蘇格蘭人求助，而軍官們求助於國王。按實際權力的大小，將領們依序為克倫威爾、艾爾頓與總指揮費爾法克斯，他們認為自己的地位被貶抑到討人厭的黨派政客之下。這些政客則認為，勝利是他們的資產，他們只想要與自己那個小圈子裡的分享勝利。此時，將領、軍官與士卒都團結了起來。

克倫威爾與艾爾頓覺得，如果他們能在議會下手之前先掌握國王，就是大有收穫了。如果能夠贏得國王的支持，便獲得一切了。艾爾頓早就已經祕密地與查理國王保持接觸。六月初，在艾爾頓與克倫威爾的命令下，騎兵的掌旗官喬伊斯（Cornet Joyce）帶著約四百名鐵騎軍，奔往霍姆比府邸。國王在他的內庭官員與議會代表的陪伴下，在那裡過著悠閒的生活。議會派去看守國王的上校逃走了。查理認為自己不會受到侵犯，平靜地度過了那一夜。他的王室官員與鐵騎軍的軍官互相問候寒暄。

次日早晨，騎兵掌旗官喬伊斯在畢恭畢敬地報告，他是前來移送國王的。查理國王並未作任何抗議。他走到外面的陽台上，幾乎是帶著主人的神色，用目光打量那排列整齊、身著盔甲的部隊。喬伊斯對他的騎兵說：「我已經以你們的名義承諾了三件事：你們不得傷害國王陛下、不得逼他做任何違背良心的事、容許他的僕役隨他同行。你們是不是全體承諾這三件事？」騎兵一齊說：「同意。」國王說：「現在，喬伊斯先生，告訴我你的委託令在那裡？你是否有湯瑪斯‧費爾法克爵士寫的任何手令？」喬伊斯很窘，看看這裡看看那裡，最後指著他的騎兵隊說：「在這裡！」查理國王帶著君王應有的笑容與信心以及神授的權力說：「的確如此。這是我不用拼讀就能看懂的手令，英俊有禮的一隊紳士，與我一生常見到的一樣。……去什麼地方呢，喬伊斯先生？」

這位掌旗官與那些派遣命令的人認爲，只要國王掌握在他們的手中，便能細察他的願望。國王認爲牛津對健康無益，劍橋比較合意，紐馬克則很有吸引力。軍隊正好駐紮在那裡。他們全體一起策馬前往，一個響亮且愉快的伴侶，覺得他們已經將英格蘭的歷史掌握在自己手中。國王在紐馬克附近的奇爾德利（Childerley）住了三天。劍橋大學師生帶著忠誠的態度謁見國王，表現出在內戰中難得一見的歡迎情緒。克倫威爾、艾爾頓與費爾法克斯不久都趕到了。查理身爲階下囚，被移往哈特菲（Hatfield），又由那裡遷往漢普頓宮。王室內廷官員，看到國王在那裡的花園中踱步，同時又與反叛的將領談笑風生，他們顯然心情極佳。內廷官員見到此情，都不禁感到驚訝。終於王室發表了下列文告：「國王陛下認爲議會的種種提議都有損軍隊的主要利益，也有損所有同情軍隊的人的主要利益。陛下細看軍隊的種種建議之後，……相信議會兩院將與他一樣認爲，這些建議比議會的提議更能滿足各方的利益且是實現永久和平的基礎。因此，他請兩院立即將軍隊的建議納入考慮（他認爲這是實現和平的最佳途徑）。」[2]

在所有事情的背後，進行著一場政治與個人的大交易。沒有人

探查到交易的精確細節。交易中包括了英格蘭可以容忍的宗教妥
協、議會與國王之間權力均衡的憲政體制、軍隊解甲時得到的赦免
與獎賞，還有嘉德勳章騎士（Knight of Garter）克倫威爾伯爵以
代理總督（Viceroy）的身分所制定用來平定愛爾蘭混亂的計畫大
綱——是以不同的形式更新了讓斯特拉福喪命的「徹底」行政管理
（「Thorough」administration）政策。艾爾頓身爲掌璽大臣，是當
時最有建設性政治思想的行政人才，可能塑造了不列顛島的憲政
體制，超越許多世代艱苦的前進步伐。在這個時刻，英格蘭人民本
來可以作出接近他們心中期望的解決辦法。不過這種解決辦法過於
美好，無法實行。人類不可能如此輕易地逃離漫長歷程中的困苦。
查理與軍隊的領導人打交道時，從來就沒有表現出完全的眞誠；他
仍寄望於蘇格蘭人的援助。議會拒絕軍隊與王室的建議。他們堅持
自己派系與黨的政策，也寄望請蘇格蘭人來鎮壓曾經拯救過他們
的部隊。議會對軍隊是種阻礙。但是軍隊內部也另有一種阻礙。

　　至今爲止將軍掌控著軍官，軍官掌控著士卒；但是他們全都充
滿強烈的宗教熱情。兵士都深信《舊約全書》（The Old
Testament）。他們心中牢記以笏（Ehud）與華倫（Eglon），掃
羅（Saul）[3] 與撒母耳（Samuel）[4]、亞哈（Ahab）[5] 與耶戶
（Jehu）[6]。他們特別欽佩撒母耳的行爲，他雖然步履蹣跚，卻在
上帝的面前將阿迦（Agag）斬成數塊。將軍們期望爲國家、國王
與他們自己做好妥善的安排。普通士兵則都有根深蒂固的信仰。要
安置好查理與克倫威爾之間協議的唯一機會，是應當快速地將協議
付諸實施。相反地，協議卻延誤執行。將領們主要關心軍心的控
制。過去在軍事大會中的訓話似乎無效，軍事大會的成員早就視國
王是「背負血債之人」（The Man of Blood），也驚訝他們尊敬
的長官因爲勾搭國王，反而糟蹋了士兵。士兵們的情緒變得越來越
壞，將領們也看出自己將有無法控制士兵的危險。

　　平民院裡的長老會教派現在明白，他們無法降服軍隊。但是倫
敦商區受到無堅定信仰的學徒與暴民的壓力，強迫長老教派履行他

們的職責。長老教派為暴動及暴行所逼，只有違反己願，撤消他們在不得已的情況下向軍隊提出的安撫性決議。因為對倫敦商區的暴民心生恐懼，議長與五、六十名議員前往位於霍恩斯洛（Hounslow）的軍隊指揮部，要求克倫威爾予以保護。這個請求獲准。八月六日，軍隊來到倫敦，佔領了西敏寺，進入倫敦商區。除了軍隊自己的問題之外，一切都在軍隊前面屈服了。

＊　　　＊　　　＊　　　＊　　　＊

　　一六四七年秋，軍隊在普特尼（Putney）進行激辯。將領們，特別是艾爾頓，想要企圖要疏導軍隊的騷動。他們成立了一個軍事議會（Military Parliament），或叫做軍人辯論社（Army debating ）。各兵團都選出了代表。這些人被他們稱為「代理人」或「鼓動者」。艾爾頓已經擬好軍隊章程（Military constitution）。除了不擾亂到社會秩序或財產權之外，他準備採取徹底的措施。他們在普特尼認真地展開長達數週之久的激烈辯論。他們任命一位秘書，負責會議記錄；他的記錄最後傳入了牛津大學的一所學院，給十九世紀人們一扇可觀察這生動場面的窗口。各式各樣的新人物一一崛起，其中有塞克斯比（Sexby）、雷恩博羅（Rainborow）、懷爾德曼（Wildman）、以及善於鼓吹的戈非上校（Colonel Goffe）。這些人講話熱情洋溢、鏗鏘有力，每次發言都命中重點。克倫威爾聽到一些這樣的話：「在英格蘭最窮苦的人，應該過著像最偉大人物一樣的生活」以及「一個人如果不能插手政府的管理制度，他就不受這制度的約束。」這種言論是福音書與刀劍的產物。

　　人人享有政治平等之天賦權力的這種學說，震驚了艾爾頓，同時也令伯克或福克斯感到震驚。他試圖在無法解散的議會與不會遣散的軍隊之間，嚴守中立路線。克倫威爾理智上贊成他，但是並不贊成他的政治判斷。這些論點沒有獲得士兵「代理人」的贊同。當艾爾頓將軍強調，只有與國家利害息息相關的人才有投票權的原則時，他的聽眾開始思考。當他指出，在上帝或自然法則的基礎上，

要求政治平等，將會影響財產權時；當他說到：「憑著同樣的天賦
人權，每個人對他所見的任何之物，都擁有與他人相同的權利。」
時，士兵們並沒有對這種結論感到起反感。他們不久便產生了與十
九世紀人民憲章運動支持者（Chartist）的觀念——二十一歲的男
人享有選舉權、選區平等與兩年召集一次議會。他們還將興起
許多新的想法。

　　克倫威爾聽到了這一切觀念，並且對之認眞思考。他的看法與
伊莉莎白一世的看法是一致的。他認爲這些要求會導致無政府狀
態。許多演說者鼓動軍人大會打倒國王與貴族，並且要平分財產，
與會者都群起歡呼，克倫威爾的思想則想到自己的田產上去了。對
他而言，上述主張是危險的廢話。艾爾頓又作了一番演說，想要平
靜士兵的情緒，結果僅僅引起了新的騷動。除了這些政治主張之
外，克倫威爾必須思考紀律問題。他仍然大權在握。他毫不遲疑地
運用起權力。他設法通過一項決議，將身爲代表的軍官與鼓吹者遣
送回他們的兵團，用他的軍官「普通大會」（General Council）取
代了「軍人普通大會」（General Council of the Army）。鐵騎
軍在普特尼提出的政治概念，只有在我們這個時代才能付諸實現。

　　一六四七年的深秋，克倫威爾與艾爾頓得到了結論：即使補發
薪餉與赦免軍隊的過失行爲，他們也無法使國王與軍隊團結起來。
他們無法說服軍隊。皮姆與漢普頓倘若在世也會憎惡的宗教政治觀
念、「長期議會」（the Long Parliament）長久以來避免的共和政
體、在這些根本問題的背後的成年男子的選舉權，以及當時還未爲
人知的社會主義及共產主義，全部在士兵們的祕密會議（Conclave
and conventicle）中醞釀。只要有機會，就會粉碎國王與軍隊之
間脆弱及引人注目的關係。這並沒有什麼困難。儘管英格蘭的保王
派在軍事上失敗，也喪失了產業，不過仍然一息尙存，準備伺機而
動。議會繼續在制定基礎穩固的政治目標。滿懷宗教熱忱與個人貪
欲的蘇格蘭人仍盤據在「邊界」。查理國王知道所有的動向，開始
另尋其他可以求助的力量。在這些壓力下，戰敗的國王與勝利的將

領的聯盟終於分裂。鐵騎軍有位上校在自己長官的指示下，暗示查理他有喪命的危險，在一些公開舉行的會議中，有些無情的人主張，為了國家利益應該殺了他。在此同時，查理的行動並未受到任何限制。

十一月，查理國王深信他會被軍官無法再管束的士兵殺害，於是乘著黑夜騎馬逃走，經過許多驛站，他順利地逃到了威特島上的卡里茲布魯克堡（Carisbrooke Castle）。這裡有隻驢子拉著轉動不止的水車，他在此地住了差不多一年，沒有受到保護，但卻神聖不可侵犯，他是精神上的國王、令人垂涎的工具、耐人尋味的財物和最終的犧牲品。他的心中仍然存著一項原則，可以加以利用，也可以毀掉。但是，他在英格蘭不再擁有討價還價的權力。他還是想借助蘇格蘭人的力量。他與蘇格蘭簽了一項協定（engagement），保王派與長老教派因為這項協定而聯合起來。不久第二次內戰（The Second Civil War）就因為兩者的結合而爆發了。

此時從某種程度上可以看出，克倫威爾與查理兩人竭力想達成協議。軍隊即將叛變。已有人在策畫逮捕或殺害將領的陰謀。上校們談到要彈劾克倫威爾，因為他「走上像霍瑟姆一樣的路」。十二月十五日將領與他們的士兵會面。有些兵團立刻歸順；但是羅伯特‧利爾伯恩（Robert Lilburne）與湯瑪斯‧哈里森（Thomas Harrison）手下的兵團開始暴動。史家加德納（Gardiner）描述過了這些場面：「他們在戰場上集合時，軍帽上都插著一本《人民協議書》（The Agreement of People），還加上『英格蘭的自由！』『士兵的權力！』這樣的口號。哈里森的兵團在費爾法克斯斥責幾句後便立刻表示順服；但是利爾伯恩兵團的情緒並非如此，不願意聽令。克倫威爾看到單靠勸說對他無濟於事，便騎馬在隊伍前面走過，厲聲命令士兵將軍帽上的《協議書》扯下來。他發現沒有士兵服從他的跡象，便拔劍衝入暴動的士兵當中。他嚴峻的面孔、果決的行動中透露出一股懾人的氣魄，逼得他們不得不服從。服從軍紀的本能復活了，前一刻還狂傲不馴的士兵，現在都扯下軍帽上的

《協議書》，懇求饒恕。為首肇事者都遭到逮捕，其中三人被臨時成立的軍事法庭判定死刑。不過這三個人獲准以擲骰子定生死，輸掉的那個人叫做阿諾德（Arnold），他在袍澤面前遭到槍決。就在犧牲一條命的情形下，恢復了軍紀；若是沒有軍紀，軍隊就會瓦解而陷入混亂。」[7]

＊　　　＊　　　＊　　　＊　　　＊

第二次內戰的原因與情況都與第一次內戰不同。幾乎所有主要人物扮演的角色都改變了，甚至還顛倒過來。國王與他的特權此時已不再被視為是議會權力的障礙，反而是普通英格蘭人民自由的寶庫。「長期議會」中很大比例的議員，以及幾乎貴族院的所有議員，如果被允許開會，都會表達這種看法。以前十分兇狠地對付國王的蘇格蘭人，現在都深信他們的危險在另一方。威爾斯堅決站在王權這一邊。倫敦以前是皮姆與漢普頓主要的支柱，現在深深地傾向於王權復辟。曾經將查理趕出倫敦的學徒們仍然生氣勃勃地鬧事，但是，他們此時正在侮辱士兵，高呼：「國王萬歲！」半數海軍一直是反對查理的致命武器，卻在此時叛變擁護他。參加叛變的大部分艦艇駛往荷蘭，官兵都懇求威爾斯親王做他們海軍將領。所有保王派的勢力，遭受迫害或是個人經濟上受到損失，他們的感情及對社會的關心均受到傷害，熱切期望拔劍起義。廣大民眾仍舊無動於衷。一六六○年復辟的那種普遍情緒在這個時刻並沒有產生；但是英格蘭社會中的所有的領導力量都正匯集到一起，甚至群眾都感覺到新的專制政制已經將國王與議會掃到一邊去了，並且會給勞苦大眾帶來苦難的日子。查理雖然在卡里茲布魯克堡作階下囚，現在卻比他「親自主政」的時期更像個真正的國王。

第二次內戰的為時甚短，過程簡單。國王、貴族院與平民院、地主與商人、倫敦商區與鄉村、主教與長老會長老、蘇格蘭軍隊、威爾斯人和英格蘭艦隊，現在全部反抗新模範軍（The New Model Army）[8]。新模範軍力抗所有的力量。為首的是克倫威爾。起初，軍隊似乎無法解決困境；然而此種困境消除了他們內部的歧

見。費爾法克斯、克倫威爾、艾爾頓，現在再度與他們勇猛的戰士團結起來。他們進軍威爾斯，挺進蘇格蘭，勢如破竹，無人能擋。他們僅派了一支特遣部隊，便足以鎮壓住康瓦耳與西部的大規模起義行動。他們在科嘉斯特擊潰了保王派的武力，而且採取嚴厲的懲罰手段。保王派的指揮官魯卡斯（Lucas）與李斯爾（Lisle）投降之後，費爾法克斯違反過去的慣例，下令在城外將兩人槍決。克倫威爾已經敉平威爾斯的起義，並且迅速移師北上，與他其他的部隊會合，撲向通過蘭開郡的蘇格蘭軍隊。雖然蘇格蘭軍隊是由大衛‧萊斯利率領，但它已不是當年的蘇格蘭部隊。訓練有素的蘇格蘭部隊在利文爵士率領下袖手旁觀。侵略的蘇格蘭部隊在普雷斯頓（Preston）被切斷退路、被抓且被殲滅。英格蘭艦隊在幾年前曾經力抗掙扎中的國王，此時卻對攻無不克，猛烈作戰的鐵甲軍無能為力，這支軍隊衣衫襤褸，幾乎赤足，但是披著鮮明的盔甲，帶著銳利的刀劍，堅信自己錯誤的使命。

到了一六四八年底，第二次內戰已經結束。克倫威爾成了獨裁者。保王派被打垮了、議會形同工具、憲政體制徒成虛構之事、蘇格蘭人慘遭打敗、威爾斯人退回山中、艦隊重新改編、倫敦屈服。查理國王仍住在驢子轉動水車的卡里茲布魯克堡，等著支付賬單。不過這賬單是要取他的性命。

　　　　＊　　　　　＊　　　　　＊　　　　　＊　　　　　＊

我們不能讓維多利亞時代的作家牽著走，認為鐵騎軍與克倫威爾的成功是民主制度以及議會制度壓倒神授君權及舊時代夢想的勝利。它只是全英格蘭大約兩萬名堅定、殘忍、紀律嚴明的軍事狂熱分子曾經想要或曾經期望的勝利。需要漫長歲月不停地抗爭，才能扭轉這種局面。因此我們極其關心及參與這場鬥爭，起初是帶來了有限的君主立憲制度，最後卻導致軍事獨裁政治。一位嚴厲、可怕、渾身是勁的人，現在作了主人，他古怪的、機會主義的、自我中心的方針，野蠻地像是野獸，在接下來的十二年裡歷史記錄下他用意至善，又多令人困惑的起落沈浮。

　　最易採擷的勝利果實顯然是國王的頭顱。誠然，他從未離開過卡里茲布魯克堡，但是，他難道不是英格蘭抵抗鐵騎軍及其統治、甚至扣發鐵騎軍薪餉的整個大行動的主要動力嗎？他難道不是使所有輿論隨之轉動軸心嗎？他難道不是鐵騎軍所痛恨或無法解決的所有做法的代表嗎？他難道不是他們軍隊作戰所應該獲得的戰利品嗎？當人們在統治國家的問題上極度猶豫之際，當一切都動盪不定時，所有的人都了解，處決查理是個極端重要的行動，這可以將鐵騎軍團結起來。將「滿身背負血債之人」查理·斯圖亞特處以極刑，才能夠使士兵滿意，並且使他們的領袖掌控住他們的服從。

　　一個狂風暴雨的夜晚，大雨如注，在威特島上有人看到許多鐵騎軍士兵乘小船渡過索連特海峽（The Solent），分別在新港（Newport）與考斯（Cowes）登陸。國王的內廷官員上前打探，並且嚴加監視。查理國王可靠的朋友都勸他趕快逃走，而逃亡看起來並不是不可能。查理國王懷著希望想與議會重新談判，他對自己的力量與地位深具信心，而拒絕了逃亡的機會。這是他最後的逃生機會了。幾天之後，他被帶往不列顛本島，監禁在赫斯特堡（Hurst Castle）。在這裡，他所受到的粗暴對待是第二次內戰以來的頭一遭。之前他個人的尊嚴與安適常常都受到尊重。現在，他幾乎連一個親近的貼身僕人都沒有，獨自被關在一個小塔裡，塔中沒有燭火，一屋子的黑暗。此後仍舊有進一步的談判，但只不過是與一位注定要死的人交涉。就是在這種黑暗監獄中，查理國王顯得地位崇高。他在自己動盪不安、坎坷多事的統治時期，多次採取過錯誤的態度，但是在最後，命運（Fate）終於賜給他眞正崇高與無可爭議的角色——他是英格蘭人的自由與權力的保護者，當然也是不列顛人的，因爲整個島都捲入這個事件。有延期一段時間之後，他在耶誕節時被帶往倫敦。起初，他擔心抓他的軍官哈里森上校會殺害他；並且有這種計畫的跡象。鐵騎軍有意要以最能顯示他們的力量與信仰之方式，使他濺血。克倫威爾無法安撫他群情激憤的兵團，若經由處決查理國王，至少可以呈現給他們一個令人敬畏的、

完全掌控的贖罪場面。有天晚上，查理國王對啓程前往倫敦的哈里森上校提出直率的問題：「你是來殺害我的嗎？」上校說：「不是的，陛下。法律對大、小人物都一視同仁。」查理聽到此說便安然入睡。他得到了不會被殺害的保證；依照法律他是不可以侵犯的。

查理國王在溫莎休息將近一週。他在這裡受到的尊重與禮遇，與在赫斯特堡受到的待遇相比，確實有天壤之別。他的內廷官員隨侍左右。國王每晚依傳統方式進餐，僕人跪著上菜。議會派軍官畢恭畢敬地與他一起進餐，退席時躬身行禮。這是多麼奇怪的插曲！但是他現在必須繼續啓程前往倫敦；很多活動正在倫敦進行。「能否請陛下繼續往前嗎？」

倫敦此時在鐵騎軍的把守與口令下，重門深鎖。平民院議員打算進入議會開會時與若干趨炎附勢的議員站在普賴德上校（Colonel Pride）的一邊，並且列出所有不可能服從軍隊的議員名單。有四十五位試圖進入議院的議員都遭到逮捕。五百多名議員中有三百名未能再進入議會。這就是「普賴德的整肅」（Pride's Purge）。「滿身背負血債之人」將在全國人與全世界面前受審。當局查遍英格蘭最古時期的法律與判例，都找不到任何審判的依據、甚至藉口。國王被殺的事情在歷史上有許多例子。愛德華二世於柏克萊堡、理查二世於朋提夫拉堡，都慘遭不幸。但是這樣行為都要祕密進行，權力當局都否認參預，當時歸因為「謎」或以「生病」作為藉口。現在勝利的鐵騎軍有意藉審判查理國王來教導英格蘭人民，從此必須懂得服從；十八個月之前可能擔任查理國王派在愛爾蘭的代理總督的克倫威爾，現在看到弒君是他保持最高權力與存活世上的唯一機會。費爾法克斯指出，殺害查理會使國王寄居在荷蘭的兒子不費任何代價擁有國王所有的權力。英格蘭找不到任何法官能夠草擬這些審判的起訴書與組織特別法庭。一位荷蘭律師伊薩克·多里斯勞（Issac Dorislaus）長時間住在英格蘭，能夠以古代傳統來掩飾這次的判決。開庭時所用的的語言與英格蘭歷史無任何關聯，只不過它回溯古典時代【9】，當時羅馬元老院或禁衛軍（the Praetorian

Guand)有權下令處死暴君。倖存的平民院議員順從地通過了一項法令，創立了由一百三十五名司法行政官員組成的法庭來審國王。木匠開始爲西敏寺宮最令人難忘的場面進行裝飾工作。這次不是殺害一位普通國王，而且是殺害當時代表整個不列顛民族的意志與傳統的國王。

＊　　　＊　　　＊　　　＊　　　＊

越是精細地描述這個著名的審判，就愈能表現這個場面的戲劇性。查理國王憑藉自己興盛歲月時曲解及利用的法律與憲法，以無懈可擊的辯駁對抗他的敵人。一如莫萊（Morley）所寫的那樣：「他態度沈著，以不屑眼光，目視他的法官。」他拒絕承認這個特別法庭。對他而言，這是大逆不道的非法行爲。對於此點，首席審判官約翰·布雷德蕭（John Bradshaw）找不出任何合乎邏輯的理由。不過，克倫威爾與鐵騎軍仍舊可以砍掉查理國王的頭。而且他們有意不惜任何代價以達到此目的。西敏寺宮內聚集的龐大人群都同情國王的際遇。最後開庭的那個下午，他要求申辯遭到拒絕，並被帶出大廳時，群眾都低聲喃喃禱告，唸著「上帝保佑國王。」但是士兵預先受到他們班長的指示，信心堅定地齊聲大呼：「執法！執法！處死！處死！」

鐵騎軍在查理受刑之前，一直考量到他個人的尊嚴，爲他提供各種方便，讓他可以安頓他的俗界事務及接受宗教安慰。這次處決並不是屠殺，而是種儀式及犧牲，或者我們可以借用西班牙宗教法庭（Inquisition）的說法，是一種「檢驗信仰的行爲」。一六四九年一月三十日上午，查理被帶出往聖詹姆斯教堂（St. James）前往白廳。稍早他被士兵帶出他舒適的住處，由水路被人押到這個教堂。這天天降大雪，他已經穿上暖和的內衣褲。他夾在鐵騎軍衛隊中，快步走向半英里遠的宴會廳，還對他們說：「快點走吧。」只要他的願望不與已決定的事情衝突，他在那裡想做什麼都沒有人干預。但是，大多數簽了死刑執行令（death warrant）的人都被自己的行動嚇呆了；因爲他們將對此事承擔責任，最後將遭到報復。

克倫威爾很難聚齊他足夠的人數簽署。仍擔任總指揮的費爾法克斯並不是個卑鄙的人，但卻很殘暴，他對於耳聞目睹的情形感到十分憤慨。一定得將他掌握在手。艾爾頓、哈里森與注定死亡的國王都留在大廳裡。克倫威爾也在場，他也會出席其他任何有需要的場合。

下午一點鐘的時後，有人通知查理國王，他的時間已到。他由宴會廳的落地窗走出去，登上行刑台。刑場上士兵一排排列隊站好，將廣大的群眾隔在遠處。查理國王帶著藐視的神色，看看準備捆綁他的繩索與滑輪。克倫威爾等人錯誤地認為，查理會以拒絕就刑的方式，否定將他定罪的特別法庭。他獲准隨意講幾句話。由於他的聲音無法傳到遠處的士兵那裡，因此他對那些聚集在行刑台上的人講了幾句。他說：「我死為虔誠的基督徒，我已經寬恕所有的世人，沒錯，特別是那些置我於死地的人（沒提任何人的名姓）。我希望他們會悔悟，希望他們以正確的道路引領王國得到和平，而非征戰。我不認為人民的幸福來自分享國政，臣民與君王截然有別。如果我對專制政府讓步，用武力改變所有的法律，我今天就根本不需要受罪。」因此他說：「我是人民的殉難者。」

他從容地迎接死亡，幫助劊子手，將他自己的頭髮攏在白色小緞帽裡。他自行躺到行刑板上，依他自己的手勢，劊子手一刀就已經砍下他的頭。接下來便是展示他的頭，有個人大呼：「這是叛賊的腦袋！」

無法估計的群眾，像潮水一般擁向現場，被強烈無法表達的情緒左右。當時有一個人在日記中寫道：「當人群看到被砍下的人頭時，成千上萬在場的人都發出呻吟，那是我從來沒有聽到過的呻吟，真希望我能夠永遠都不要再聽到。」

奇怪的命運已經吞噬了這位英格蘭國王。沒有任何人像他那樣不顧時勢，頑強抗拒他那個時代的潮流。他在全盛時期，曾經是信念不移地反對我們現在所稱的議會民主。然而，由於不幸的打擊下，他日益成為英格蘭自由與傳統制度的實際代表。他的錯誤與不

正確的行爲並不是因爲他個人過於追求專制的權力，而是因爲他出生以來就有王權的觀念，而王權長久以來就是這個島上固定的習俗。最後他力抗鐵騎軍，鐵騎軍則摧毀了議會所有的統治，還要讓英格蘭投入古今以來對難抗拒、最卑鄙的暴政之中。從在任何角度看來，查理國王從不逃避他所堅信的事業。無疑地，雖然他在與敵人討價還價或周旋之際，曾經使用欺詐手段，但這是源於鬥爭的邪惡與多變本質，這也與另一方不謀而合。但是不論是在宗教方面或是政體方面，他從未違背自己的中心主題。他堅定不移地信奉英格蘭國教的《祈禱書》與主教團，他認爲基督教與這兩者交織在一起。在喧嘩多變與快速變遷的歲月裡，他堅定不移地捍衛著導引他人生的事業。就爲了宗教的理想而殉難者的意義而言，他並不是殉道者。他自己的君王利益都與每個階段的重大議題混在一起。有人將他描述成弱小謙卑反對新興的金錢權力的代表，這是異想天開的想法。他不能夠被稱爲英格蘭自由的悍衛者，也不完全是英格蘭教會的捍衛者。但是無論如何，他是爲英格蘭的自由與教會而死；而且由於他的死難所產生的意義，不僅傳給了他的兒子兼繼承人，也傳給了我們。

【1】　G. M. Young, Charles and Cromwell （1955）.
【2】　G. M. Young, Charles I and Cromwell, P.67.
【3】　譯注：以色列的一位國王。
【4】　譯注：希伯來領袖與先知。
【5】　譯注：邪惡的以色列王。
【6】　譯注：以色列國王驍勇的御者。
【7】　History of the Great Civil War, vol iv, P.23 .
【8】　譯注：即鐵騎軍。
【9】　譯注：羅馬時代。

第六部

王政復辟

第十九章　英格蘭共和國

　　甚至於在查理國王遭到處決之前，英格蘭共和國（The English Republic）就已經誕生了。一六四九年一月四日，為克倫威爾與鐵騎軍的目的服務的一撮平民院議員決定：「除了上帝，人民是所有正當權力的原創者，……英格蘭議會的平民院是由人民選舉產生的，而且代表人民，平民院在這國家擁有至高無上的權力。」一月九日，他們投票表決，法律文件上所蓋的國璽不應當是一個人的名字。新的玉璽上所呈現的，一邊是英格蘭與愛爾蘭的地圖，另一邊是平民院的畫像，上面還有「靠上帝祝福而恢復自由的第一年」的文字。查理一世的雕像被推倒了，有人在雕像的台座上刻了一句話：「下臺的暴君，末代國王。」二月五日又宣布：「貴族院無用而又危險，應當廢除。」此後貴族院便停止開會。許多在第二次內戰中成了階下囚的貴族遭到了報復；漢彌爾頓爵士與知識高深、紀錄輝煌的政治家霍蘭爵士（Henry Rich Holland）均遭到斬首。

　　國家現在將由議會每年選出的國務院（Council of State）治理。它的四十一位成員包括貴族、法官、平民院議員，其中有許多主要的弒君者。國務院無所畏懼、十分勤奮而且行事廉潔。司法問題一度動盪不安。十二位法官中有六位拒絕繼續任職；但是其餘的幾位，早取消了他們效忠的誓言，而同意為共和國（Commonwealth）[1]效力。軍隊上層的極端保守派堅決維持習慣法（Common law），並且不容許破壞所有的非政治問題的司法行政權。人們均認為律師必須加入新政權，以免特權與財產受到「平等主義者」（Leveller）、煽動者與極端主義者的侵犯。這件事現在成了關鍵的問題。雖然平等主義者的努力來勢洶洶，掌權的人卻毫不遲疑要將他們撲滅。甚至連艾爾頓都被摒除在新國家掌握大權的國務院之列。克倫威爾與他的同僚對極端主義者的要求都早已熟悉。早在一六四七年克倫威爾與查理國王進行失敗的的談判時，

五個騎兵團簽署的「人民協議」中（Agreement of the People），約翰‧利爾伯恩（John Lilburne）就已經提出了這些要求。

必須分散及解散一部分的鐵騎軍。而克倫威爾願意帶領較大部分之鐵騎軍，藉上帝耶和華（Lord Jehovah）之名，討伐偶像崇拜與背負血債的愛爾蘭天教徒。這種軍事行動會引起軍隊的狂熱主義。由抽籤決定哪些兵團可以去愛爾蘭，並且一抽再抽，直到勢力很強的平等主義兵團被排擠出去為止。軍隊中流傳著一本《英格蘭的新鎖鏈》（England's New Chain）的小冊子。軍隊發生叛變。成千上百的老兵成群結隊地示威，支持「人民的主權」（The sovereignty of the people）、成年男子選舉權與每年召集議會的要求。這種情緒並不只限士兵才有。除了這些重大的原則之外，以傑勒德‧溫斯坦萊（Gerard Winstanley）為首的一群人大膽地宣稱財產權與公民權皆要平等的觀念，這一群人叫做「掘土派」（the Digger）[2]。

許多的人出現在薩里郡（Surrey）的公地，準備以集體的形勢墾殖這些土地。這些掘土派並沒有侵犯圈圍起來的土地，而是留給有權佔有它們的人去處理。但是，他們宣稱整個地球是「共有的寶庫」（Common Treasure），公地應屬於所有的人。他們進一步宣稱，被殺的查理國王的權力可以追溯到征服者威廉；一群貴族與冒險家隨著威廉來到英格蘭，藉武力奪走了大眾在撒克遜時代的傳統權力。就歷史而言，這項權力要求與六個世紀的習俗重疊，其本身也有高度的爭議性；但是他們所主張的便是如此。共和國的統治者都視這種要求是危險的、顛覆性的胡言亂語。

克倫威爾比任何人更感到震驚。他對私人財產所有權的關心，幾乎不亞於對宗教自由。他說：「貴族、紳士、自耕農，是我國有益的力量，也是重要的一股力量。」國務院將墾殖者驅出公地，毫不留情地追捕叛變的官兵，將他們殺死。克倫威爾再度親自平定叛變，並且下令在牛津郡的教堂庭院裡槍決追隨利爾伯恩的騎兵威廉‧湯森（William Thompson）。他的觀點與堅決使得若干

人稱讚他是「爲民主制度犧牲第一位烈士」（The first martyr of democracy）。克倫威爾也下令，將不報名自願前往參加愛爾蘭戰爭的士兵趕出隊伍，而且也不發給他們拖欠的軍餉。他被國務院任命爲指揮，他賦予自己的任務不但具有軍事性，也具有宗教性。他與清教徒的神職人員聯手，鼓吹對愛爾蘭人發動聖戰，並且獨自乘坐一輛套著六匹佛蘭德馬的大車前往查林十字路（Charing Cross）做禮拜。所有舉動都是他面對軍事危險與社會危險時，深思計算過的部分策略。若不加以壓制危險，會在英格蘭掀起兇猛的而又無法測量的新社會戰爭。

＊　　　　＊　　　　＊　　　　＊　　　　＊

　　克倫威爾一六四九年在愛爾蘭進行的軍事行動，是相當冷血的屠殺，也和以往的戰爭一樣有著《舊約全書》中所描述的種種激烈場景，這些場景長期影響著清教徒的思想感情。愛爾蘭民族的精神與危險，本來可以促使他們在天主教的容忍精神與君主制度下而團結起來，並更堅定地與保王派的新教徒結盟，後者在奧蒙德侯爵（James Butler Ormonde, Marguess of Ormonde）的率領下，擁有一萬二千人的正規部隊。但是羅馬教皇使節雷魯契尼（Papal Nunico Rinuccini）的到來，激怒許多相衝突的勢力。在克倫威爾登陸之前，奧蒙德的軍隊已經大爲減弱。奧蒙德已於一六四七年將都柏林讓給一位議會派的將領；但是他後來占領了德羅赫達（Drogheda）與威克斯福（Waxford）兩城，並且決心捍衛它們。克倫威爾率一萬名久經戰陣的老兵進軍兩城。如果奧蒙德讓他的正規軍在野外出戰，同時藉由清教入侵者的暴行，使愛爾蘭人團結起來支持他，他會做得更好一些。然而，他希望克倫威爾會因長期包圍德羅赫達而損兵折將，他在城中安置三千名士兵，這三千人都是愛爾蘭保王派的精銳士兵與英格蘭的志願兵。克倫威爾看得出來，摧毀這些人馬不但會粉碎奧蒙德的軍力，而且也有助於在整個愛爾蘭引起普遍恐懼的心理。因此，他決心採取「驚嚇」（frightfulness）行動，十九世紀他的讚揚者與辯護者同爲這個舉動感到困窘。

　　克倫威爾向守軍招降不成後，用大砲轟破城牆，他親率士卒進行第三次襲擊，猛攻城池而得手。接下來便是進城，大肆屠殺，兇殘的程度甚至於嚇壞了那個野蠻時代的人。所有的人都被殺死。沒有一個人倖免，連教士與苦行僧都遭到慘殺。屍首上有價值的東西都被搜括一空。城守亞瑟‧阿什頓爵士（Sir Arthur Ashton）有條假腿，鐵騎軍認為它是黃金製的；不過，他們只在皮帶中找到他的私人財富。直到第三天還在搜尋和屠殺躲起來的人。

　　關於這些事實並無任何爭議，因為克倫威爾在致國家國務院主席約翰‧布雷德蕭的信函中，對此已作過報告。信中說：「我們在崔道（Treada，他如此稱呼德羅赫達城）的種種努力，得到了上帝的祝福。在砲擊之後，我們對這個城猛攻。此城中的敵人大約有三千人。他們頑抗；我們幾乎有一千名士兵攻了進去，敵人反擊將他們逼了出來。但是上帝賜予我們的士兵勇氣，他們因此再度進攻，攻入城內；利用敵人的防禦工事打擊敵人。……我們在前一天曾招降這個城，這樣子攻進去之後，我們便拒絕饒恕他們。我相信我們殺死所有的防禦者。我不認為逃掉的人數會超過卅人。那些逃掉的人，被我們嚴密地拘禁在巴巴多斯（Barbados）。……這是極大的慈悲。敵人不願意在戰場上解決問題，所以將他們所有的精兵投入城池的守衛任務……由他們最優秀的軍官指揮。……我不相信，也未曾聽到有任何軍官得以逃掉，只有一人除外。……敵人對我軍的此種行為深感恐懼。而我真正地相信，因為上帝的慈悲心，這種殘酷的行動將可免於流更多血。……我願所有正直的人都將這勝利的榮耀全部歸於上帝，因為對這種慈悲的讚美的確屬於祂。」

　　在致議長倫索爾的另一封信中，克倫威爾進一步陳述了細節：「少數敵人撤退到入密爾丘（Mill-Mount）；一個易守難攻的地方。……城守亞瑟‧阿什頓與幾位高級軍官都在那裡。我們的士卒攻向他們，我下令將他們全部殺死。在戰鬥行動激烈之際，我的確禁止他們饒過城中任何武裝的人。我認為，那夜他們大約殺死了兩

千人；少數的軍官與士兵過橋脫逃，進入城的另一邊，他們約有百人佔據著聖彼德教堂的尖塔。……我們勸這些人投降保命，但是他們拒絕了。於是我下令焚燒聖彼德教堂的尖塔，火焰中傳出一個人的叫喊聲：『我完蛋了，該死，我身上著火了，我身上著火了！』」克倫威爾還補充道：「我相信，這是上帝對這些野蠻的可憐人所做的正直審判，他們的手上沾滿了那麼多無辜者的鮮血。」[3] 幾個星期之後，猛攻威克斯福特城時再度上演了同樣的殘暴行動。

在維多利亞女王安全舒適的日子裡，當自由黨與托利黨的格拉史東（William Ewart Gladstone）[4] 與狄斯累利（Benjamin Disrael）[5] 為往事進行爭論時、當愛爾蘭的民族主義者（Irish Nationalist）與激進的非國教教徒（Radical Nonconformist）推行他們的舊主張時，有一些人對克倫威爾的這些野蠻暴行十分敬畏，有些人則偷偷地為之讚嘆不已。人們認為，這樣的殘暴場面永遠逝去。同時，在進入天下太平、追求金錢、從事辯論的大時代，他們可以向曾為自由社會奠基的粗野戰士們致敬。二十世紀已經在大聲疾呼，希望知識分子放棄這種無意義的沈迷。我們已經看到現代的「可怕」手段，其殘忍程度不亞於克倫威爾的手段，且規模甚至更大。我們太熟知獨裁者他們的情緒與權力，所以無法像我們祖先那樣保持泰然自若的超脫。因此，有必要在此重提這個簡單的原則：儘管征服者能夠大肆屠殺手無寸鐵或已經解除武裝的人，但人們將留下對征服者的醜陋記憶。

在奧立佛‧克倫威爾已經燻髒的靈魂中，顯然有著疑懼與不安。他寫出「悔恨與遺憾」，這是犯下那些罪刑後必然的反應。他肆無憚忌地從事這些壞事的時候，提出了多種藉口，湯瑪斯‧卡萊爾（Thomas Carlyle）[6] 也隨聲附合。他相信，靠著令人恐懼的做法，可避免更多的流血衝突。但是事實並非如此。他離開愛爾蘭之後，戰爭繼續以卑劣的、兇狠的方式進行了兩年。他痛恨天主教（Popery），視之為世間邪惡的起源，認為守衛德羅赫達的部隊與信仰羅馬天主教的愛爾蘭農民是一樣的，那些愛爾蘭農民曾在一六

四一年殺害信仰新教的地主。他理應知道，這些人與那八年前的恐怖行動都沒有關係。他以「行動激烈」（The heat of action）一語作爲替自己辯護的藉口，其實那個時候他的部隊死傷未及百人，而且，依蘭克公正的評斷：「那自始自終都是深思熟慮、蓄意施行的冷血暴行。」總之，凡是有良心的人一定會迴避這個野心勃勃、利欲薰心的政客所臆想出來爲派系服務的神祇，這名政客嘴上掛著的「正義」與「慈悲」著實令人好笑。甚至於「形勢所迫」或「顧及國家安全」，也不應該拿來作爲藉口。克倫威爾在愛爾蘭擁有壓倒性的力量，且無情又惡毒地使用這力量，他降低了人類的行爲標準，明顯地使人類的歷程陷入黑暗。克倫威爾在愛爾蘭進行的屠殺，在石器時代（The Stone Age），或自石器時代以來，在各國歷史都可找到無數的例子。因此，必需剝奪採取這樣行動之人的所有榮譽，不論它是戰爭中名將的短暫光榮，或它是掩飾成功君主或政治家嚴刑峻法的長久名聲[7]。

許多聯繫已經先後將西方島嶼的居民團結起來；甚至於愛爾蘭本島也爲新教徒與天主教徒同樣提供了可以容忍的生活方式。在所有這些方面，克倫威爾的紀錄可說是給居民帶來長期的不幸。經由無終止的恐怖行動、透過不公正的開拓活動[8]，透過實際禁止天主教的措施、透過上述的流血暴行，克倫威爾在民族之間與教派之間都畫出了鴻溝。「不想下地獄就滾去科諾特吧！」（Hell or Connaught）[9]是他扔給愛爾蘭當地居民的話；而三百年來，愛爾蘭人都使用「你受到克倫威爾的詛咒」（The curse of Cromwell on you.）這句話，做爲他們表達仇恨最爲貼切的方式。克倫威爾在愛爾蘭進行統治的後果，至今甚至有時仍困擾與破壞英格蘭的政治。要治癒這些後果，後來世世代代無不用盡技巧，但仍然無太大的成效。這些後果有的時候成了全世界英語民族走向和睦相處的重大障礙。我們所有的人現在仍受著「克倫威爾的詛咒」。

＊　　　＊　　　＊　　　＊　　　＊

斧頭使查理一世身首分家的那刻起，他的長子在他大多數臣民

及歐洲人的心目中已成了英格蘭國王查理二世（King Charles the Second）。處死他的第六天，馬探子帶回來這個消息，蘇格蘭議會馬上宣布他是大不列顛、法蘭西與愛爾蘭的國王。蘇格蘭議會在倫敦的代表都要求承認查理二世的地位。自稱爲「議會」的「少數寡頭政治執政者」（oligarch）下令驅逐這些特使並且說：「他們爲新的流血戰爭奠下了基礎。」查理二世人在海牙（The Hague）。荷蘭人大都對他友善，對他的父親遭到處決感到震驚。荷蘭律師多里斯勞（Dorislaus）曾經幫忙成立殺害查理一世的特別法庭，他在晚餐時被蘇格蘭的保王派分子殺害。雖然法律懲罰了兇手，但是他們的行動卻廣受讚揚。

蒙特羅斯在兵敗時，曾聽已故的查理一世的勸告，離開了蘇格蘭。起初他認爲，白廳處決了國王，已經使他生命中所有的目標成空。一位教士對他曉以大義，提到他復仇的職責，重新振奮他的精神。他帶著一撮追隨者在開斯納斯（Caithness）登陸，被政府部隊擊敗，並被人廉價出賣給政府的部隊。他被拖著到有許多蘇格蘭的城鎮遊行示眾，於愛丁堡的特製高絞架上接受絞刑，圍觀的廣大群眾都很激動。他昂揚的精神超越肉體的不幸，將所遭受到的苦難視爲光榮的殉難。他凜然的目光使他的敵人不安，並且在蘇格蘭的民謠與傳奇中留下令人長久懷念的名聲。他的屍體，被砍成了肉泥，撒在他以前勝利的地方，已示儆戒。然而，在阿蓋爾與盟約者在對一位非正統的保王分子施以嚴懲時，也準備以捍衛君主制度之名與英格蘭開戰，並且已急忙與年輕的國王查理二世結盟。

查理二世面前都是艱難的路。蘇格蘭政府說：「如果你將接受以前我們與查理一世所簽的盟約，成爲長老教派主張的擁護者，我們不但會將整個蘇格蘭置於你的主權之下，而且將偕同你一起進軍英格蘭，那裡的長老派教徒與保王派將同樣加入重建王室神聖威儀的行動，對抗共和主義者與弒君者。」在這最黑暗的時刻，居然有人宣布要繼續實行君主制度。但是代價奇高且足以使人致命。查理二世必須答應摧毀主教團，並把所有曾追隨他父親作戰者所憎恨的

宗教制度，強加在英格蘭身上。他小心翼翼地、嚴格地被撫養長大，精通各朝各代的宗教分歧與政治爭議。他猶豫很久，才決心為了王室的利益，將他的靈魂出賣給魔鬼，也背叛了拯救王室的事業。索價甚高的蘇格蘭代表，瞭解這交易中涉及的一切；在荷蘭，他們每天拜訪他。其中有個人說：「我們迫使他簽署盟約並宣誓遵守。我們由一些顯而易見的原因知道，他心中痛恨一切。……他昧著良心接受了我們極為不恥的壓力。」對亨利埃塔‧瑪麗亞王后而言，一種新教的異端邪說與另一種新教是一樣的，即便亨利埃塔‧瑪麗亞王后抱著要為所愛丈夫復仇的念頭，她也質疑兒子是否應該當簽署盟約。

履行這項盟約像簽署一樣的艱難。查理二世在蘇格蘭登陸之前，便在船上被迫作出最確切的保證。他由亞伯丁郡住所的窗戶朝外望去，看到了一個可怕的東西。他的忠實的僕人兼朋友蒙特羅斯的一隻乾枯的手被釘在牆上。他發現自己在懇求他做君主的人的手中，是一名囚犯。他聆聽無止盡的講道、告誡與責難。他在長老教派的教堂中下跪，但他認為那地方其實等於是古代腓尼基人信奉的太陽神的廟宇（The Temple of Baal）。我們可能會稱讚蘇格蘭政府與其神職人員堅定不移的信念與目標；但也應當感到慶幸的是，我們從來不曾接觸過他們。

蘇格蘭的主要政策是要把他們即將在英格蘭發動的新戰爭，與兩年前入侵普雷斯頓令人哀嘆的慘敗，區別開來。所有曾參加那倒楣戰事的人——與查理一世的協定而被稱為「訂約者」（The Engager）——都一律禁止參加新的戰爭。經過淨化，淘汰了三、四千名最有作戰經驗的軍官與士兵；他們的位置都由「牧師」的兒子、教會執事與其他神職人員擔任，他們除了看到聖禮，聆聽布道，對於軍事幾乎一竅不通。然而，他們再度建立了為王室而戰鬥的軍隊，法蘭西的樞機主教馬札然（Cardinal Mazarin）與荷蘭奧蘭治的威廉親王（Prince William Of Orange）雙雙派遣援兵至蘇格蘭。不幸的年輕國王查理二世，在戰爭的需求與求勝的期望

逼迫下，發表聲明：「期望在上帝面前深深地表示謙卑，原因是我的父親曾經反對『神聖同盟盟約』（Solemn League and Covenant）；也因為我的母親曾經有崇拜偶像的過失，在王宮中容忍偶像崇拜，會激怒要求絕對忠實的上帝，使子孫因祖先的罪惡受到報應。」查理二世不知自己是否敢再度正視他的母親。事實上，他的母親告訴他，她永遠不會再做他的政治顧問。在這個奇怪的情況下，蘇格蘭的一支大軍在蘇格蘭與英格蘭接壤的邊界集結起來了。

北方出現了威脅，克倫威爾由愛爾蘭回到了英格蘭。費爾法克斯已經徹底地與他前任同僚疏遠而且拒絕入侵蘇格蘭。國務院最後任命克倫威爾為總指揮（Commander-in-Chief），這只是個形式，事實上他早已長期擔任這個職位。他的鐵騎軍剛在愛爾蘭進行過大屠殺，是他手中沈重的、銳利的、染血的劍。衝突發生前，他仍在與人爭論。這些人相信，許多他相信與估量過的原則，作為政治籌碼的教義，都與得到救贖或是得到天譴的事情。他咄咄逼人，氣沖沖地說：「我，懇求大家看在耶穌基督的分上，想一想你們很可能是錯了。」他的呼籲是白費了。若不是軍隊留在戰場上必然會付出代價與遭受危險，他們會起勁地爭吵直到世界末日那天。同時英格蘭的部隊已經入侵蘇格蘭低地，沿著海岸前進，在那裡由他們的艦隊從海上補給糧食。雙方軍隊調動互相對抗。大衛·萊斯利並不是位平庸的對手，他的軍隊人數上也較鐵騎軍多。克倫威爾被逼退到丹巴爾（Dunbar），船隻得看風向與天氣狀態是否適合供應每日的軍糧。他依舊可以經由海路向南逃避，在英格蘭東海岸各港口補給軍糧。但是這對一個事業勝利從未中斷的人而言，可並不是好事。

蘇格蘭的軍中有兩種意見。第一是萊斯利所提的意見：放克倫威爾一馬；第二是由六位宗教首席神職人員所極力主張的：替上帝復仇的時間到了，懲治那些罪人，否則他們會將宗教混亂帶入已改革的教會。宗教偏執勝過了戰爭策略。虔誠的蘇格蘭軍隊由壁壘森

嚴的高崗上衝下來，圍攻克倫威爾與他的追隨者，防止他們上船逃走。雙方都滿懷信心地懇求耶和華幫助；這位至高無上的眞神，發現雙方的信念與熱心毫無差別，一定得容許純粹的軍事因素來決定勝負。九月三日戰爭再起，距德羅希達的屠殺已經有一年的時間了。神恩將再次表現出祂的偏心。克倫威爾高興地說：「我們對上帝寄予厚望，我們多次體驗過祂的慈悲。」一位約克郡的軍官約翰‧藍伯特（John Lambert），我們以後將有許多關於他的敘述，他使克倫威爾深信，蘇格蘭軍南側有弱點，兩軍陣地在那裡有重疊處。在灰色曙光初現之際，克倫威爾用他的右翼部隊佯攻，實際上以左翼部隊猛攻。太陽由他的身後的海上升起，他大呼道：「現在讓上帝起來，擊潰他的敵人。」這些有著政治宗教熱忱的戰士一旦交戰，勝負立刻顯現。蘇格蘭人發現他們的右翼遭到迂迴攻擊，便潰散逃走，戰場上留下三千具屍體。九千人成了俘虜，跟著克倫威爾的部隊一道挨餓。長老派的軍隊就這樣瓦解了。

＊　　　　＊　　　　＊　　　　＊　　　　＊

　　這場災難雖使蘇格蘭人的政策擺脫了教條的束縛。國家安全成了全國的呼聲。他們匆忙地與「訂約者」和解，以及不明智地已裁撤掉的官兵來加強兵員耗盡的部隊。英格蘭保王派分子也受到了歡迎。查理二世在斯康（Scone）加冕。政治觀念在宗教戰爭的過程中而產生。蘇格蘭政府中，大多數人均力主軍隊應朝南向英格蘭行軍，在行軍沿途喚起在英格蘭的保王派勢力，以及將克倫威爾留在佔領的愛丁堡。但是宗教的勢力與我們現在所稱的激進派（Radical）勢力，仍保留著足夠的力量，可破壞此計畫。認爲自己知道如何取悅萬能上帝的六位長老教派神職人員散布，他們相信在丹巴爾的失敗是因爲他們支持一位不簽盟約的國王之子，耶和華離開了這支軍隊。許多人都因爲這個原因或藉口離開了軍隊。

　　一支蘇格蘭的部隊現在於一六五一年入侵英格蘭，是爲了英格蘭王室的事業，而非爲了長老教派的事業。克倫威爾容許他們通

過，這證明他的政治與軍事睿智。若他及時行軍，幾乎可以在「邊界」上趕上他們，但是他意圖在後面切斷他們的補給。這事件證明他的深思熟慮確實有道理。英格蘭的保王派已經流盡鮮血，受到罰款並且感到惶然，已經無力做任何新的反應；他們許多活躍的領袖都已經遭到處決。身為國王的查理二世，重返故土，他極度沈默地率領他的部隊。但克倫威爾現在可以輕鬆地跟在部隊的後面，集結英格蘭共和國所有的武力，抵抗北方入侵者，這個做法確實很卓越。九月三日決定了查理二世的命運，當天一萬六千名蘇格蘭部隊被迫在烏斯特（Worcester），與兩萬名新模範軍的老兵及英格蘭民兵決戰；為數甚多的民兵已團結起來，抵抗他們所痛恨從事干預的蘇格蘭人的再度入侵。指揮蘇格蘭大軍的萊斯利與他的騎兵在城中堅守，奮戰到最後一刻。查理二世表現得極為出色。他在戰鬥激烈時，騎馬馳聘在各兵團之間，鼓勵他們的盡忠職守。這場戰鬥是數次內戰中最激烈的一次。但遺憾的是，蘇格蘭人與他們的保王派戰友都被消滅了。幾乎沒有任何人活著重返蘇格蘭。對克倫威爾而言，這是「至高的慈悲」（The crowning mercy）。對查理二世而言，這可以說是他生命中最傳奇的冒險。他困難地逃出歷經襲擊的戰場。克倫威爾懸賞一千英鎊要取他的人頭。搜遍了這塊土地就是為了找到他。他一整天都躲藏在巴斯科貝（Boscobel）一棵著名的橡樹裡面，追捕者就這麼略過橡樹。到處都有人會因為抓到他，領到獎賞而感到高興。但是，到處也都有朋友，如果他們被人發現，都會保密、守口如瓶、無所畏懼。幾乎有五十個人認出了他，但對他的逃亡知情不報，而很可能因此受到嚴懲。「國王，我們的主人。」這句話的魔力向所有階級的人施下魔咒。「英格蘭國王，我的主人，你的主人，所有善良英格蘭人的主人，在你的附近，處於極大困境之中；你能幫我們弄到一隻船嗎？」「他好嗎？他安然無恙嗎？」「對。」「上帝保祐。」所有受到託付或發現這祕密的人，都有這種心情。

這樣子，經過六個星期的逃亡躲避之後，查理二世再度流亡國

外。他最忠實的、倖存的支持者德比爵士（Lord James Stanley Derby），為了忠誠最後在行刑台上付出生命。德比夫人（Lady Charlotte Derby）曾經豪邁地在拉善府（Lathom House）捍衛過自己的家園，仍舊希望王室的旗幟在曼島（the Isle of Man）保持飄揚，德比郡的人已經宣布該島獨立。但是英格蘭議會靠宣傳與部隊征服了保王派這個最後的避難所。英勇的德比夫人受到長期監禁，晚年生活貧困。這就是內戰或大反叛（Great Rebellion）的結局。英格蘭被制服；愛爾蘭被懾伏；蘇格蘭被征服。這三個王國被統一，收服於倫敦專制政府的統治。不可抗拒的力量結束了英格蘭歷史中最令人難忘的一章，絕對專制統治持續了一段時間，但是未解決任何問題。在無情而又憂鬱的歲月裡，自由的人常常能在歷史的教訓中找到安慰，因為歷史指出，除了被奴役的民族外，暴政在各地都不能夠持久。對那些忍受暴政的人而言，似乎是永無止境的歲月，但它只不過是這旅程中一段壞運氣罷了。人們心中自然產生的新希望，就好像春天開墾過的土壤復甦一般，為忠實、有耐心的農人帶來酬賞。

【1】　譯注：克倫威爾父子治下的共和國。

【2】　譯注：一六四九至一六五〇年間主張土地公有的清教徒激進派的成員。

【3】　Thomas Carlyle, Oliver Cromwell's Letter and Speeches (1846), vol ii, PP.59-62.

【4】　譯注：自由黨領袖，曾任英格蘭首相。

【5】　譯注：托利黨領袖，任英格蘭首相。

【6】　譯注：蘇格蘭散文之作家與歷史作家，著有《法蘭西革命》、《英雄與英雄崇拜》等。

【7】　Written in 1938-1939──W.S.C.

【8】　譯注：即對愛爾蘭土地所作的沒收與分配處分。

【9】　譯注：愛爾蘭共和國西北部之一地區。

第二十章 護國公

君主制已經告終。貴族院已經不存在。英格蘭的國教俯首稱臣。平民院倖存的議員只有數人，受人鄙視地稱作「殘餘議會」（The Rump）。殘餘議會高估自己的價值。以為自己是議會事業倖存下的化身。他們覺得，國家在未來的歲月裡都會需要他們的指導。克倫威爾在愛爾蘭與蘇格蘭征戰的時候，這些清教徒的顯貴透過他們選出的國務院，進行有效的統治。雖然他們極力鼓吹宗教觀點，但也制定了比較實際的政策，這些政策即使招致反感，倒是頗有力量。這些人是戰爭中產生的寡頭政治（Oligarchy），戰爭仍在進行。一定得籌到軍費。當時軍費的主要來源是貨物稅與財產稅（excise and property tax），後來的也沒有將這項自英格蘭的財政制度中拿掉的。顯然地，被打敗的保王派與被剝奪法律保障的羅馬天主教徒是歲收的來源。他們都被科以很重的罰款。他們交罰款之後才能保有部分地產。許多土地在售賣；查理二世在復辟後發還，只有發還直接沒收的土地，因此才有長時間的土地重新分配；雖然土地分配是以同一個等級制度為基準所完成的，但新業主（proprietor）之中產生了一個只為私利的核心集團，幾年後以這個核心為基礎，逐漸形成輝格黨與他們遵循的原則。王政復辟之後，英格蘭生活中的二個宗教派別發現，世俗生活也出現了兩個士紳階級，這兩個階級在利益、傳統與觀念上均呈分歧，但都是以土地為基礎。土地制度是存在已久的政黨制度的其中一項永久基礎。

殘餘議會是民族主義者，同時採取保護主義政策並且好戰。殘餘議會的「水上運輸法」（Navigation Act）規定，禁止輸入未用英格蘭船隻或輸出國船隻載運的進口貨物。荷蘭人控制著波羅的海的貿易與印度群島的香料貿易，並且壟斷了鯡魚的捕撈。殘餘議會為了對抗荷蘭人，遂挑起了英格蘭歷史上，首次對同是新教的姐妹國家發動的戰爭，主要是為了經濟原因。羅伯特·布萊克（Robert

Blake）是索美塞特的一位商人，他在內戰中嶄露頭角，並無航海經驗的，被任命為海軍將領。他是「海上將領」（Gemerals at sea）中一流的、最有名的將領，而且像魯伯特親王一樣，證明海戰僅是用不同樂器演奏同樣曲調罷了。英格蘭的海軍不止是能夠擋住荷蘭人與無數保王派的劫掠船海盜而已。布萊克不久便學會了如何對海軍艦長發號施令，教導艦隊遵守軍紀與團結一致；在他最後一次對抗地中海海盜時，他證明軍艦上的舷側砲火，可以將當時被認為無懈可擊的陸上砲火，轟擊得鴉雀無聲。

殘餘議會在他們的「大將軍」（Lord General）[1] 在外作戰時，才漸漸得勢。可是當他勝利歸來，對於殘餘議會不受歡迎而深感意外。他也為議會缺少代表性而感到震驚。更重要的是，他觀察到至今，發現一直因上帝事務被派遣在外的鐵騎軍，憎惡管束他們與負責軍餉的文官。他努力地協調萎縮的議會與巨大的軍事力量，但是即便是他，也不得不提出批評。他反對與信奉新教的荷蘭人作戰，而且抨擊侵犯傳統權力的「執照法」（Licensing Acts）與「叛國懲治法」（Treason Act）。最後，他自己確信，殘餘議會的議員都是「驕傲的、有野心而且追逐私利」。他預見到，如果殘餘議會永久地統治英格蘭，將會有可悲的危險。他已貶抑的眼光看著議會，就像拿破崙由埃及歸來後，也對「督政府」（Directory）[2] 投以貶抑眼光一樣。殘餘議會這個寡頭政治集團的成員非常頑固，認為議會因為處決了查理一世，就建立了永遠至高的權力，根本不在乎他們腳下的根基正在動搖。「大將軍」的看法明確，言辭坦率：「這些人一直要到軍隊扯住他們的耳朵，將他們由座位上拽下來時，才會離開。」

因此，克倫威爾於一六五三年四月二十日，由三十名毛瑟槍兵陪伴前往平民院。他就座，聽了一會辯論。然後他起身演說，而且越說越生氣。最後他說：「好啦，好啦，我一定要終止你們的喋喋不休。你們根本不算是議會。」他召他的毛瑟槍兵進來，將平民院的議員都趕了出去，將大門鎖上。都大多數的政客都是有勢力又脾

氣暴躁的人，當這些氣憤的政客被趕到街上時，克倫威爾的眼光落在代表議長威權的權杖（Mace）上面。「我們該怎樣對付這一文不值的丑角棒？」他問道，「將它拿走吧！」當天晚上，一個倫敦人（A cockney）打趣地在在聖斯蒂芬小禮拜堂（St. Stephen's）[3] 的門上草草寫下：「本宅（The Common "House"）出租——不附帶傢俱。」然後塞爾登與科克極盡努力、皮姆與漢普頓為之奮鬥一生的事業，就這樣終了。好幾個世紀以來，從西蒙‧德‧蒙福特時代到「權力請願書」時代，所建立的、珍藏的憲政保證條款，瞬間都被拋棄了。一個人的意志現在是一切的主宰。人們都感到困惑，開始自我辯論，爆發的情緒變成一個魔咒，捍衛數世紀緩慢累積起的成果，維護英格蘭的傳統。

　　當拿破崙於一七九九年霧月（Brumaire）[4] 十八日驅除共和國立法機構（Republican legislature）後，身為議員的阿貝‧西哀士（Abbe Sieyés）[5] 返回巴黎，對他在督政府中的同僚說：「諸位先生！我們有了主人。」英格蘭——應該說英格蘭、蘇格蘭與愛爾蘭——現在有了主人；這也是所僅僅擁有的。但是，這位主人與十八世紀那位耀眼的冒險家是多麼的不同！拿破崙很有自信。他毫無顧忌，知道他想要做什麼，他意圖奪取至高無上的權力，並且毫無限制地使用權力，直到他與他的家族控制全世界為止。他不在乎「過去」；他知道他沒有治理遙遠「未來」的方法；但是，「現在」是他的獎品與戰利品。

　　克倫威爾，雖然有時會說他狡猾且殘忍，但平時卻是一位優柔寡斷、內心感到歉疚的獨裁者。他承認與譴責自己實行武斷專橫的統治，但是他能夠自圓其說，說他的權力源自於上天與人民。如果真的能夠找到「應許之地」，難道他不是上帝所選的人民保護者與奉命帶領人民前往「應許之地」（the Promised Land）的新摩西（Moses）嗎？難道他不是唯一有能力保護「這個國家各種神聖教派」的治安官，特別是保護上帝忠實僕人的財產，不受保王派的陰謀人士或瘋狂、貪婪的平等主義者侵犯嗎？他難道不是現在已被裁

撒的議會所任命的大將軍，所有武裝部隊的統御者、國家所有權力唯一的持有者，而且如他所言，是「擁有三個國家至高無限權力的人」嗎？

克倫威爾渴望個人的權力，僅只是爲了讓事情按照他的看法解決，這並非爲了他自己或他的名聲，而是爲了他年輕時對英格蘭的夢想。他是後伊莉莎白時代的巨人，一位「質樸的都鐸時代紳士」生不逢時，希望看到蘇格蘭與愛爾蘭表現出應有忠誠，英格蘭「能夠得到西方世界的敬畏，擁有勇敢的自耕農、可敬的地方行政官推事（magistrates）、博學的神職人員、興盛的大學與無敵艦隊。」[6] 在外交政策方面，他仍與西班牙無敵艦隊對抗，始終渴望領導著身穿紅衣的鐵騎軍，對抗某個宗教法庭庭長（Grand Inquisitor）的束薪與火刑柱，或是對抗崇拜義大利教皇的迷信行爲。現在這些不是已經成熟，可以用鐮刀收割了嗎？是的，這一把鐮刀不是曾在馬斯頓草原與內斯比兩次戰役中，修理過保王派，也曾消滅了威克斯福與德羅赫德的天主教徒嗎？白費了國務院能幹而忠心的祕書約翰・瑟治（John Thurloe）指出，西班牙顯然已經式微，黎世留與馬札然統一的法蘭西國勢日增，成了英格蘭未來的威脅。可是他說的這些對主人起不了作用。他磨利了他沈重的劍，準備打擊唐吉訶德（Don Quixote）與托爾克馬達（Torquemada）[7] 的繼任者。

*　　　*　　　*　　　*　　　*

克倫威爾外交上的成敗，影響查理二世整個在位時期。他設法提升新教運動的世界利益，滿足不列顛貿易及航運的特別需求。一六五四年，兩年前開始對抗荷蘭人的海戰此時結束。他爲英格蘭共和國與荷蘭共和國的結盟提出忠誠建議，這個聯盟將成爲新教聯盟（Protestant League）的基礎，不但能夠自衛，而且能夠攻擊天主教國家。荷蘭領袖知道自己輸了這場戰爭，自然願意在盡量不損及貿易前景的情況下結束戰爭。

另一方面，法蘭西與西班牙的衝突仍然持續中。克倫威爾可以

挑選任何一方做爲盟友。他不顧國務院提出的強烈的反對意見，他仍在一六五四年九月派了一支艦隊遠征西印度群島（The West Indies），佔領了牙買加（Jamaica）。這項侵略行動緩慢地，卻又不可避免地，演變成英格蘭與西班牙的戰爭，結果英格蘭與法蘭西結盟。一六五八年六月，蒂雷納元帥（Marshal Turenne）指揮六千名英格蘭有經驗的老兵，在法蘭德斯（Flanders）的沙丘之役（The Battle of Dunes）中擊敗了西班牙人，奪下了敦克爾克港（Dunkirk）。英格蘭海軍隨即封鎖西班牙海岸，展現了英格蘭海軍的實力，布萊克的一位艦長在特內利非島（Teneriffe）擊沈了西班牙的運寶船（Treasure Fleet）。克倫威爾遠大的目光放在直布羅托（Gibraltar）上面。他仔細研究一些計畫，準備要佔領這個奇異的巨岩。這個目標要到後來馬爾博羅（John Chruchill Marlborough）[8]時代才得以實現，但是英格蘭在這次克倫威爾對西班牙的戰爭中，留下了敦克爾克與牙買加。

克倫威爾發現，將對西班牙戰爭的掠奪目的，與他爲歐洲新教聯盟而做的努力聯合起來，並無任何困難。他總是準備打擊國外迫害新教徒的宗教活動。一六五五年，他聽說薩瓦公爵（Charles Emmanuel II Savoy, the Duke of Savoy）下令鎮壓與屠殺皮德蒙（Piedmont）以北的山谷中的一個新教教派——韋爾多派（The Vaudois）[9]，他便停止與法蘭西的談判，並且揚言要派遣艦隊攻打薩瓦公爵統轄的尼斯港（Nice）。當他獲悉兩個友好的新教鄰國——瑞典人與丹麥人——已經開始作戰時，便設法說服荷蘭人與他一起進行調停，並且安排雙方停火一段時間。大體上，克倫威爾的外交政策在幫助英格蘭貿易的方面上較爲成功，而非在阻止或打擊反宗教改革運動（the Counter-Reform action）。已經掃平地中海與英吉利海峽的海盜，對外貿易已經獲得拓展，全世界都知道要尊重英格蘭的海軍力量。詩人沃勒（Edmund Waller）[10]寫下：

現在海是我們的；所有國家的
每隻船艦都以低垂的帆向我們致敬；
你的力量延伸至風可以吹到的任何地方，
延伸至鼓起的風帆可以行至地球上的任一地方。

德萊頓（John Dryden）也寫道：

他使我們成為歐陸的自由民，
我們以前則被視為是囚犯；
他遣英獅去捕捉更高貴的獵物，
訓練英獅先在比利走動與怒吼。

　　　　*　　　　　*　　　　　*　　　　　*　　　　　*

　　但是如何尋找一個有價值、又聽話與敬畏上帝，同時關心大事的議會，幫助護國公（The Lord of Protector）完成任務及安慰他呢？他在尋找一個議會，議會的權力會使他免於承擔因懲罰「背負血債」的查理一世，而得到的殘暴獨裁之罪名。這種權力能夠支持他的計畫，並且在不會偏離他的理想或阻礙他的軍政方針的前提下，適當地調整他的計畫。但是這樣的議會並不存在。議會是棘手的東西。議會有辦法在他們的選民的意見基礎上，發展自己的集體言論。克倫威爾想尋找能夠限制自己的獨裁統治，卻又不會阻礙自己意願的理想議會，他在尋找的過程中試過各種方案。他先嘗試由中上階級的代表，組成清教徒的寡頭政治集團，點綴著崛起於軍隊的人；然後是令人失望的、赤裸裸的軍事獨裁政府，最後恢復了有名無實的君主立憲制。他已經驅逐了民選而且已經逾期的殘餘議會。以親手挑選的一些清教徒知名人士取代了殘餘議會，這個議會在歷史上被稱為「貝爾朋議會」（Barebone's Parliament），因為其中有一位成員是「讚美上帝的貝爾朋」（Praise-God Barebone）。這將是個「聖人議會」（Parliament of Saints），

成員都有值得信任的政治記錄。獨立派的或公理教會提出了一個名
單，而軍官委員會（the Council of Officers）從中挑選了一百二
十九位英格蘭代表、五位蘇格蘭代表與六位愛爾蘭代表，這說明了
委員會對於代表的比例的觀念。一六五三年七月克倫威爾對議會致
辭，說這些代表是：「一群上帝選出，要爲祂工作與讚美祂的
人。」但是他的演說中一句含蓄、未完的話，表現出他在以提名代
替選舉的問題上，受到良心的責備。他說：「通過公民選舉產生的
那些議員知道上帝何時會使人民適應普選權，若有一天你們的地位
能夠與他們相比，那時我比任何人都更加期望實現普選制。」

　　這些聖人的政治行動使他們的召集者感到悲哀而又失望。他們
以令人驚異的速度，全面掃除阻礙，以便創造新天地。他們想廢除
政府對教會的支持、廢止什一稅，但是卻不提供教士任何生計。僅
經過一天的辯論，他們便廢除大法官法庭(The Court of Chancery)。
他們威脅要對付財產所有權，並且宣揚平等主義（Levelling）的
觀念。在宗教因素刺激下，他們魯莽地改革賦稅，但似乎關係兵士
的薪餉與削弱了國家安全。這件事意義重大，使軍隊發怒。聖人不
再聽從克倫威爾的勸告，他也看出他們是一群危險的愚人。他後來
提到他召集他們，組成議會的行動是「我自己軟弱與愚蠢的一個故
事」。軍事將領都希望避免另一次強力驅逐議員的醜聞，於是，有
一天清晨，他們勸說兼強迫地要溫和派的聖人在其他議員醒來之
前，通過決議，將他們得自大將軍的權力交還給他。克倫威爾並沒
有浪費什麼力氣與他們的意願搏鬥。他宣布自己的權力已經再度
「變成以前那樣不受限制」，並且盤算用其他方法，儘可能將他的
權力掩飾得好看一點。

　　他的崇高地位以及它全部外在的力量，都是建構在議會與軍隊
之間脆弱的平衡爲基礎。他常常利用軍隊對抗議會；但是沒有議
會，他便感到自己與軍隊相處時，很孤獨。軍隊將領也都意識到，
他們與可怕的士兵之間，存在著軍階與社會階級的鴻溝。他們也依
靠擁護士兵的利益與主張，來維持自己的地位。他們必須找可以對

抗的新事物，否則士兵便不再需要他們。這些認眞、講求實際的、迄今因勝利而得意的革命者全都需要召集議會，即便只是需要有個可以拉垮的對象。艾爾頓早已經在愛爾蘭去世，藍伯特與其他許多不同軍階的軍官便擬就了「施政綱領」（Instrument of Government）——它事實上是英格蘭第一部與最後一部成文憲法。護國公的行政職位授與克倫威爾，國務院能約束與平衡的護國公的行政職位；國務院內的七位陸軍將領與八位平民，將被提名擔任終身職。根據國家新的財產標準而產生的一院制議會也成立了。舊的財產標準是，每年可保有四十先令的終身不動產；新的標準是擁有價值二百英鎊的不動產。在這個條件下，有選舉權（franchise）的人大概沒有減少，但是那些曾經與議會奮戰的人都失去了選舉權。克倫威爾心懷感激，接受了這個「施政綱領」，並且擔任護國公。

　　但是這一屆議會再度出了差錯。一六五四年九月才剛開會不久，就發現其中有個兇猛且又活躍的共和派的團體，這個團體顯然毫不感激尊重共和觀念的軍事將領或護國公，反將新憲法撕個粉碎。克倫威爾立即將共和派議員驅出議會。但是議會中剩下來的多數議員仍想要限制「施政綱領」保證的宗教自由之程度，並且限制護國公對軍隊的控制權，裁減軍隊的規模與消減薪餉。這個鬧劇鬧得太大。克倫威爾在「施政綱領」容許的期限內，及早解散了議會。他在告別辭對議員大肆譴責。他說他們疏忽職守，並且因為抨擊軍隊而逐漸損害到國家的安全、污染了政治氣氛。他嚴厲地補充：「看起來你們似乎是在爲製造爭端奠立基礎，而不是在替人民解決問題。」此時他回到一再發生的老問題上。他告訴一位不滿的共和派議員：「我像任何人一樣，相當支持得到同意才能治國。」有人中肯地問道：「但是我們在那裡找得到同意呢？」

　　接下來，克倫威爾即使不是全無顧忌，卻也是赤裸裸地實行軍事獨裁。一位名爲彭魯多克（Penruddock）的保王派上校，設法於一六五五年三月佔領了沙利茲伯里（Salisbury）。這次起義輕易地被鎮壓下去了。瑟洛（Thurloe）指導的高效率祕密警察發現

了許多功敗垂成的陰謀，再加上這個暴動，使護國公深信有重大危險。克倫威爾曾經告訴議會說：「人民寧可選擇安全而非激情，再找尋真正安定而非形式。」他將英格蘭與威爾斯畫分成十一個地區（district），各區安置了一位軍政長官（Major-General），統率一支騎兵以及編整過的民兵。這些軍政長官都被授以三項職掌——維持警政與公眾秩序、對公認的保王派徵收特別稅、嚴格推行清教徒的道德觀念。有幾個月的時間他們都熱心地從事他們的任務。

沒有任何人敢違抗軍政長官的命令。但是，與西班牙的戰爭花費龐大，稅賦不足以應付開支。克倫威爾像查理一世一樣，再度被迫召開議會。專政長官均向他保證，他們有能力組成一屆順從的議會。但是平等主義者、共和派者與保王派都能夠利用人民對於軍事獨裁的不滿情緒，使與護國公為敵的許多有名政敵再度當選議員。克倫威爾勉強使用「施政綱領」中的一項條款，將一百名反對他的議員逐出議會，同時另有五、六十名議員自動辭職，以示抗議。甚至在這一次淨化之後，他要使議會批准軍政長官實行地方統治的企圖，都遭到激烈的反對，他被迫不理會批准與否，先做了再說。的確，許多剩下來的議員「對軍政長官的獨斷獨行十分惱怒」，以致於「他們渴望找到法律規定或限制的任何力量」。

正是在這個階段，一群律師與仕紳決定將王冠獻給克倫威爾。他們當中有個人說：「護國公的稱號，不受任何規則或法律的限制；國王的稱號才受到限制。」因此他們在一六五七年提交出「請願與建議書」（Humble Petition and Advice），具體呈現提議的憲法，不僅準備恢復君主制，而且堅定地準備重建議會——包括提名貴族院（the Upper House），以及大肆削弱國務院的權力。雖然克倫威爾說國王的地位只是「帽子上插的一根羽毛」，他仍受到加冕為國王這個觀念的吸引，並宣布他「非常贊成這個解決之道（settlement）」。但是軍事將領立刻表示，深惡痛絕君主制度的，士兵尤其如此。克倫威爾只能以「有權提名護國公繼承人選」來滿足自己。一六五七年五月，除了擁有國王稱號外，他批准了新憲法

中的主要條款。

　　共和派正確地預見到，實際的恢復君主制度，打開了斯圖亞特王朝復辟之路。在「請願書與建議書」的條件下，克倫威爾同意允許曾經遭他驅逐的議員重返議會，同時將他最能幹的支持者調往新的貴族院。共和主義者因此能在議會內外反對新政權。克倫威爾過分地相信一項正在進行反對他的陰謀，突然於一六五八年一月解散了這個他曾有過的最友善的議會。他在結束解散議會的告別演說時說：「讓上帝在你們和我之間做裁判吧！」。毫不後悔的共和主義者回答道：「但願如此。」

　　　　　*　　　　*　　　　*　　　　*　　　　*

　　克倫威爾與他的國務院，手中擁有國內所有的特權與威權及對國外推行侵略與征服的政策，這些事消耗他們主要的精力。他們在社會事務的立法方面，異常地乏善可陳。「濟貧法」（The Poor Law）的執行狀況被稱為「不但嚴苛，而且失敗」。在一六二九年至一六四○年之間，查理一世「親自主政」的時期，各方面的情況較好、改善較多，遠勝過那些以上帝之名與聖人之勢力進行統治之人的表現。他們認為應當懲罰貧者，而不是救濟他們。

　　英格蘭的清教徒與他們在麻薩諸塞州（Massachusetts）的教友一樣，本身積極地消除惡習。所有的打賭下注與賭博活動都在禁止之列。他們於一六五○年通過了一條法律，規定通姦可以判處死刑，這是一種殘暴行為，使陪審員難以找到證據可以證明被告有罪，因此減輕了不少這種殘暴行為的程度。酗酒遭到大肆抨擊，許多酒館都關門大吉。發誓也要受罰，但罰錢有高低之分；公爵初犯罰三十先令，男爵罰二十先令，鄉紳罰十先令。普通百姓可以發洩的感情，但必須繳三先令四便士。就他們的金錢狀況而論，也不容許他們說得太多。一個人因為說：「上帝是我的見證。」而被判繳納罰錢；而另一個人因為說：「以我的生命做擔保。」而被罰。那些真是艱苦的歲月。教會的節日被視作迷信的放縱，因而被每月一次的禁食日取代。耶誕節引起狂熱清教徒的仇視。議會深為關切耶

誕節帶給人們縱情聲色的自由。在耶誕節晚餐前，士兵於倫敦各處，未持搜索狀便進入民宅，奪走廚房或灶上所有在烹煮的肉類。人們到處都受到盤查與暗中監視。

在全國各地，五朔節花柱（Maypole）[11] 都被砍倒了，以免鄉民圍著它們跳舞蹈時，會做出傷風敗俗的行爲或輕浮的舉止。安息日（The Sabbath）時除非是要前往教堂，否則在戶外行走也會受到懲罰；而一個人到鄰近的教區去聽布道也被判繳納罰款。甚至有人提議，禁止在安息日時坐在門口或靠在門上。熊遭到射殺，雞被扭斷頸子，有效地結束了「熊狗相鬥」（bear-baiting）[12] 與「鬥雞」的活動。所有形式的體育運動、賽馬與摔跤都遭到禁止，而抑制奢侈的法律則是想除去男女服裝上所有的裝飾品。

一個人可以很容易地看到，追求官職或擢升的欲望如何導致僞善。如果面帶不悅之色、眼光向上看、說話用鼻音以及旁徵博引用《舊約全書》的經文，都是博得寵愛的手段，那麼，除了天生有如此習慣的人之外，尚有其他可以學會它們的人。但是所有這些言不由衷與惡毒天性的機構後有支紀律嚴明的教派信徒，組成的軍隊作後盾，他們經常強行增加人數與薪餉，而沒有人能夠成功地抵制他們。他們的將領與上校不久便將王室肥沃的土地據爲己有：佛利特伍德（Charles Fleetwood）成了伍斯托克莊園（Woodstock Manor）的主人，蘭伯特成了溫布頓（Wimbledon）的主人，奧凱（Okey）成了安普希爾的主人，普頓德成了隆色奇（Nonesuch）的主人。黑茲里格與伯奇（Birch）則弄到內德拉姆與赫特福德二個地方主教轄區大片的土地所有權。不過，對於全國民眾而言，克倫威爾的統治是以無數可恥的、不足道的暴君虐政組成的，成了英格蘭古今讓人最痛恨的政府。英格蘭人民首次感到，自己受到控制中心的管裡，而他們對它卻根本沒有發言權。所以憤怒與仇視遂愈來愈烈，因爲他們難以表達意見。昔日的國王可能騷擾過貴族，徵收過富人的稅；但是現在靠著非法、血腥暴力往上爬的統治，擅自規定每個鄉村的生活與習慣，以及變更無數世紀潮流中開創出的習俗通

道。在全國各地，農民都在橡樹下充滿感情地懷念美好舊日時光，渴望「國王將再度享受他自己的王位」，這種情形又何足為奇呢！

　　在權力達到頂點時，權力令人厭惡的特色便會自圖畫中消失色彩，甚至被其他迷人魅力取而代之。我們看到護國公一身的榮耀，他是新教的擁護者、歐洲的仲裁者、學問與藝術的贊助者。我們感受到他在舉止上對所有的人都表現應有的禮遇，他對年輕民眾溫文有禮，他對英格蘭的熱情，像查塔姆（Chatham）[13]一樣的熱情，而在某切方面更為親切與富有情感。人人皆知，他期望為了權力找尋道義基礎，對他的國家與上帝有種責任感遠超出他生命所及的範圍。雖然克倫威爾深信自己已被選為國家至高無上的統治者，永遠都準備好要與其他人分享權力，當然，只要他們與他的意見一致就行。只要議會執行他要求的法律與稅賦，他的確願意也急於透過議會而治理國家。但是他的寵愛與淨化行動，都沒有使議會照他的意志行事。他一再地被迫得使用或揚言使用武力，他試圖在極權專制與無政府狀態之間作的憲政調整，實際上都是在實施軍事獨裁。

　　　　　＊　　　　＊　　　　＊　　　　＊　　　　＊

　　不過，克倫威爾的獨裁政治在許多方面都與現代的專政形態有所不同。雖然報紙受到壓制、保王派受到苛待、法官受到脅迫、地方特權遭到削減，共和派領導的的反對派總是聲勢浩大。獨裁者並沒有在自己身邊建立黨派，更沒有打算建立一黨專政的國家。私人財產受到尊重，對保王派處以罰鍰，也容許他們而依正式手續交出部分的產業來贖罪。很少有人因為政治罪被處死，也沒有任何人不經審訊便遭囚禁。克倫威爾於一六四七年告訴鐵騎軍說：「我們以自由選擇方式而得到的東西，比強取豪奪的東西多上兩倍，也將真正成為我們的東西與我們子孫的東西。……你們用武力取得的那種東西，我視為微不足道的事。」

　　克倫威爾所主張的宗教自由，並沒有延伸到大眾信奉的羅馬天主教、主教制（Prelacy）或貴格教（Quakerism）。他禁止公開舉行彌撒，並讓數以百計的貴格教教徒下獄。但是，他對信仰自由

的限制，並不是出於宗教偏見，而是擔心引起社會動亂。宗教上的
容忍挑戰了克倫威爾時代所有的信仰，受到容忍的宗教發現，他們
最好的朋友是護國公本人。他認為猶太人是社會中有用的分子，再
度為他們打開英格蘭大門，自愛德華一世以來，這扇門關閉幾乎長
達四百年之久。實際上，幾乎沒有純粹基於宗教理由而進行的迫
害，甚至羅馬天主教徒也沒有受到嚴重的騷擾。議會有意處死或折
磨褻瀆神明的貴格派教徒或「一位論派」教徒（Unitarian）〔14〕，
克倫威爾都出面作出戲劇性的干預，證明了他自己是減輕許多苛政
的源頭。克倫威爾在那個辛酸年代寫下：「我們並不想強迫他人接
受某種思想，只期望帶給人知識與理智。」並且想團結與正確地了
解猶太人與非猶太人（Gentile），因此無法完全抹煞他在自由觀
念的發展過程，應有的地位。

　　克倫威爾有時熱情奔放，但內心經常疑慮甚多，衝突時起。
他深信自己是上帝的選民，但是毫不確定自己行為是否正直，他年
輕時受過嚴格的清教徒教育，經常反躬自省。雖然他將自己在政治
上與軍事上的勝利，都歸諸上帝特別照顧，但在寫信給朋友時都表
示，他擔心自己有「過分利用天命的傾向」。這種猶豫不決的心理
成了採行機會主義的正當理由。他說了一句有名的話：「不知道前
往哪裡的人，所以才登高望遠。」這句話將他猶豫的心理反映無
遺。他對於政治目標的疑慮在晚年變得日益顯著，他也愈來愈依賴
其他人的建議與意見。他一方面深信自己是為了人民，而以神授君
權來治理國家，另一方面對自己的微不足道表達出真正基督徒的謙
卑，於是心中總是有這兩者的衝突。他在彌留之際詢問他的教堂主
持牧師：「可不可能失去上帝的恩寵？」在得到牧師保證後，他
說：「那麼我得救了，因為我知道我得到了上帝的恩寵。」

　　一六五八年九月三日，是丹巴爾戰役、伍斯特戰役以及德羅赫
達大屠殺的週年，狂風暴雨，雷霆大作，護國公在此時去世。他永
遠都是善良、忠實、顧家的人，為他鍾愛的、最不信奉清教徒的女
兒去世而心碎。他任命他的長子，善良的鄉紳理查（Richard）做

他的繼承人。當時沒有任何人對他的遺囑表示異議。如果說在風雲動盪的時代，克倫威爾的劍拯救了議會的事業，他一定是歷史上獨裁政治與軍事統治的代表，他兼具軍人與政治家的全部特質，在在都與英格蘭民族精神格格不入。

然而，如果我們透過表面現象看本質，便會發現，克倫威爾不但是抵抗將領野心的屏障，而且也是力拒鐵騎軍恃強仗勢，濫施鎮壓活動的屏障。他有許多的過失與失敗，不過他的確是維護他所愛的舊英格蘭（the Old England）持久權利的護國公，抵抗他與議會共同鍛造來打擊這些權利的可怕武器。沒有克倫威爾，便不可能有任何進步，沒有他便沒有瓦解，沒有他便也不可能有復興。在迄今仍引導不列顛島生活的各種社會與政治制度的廢墟上，他昂然屹立、偉大、閃耀，而且不可獲缺，是藉著時間才能夠療傷止痛，重新成長的唯一動力（agency）。

【1】　譯注：指克倫威爾。

【2】　譯注：1973-99 年法蘭西第一共和國的督政府。

【3】　譯注：平民院所在之處。

【4】　譯注：法蘭西共和曆的二月。

【5】　譯注：法蘭西大革命時代的活動家，天主教教士，霧月改變後爲臨時執政官之一。

【6】　G.M.Young, Charles I and Cromwell(1935)

【7】　譯注：西班牙多明我會修士。

【8】　譯注：英格蘭將領，在西班牙王位繼承戰爭中率英荷聯軍擊敗了法王路易十四。

【9】　譯注：約一一七〇年出現於法蘭西南部的一個基督教派別，十六世紀參加宗教改革運動。

【10】　譯注：埃德蒙·沃勒（1606-1687），善用英雄偶句詩體，作品中有《獻給我的護國公》的頌詩等。

【11】　譯注：飾有花彩條、絲帶等的柱子，供人們在五朔節（May Day）時圍著它跳舞。

【12】　譯注：任狗與上鍊的熊搏鬥。

【13】　譯注：查塔姆，即 William Pitt，老皮特（1208-1278），英格蘭首相，爲英格蘭贏得七年戰爭的勝利。

【14】　譯注：新教的一派，反對三位一體說，主張唯一神格。

第二十一章　王政復辟

　　護國公克倫威爾的去世所造成的真空，是不可能填補的。在他臨終之際，他以「非常含糊，不完整的」語句，指定他的長子理查（Richard）為繼承人。理查的政敵戲稱他為「搖搖欲墜的傢伙」（Tumbledown Dick），他心地善良受人尊敬，不過卻缺少嚴竣時代所需要的魄力與能耐。他首次為軍隊承認，適時地安坐在他父親的位子上；但當他企圖行使職權時，才發現他自己徒擁虛名。首先，理查・克倫威爾想任命他自己的妹夫查爾斯・佛利特伍德（Charles Fleetwood）擔任軍隊總指揮，遭到軍官委員會的反對。理查明白了，軍隊的指揮權並非世襲，但它也不能一直懸虛著。他的弟弟亨利（Henry）不但能幹而且精力充沛，而且像他一樣也想要加強行政部門的權力（civil power），甚至不惜犧牲護國公一職的君王屬性。根據亨利・克倫威爾的建議，召開了另一屆議會的。

　　所有保王派當然被摒除於這屆議會之外，一直活躍的瑟洛大力將支持護國公的人塞進議會。不過，立即引起了有關治國的大議題。在理查鄭重其事地主持議會，並且發表他的「即位演說」之後，平民院議員便毫不遲移地著手恢復共和制的原則以及設法控制軍隊。自一六五七的整肅以來，議會的完整代表性被剝奪了，因此他們質疑所有法案的合法性。議員企圖將軍隊對護國公的忠誠轉變為對他們的忠誠。不過，軍隊的領袖都決心維持他們中立的地位。他們埋怨平民院的作為，以及「傳統事業」（Good old cause）陷入險境。他們說：「為了這個事業，我們曾經浴血。如果以鮮血換來的人民自由將再度被摧殘，我們一想到有一天必須對此作出說明，便不寒而慄。」平民院認為，若軍隊本身是國家的一個獨立的集團，將令人無法忍受。他們請求到會的軍官回去履行他們的軍事職責。他們宣稱：「如果議會不再命令軍官們回到他們的崗位，會對於議會不利。」他們決定，每位軍官都應當自行書面宣誓，不干

預會議的開會與辯論。

　　平民院與軍隊發生衝突時，願意將軍隊的最高指揮權交付給護國公。這種做法使衝突達到高點。雙方都集結他們的武力；護國公與議會起初都擁有部分軍官及一些任由他們調度的兵團，但是下級軍官與隊伍士兵不肯聽命。理查‧克倫威爾繼任護國公不到四個月，就發現自己甚至被他的親隨侍衛所棄。軍隊要求立即解散議會，而軍官委員會（Committee of Offiers）徹夜等候議會屈服。議員們在次日早上表示願意服從。設法想進入平民院開會的議員再度被部隊趕了回去。軍隊成了主人，佛利特伍德與藍伯特爭著領導他們。這些將軍原本樂意讓理查保持有限度的尊嚴，但是部隊在情緒上已敵視護國公。他們決心支持純粹的共和制度，使他們的軍事利益、分裂主義以及再洗禮派（Anahaptist）的教義在其中居於主導地位。

　　甚至在這個不流血、絕對得勝的時刻，士兵們都覺得自己需要行政部門對他們的行為表示某種認可。但是他們能在那裡找到這種行政部門呢？最後他們提出了權宜之計。他們宣稱，他們記得一六五三年四月舉行會議的議員是「傳統事業的擁護者，始終都得到上帝的幫助」。他們前往前任議長倫索爾的府邸，邀請他與一六五三年剩下的議會議員，在適當的過程中重新行使他們的權力。這些驚訝的四十二位清教權貴，重新回到他們六年前被驅逐的議會。長期議會的殘餘議員被挖掘出來，擺在惶然不解的英格蘭人民面前。

　　國務院成立了，其中有三位主要的共和派領袖——韋因（Vane）、黑茲里格（Hazelrigg）與史考特（Scott），及八位將軍和十八位平民院議員。國務院望奧立佛‧克倫威爾的兒子們能默許廢止護國公制。他們的債務都付清了；他們也得到住所及年金。理查立刻接受了這些建議，亨利在稍稍猶豫之後也接受了。兩人皆未受傷害地活到人生的最後一天。護國公的大印被劈為兩半。軍隊宣布承認佛利特伍德為總指揮；但是他們同意高級軍官的任命應當由議長以共和國的名義簽發。英格蘭以「代議士原則」（representative principle）為基礎的共和政體（Republican Constitution）制定妥當，全國的威權都應當以它為依歸。但是軍隊與議會之間原有的衝突仍繼續存在。藍伯特將軍道：「我不知道為什麼不互相寬容。」

當這些緊張情勢困擾倫敦的共和政府時，國內各處的保王派都有所行動。中央政府近來的變化使得對頭的斯圖亞特王室恢復權力。似乎有訴諸武力的條件。一六五九年夏天，保王派奇妙地與長老教派的盟友聯合起來，在幾個郡縣以武裝姿態起事。他們在蘭開郡與柴郡（Cheshire）的勢力最為強大，德比家族在這兩地的影響力也很可觀。喬治‧布思爵士（Sir George Booth）不久便有了一支大軍。藍伯特率領五千人行軍前往圍剿。八月十九日，保王黨在溫林頓橋（Winnington Bridge）被打敗驅離戰場了，儘管像藍伯特在戰報中說：「雙方的騎兵都像英格蘭人一樣地奮戰。」在其他地方集結的保王派都被地方民兵打垮了。這場叛亂很快就被平定，查理二世很幸運，發現自己還來不及有機會領軍。鐵騎軍同樣輕鬆地打垮了護國公派與君主制二者的擁護者。戰場上武器相撞擊的聲音提醒將軍們所擁有的武力，他們不久便再度與他們親手恢復的「殘餘議會」展開嚴重的對抗。

藍伯特在這個時候成了鼎鼎大名的人物。他已在溫林頓橋戰役獲勝，帶著他大部分的部隊返回倫敦。十月裡，議會對他傲慢的態度感到不滿，想要解除他及其同僚的指揮權。他便將他的兵團帶到西敏寺，並將聖斯蒂芬小禮拜堂[1]的所有入口全部封鎖。甚至連簽發過將軍委任書的倫索爾議長都不能進入。倫索爾憤怒地問士兵，難道他們連他都不認識嗎？士兵們都回答說，他們未曾在溫林頓橋戰役中見到他。這一次沒有發生流血事件，不過大權落到了藍伯特的手中。

藍伯特能力很強，軍功僅次於克倫威爾，而且政治知識淵博。他無意自立為護國公。他的心中激起一個完全不同的想法。他的妻子出自名門，深具文化素養，支持保王派和自己家族的地位。她與藍伯特將軍提出一項計畫，他們企圖將他們的女兒嫁給查理二世的

弟弟約克公爵，藍伯特可以成爲共和國的行政長官，並可以使王政
復辟。雙方都愼重地考慮這項大計；對於最近的叛亂事件，都極盡
寬容地處理成爲戰犯的所有保王派。藍伯特似乎相信，比起在「殘
餘議會」或護國公政體的體制，在復辟的君主制度下，他能讓軍隊
在政治與宗教兩方面更加滿意。他的行動祕密、迂迴、充滿危險。
佛利特伍德早就對他起疑心。這兩位軍事首領之間產生了很深的敵
意。同時，軍隊感覺到內部的不和諧，開始對自己反抗議會的猛烈
行動產生疑慮。

　　共和派中最堅定議員是黑茲里格。他蒼白的臉、薄薄的嘴唇以及
銳利的的眼神，讓人有一種像普魯特斯（Marcus Junius Brutus）[2]
堅定不移的態度的印象。他被趕出平民院之後，匆匆前往樸茨茅
斯，說服了衛戍部隊，使當地的部隊深信，在倫敦的部隊已經違反
重大原則。佛利特伍德與藍伯特兩人雖然不和，卻派了一支軍隊去
圍攻樸茨茅斯。黑茲里格也使攻城部隊贊成他的觀點。部分的鐵騎
軍立刻前往倫敦，以插手解決國事。士兵的分裂開始摧毀部隊的自
信，結果結束了英格蘭的軍事統治。在耶誕節期間軍隊決心與議會
和解。他們行軍前往大法官廳巷（Chancery Lane），走到倫索爾
議長府邸前面停下來。一反之前對待議長的不尊敬態度，如今他們
對使平民院暫時休會一事表示悔意。他們表示服從議會的威權，並
且歡呼議長是他們的將軍與國父。但顯然地，這種情形不能持久。
有人一定會隨後採取行動，在英格蘭建立一個能代表新、舊制度的
政府。這種拯救將來自其他方面。

　　　　　＊　　　　＊　　　　＊　　　　＊　　　　＊

　　在蘇格蘭鎭守的克倫威爾派指揮官喬治·蒙克（George
Monk）氣質與藍伯特大不相同，卻也是位有名的人物。英格蘭將
再度被一位從容不迫的人拯救。蒙克是德文郡人，年輕時在荷蘭戰
爭中接受過徹底的軍事訓練，在「大反叛」（Great Rebellion）內
戰開始時，這位擁有難得一見的專業知識的軍人，返回英格蘭。他
是位幸運的士兵，比較在意發揮他的軍事專長，而比較不關心瀕於

危機的事業。他曾在英格蘭、蘇格蘭與愛爾蘭三個王國爲查理一世作戰。他被圓顱黨俘獲，並囚禁一段時間之後，倒向他們那一方，不久獲得了指揮大權。他在愛爾蘭作過戰，在海上抵抗荷蘭人。他經歷過所有危險的海峽與風暴，在適當時候先後支持議會派、共和制與護國公制度。奧立佛‧克倫威爾在世時，他使蘇格蘭完全臣服，但是並未招致任何長久的敵意。他早就反對軍隊在倫敦的暴行。他深得蘇格蘭民心，贏得一個協定，獲得補給來維持他的軍隊，卻未引起蘇格蘭人不愉快。他撤換麾下所有無法信任的軍官。藍伯特仍舊在進行不合適的計畫，現在發現他自己必須與蒙克相對抗。蒙克利用議會與法律二者的口號，掌握英格蘭共和派的支持以及蘇格蘭人的完全信任，因爲他允諾會保護他們的利益。一六五九年十一月，藍伯特帶領大軍由倫敦北上，然而師出無名，似乎僅是支持軍事暴行而已，他必須用武力強迫鄉間貢獻以維持軍需，導致當地居民反感。

　　蒙克是那種十分了解如何運用時空的英格蘭人。這是這座島上最成功的典型。英格蘭人一向欣賞一種人：他無意支配事件或轉變命運的趨勢；他靜待執行職責的時間，日日地短暫觀察，直到對潮水的漲、落已經無疑問，才採取行動；然後他表現得非常禮貌、完全地克盡職守，即使並非出自眞心誠意，也行爲穩當、有規矩，緩慢、謹愼地朝明顯的民族目標前進。一六五九年秋天，蒙克將軍與他七千名井然有序的士兵，駐紮在特韋德河畔，各界的人士都在懇求他。他們說他手中掌握著英格蘭的前途，所有的人都求助他的好心。蒙克將軍在營帳中接待代表每種利益與黨派的使者。他像每位偉大的英格蘭人一樣，耐心聆聽他們的懇求。他帶著我們民族自詡的赤誠性格，他將會怎麼做，讓所有人猜測了好長一段時間。

　　最後蒙克所有的耐心都耗盡了，他行動了。獲悉倫敦的情勢後，他在一六六〇年寒冷晴朗的元旦，由冷川（Coldstream）渡過特韋德河。儘管他做了所有預防措施，他對於部隊的擔憂是有道理的。在所有不確定的情況下，他日復一日地按兵不動。圓顱黨的老

將湯瑪斯・費爾法克斯出現在約克，集結了大批擁護自由議會（Free Parliament）的人。蒙克答應他，十天之內不是和他會師，就是戰死。他守住了承諾。他在約克收到了他期盼已久的東西，平民院——絕望的殘餘議會——邀請他返回倫敦的。他率軍南下，沿途的城鎮與郡縣只發出「要自由議會」的呼聲。他與部隊抵達了倫敦，但他不久就因爲殘餘議會專橫的命令，包括將倫敦市的城門拉下來，以便使首都居民懾服等，大爲氣憤。倫敦商區現在已轉而支持保王派，並且正在爲查理二世募集基金。蒙克不像克倫威爾與藍伯特。他決定用削減議員人數代替解散手段，使殘餘議會就範。他在二月召回曾被普賴德整肅而驅逐的議員。這些人主要都是長老教派，大多數已心向保王派。君主制度的復辟就在眼前。在被驅逐的議員返回議會的當天晚上，塞繆爾・佩皮斯（Samuel Pepys）[3]看到倫敦商區「從一端到另一端都人聲鼎沸、歡欣若狂，篝火照亮了半邊天，它四周的人群密密麻麻，……鐘聲響徹各處。」議會恢復後第一個行動是宣布自一六四八年普賴德整肅以來所有的法案與議事錄（transactions）全都無效。議員們被一位將軍趕走，又被另一位將軍請了回來。這十二年期間充滿了許多無名又不被認可的事件。他們宣布蒙克是全軍的總指揮。「長期議會」中的殘餘議會由於同意，而自行宣告解散。蒙克非常滿意即將召開的自由議會，以及這樣的一屆議會一定會使查理二世重登王位。他由蘇格蘭行軍歸來之後，便確信英格蘭的群眾已對政體方面的實驗感到厭倦，而渴望回歸君主制。

非常明顯的是，人民期望國王應「再度享受他自己的富貴榮華」。這個簡單的隻言片語，出自平民心中，對於貴族與富人都有很大的吸引力。儘管將軍與他們的忠實追隨者（myrmidons）並不樂見，這些字句乘著快樂旋律的翅膀，由一村飛往另一村，由一個莊園到另一個莊園。

直到那時在阿勒山（Mount Ararat）[4]

> 我希望將她的錨下好；
> 直到我見到一隻和平鴿，
> 將她極愛的橄欖枝帶回水鄉澤國。
> 然後我就等待，直到洪水減退，
> 現在它們卻使我心緒不寧；
> 我永遠都不歡欣，除非我聽到
> 國王重登王位的消息。〔5〕

　　但是，尚有一大堆麻煩事必須解決。這並不是復仇的時候。如果鐵騎軍要將國王請回來，那他們以前大力反對他父親的事情也不能算是無效。此時，不列顛島潛在的智慧終於發揮作用。在勝利的時刻，許多事都做得過分，「大反叛」期間的原則也有不適當的延伸。必須在理論上，而不是在行動上，恢復原來的理論。蒙克派人傳話給查理二世，建議他，除了議會訂立的某些例外情況外，實行大赦天下；承諾付清所欠的士兵薪餉，並且批准土地買賣。此時英格蘭大部分的土地，亦即財富與名位的主要來源，都已經易手。所有權的易主是在戰場上由勝負決定，但不可能完全推翻。國王可以重享他的榮華富貴，但並非所有的保王派人也可以如此。一定得承認，人們可以保有他們已經得到的或仍舊剩下的東西。不許有報復行為。每個人都必須在新的基礎上開始公平競爭。

　　但是已經流了神聖的血。那些流了血而少數倖存的人都能被人認同。如果每位在議會派的勝利中獲利的人，能夠確定自己不會受到波及或懲罰，便不會反對懲罰弑君者。一六四九年的行動〔6〕違反法律，有違議會原來的意願，並且讓全國人民憎惡。就讓做那種事的人付出代價吧。這種解決方式多少有些小人。不過，這與在英格蘭政治事務中扮演重大角色的那種妥協精神頗為相符。

　　查理二世忠實的大臣海德（Edward Hyde）接受了蒙克的建議。海德曾經與他的主人一同流亡，不久便被得到克拉倫登伯爵的領地。海德為查理二世擬了所謂的〈布雷達宣言〉（The Declaration of Breda）。查理二世在這項文件中承諾，棘手的難題都將交給未來的議會去處理。大部分因為海德以律師的角度關心議會與前例，復辟才得以重新帶來良好的秩序，使英格蘭的傳統制度在經過克倫威爾的實驗之後能夠重新恢復。

在各相關方面進行的談判有了結果的時候，開始新議會的選舉。表面上，曾持武器反對共和的人都被排除在外，但是保王派的勢力強大，此項禁令根本沒有任何效果。長老教派與保王派占絕大多數，各郡的共和派與再洗禮派都在他們的前面失利。這兩派武裝起義徒勞無功；他們建議將前往法蘭西避難的理查‧克倫威爾請回來，也未能如願。有人提醒他們，是他們自己將理查‧克倫威爾趕下台的。藍伯特由他被囚禁的倫敦塔逃脫，準備在戰場上解決這個爭議。他的人馬放棄他，結果他毫髮無傷的便再度被擒。這場慘敗使王政復辟成為定局。蒙克與他大部分的軍隊、倫敦商區的民兵、全國的保王派、大多數新選出的平民院議員，像是彷彿無事發生，再度回到議會的貴族院議員，全都結合在一起，並且知道他們已經大權在握。貴族院與平民院都恢復了。只要國王一聲令下，議會的三個「政治集」[7] 就完整無缺了。

議會匆忙送給流亡的查理二世一大筆金錢，供他方便使用，不久就忙於準備他的御用深紅色天鵝絨家具。一度對國王十分有仇意的艦隊，奉命去接他回國。大批的群眾在多佛候駕。一六六○年五月二十五日，他登陸上岸，蒙克將軍以大禮迎接他。往倫敦的路途上有如班師凱歸。各階級的人士都歡迎國王返回他的國家。他們無法控制情緒地流淚歡呼，覺得自己已經得救，擺脫了夢魘。他們現在認為自己進入了黃金時代。查理二世、克拉倫登、歷經磨練的秘書尼古拉，以及少數曾與國王共患難的流浪者，環顧四處而不勝驚訝。這會是幾年前他們僥倖脫逃的同一個不列顛島嗎？還有，查理二世在布萊克希斯（Blackheath）看到順從的鐵騎軍排列成陣，鐵鎧刀槍寒光閃閃，隊形威武整齊時，一定會想，自己到底是睡是醒。他藏在巴斯科貝的橡樹枝椏中，躲開鐵騎軍巡邏隊的搜捕，到

現在才不過八年時光。鐵騎軍在溫林頓橋將他的擁護者擊潰，到現在也才只有幾個月。進入倫敦商區是場隆重的感恩場面。市長與反叛的倫敦市議員領頭慶祝這個節日。長老教派的神職人員阻攔住查理二世的去路，只不過是想要在行禮時，爭得呈獻給國王《聖經》的榮譽。議會兩院都表示會對他本人與他的權力忠誠。所有的群眾，不論貧富、保王派或圓顱黨、主教團派、長老教派與獨立派，構成了史無前例的合解與歡樂的場面。那一天是英格蘭至樂的喜日。

　　　　＊　　　　＊　　　　＊　　　　＊　　　　＊

　　不過，歷史的巨輪還不曾像許多人可能想到的，那樣轉了整整一圈。這次復辟不僅是君主制的復辟，而且是議會的復辟。的確，它是議會歷史上最偉大的時刻。平民院在戰場上擊潰了國王；它終於控制住為這個目的所建立的可怕軍隊。它已經自行糾正的過分的行為，現在成了這個國家不可挑戰、不可爭議與最有勢力的機構。當年向查理一世提出有關政體的訴求中，一切正確的意見都已經根深蒂固，甚至於根本不必重提。自從查理一世於一六四二年年初逃出倫敦後，所有「長期議會」制定的法律與共和時期或護國公主政時期的所有法令，現在都已作廢。但是查理一世曾經同意的特權限制仍有效力。他曾經蓋過御印的法令也仍舊有效。一六四一年的工一切法令仍然有效。最重要的是，每個人都理所當然地認為，王室是議會的工具，國王是臣民的僕人。

　　雖然「君權神授」之說再度得到承認，但是國王的絕對權力（Absolute Power）卻被棄置了。樞密院的刑事裁判權、「專斷暴虐的法庭」（The Court of Star Chamber）以及高等宗教法院都成消失了。國王未經議會批准，或者藉由巧妙的及富爭議性手段而課稅的觀念已經消失了。此後所有通過的法規都由合法選出的議會多數之決定，國王的命令全都不能抵制或取代法規。王政復辟實現皮姆與漢普頓原來尋求的目標，當初他們都曾因緊張的衝突，以及戰爭與獨裁政治帶來的罪行及愚行，有了過渡的行為，現在這些

行爲已經排除了。平民院及習慣法得到了長期的勝利。

關於君主的新概念現在已經誕生了。過去議會與查理一世及他父親產生衝突時，議員便不曾有意廢除全部王權。平民院議員中的律師在這鬥爭中首當其衝，他們所爭論的是主要是習慣法的原則。他們曾經奮鬥，想使國王遵守法律。這意謂，他們認爲大憲章所代表的傳統法律，是使英格蘭人免於任意逮捕與任意懲罰的法律，也是數個世紀以來曾在習慣法法庭宣布的法律。議會並不曾爭取它本身至高無上的權力，或設法摧毀國王的傳統權力，但是卻努力控制國王行使傳統的權力，以使議會或個人的自由得到保障及保護。科克曾經聲稱法官是最高的法律詮釋者。在沒有國王與沒有王室特權的歲月裡出現了一個觀念，即議會的法案是最終的權力。這種觀念在歷史中找不到根源，也不受律師賞識。權力已由律師傳到騎兵軍官的手裡，這些軍官在憲政上留下了他們的痕跡。科克聲稱，國王與議會甚至不能聯手壓抑相關的習俗與傳統的基本法，他夢想法官在習慣法的最高法院宣布，何者是合法而何者不合法，但是他這種想法已經在英格蘭永遠地結束了。但它在大西洋彼岸的新英格蘭（New England）存活了下來，後來在反對議會與國王的美國獨立戰爭中出現。

＊　　　　＊　　　　＊　　　　＊　　　　＊

王政復辟期間的財政問題，像以往的任何一個時期一樣，是個刻不容緩的棘手課題。除了一般開支，還需要大筆經費補發軍餉給軍隊，與償付國王在流亡期間所負的債務。議會拒付護國公統治時所欠的債。國王放棄了他的封建財產的監護權、封地佔有權（knight service）以及其他中世紀殘留的權力。議會撥給他一定的年金，加上他世襲的財產，估計總共可達大約一百二十萬英鎊。這使得他非常拮据，事實上這個數字還相當可觀，他與他的顧問們都表示滿意。英格蘭因爲經歷了浩劫而陷入赤貧，收稅工作嚴重受阻，安定生活的問題不容蔑視。關於異於平常的支出，查理二世都得仰賴議會；他與克拉倫登雙雙接受這種事實。國王將無法

擺脫議會的擺布。

　　但是國王與議會都不能擺脫軍隊的支配。這支軍隊已經發展達到四萬人，戰鬥力舉世無雙，即將解散，無論如何再也不能建立這樣的部隊了。「不需要常備軍」成為所有黨派的共同口號。

　　獲得統一的國家所作的決定，有如對潰爛傷口開刀，不論手術是多麼必要，患者都會感到疼痛而畏縮。保王派感到屈辱；雖然他們的事業後來證明是正確的，但卻沒有讓他們在經濟上受到的處罰與得到任何的舒解。他們說「大赦賠償法」（The Act of Obligation and Indemnity）事實上是赦免過去的功勞，保護過去的罪行，但是他們的抗議徒勞無功。實際上僅將查理一世判處死刑的人將受到懲罰，另一方面，那些在血戰中打敗他，以及蓄意懲治國王忠實朋友的人反而安然脫罪，甚至於致富，這一切都使保王派感到憤慨。然而，除了士兵以外每個人都贊成解散軍隊，可以不經流血衝突而完成此事似乎是奇蹟。鐵騎軍的士兵在輿論之前都感到羞愧。人人反對他們。在他們曾經提供過的服務之後、在戰場上贏得無數次的勝利之後、努力為國家建立了神聖的政府之後、約束個人的行為之後，此時發現自己到處遭人討厭。他們將被投擲到黑暗的角落。但是他們屈服於輿論的潮流。他們已領到軍餉。解甲返鄉，重操舊業。在幾個月之內，這個力量至大，所向無敵的戰爭機器，可能在任何時刻吞沒整個王國與社會軍隊，此時消失在民間，幾乎未留下任何痕跡。此後他們成了勤奮與穩健典範，與以前表現得勇猛與熱誠的情形一樣。

　　曾經簽署查理一世死刑執行令的大約六十人，當中約三分之一的人已經死了，三分之一逃往他國，剩下的僅有二十個人。查理二世努力地對抗忠於他的議會，儘可能地多救幾個人。結果群情憤激。他要寬待殺害他父親的人，而議會中許多曾經支持這個行動的議員，現在卻大肆喧囂要求懲兇。最後有九個人因弒君而被處以極刑。他們是集體罪行的替罪羔羊。他們幾乎全對自己的行徑感到自豪。哈里森與其他軍官都步上了行刑台，深信後代會對他們的犧牲

致哀。休‧彼德斯（Hugh Peters）是位性情剛烈的傳教士，只有
他表現出軟弱；但是他的朋友從容就義的榜樣與強烈的興奮情緒支
持著他。渾身是血，手執大刀的劊子手，在血泊中走近他，然後問
道：「彼德斯博士，這樣子行刑，你覺得如何？」他堅定地回答，
這樣對待他已經夠好了。

被處決的人數遠不及公眾的要求，所以在這個血腥的地方又增
加了一個額外的節目，但這次沒有付出任何生命的代價。克倫威
爾、艾爾頓與布雷德蕭幾年前才以隆重的儀式下葬在西敏寺大教
堂，他們的屍首都被人從棺材中拖出來，放在囚籠中拖往泰本
（Tyburn），吊在三角的絞架上達二十四小時。他們的腦袋都釘在
明顯的地方示眾，剩下的屍身都扔在糞堆上。皮姆與廿位其他議會
派人士的屍身也從墓裡挖了出來，埋在一個土坑裡。與死者進行這
種殘忍至不忍卒睹的爭戰，是凶恨的輿論壓力造成的，查理二世為
了應付這種輿論壓力，願意拋擲屍骨而挽救活人。

在英格蘭只有另外兩個人被判死罪，是藍伯特將軍與亨利‧韋
因爵士。藍伯有輝煌的歷史，在共和制最後一年，他隨時都可能奪
取最高權力。我們曾經提過，他要將女兒嫁給親王的計畫。他曾經
想成為共和國的行政長官，搶先行動破壞蒙克；或者在打敗蒙克之
後，轉而作護國公的繼承人。他無所無畏，在軍事革命方面深具經
驗。只不過他失敗了。現在鐵騎軍的將領，縱橫十多個戰場的英雄
藍伯特，在法官面前受審。他求國王恕罪。國王的弟弟約克公爵是
他有力的辯護者。他得到了赦免，到根息島（Guernsey）度過餘
生，「可以在這個島上自由活動」，後來遷往普利茅斯，以繪畫及
研究植物自娛。

亨利‧韋因的個性比較強硬。他蔑視求饒，為自己辯護時精神
十足，他的論點既吻合法律也合乎邏輯，他很可能得到赦免。但是
他過去的一個事件，現在成了他的致命傷。人們記得二十年前他偷
了他父親的樞密院會議記錄，洩露給皮姆，聲稱斯特拉福曾建議將
愛爾蘭軍隊調到英格蘭，如此一來決定了斯特拉福的不幸命運。如

果都必須要償還的話，這的確是不會被人忽略的一筆血債。查理二
世表示，並沒有饒恕他的想法。查理二世說：「他太危險了，如果
我們能名正言順地將他除掉，就不能讓他活著。」亨利‧韋因欣然
自信地赴義就死。號角齊鳴，淹沒了他想對敵視他的群眾發表演
說。

　　王政復辟時，蘇格蘭只有一位重要人士被處死，是阿蓋爾侯
爵。他來倫敦參加迎接國王的活動，立即被捕。查理二世期望擺脫
這個包袱，將他送回蘇格蘭，接受貴族同儕與同胞的審判。復辟的
查理二世一直盡力要將這些令人毛骨悚然的暴行減少到最低程度。
他說：「我對將人判絞刑一事感到厭倦。」但是蘇格蘭的議會順應
當時的民情，急忙將他們以前的領導人兼導師送上了行刑台。阿蓋
爾也懷著堅毅的勇氣與虔誠就義。但是每個人都感到，他的下場與
蒙特羅斯的遭遇算是兩相抵消了。因此，整體而言，由於查理二世
極力營救，在這場緊張的反革命行動中被處死的不到十二人，但這
多少有損他的威望。查理二世必須享受的諷刺是，宣布這些人死刑
的，正是好是犯罪活動主要的從犯與獲利者。議會派的領導人物、
貴族院與平民院的議員、共和制或克倫威爾治理下的高級官員，馬
上改變立場坐到審判弒君者的特別法庭上。正是由於有這些原因，
歷史自會評斷應該給這次可悲而有限制的報復行動，留下怎麼樣的
臭名。

【1】　譯注：即平民院所在地。

【2】　譯注：羅馬貴族派政治家，刺殺凱撒的主謀。

【3】　譯注：英格蘭文學家，以寫日記聞名，敘述了王政復辟等事件。

【4】　譯注：大洪水後諾亞方舟停駐之地。

【5】　原注：Oxford Book of Seventeenth Centary Verse (1934),P.584.

【6】　譯注：指弒君行動。

【7】　譯注：即貴族院議員、平民院議員及貴族院主教議員。

第二十二章 快樂的君主

請國王返駕回國的這屆議會是個勢力均衡的集會團體,代表國家正反雙方的勢力。它成功地克服了王政復辟引起的嚴重政治難題。不過,因為它不是國王下令召開的,所以並非合法的立法機構。這的問題被人們認為是致命的缺陷。查理二世認為,如果他採取進一步的措施,情況可能會更不好,他只對議會使用自己的權力,追認召集這次議會的行動是合法的。但是這並沒有讓議會完全地合法。它不能算是議會,只是個「大會」(Convention)。一六六○年底,大眾認為有解散議會的必要。重新恢復的法制的尊重,預防全國以宗教解決這個問題的所有機會。得到解放的人民以選舉表達歡愉心情。保王派在王政復辟時毫無作為。他們已被完全打敗且受到驚嚇。如今他們的機會到了。西敏寺出現了一個大多數都反對的清教徒議會;曾與魯伯特親王一道衝鋒陷陣的人或他們的子弟,在克倫威爾暴政期間就隱居在傾圮的家園與毀損的領地,現在他們走出來了。

英格蘭歷史上最長的議會開始了。這個議會維持了十八年之久,被稱為「保王派議會」(The Cavalier Parliament),或者,更加有意義一點的名詞是「領養老金的議會」(The Pension Parliament)。最初議會成員是由不再年輕的人及戰場上的傷殘老兵組成的。議會最後解散的時候,他們之中除了二百人之外,其他議員均在補選(by-election)時被淘汰,取代他們的通常是議會派或他們的後代。從首次開會時起,這個議會在理論上比較像保王派,而非實際執行上。議會將一切榮譽歸于國王,卻無意由國王管理議會。因為支持國王的事業而變得貧窮的地主、仕紳們,都不是盲目主張君主制度的人。他們無意與人分享奮鬥得來的議會權利。他們準備訂立條款,以民兵防禦國家;但是民兵必須由郡縣的都尉(Lord-lieutenant)控制。他們確認國王的權利高於武裝部隊之上,但是他們也要確保國家唯一的部隊受到各地他們自身階級的控

制。因此，不僅國王，連議會都沒有擁有軍隊。郡縣望族與仕紳成
了當地的武力收藏處。「保王派議會」憑仗艱辛的經驗與長期的考
量，確認了這一點之後，便致力於宗教問題，他們特別注意宗教對
政治與社會層面的影響，也及關心宗教本身的利益問題。

　　從伊莉莎白女王時代到內戰時期，各個君主都以《祈禱書》及
主教團爲基礎，以建立統一的全國性教會（National Church）爲
宗旨，他們也希望統一英格蘭與蘇格蘭的生活與信仰。靠著克倫威
爾的刀劍，這些目標在完全不同的形式下，以野蠻的方式完成，甚
至延伸至愛爾蘭。現在，教會與國家、議會與宮廷，對此表達強烈
的反應，反對這一切。

　　大法官克拉倫登是首席大臣，在政府中有主導的權力，一整套
法案均以他的名字爲名，這些法案旨在重建英格蘭國教的地位，迫
使新教各派處於對立的地位。查理二世喜歡採取容忍的政策，而克
拉倫登則主張採取理解（Comprehension）的政策。但是保王派議
會、勞德的追隨者，現在由流亡中歸來，還有長老教派一些固執的
領袖等，妨礙了他們兩人的政策。議會體認到，除了英格蘭國教之
外，確實還有其他的宗教團體，議會決定，即使不消滅這些宗教團
體，至少也要讓它們失去能力。要採取合併了不信奉國教這股有明
確目標的政治力量，首先在一六八八年革命時，實現了宗教自由，
然後廢除教會的特權地位。但是廢除教會特權地位的目標，直到十
九世紀工、商中產階級成了各政治組合中的決定性因素時，才得以
實現部分。很難確切地評估不信奉國教者對英格蘭政治思想的影
響。他們繼承傳統清教徒的嚴峻、固執，及許多狹隘特性。他們有
廣博的學識。或許一個無所不包，並且得到廣泛的支持的教會，最
能爲宗教事業服務。但是也可能是，不信奉國教者提供的各種宗教
思想，雖有廣大的基礎，並不被國教派（State Church）接受；
而以後的三大團體（The Three Bodies）——理性的長老教派、獨
立的公理會派（Congregationalist）、狂熱的浸禮會派（Baptist）
——都表達了英格蘭固有及分歧思潮的趨勢。

　　不論結果是好是壞，「克拉倫登法規」（Clarendon Code）是這些思潮的分界線。它破壞了建立一個統一的全國性教會（the United National Church）的所有希望。可能是無意識地，但卻是明確地，主教團變成一個教派的領袖，而非一個全國性教會之領袖地位。它是「偉大的教派」（The Great Sect）、「法定的教派」（The Official sect）、「確立的教派」（The established sect），但畢竟仍舊是個教派。它的外圍是各式各樣的反對國教者（Dissent）或不信奉國教者。「大會性質的議會」（The Convention Parliament）結合英格蘭信奉新教信仰的大多數基督徒，很可能做出妥協。「保王派議會」接受教會分裂，而且因為本身屬於較大、較富、較得寵的一派而至感歡欣。他們根據自己的制度建立了一個黨派，而不是一個國家。曾經為上帝與國王奮戰的鄉紳與地主應當有自己的教會與主教，就好像他們現在有自己的民兵與治安委員會（Commission of the Peace）一樣。

　　一六六二年的「克拉倫登法規」在某些方面超越了克拉倫登自己的觀念。他受到王政復辟感動人心的啟發，希望能夠統一國家的政教。查理二世也不願見到政教有巨大的分裂。他對不同教派的態度已從不關心變成容忍。他的確不具備宗教情懷。如果一位紳士要信教，或許信奉羅馬天主教會讓查理二世最為滿意。但是，這樣子會製造什麼樣的麻煩呢？難道說國教不是英格蘭王位的支柱嗎？查理二世希望見到所有的宗教狂熱能夠冷靜下來，並且被消減。為什麼要為了以後的世界而煩擾現在的世界呢？為什麼要迫害他人，只因為他不同意各種讓人懷疑又讓人爭議的救贖之道呢？查理二世比較接受且贊同腓德烈大帝（Frederick the Great）直率的聲明道：「在普魯士（Prussia），每個人都必須以他自己的方式上天堂。」但是他並無意讓自己個人的看法造成任何麻煩。他在各階段都盡力地採取容忍政策，對其餘的政策只是疑惑地聳聳肩。他在「大會性質的議會」上對貴格派的代表們說：「你們可以確信一件事，沒有人會因為言論或宗教信仰而受到迫害，只要你們平靜地生活，而且

你們有國王的話作爲保證。」

「保王派議會」嚴厲地矯正了這種可悲的縱容。「克拉倫登法規」包含一連串的法令：一六六一年頒布的「市政府法」（Corporation Act）要求所有擔任市政職務的人聲明放棄他們的「神聖同盟與其禮節」。這個公職考試將許多長老派會員排除在外；宣示不會抵抗，則拒絕了共和派；而根據英格蘭教會的禮儀接受聖禮，則將羅馬天主教徒與一些不信奉國教者排除在外。這個法案的目的是要限制與議會議員選舉密切相關的市政官職，市政官職只保留給保王派的國教信奉者（Royalist Anglican）。一六六二年的「一致法」（Uniformity Act）強令教士使用伊莉莎白女王的《祈禱書》，這個版本的《祈禱書》有若干刪節並且增添某些有用的部分。「一致法」要求他們，毫不虛假地同意與贊同《祈禱書》中一切內容，並且迫使他們與大、中、小學的老師表示：「奉行英格蘭教會的法定儀式」。約五分之一的教士，也就是將近二千名神職人員拒絕服從，他們都被剝奪了聖俸。在這些全面的的決策之後，還有其他的強制措施。一六六四年頒布了「祕密集會法」（The Conventicle Act），要防止被逐出教會的教士對他們自己的聽眾傳教；而一六六五年頒布的「五英里法」（the Five-Mile Act）則禁止這些教士走出任何「城市、共同鎮（Town Corporate）、自治市鎮（Borough），或任何他們曾經傳教的教區、謀生的地方的五英里之外。」

對那些曾在戰場戰敗，在王政復辟中幾乎未扮演任何角色者的人而言，此一「法規」是他們勝利的具體表現。這個「法規」反映了當今英格蘭的宗教生活的分歧。這個「法規」也幫助政黨的建立。保王派握有大權，計畫聯合它的附屬勢力。國家的所有其他分子，包括不久前才統治過英格蘭以及使英格蘭恐懼的那些人，也出於本能地而聚在一起。現代伯明罕市（Birmingham）所在地的一大群鄉村，正好外在任何「城市、共同鎮、自治市鎮」的五英里之外。英格蘭中部地區的不信奉國教者都集聚在此，至今仍享有很高

的聲譽。因此，王政復辟並未產生任何統一全國的方式，反而製造了兩個英格蘭，各自具有不同的背景、興趣、文化與觀點。當然也有許多一致之處。麥考萊（Thomas Babington Macaulay）寫道：「任官職者與他們的朋友及隨從，有時被稱為「宮廷黨」（The Court party），他們與那些有時被尊稱為「地方黨」（The Country party）的人之間，被一條明顯的界限畫分開來。」後來有些作家證實了他的看法。那些享受官方恩惠，或希望得到官方恩惠的人，自然與那些不想如此的人有不同的利益。但是，除了這個區分之外，另外一條鴻溝正在出現。這條鴻溝在政治生活中畫分出保守派與激進派的傳統，並且至今仍然存在。我們進入了兩大政黨衝突的年代，而這兩大黨派不久就被命名為托利黨（Tory）與輝格黨（Whig），並且塑造不列顛帝國（the British Empire）的命運，而直到一九一四年大戰的戰火將一切化為烏有為止。

　　　　　*　　　　*　　　　*　　　　*　　　　*

　　查理二世並不需要為這些影響深遠的裂痕負責。他在位的整個時期都一直努力主張容忍。一六六三年五月，他想將「一致法」暫停實施三個月；但是復職的主教與議員們阻撓他。他在十二月頒布他的第一項「特赦聲明」（Declaration of Indulgence），宣布要行使國王本來就有的特許權（dispensing power），解除強加在反對國教者身上的宗教一致性或強求他們做的宣誓；但是平民院議員沒有意識到這正是他們正在做的事，反而對任何「藉法律建立宗教體制（schism）」的陰謀（scheme）。一六七二年三月，查理二世冒著極大的風險，頒布第二項「特赦聲明」，企圖「在所有宗教事務上，對各階級的非遵奉國教者（Nonconformist）及拒絕服從奉國教者（Recusants）」[1]，暫停執行所有形式的刑法」。平民院嚴加反駁，「宗教事務中的刑事法令只有『議會法』能決定暫停實施。」除了這個警告，平民院還揚言拒絕提供撥款。查理二世不禁想起克倫威爾的利劍，他就像立憲制度下的君主應做的那樣，國王屈服了。議會中的黨派分子應該明白在這個關係重大的時

期，查理國王表達的意見幾乎是唯一合乎潮流的仁慈主張。

　　但是查理二世爲了自己的需要頒布「特赦法」（the Act of Indulgence）。宮廷生活永遠有永無休止的聲名狼藉與厚顏無恥的醜聞。他的兩位主要情婦是，卡色曼女伯爵芭芭拉·維利爾斯（Barbara Villiers, the Countess of Castlemaine），與被封爲樸茨茅斯女公爵、英格蘭人則稱爲「卡維爾鴇母」（Madame Carwell）的路薏絲·德·喀爾娃（Louise de Kérouaille， Duchess of Portsmouth），這二個女人伴他縱情逸樂，並且拿外交事務當作娛樂。查理二世與葡萄牙的公主布拉干沙的凱瑟琳（Catherine of Braganza）結婚之後，並沒有停止種種放蕩行徑。她帶來了豐厚的嫁妝，約有八千英鎊的現款以及丹吉爾（Tangier）與孟買（Bombay）兩處海軍基地。查理二世對待他的妻子殘暴到了極點；還逼迫她接納芭芭拉做宮廷女侍。這位文雅、虔敬的葡萄牙公主有一次氣到鼻孔出血，暈倒後被抬出宮廷。民眾獲悉，國王納了一位民間情婦，即美艷出塵、性情良善的內爾·格溫（Nell Gwyn），她在街上被人民罵爲「新教的娼婦」（The Protestant whore）。但是，淫欲與自我放縱的生活，這些都只是侮辱了基督教王位中比較惡名昭彰的特點；它們，但是在亞洲的宮廷中就會被後宮的神祕色彩掩住。

　　查理二世的淫行讓道德敗壞傳遍四方，人們在擺脫了清教徒暴政之後大感輕鬆，刺激大眾尋求色情的冒險。受到褻瀆的大自然進行了加倍的懲罰。共和時期的議會曾經將通姦者處以死刑，查理二世卻以荒誕行爲鞭打貞潔與忠誠。不過，毫無疑問的，全國各個階層的群眾都寧可接受罪人鬆散的統治，而不喜歡受到聖人嚴謹的管訓。英格蘭的人民並不希望成爲清教徒心目中的上帝子民。他們曾經痛苦地被人提到超人的地位，現在則滿懷感激地從這個位置墮落。政體衝突與內戰兩者的英雄時代，以及清教徒帝國可怕的表現形式都已不復見。一切都縮到較小的規模、較輕鬆的步調。查理二世注意到，他身邊新一代的男子典型，比精神抖擻的保王派與作風

粗獷的圓顱黨都要弱得多，而保皇派與圓顱黨行將逝殆。

　　不可避免地，在拼命努力一陣子之後，就會有一陣子的筋疲力盡與無秩序狀態。但是這只是一閃即逝的景象。英格蘭民族仍存在於世，在宮廷中查理二世的、在他的身邊有了一位年輕人，是他禁衛軍中的一位掌旗官，查理二世網球比賽中的伙伴、是卡色曼女伯爵愛情中的入侵者，查理二世知道後並不高興。有一天這個人會握著比克倫威爾的劍還要長、還要的劍，揮動在更廣闊的戰場上，僅爲了不列顛的強盛與自由而抵抗敵人。這個人就是多塞特郡的鄉紳溫斯頓・邱吉爾（Winston Churchill），曾跟隨著他的父親在保王派中作戰，並且爲圓顱黨所傷、處罰與沒收財產。查理二世無法爲他忠實的擁護者做什麼。他試圖說服克拉倫登，讓溫斯頓爵士進入他私人「處理議會兩院共同事務委員」（Parliamentary manager）的委員會，但是並沒有成功。可是他在宮廷中爲溫斯頓的兒子找到一個工作，做他自己的隨從，還將溫斯頓的女兒阿拉貝拉（Arabella）安插在約克公爵夫人府中工作。此兄妹二人都充分利用了自己的有利條件。約翰・邱吉爾（John Churchill）晉升爲禁衛軍的軍官；阿拉貝拉成了約克公爵（the Duke of York）的情婦，爲他生了個兒子——詹姆斯・菲茨・詹姆斯（James Fitz James），即後來有名的戰士柏立克公爵（The Duke of Berwick）。

　　兩位擁有力量與能力、性格呈鮮明對比的人物左右著樞密院，他們就是克拉倫登與後來成爲沙夫茲伯里伯爵的阿什利（Anthony Ashley Cooper, Earl of Shaftesbury）。沙夫茲伯里十八歲就參加短期議會的革命。「我意識到這個世界不久，就發現自己陷在暴風雨中。」他曾經爲圓顱黨那一方作戰。與克倫威爾一起工作過。且身爲長老派的領袖，曾經影響與協助蒙克，促成王政復辟。他花了一些時間才崛起，但他還年輕，也讓人徹底的信服。沒有任何人比他更加瞭解蹂躪英格蘭的各種強大力量之結構，這些力量最後都因爲互相殘殺而暫時筋疲力竭。沙夫茲伯里是消失的統治制度中最有力的代表。雖然他曾經在無政府的歲月，率領長老教派對抗軍

隊，沒有人比他更瞭解獨立派的精神。因此，他是樞密院中主要支持容忍政策的人。無疑地，他至始至終都支持國王。他總是意識到鐵騎軍這些狗兒現在似乎已在酣睡。他知道他們躺在那裡，及如何將手放在他們身上。他還關心倫敦的情勢，倫敦在哪些重大的時刻具有決定性的作用，他都還記憶猶新。在查理二世的整個統治時期，他都支持倫敦，倫敦也支持他。「保王派議會」的立法活動煩惱著查理二世，同樣也煩惱著沙夫茲伯里，但兩人在行動上或原則上都無力對抗議會多數派不屈服的意志力量。

在查理二世在位的前七年，克拉倫登一直擔任首席大臣。這位明智、值得尊敬的政治家一直與國王及宮廷的放蕩行為、國王情婦們的勾心鬥角、國家歲收的不足以及平民院的偏執角力。他也要對抗查理二世一位寵臣的種種陰謀，此人便是被任為國務大臣及封為阿林頓伯爵的亨利·貝內特（Henry Bennett, the Earl of Arlington）。這位崇尚浮華的人物在查理二世的統治時期的政治事務中，有著重要的地位，有時後是扮演陰險的角色。他的同時代人物伯內特主教（Bishop Burnet）評論他時表示：「他傲慢自大而又厚顏無恥。他有探知國王脾氣的本事而且精於察言觀色，遠勝同時代所有的人。」克拉倫登的女兒已經贏得約克公爵的心，儘管他有各種手段可以阻止這件事，對於這位淑女也多有詆毀，婚禮還是莊重地舉行了。首席大臣現在成了國王弟弟的岳丈。他的外孫可能繼承王位。貴族對此極其嫉妒，克拉倫登自命不凡的感覺也因為與王室聯姻而更加膨脹。

丹吉爾是布拉干沙的凱瑟琳部分嫁奩，英格蘭得到丹吉爾使政府的轉而注意地中海與東方的貿易。由於經濟拮据，只有在經濟好轉時才能對抗摩爾人（The Moors）的入侵防禦丹吉爾，以及對抗海盜的侵襲防禦地中海的貿易。克倫威爾攻下敦克爾克之後，王室國庫每年必須負擔十二萬英鎊的開支，這數目是正常歲收的十分之一。對克倫威爾而言，他有意為了在歐洲的新教而大肆干預歐洲事物，敦克爾克是個無價的橋頭堡（Bridgehead）。托利黨的政策

已經不是在歐洲的行動上，而轉向在大西洋彼岸進行「貿易與殖民」。查理聽克拉倫登的建議，以四十萬英鎊將敦克爾克賣給了法蘭西。這項交易本身並非不合理，但是卻受到很多譴責。克拉倫登被控指收取重金賄賂。他在倫敦爲自己建造的龐大府邸，被人嘲笑而稱它是「敦克爾克府邸」（Dunkirk House）。這種指控似乎有失公正，但是卻留下污點，後來敦克爾克成了法蘭西私掠船的巢穴，更使他添上罵名。

英格蘭與荷蘭在漁業及貿易方面的海上敵對情勢變得很緊張，與克倫威爾的戰爭結束後，荷蘭人已經恢復實力。東印度群島的貨物流向阿姆斯特丹，西印度群島的貨物流向夫勒辛（Flushing）[3]；英格蘭與蘇格蘭的貨物透過多特（Dort）與鹿特丹（Rotterdam）轉運到歐洲大陸。在蘇格蘭沿海捕獲的鯡魚爲荷蘭議會（The States-General）帶來了富足的歲收。荷蘭東印度公司（Dutch East India Company）聚集了東方（the Orient）的財富。因爲葡萄牙在孟買的總督頑強地不交出凱瑟琳公主嫁妝中孟買這部分，所以英格蘭人在印度尚無可靠的基地。另一方面，荷蘭龐大的船隊每年數度滿載貨物繞過好望角。荷蘭人在西非海岸也很有展望，他們的殖民地與貿易站不斷地成長。他們還擠進新英格蘭殖民地，在哈德森河畔有個殖民地。這些行動太過分了。商人說服英格蘭議會，查理二世燃起愛國熱情，約克公爵渴望在海上榮耀。議會撥出二百五十萬英鎊的大筆經費。一百多艘新艦艇建造完成，上面都裝備了新式重砲。昔日保王派的軍官與克倫威爾旗下的軍官聯手，接受國王的委任。魯伯特與蒙克各自指揮一支分艦隊。海戰於一六六四年在西非海岸的外海展開，並且於次年延伸到英格蘭的海域。

六月，一百五十多艘艦艇組成的英格蘭艦隊，配備二萬五千人，並裝有五千門大砲，在洛斯托夫特（Lowestoft）外海與荷蘭艦隊相遇，打了一場又長又猛的仗，雙方許多將領在此役陣亡。克倫威爾時代的海軍將領；習慣穿著普通水手服的約翰·勞森（John Lawson），受到重傷。在約克公爵身邊，他的朋友法茅斯爵士

（Lord Falmouth）與麥斯凱利爵士（Lord Maskerry）被同一枚砲彈擊中，雙雙陣亡。但是荷蘭海軍將領科特勒爾（Kortenaer）與他們的總指揮奧普丹（Opdam）也雙雙陣亡。在戰鬥激烈之際，約克公爵坐鎮的戰艦「皇家查理號」（Royal Charles）（以前叫做「納斯比號」（Naseby））與荷蘭旗艦展開近戰。奧普丹冷靜果決，坐在後甲板區的椅上指揮作戰。英格蘭戰艦向他眾彈齊發，擊中了他的彈藥庫，將他與旗艦都炸得粉碎。在威力與技巧上，英艦的砲火明顯地超過對方，荷蘭人戰敗撤退，但是並沒有驚恐。

荷蘭海軍將領德·魯特（De Ruyter）由西印度群島返國，挽救了荷蘭共和國的命運。暫時替代約克公爵的桑德威奇爵士（Edward Montagu， the Lord Sandwich ）希望捕獲從地中海與東西兩印度群島回來的荷蘭商船，船上載著價值連城的貨物，但是它們避開了英吉利海峽，並且朝北行駛，在挪威的卑爾根港（Bergen）避難。丹麥與挪威共同的國王曾經與荷蘭人不和，如果英格蘭的艦隊攻擊在卑爾根港口避難的荷蘭運寶艦隊，他答應考慮讓英軍留下半數的戰利品。不過，英格蘭艦隊發動攻擊的時候，必要的命令尚未送達丹麥守軍的指揮官之手，他用岸上的砲火擊退了英格蘭艦隊。英格蘭人很憤怒，與丹麥人交戰，迫使丹麥人與荷蘭人結為盟友。德·魯特到達挪威海岸，護送大部分運寶艦隊安全進入特塞爾島（Texel）。歐洲大陸都認為，荷蘭人在戰爭的第一年能夠有效地抵抗遠強大他許多的英格蘭海軍，實在是很了不起。

一六六六年六月，甚至比洛斯托夫特戰役更大規模的海戰發生了。路易十四（Louis XIV）曾經承諾，如果荷蘭遭到攻擊，他會幫助荷蘭。查理二世抗議，指荷蘭是侵略者，法蘭西仍向英格蘭宣戰。英格蘭艦隊與荷蘭艦隊在北福爾蘭（North Foreland）附近對抗了四天。德·魯特指揮的荷蘭艦隊，軍艦上裝有較重型的大砲。倫敦都可以聽到砲聲，人們驚慌地意識到，在英吉利海峽對抗法蘭西艦隊的魯伯特與蒙克斷了聯繫。第二天海上砲戰結束的時候，英艦寡不敵眾；然後魯伯特於第三天抵達，才恢復了均衡的情

勢。但是第四天形勢逆轉，蒙克與魯伯特的艦隊因為損失慘重，雙雙退入泰晤士河。德·魯特獲勝。

像荷蘭人在前一年的情形一樣，英格蘭人並沒有因為戰敗而氣餒。艦隊在努力下重新完成裝備，很快地出海，甚至較以前更強大。他們再度遇到他們難以對付的敵手，一六六六年八月四日打敗荷蘭人而大獲全勝。不過，荷蘭共和國的艦隊第三次井然有序地下海，法蘭西的艦隊也終於在英吉利海峽現身。

英格蘭現在很孤立，甚至連海軍也難擔重任。交戰雙方都感到財政困窘。但是其他的災難耗盡不列顛島的實力。由一六六五年的春天起，大瘟疫（The Great Plague）蔓延倫敦。自從一三四八年黑死病以來，從來未見過如此嚴重的疫情。在倫敦，瘟疫最猖獗的期間，單單一星期便大約有七千人死於非命。王室移駕到沙利茲伯里，首都交給蒙克看守，他的膽識足以承受各種緊張情勢。丹尼爾·狄福（Daniel Defoe）[4] 所著的《瘟疫年的日記》（Journal of Plague Year）以生動、深刻的風格，為我們重新構建出這場瘟疫的驚惶與恐怖景象。一六六六年九月一場大火吞沒了這個受盡折磨的首都，瘟疫最嚴重的階段過去了。大火在倫敦橋（London Bridge）附近一條都是木屋的狹巷中燃燒起來，經強勁的東風助勢，火焰亂竄勢不可擋，整整燒了四天。市民懷疑，認為大火是再洗禮教徒、天主教徒或外國人的傑作，使得民眾氣得要發瘋了。查理二世已經返回倫敦，表現出勇氣與人道精神。大火再燒毀所有街道後，才在倫敦商區的城牆外面停下來，不過超過一萬三千幢住宅、八十九所教堂以及聖保羅大教堂都已經付之一炬。儲藏數月的貿易商品的倉庫都毀掉了，對歲收十分重要的煙囪稅款也化成了灰燼。然而，大火消滅了瘟疫；而對於後人而言，真正的災難大多不是這個不衛生的中世紀城市毀滅了，而是重建它時未採用雷恩（Christopher Wren）[5] 的計畫，沒有以聖保羅大教堂及倫敦交易所（the Royal Exchange）為中心，有計畫地修建碼頭與各條大道。不過，人們仍勇敢地面對重建的任務，聖保羅大教堂壯麗的

圓頂，在舊大教堂的灰燼中升起，屹立至今。

　　戰爭一直拖到一六六七年才停下來，查理二世現在設法與法蘭西及荷蘭講和。缺法金錢使得英格蘭戰艦無法守住海疆，在談判進行的期間，荷蘭人爲了促進談判，由荷蘭著名的共和國執政（Grand Pensionary）約翰之弟，海軍將領德・威特（Admiral De Witt）率領，從梅德韋河（The Medway）溯流而上。他衝破了防守查塔姆港口（Chatham）的水柵，燒毀了四艘戰艦，並且拖走了洛斯托夫特戰役擊斃海軍將領奧普丹的「皇家查理號」。荷蘭軍艦的砲響聲隨著泰晤士河河水傳來，這次響聲雷動。在普遍的憤怒與驚惶下，甚至保王派都說，在克倫威爾統治下未曾發生過這樣的事。清教徒都認爲，上帝藉瘟疫、大火以及海戰的災難，直接懲罰當時的不道德，尤其是宮廷的。

　　交戰雙方都同樣需要和平，因此以不重要的條件完成了和約。英格蘭在這場戰爭中主要的收獲是佔領了新阿姆斯特丹（New Amsterdam），該城現在重新命令爲紐約。但是戰火一結束，查理二世與議會便互相指責。宮廷問，當議會使國王經濟短缺時，如何能捍衛國家。議會反駁，國王揮霍許多金錢在情婦與奢侈的生活上。克拉倫登規勸雙方，但也受到雙方的抨擊。他與議會失和，譴責國王情婦，更糟的是，他讓國王感到厭煩。他遭到各方的彈劾，流亡異鄉，在流亡中完成了他卓越的《反叛史》（History of the Rebellion），此書爲他所處的那個時代罩上永久的光輝。克拉倫登下台之後，查理二世有一陣子由阿林頓的輔佐，心情比較輕鬆的時候則由受他好友白金漢（Buckingham）輔佐。白金漢是詹姆斯一世遇害的寵臣之子，個性活潑、機智、生活放蕩，曾在決鬥中殺死一個受侮辱的丈夫。「保王派議會」對於宮廷的德行與支出日益不滿，認爲必須擴大政府的基礎，自一六六八年起，五位主要的人物開始被認定爲負責的大臣。在此之前，人們經常談到關於內閣（Cabinet）與「陰謀集團」（Cabals）；現在，湊巧克利福（Thomas Clifford）、阿林頓（Arlington）、白金漢(Buckingham)、阿什

利（Ashley）以及勞德戴爾（John Maitland Lauderdale）這五個人的姓名的第一個字母縮寫，就拼出來了「陰謀小集團」（CABAL）這個字。

　　＊　　　　＊　　　　＊　　　　＊　　　　＊

　　克倫威爾從來就沒有認清歐洲大陸上最具影響力的一個事實：在西班牙與奧地利國勢削弱的情況下，法蘭西的崛起。在所有王為繼承者當中，少數人能夠遮蓋路易十四的天賦。他現在正是年輕時期。法蘭西人民，在樞機主教馬扎然賢明的治理下團結了起來，此刻成了歐洲最強大的民族。他們人口達二千萬，是英格蘭人口的四倍。法蘭西擁有地球上最美好的地區，是歐洲藝術、學術文化的先驅，軍隊陣容浩大和中央集權，在鄰國中猶如鶴立雞群。它甘願接受雄心勃勃、手腕高超的國王的領導。到一六四八年才結束的三十年戰爭，已經粉碎了神聖羅馬帝國在日耳曼的力量。哈布斯堡家族，在精神及歷史意識上統轄著四分五裂、組織鬆散的日耳曼各個小公國，既不能行使威權，也僅得到形式上的忠誠。甚至在世襲的領地奧地利，神聖羅馬帝國皇帝也都苦惱於匈牙利馬扎爾人（Magyar）的仇視、土耳其人無止盡的入侵威脅。因此法蘭西的邊境既無強大的國家，也無緊密團結的聯盟。法蘭德斯、布拉邦特（Brabant）、列日（Lié ge）、盧森堡（Luxembourg）、洛林（Lorraine）、阿爾薩斯（Alsace）、法蘭西康提（Franch-Comté）與薩瓦（Savoy）等，全都處於法蘭西的野心、武力與外交威脅下。

　　在此同時，南邊西班牙帝國與西班牙統治家族明顯的衰敗，對世界投下動亂的陰影。馬扎然已經打算，即使無法先將法蘭西與西班牙的兩個王位合而為一，至少也得將法蘭西與西班牙王室結合起來，這樣有利於統治世界。馬扎然說服路易十四娶西班牙的公主，但她身為法蘭西的王后，必須放棄她繼承西班牙王位的權力；而她放棄繼承權是有條件的，西班牙得付出一大筆金錢，算作是部分嫁妝。西班牙付不出這筆巨款，路易十四便早已經將合併法蘭西與西

班牙的兩個王位視爲他一生的主要目標。

　　西班牙的菲力普國王再婚，當他於一六六五年過世後，留下了身體孱弱的兒子——西班牙國王查理二世（Charles II of Spain），查理二世苟延殘喘了三十五年，是法蘭西計畫的阻礙。路易十四的計畫的事業被無限期地拖延；他斷然決心要從尼德蘭（The Netherlands）爲他自己取得補償。他宣布說，根據布拉邦特公國（The Duchy of Brabant）的古老習俗，第一任婚姻的子女於父親再婚以後，不會受到任何損失。因此法蘭西的王后擁有西屬尼德蘭的主權，而布拉邦特正是西屬尼德蘭的重要組成部分。路易十四領導他的人民發動第一次戰爭時，曾經提出過這些要求。法蘭西對於這些比利時省分（the Belgic province）提出的要求，西班牙政府並沒有太大的痛恨，畢竟也無力抗拒。但是，如果比利時落入法蘭西人之手，荷蘭共和國就無法生存下去。約翰・德・威特（John De Witt）領導荷蘭寡頭政治集團，一直都想在海上與英格蘭交戰，但是在陸地上與法蘭西交手遠超出了荷蘭共和國的實力。更重要的是，這可能加強約翰・德・威特的對頭——奧蘭治家族（the Orange party）的力量。奧蘭治家族的領袖威廉親王才十七歲，能力驚人。自從「沈默者威廉」（William the Silent）[6]的時代起，奧蘭治家族的成員都擔任荷蘭聯省的執政者（Stadtholder）或首席地方行政官（Chief Magistrate），在戰時出任武裝部隊總司令之職（Captain-Generalship）。與法蘭西衝突會給予威廉親王機會要求屬於其祖先享有的榮譽，至今卻拒絕給予他榮譽。約翰・德・威特企圖進行談判，做出了很大的讓步。但是路易十四派遣蒂雷納元帥進入法蘭德斯，佔領了西屬尼德蘭的大部分地區，並且爲了安撫神聖羅馬帝國皇帝，與他訂立了瓜分土地的條約，這在某種程度上保障神聖羅馬帝國的利益。受到如此的騷擾，約翰・德・威特與英格蘭締結合約。查理二世與「陰謀小集團」得到了英格蘭駐海牙（the Hague）特使威廉・坦普爾爵士（Sir William Temple）的協助，與荷蘭及瑞典三邊聯盟，共同對抗法蘭西。這

個新教的組合受到英格蘭全國的高興喝采。查理二世與大臣們發現，自己一時之間受到民眾熱情的擁戴。在一長串反抗法蘭西的聯盟中，這個聯盟是第一個，也暫時扼阻了路易十四的行動。他被迫與西班牙講和。依照一六六八年的「愛克伯沙條約」（Treaty of Aix-la-Chapelle），他將法蘭西康提歸還給西班牙國王；但是卻在法蘭德斯推進了自己的邊境。在其他收穫之外，還將繁榮的城市里耳（Lille）變成法蘭西最大、最堅固的堡壘。

英格蘭與荷蘭及瑞典結成的三邊聯盟在倫敦深得人心，但是未能平息英格蘭與荷蘭兩國貿易上的磨擦。瑞典在一位男童君主統治下國勢很弱，不久便改變了立場。三邊聯盟宣布瓦解。路易十四決定先收買兩個海上強國中任一個，再發動戰爭。他致函英格蘭，並於一六七〇年與查理二世開始進行祕密談判。查理二世的妹妹亨利埃塔（Henriette）——嫵媚的蜜奈特（Minette）——是路易十四之弟奧爾良公爵（The Duke of Orleans）的妻子，提供了密切溝通的管道。查理二世急需金錢。他向十四路易指出，議會會給他大量資金對抗法蘭西，而路易十四會給他多少錢不對抗法蘭西呢？如果路易十四付的錢夠多，查理二世便不需要召開令人畏懼的議會。這就是可恥的「多佛條約」（The Treaty of Dover）的基礎。

「多佛條約」除了最後公諸於世的條款之外，還有一項祕密條款，只有阿林頓與克利福及查理二世知道內容。「大不列顛的國王深信天主教信仰中的眞理……只要對他的王國的福利無損……他就決定立刻宣布自己是天主教徒。篤信基督教的法蘭西國王陛下承諾，給大不列顛國王二百萬里弗赫（livre tournoi）[7]……並以六千步卒協助大不列顛國王陛下。」查理二世一年還收到十六萬六千英鎊的補助金。他爲了金錢出賣自己的國家，把這些錢一部分用在尋歡作樂與情婦身上。他是否有意遵守如此不合常理的承諾是個疑問。無論如何，他並沒有打算履行承諾，並且將大部分現金用在加強艦隊上。

「多佛條約」提到進行第三次的荷蘭戰爭，當路易十四覺得時

機合宜時，法蘭西與英格蘭便會聯手出兵。一六七二年三月路易十四要求英方履行合約。英格蘭想與荷蘭發生爭執，並不缺乏藉口。一位駐海牙的英格蘭外交官寫道：「我們的任務是與他們決裂，然而卻要使裂縫發生在他們的門上。」荷蘭艦隊打破了既定的慣例，並沒有向一艘送威廉・坦普爾爵士的妻子回國的遊艇致敬。當英格蘭提出了抗議時，荷蘭人表示願意妥協；然後，英格蘭人策畫挑釁行動。英格蘭攻擊來自斯麥納（Smyrna），經過樸茨茅斯溯英吉利海峽而上的荷蘭艦隊，但是並未成功。戰爭開始了。英格蘭與法蘭西在海上集合九十八艘戰艦對抗荷軍的七十五艘戰艦，並且以六千門砲與三萬四千人對抗有四千五百門砲的二萬名荷蘭人。但是天才海軍將領德・魯特維持住荷蘭共和國的尊嚴。一六七二年五月二十八日，在索爾灣（Sole Bay）的大海戰中，德・魯特趁著英法艦隊下錨的時候，突擊比他多上十艘的船艦。這場歷時長久的海戰既慘烈又殘酷。薩福克郡（Suffolk）海岸上擠滿了興奮異常的觀戰者，幾英里外都聽得到隆隆的砲聲。法蘭西艦隊強行出海，但是風向使得他們無法與敵人作戰。約克公爵的旗艦「親王號」（The Prince）遭到圍攻。甲板上站著禁衛軍第一連官兵。掌旗官邱吉爾正在這連上服役，這艘旗艦受創慘重，如同平常一樣英勇的公爵，被迫將他的指揮旗換到「聖米迦勒號」（St Michael）上；當這艘艦艇也受創無法行動時，他再將指揮旗移到「倫敦號」（London）上。在第二艘旗艦「皇家詹姆斯號」（Royal James）上的桑德威奇爵士，在艦艇著火幾乎燒到吃水線而沈沒時殉國。不過，荷蘭人也損失慘重，只好撤出戰鬥。

　　在陸地上，路易十四以可怕的兵力打擊處於困境的荷蘭共和國。突然之間，沒有任何原因或爭執，他的騎兵就渡過了萊茵河（The Rhine），大軍入侵荷蘭。十二萬名法蘭西部隊首次在槍口邊裝上刺刀，但並不是插在槍口中，勢不可擋。八十三個荷蘭據點開啟城門。荷蘭人面對著民族滅絕，只好向奧蘭治親王威廉（William of Orange）求助。「沈默者威廉」的曾孫現在身任總

司令，並沒有使他們失望。他輕蔑地發出著名的豪語：「我們可以死於溝壑。」他打開堤防上的各個閘口，激烈的洪水變成洪水，淹沒了肥沃的田地，挽救了荷蘭。海牙發生了革命，奧蘭治親王威廉成了聯省的執政者。德・魯特辭職下台。他與他的弟弟在首都被奧蘭治集團的暴徒分屍。

一六七三年一整年，德・魯特都維持著荷蘭的海軍力量，在多次的激戰中獲得了程度不一的勝利。八月二十一日，他在特塞爾島外海的大戰中擊退英法的聯手入侵，並且成功地將荷蘭的東印度群島船隊接入港內。陸戰方面，路易十四親自上陣。孔德元帥（Marshall Condé）以較弱的兵力在北方纏住荷蘭人，蒂雷納元帥在阿爾薩斯與神聖羅馬帝國皇帝的部隊交戰，同時路易十四由王后與他的情婦蒙特斯龐侯爵夫人（Madame de Montespan）陪同下，與整個宮廷在壯觀的法蘭西軍隊面前，率領軍隊向前挺進。不久他就選擇大約五千人衛戍防守的荷蘭堅強堡壘馬斯垂克（Maestrict）作為攻擊的目標。他說：「大規模的圍城比其他的方式更能取悅我。」圍攻城池的確比兩軍廝殺更適合他的軍隊部署。馬斯垂克在長期防守之後開城投降，這是這項戰役決定性的意義。

【1】　譯注：英格蘭政治家兼史家，著有《英格蘭史》等書。
【2】　譯注：即所謂的羅馬天主教徒。
【3】　譯注：即維里辛根（Vlissingen）。
【4】　譯注：英格蘭作家，《魯賓遜飄流記》的作者。
【5】　譯注：英格蘭建築師。
【6】　譯注：即威廉一世。
【7】　譯注：法蘭西舊時流通貨幣名，當時價值一磅白銀。

第二十三章　天主教的陰謀事件

　　一六七三年二月的議會會議，使查理二世知道他的臣民厭惡對荷蘭新教共和國進行的戰爭，他容許他自己捲入這個戰爭，並不是以英格蘭貿易的維護者的姿態，而是路易十四的僕人。英格蘭人憎恨荷蘭人在海上公然侮辱的行為、嫉妒他們的貿易，但恐懼與敵視信仰天主教的法蘭西的情緒，在歐洲已日益擴大並成為主流，已經蓋過前者。倫敦耳語四起，傳說國王與他的大臣都曾接受法蘭西的賄賂，出賣不列顛島的自由與信仰。「多佛條約」中的祕密條款若公諸於世，一定會引起無法衡量的暴力政治風暴。沙夫茲伯里雖然未聞此一祕密條款，也一定有所懷疑。早在一六七三年阿林頓似乎就已經對他承認這些事實。機敏果決的沙夫茲伯里退出政府，成了反對派的領袖，這個反對派也像皮姆領導的反對派一樣兇猛。平民院對法蘭西日增的敵意、對天主教捲土重來浪潮的恐懼、國王「對天主教徒的寬容」、約克公爵皈依羅馬天主教，這一切在全國各地攪起深沈又危險的動盪，在這動盪中支配勢力的國教勢力與長老教派及清教徒的完全協調一致。到處都可以聽到政治喧囂聲。咖啡館內人聲鼎沸，小冊子流傳，補選場面騷亂。國王被逼接受忠誠宣誓（Test）的法案。沒有鄭重聲明不信「聖餐變體論」（Doctrine of Transubstantiation）[1] 的人，就不能在海上或陸上擔任官職或接受國王的委任令。這項整肅摧毀了陰謀小集團。克利福是位天主教徒，拒絕作偽誓；阿林頓因為不得人心而遭到解職；白金漢則與國王本人發生過爭執。沙夫茲伯里投票贊成過「宣誓法」（The Test Act），是反對派的領袖。只有勞德戴爾憤世嫉俗、殘暴不仁，而又奴顏婢膝，成了蘇格蘭的主人。

　　所有的視線都集中在約克公爵詹姆斯身上。他的前妻安妮・海德（Anne Hyde）去世後，他與信奉天主教的摩德納公國的瑪麗（Mary of Modena）聯姻，使他遭人猜疑。他會選擇掩飾，還是放棄他所有的官職呢？這位王位繼承人不久就辭去海軍大臣（Lord

High Admiral）一職，而不是服從「宣誓法」。這件事使全國感到驚愕。王后不可能爲查理二世生一位子嗣。王位因此會傳給一位天主教徒，而他爲了對得起良心，將毫不遲疑地犧牲每項現實的利益。現在國教派（Anglican）與反國教派、追隨過魯伯特的戰士與追隨過克倫威爾的戰士等反對國王及他的政策的勢力聯合起來，且深具實力。所有的武裝部隊都掌握在保王派仕紳的手中，單單在倫敦便有數千名克倫威爾昔日的兵士。他們現在都站在同一邊，由十七世紀第二位偉大的議會戰術家沙夫茲伯里率領他們。在各種聯盟中，這股力量成了查理二世最大的威脅。

　　德萊登（Dryden）以不朽的詩句紀錄他對沙夫茲伯里的評價，雖有偏頗，卻是比較全面性的評價：

　　　　嚴密的企畫與欺詐的諮詢皆勝任，
　　　　賢明、大膽與狂暴的機智，
　　　　求變、不定的原則與地位，
　　　　貪權心不悅，罷黜心亦煩；
　　　　性急如火，自找出路，
　　　　焦躁、矮小的身軀腐蝕，
　　　　與改造泥磚做的房子。
　　　　膽大無畏的領航人，
　　　　樂見危險，當海浪翻高時，
　　　　他尋找暴風雨；但是，對平靜的不適應，
　　　　他會掌舵進入黑暗的沙灘以炫耀他的機智。
　　　　他偉大的機智與瘋狂相稱，
　　　　只有細微的差別可以區分這兩者。

　　「保王派議會」的力量在每次與王室的爭執中都有充分的表現。它已經在外交政策上有所發揮，完全控制國內事務，並且藉「宣誓法」（Test Act）或「彈劾法」（Imperachment）這些強硬

的策略，逼迫國王更換他的顧問。現在出現了新的發展。約克郡的地主湯瑪斯・奧斯朋爵士（Sir Thomas Osborne），在平民院凝聚很大的影響力，爲了拯救自己，他不得不大力反對國王。他的政策是將所有受到歡迎的因素——內戰中支持君主，但現在對宮廷深感憤怒的因素——結合成爲一個強大的黨派。這個黨派主要的理想是實行節約，維護國教與不受法蘭西人的支配。奧斯朋在樞密院提出這些目標後，不久便晉升貴族，受封爲丹比伯爵（Earl of Danby），他以自己在平民院擁有的微弱且有效多數黨派的基礎，開始執政。爲了將他的追隨者團結起來擁護國王，並與反對派決裂，丹比於一六七五年提議，任何人沒有事先宣誓：一切抗拒王權的任何行爲都算是犯罪，便不得擔任官職或擔任任何一院的議員。這是故意要畫清界限，反對清教徒與其傳統。這個計畫要將整個政府在中央的與地方的大權，都交給保王派，並與其他的黨派抗爭。丹比以腐敗的政黨運作及史無前例的補選活動，設計了這項計畫，在貴族院受到沙夫茲伯里及白金漢的反對，因爲這兩位前任大臣的反對如此強而有力，丹比不得不放棄他新的、具報復性質的「宣誓法」。

在外交事務上，這位新大臣公開地與他的主人唱反調。他反對法蘭西的支配地位與干預，因此獲得普遍的支持；但是，他被迫知悉查理二世與路易十四的祕密條款；而且，因爲非常堅持保王派認爲國王應當有相當大的個人權力的觀念，他因此代表查理二世向法蘭西國王索取金錢。當他設法使約克公爵前妻所生的女兒瑪麗與現在著名的新教英雄奧蘭治親王威廉聯姻時，他的個人聲望達到了頂點，不過並非十分穩當。這個聯姻有極大的影響。對信奉天主教的法蘭西國王有所畏懼，已經使所有的人將希望寄託在這位令人敬畏、光芒萬丈的荷蘭聯省執政者的身上，他是查理一世的外孫。威廉的新教信仰堅定、舉止莊重、天賦出衆以及血統高貴，已經在歐洲建立了卓越的地位。現在他娶了約克公爵的女兒——英格蘭王位的推定繼承人（heir presumptive），他似乎也有繼承王位的可

能。這絕對不是國王查理二世的看法,更不是他弟弟詹姆斯的看法。他們並未將這個危險性看得很嚴重。查理二世相信,沙夫茲伯里的反對派勢力可能由於這項婚姻而被削弱,而約克公爵自信自己的繼承權無虞。就這樣,完成了聯姻,而最近曾在狹海(The Narrow Seas)上對抗,進行令人難忘的海戰的兩個海上國家,因這不平凡的婚事團結起來了。此後,荷蘭人與英格蘭人在歐洲事務就少有分歧了。

　　　*　　　*　　　*　　　*　　　*

　　就在這個時刻,路易十四對自己在查理二世身上的投資結果感到不滿,對於婚事可能會將英格蘭帶入荷蘭體系,並且強烈維護新教的利益一事極為憤怒,他決心毀掉丹比。他對許多拿了他的賄賂同時又反對他的英格蘭反對派人士透露丹比一直向他索取金錢的事。在仔細地策畫之後,這個消息以最戲劇性的方式在平民院揭露。在最可怕的時刻爆炸開來。每個人都在談論,要使信奉新教的英格蘭屈服於羅馬教廷的陰謀詭計。到處都流傳著與法蘭西國王訂立密約,以及約克公爵似乎要繼位的謠言,謠言燃燒,煽動起所謂「天主教的陰謀」(Popish Plot)。

　　一位聲名狼籍的教士泰特斯‧奧茨博士(Dr. Titus Oates)成了新教的擁護者。他得到了英格蘭天主教徒與耶穌會會員寫給在聖奧梅爾(St. Omer)及法蘭西其他天主教中心虔誠同修(co-religionist)的信件。憑這些資料,他控指約克公爵夫人的私人秘書科爾曼(Coleman)陰謀謀害國王,號召法蘭西來入侵,屠殺新教徒。議會兩院中許多負責任的議員都相信奧茨的指控,或者,假裝相信這一切的指控。於是有關當局下令逮捕科爾曼。其實他無意對查理不利,但是他是天主教活動與通訊的中心。他在被捕前成功地燒掉了大部分的文件;但是被沒收的文件中,有不夠謹慎的文字,提到要恢復舊信仰(Old Faith),以及天主教對查理二世的態度表示失望等,這些文件在這個時刻讓對奧茨的指控更增添了真實性。一六七八年十月,一位行政長官埃德蒙‧貝里‧戈弗雷爵士

（Sir Edmund Berry Godfrey）審問科爾曼。在這案子在審理期間，有天晚上有人發現戈弗雷死在格林貝里・希爾（Greenberry Hill）山腳下，此山現在名為普里姆羅斯山（Primrose Hill）。謀殺的三個人，名字古怪地恰巧叫做格林（Green）、貝里（Berry）、希爾（Hill），雖然這三個人全因涉及此謀殺案而被判絞刑，但戈弗雷的死亡謎團卻永遠沒有解開。這件兇案有如火上加油，驅使英格蘭社會更加瘋狂。國教徒與清教徒都以刀劍或護身武器武裝自己，倫敦人都在談論要小心天主教徒以匕首傷人。奧茨在幾個月之內成了受人歡迎的英雄；他與任何活著的人一樣邪惡，充分利用他的有利條件。另一方面，長久歷經革命的沙夫茲伯里看到了他乘風破浪的機會。

蒙塔古（Montagu）是前英格蘭駐法大使，與輝格黨及清教徒的領袖都有所勾結，他揭發一些丹比所寫的書信，信中曾提到，六百萬里弗赫是讓英格蘭同意提議中的法荷「奈美根條約」（Treaty of Nimwegen）的報酬，信中也提到，查理二世期望擺脫對議會撥款的依賴。法蘭西人因此項條約可獲得相當大的收益。丹比在辯解中宣讀了一些其他的信件，減輕了這些事情的嚴重性，但是並未推翻赤裸裸的事實。他的彈劾就此確定。甚至斯特拉福當年也未曾經歷過比這更加危險的困境。的確，丹比似乎不可能拯救自己的腦袋。查理二世希望暫緩處置他的大臣的死刑程序，這個程序有部分地不公正，且丹比的行為僅是為了取悅國王，最後，查理二世在一六七八年十二月解散了「保王派議會」。

這屆議會達十八年之久，其間多次休會。議會是在保王派對於王政復辟充滿熱忱時誕生；當查理二世深信，議會會將他降到威尼斯共和國總督（Venetian Doge）的地位時，它便結束了。在時間的長短上，這屆議會超過了「長期議會」。為了立憲制度而與王權對抗時，它在很長的一段期間都勝過富有朝氣的上一屆議會。它確立保王派在「大反叛」最後勝利的時候，所獲得的一切利益。它在有限的範圍之內以及後人所能瞭解的推定之下，恢復王權以及君

主制度的合法名聲。它也建立了議會對於財政的控制權，使大臣們對貴族院與平民院更進一步負責。它已建立在一塊岩石上，這塊岩石就是英格蘭政體中的議會勢力與新教勢力。這些力量之間雖然有嚴重的分歧，但是匯集起來後，在一六八八年因為要解決主要問題而發動了革命。

　　＊　　　　＊　　　　＊　　　　＊　　　　＊

　　查理二世毀掉這個長期支撐他的支柱時，並無意信任一個不同的黨派。他希望新科議會議員不要像舊保王派議員那樣嚴格死板、墨守成規、固執己見。他以為全議會比沙夫茲伯里較占優勢的倫敦鬧區來得友善。但是這一切是幻想。全國其他地區較首都更加富有敵意。各地都在享受著選舉。他們用候選人的錢開懷暢飲、熱情地爭辯。就像查理一世時期，「短期議會」之後發生的情形一樣，所有反對國王的名人又重新當選。一百五十名忠於宮廷的議員中，如今僅三十人當選議員。情況與一六四〇年的情況並無不同；但是，有一項確定的不同。國王與全國都經歷過一場雙方都不期望再重複的經驗。整個英格蘭都擔心會發生內戰、擔心會引起的克倫威爾式的暴行。父親命運的陰影老是緊隨在國王的身後。到了此刻，查理二世只想到要不計代價地拯救王權與他自己。他順從民意，向敵對的議會讓步。丹比面臨被褫奪公權的威脅，他很高興自己囚禁在倫敦塔，被人忘記了五年。不過他還有戲要演。

　　受到打擊的對象是約克公爵詹姆斯。查理二世已經命令他不要參加樞密院，現在則勸他離開英格蘭。約克公爵於是前往「低地國家」（The Low Countries），隨行幕僚中有位非常年輕的英軍上尉，在法軍中曾任上校的約翰‧邱吉爾，這個人是他信任的副官，善於理事。查理二世在國內感到安心後，便開始面對反天主教的猛烈風暴。奧茨與追隨他的其他作偽證者，對付天主教徒中的知名人士，開啟恐怖的時代。他們藉著作偽證與買通證據，將許多無辜的天主教徒送上了行刑台。查理二世盡全力保護他們，當他的努力徒勞無功，他就只好讓血腥的迫害活動繼續下去。他對人生憤世嫉俗

但頗爲深厚的認識，以及他在流亡歲月中經歷的盛衰，對他很有影響。他明知有些人無辜，卻簽署了死刑執行令，而他之所以忍受著臣民強加於他身上的死刑執行令，並非出於不良的動機。而是因爲他的行爲有重大的改變。他放棄了安樂、懶散、不問政治的態度。他看到他的生命與王朝瀕臨危險，因此著手運用他所有的資源與治國才能，現代的調查研究對他在收回已經失去的基礎時，所運用的政治手腕，越來越讚揚。他最後五年的統治期間，是他一生中最榮耀的一頁。他與沙夫茲伯里致命的決鬥是激動人心的插曲。它可以說是強中還有強中手。開始的時候，他似乎要任由這位可怕的臣子擺布；但是藉著利用時間與操縱情緒，以及發揮有如神助的才智，查理二世終於成了勝利者，而無情的雙手沾滿了無辜者鮮血的沙夫茲伯里，最後在流亡時去世。

　　對抗的中心是「排斥法案」（The Exclusion Bill）。防止天主教繼承人成爲國王，是全國大多數人的主要目標。什麼都可以，就是不能忍受這樣的情況。那麼誰將繼承王位呢？沙夫茲伯里寄望於奧蘭治親王威廉；但是，他也更喜歡查理二世與露西·沃特斯（Lucy Waters）的私生子——蒙默思公爵（James Scott Monmouth, the Duke of Monmouth）。這位公爵年輕、有魅力、浪漫、英勇、出類拔萃，我們受人愛戴的新教公爵是婚生子還是私生子呢？一般相信，查理二世與露西曾經締結某種形式的婚姻。據說「結婚證書」（Marriage line）放在一個「黑盒子」（Black box）中。結婚證書被教皇的使節盜走了。現在，英格蘭較有權力的集團想要建立蒙默思的合法地位。他們想要位國王，一位信奉新教的國王，在立憲制度下產生、屬於英格蘭國教的國王，帶著平民血統使他具有組織新教勢力的明確政策，對抗路易十四設法以天主教統治歐洲的企圖。只有一個人能夠解決這個問題。查理二世只要承認蒙默思是他的繼承人，就可以讓自己擺脫各種煩惱，也保障國家的前途。沒有任何事物能使查理二世背叛繼承權。他是好色者、放蕩者、不可知論者（agnostic）、藝術的愛好者，他只有對一件事情忠心，對

王室血統與合法繼承權忠心。不論此事對他自己及他的王國可能多麼痛苦，他都認為將王位傳給弟弟是他神聖的職責，與這位弟弟的美德與惡行相比，使他知道自己最不配戴上英格蘭的王冠。不論怎麼說，「黑盒子」的傳奇到現在都還在流傳；而在我們自己的時代，我們都被告知，不幸的蒙默思的後代，一位柏克盧公爵（Duke of Buccleuch）是如何發現並且毀掉露西・沃特斯的結婚證書，也毀掉君主制度的危機。

　　新議會召開時，平民院較上一屆議會的平民院更加好鬥。反天主教的絕對多數形成。新議會立即進行彈劾丹比；當彈劾不順利時，便乾脆褫奪他的公權，判他死刑。新議會集中力量推動「排斥法案」。這個措施背後有重大的原因。當法律禁止天主教徒在英格蘭擔任職位時，為什麼由一位天主教徒行使王權與特權呢？查理二世拼命地提出折衷案。他無法容許議會改變憑血統繼承王位的傳統。玫瑰戰爭就是這樣發生的。但是，他提出了一些非同小可的限制，如果這些限制被接受，並且被執行，就會在英格蘭創立嚴格限制的君主立憲制。一位天主教君主得不到所有的神職人員的支持。任何天主教徒都不得擔任議會中任何一院的議員、擔任任何官職或受到信任的差事。國王駕崩時仍在開會的議會，將持續存在到一定的時間；若已休會，便不用再發召集令，便可自行復會。法官要由議會同意才能任命。最後，查理二世正式放棄了他父親長久奮鬥才爭取到的兵權。控制民兵的都尉（Lord-Lieutenant）、他們的副都尉、海軍軍官都將由議會任命。但是當時普遍的趨勢認為，任何限制都不可能加諸在天主教國王身上。「排斥法案」以壓倒性票數通過了二讀，查理二世親自駕臨議會，再度解散議會。

　　然而，這個短命的立法機構留下了一個紀念碑。它通過了「人身保護法」（Habeas Corpus Act），確立及加強了個人不受政府任意逮捕的權利。英格蘭人，不論偉大或卑微，根據這塊土地上現有的法律，若在公開的法庭無法出示對他不利的理由，他下獄數日之後就必須釋放。查理二世並未反對這個法案。在這個時候，國家

中對立的兩派勢均力敵，以致於他的朝臣、官員或以前的大臣很可能都需要這種保護。他以諾曼第人的法語說了這句傳統的用語：「王意欲之。」（Le Roi Le veult）[2] 這句話，而在世界上任何說英語的地方，不論是不列顛國王或是美利堅邦聯政府（The Government of United States）行使權力的任何地方，所有守法的人都可以自由地呼吸。獨裁政治在現代已經吞沒許多領導國家，這些國家顯現這個出自英格蘭人的政治天才的法規優點，甚至最粗心的、最無知的、最卑下的人也都不能視若無睹。

新教的浪潮再度席捲這個國家，所有地方的選民都投票反對約克公爵成為國王。熱心的、值得尊敬的神職人員設法勸詹姆斯回到他祖先與未來臣民所屬的教會。他依然執拗不肯。他好戰的天性上又添加了改變信仰的熱忱。約克公爵是不會做出一般世人都會做的妥協，就像是納瓦爾王國的亨利（Henry of Navarre）[3] 曾經為了世俗的王冠所做的一般。對他而言，最好的做法是流亡、貧窮、死亡；最好是，國家因內戰而毀滅。對立雙方主要的動機都值得敬佩，但是卻無情地導致長久的磨難。今日，在天主教教會以她不朽的威權對抗暴政之際，世人很難明白，天主教在一六七九年使英格蘭陷入的局面和斯密世菲（Smithfield）刑場、火焚新教徒的大火、聖巴托羅繆（St. Bartholomen）的大屠殺、西班牙的無敵艦隊以及「炸藥陰謀」（The Gunpower Plot）等歷歷在目的景象相比，到底有何差異。

【1】 譯注：天主教所指使麵餅和葡萄酒變成耶穌的血肉之說。
【2】 譯注：指國王批准議案。
【3】 譯注：即亨利四世。

第二十四章　輝格黨與托利黨

查理二世一看到新的議會選舉不能爲他紓困，使議會又休會差不多一年。在這個休會期間，首次看到「輝格黨」與「托利黨」兩個名稱的使用，而這兩個黨派將要使不列顛島分裂約達兩百年之久。雖然爭執不和的根源仍是宗教方面的問題，在查理二世的統治時期卻見到自由的觀念離開宗教派別的基礎。英格蘭整個的思想正湧出宗教糾葛的峽谷，奔向風光稍欠秀麗但卻比較寬廣的丘陵。至今宗教紛爭的推動力是政治進展不可缺少的，之後會退居第二位。骯髒卑鄙、更加不理性、無法控制的黨派鬥爭取代了陰沈的教條與教派戰爭。

一六八○年，新議會召開之前，掌握全國大權的仕紳開始對猛烈的新教運動（The Protestant Movement）感到不安。在沙夫茲伯里的煽動行徑中，保王-國教徒分子（Royalist-Anglican）日益認清他與奧立佛‧克倫威爾有同樣可怕的特徵。內戰與所謂的「共和國」等令人憎恨的記憶，困擾著老一輩的人。如果成千上萬的城、鎮之人都簽署了排斥約克公爵繼承王位的請願書，則鄉間對於向國王提出的這些也普遍憎惡。但是沒有任何黨派可以在「請願者」（Petitioners）及「憎惡者」（Abhorrers）這樣的標籤下生存。與其爲自己命名，他們反而爲對方命名。「輝格黨」（Whigs）這個詞是描繪刻薄、固執、僞善、視錢如命的蘇格蘭長老教派。搶奪產業與莊園大宅的愛爾蘭天主教匪徒被稱作「托利黨」（Tories）。雙方都不缺乏詆毀的能力。「托利黨人是個怪物，帶著英格蘭人的面孔、法蘭西人的心腸與愛爾蘭人的良心。這個生物的額頭大、嘴巴寬、大腿後側柔軟、又沒有頭腦。他們有點像野豬，會根除政體……以黑暗不明的政策同時炸掉我們兩個自由支柱——議會與陪審團；使前者變成爲巴黎議會（Parliament of Paris），使後者變成僅只是回應法官喜好的工具。」[1]在另一方面，輝格黨人「什麼都不說，只談啓示與預言、宗教方面的收穫、內在的活躍精神

（Indwelling）、宗教的傳播（Emanations）和精確的概念，……他們帶著鼻音熱心地講話並沒有增加什麼功效。……他們的嘴帶著小號角，他說的言詞就是顛覆（Overturn）、顛覆。他們的祈禱是一派胡言、神聖的狂吼、炯炯有神的瞪視、嘆息、啜泣、苦惱、喘氣與呻吟等組成。他們爲國王祈禱，但是，比正直的人接受《盟約》時有更的保留。」[2]

由這些輕蔑與仇視的表達中，一個人可以看出英格蘭如何勉強地逃過另一場殘酷的武力洗清。然而，輝格黨與托利黨之名不僅突出，而且受到與其有緊密關係的人的珍視與吹噓。它們漸漸地進入英格蘭民族的整個生活，並且以連續不斷的形式表現這個民族主要的典型性情。它們爲英格蘭的福祉作出令人難忘的成就而益增光彩，兩黨都盡力地拓展與壯大英格蘭的未來。雖然對抗的議題隨著時代變遷，黨派的結合也有諸多變化，黨派忠誠度與黨派的名稱都將由各家族一代代傳下去。演說家與著名作家確信自己的吸引力，都以驕傲的言詞表揚他們。

處於困境的查理二世沒有與他第四屆的議會對抗。他採取的權宜之計，使人想起「大諮詢會議」（Magnum Consilium），這是他父親四十年前曾經擬定的計策。英格蘭駐海牙的特使威廉‧坦普爾爵士是反法政策的主要擁護者，也是使路易十四的愛克伯沙條約受阻與反法三國聯盟的設計者，他爲樞密院提出減少人數但集中權力的計畫。兩黨共三十位要人，一半持有官職，一半立場超然，取代舊的、祕密的、曾共同簽訂「多佛條約」的陰謀小集團或內閣。王室的政策不論對錯與否都應當公開；人們認爲祕密外交應該結束。查理二世此時已與路易十四完全決裂，原因是路易十四在英格蘭反對派當中廣爲散布他曾賄賂查理二世的事。查理二世接受了坦普爾的計畫。一個受到讚揚的樞密院成立。國王任命反對派的領袖沙夫茲伯里爲樞密院院長（President）。這些出自善意的努力卻百事無成。各種壓力太大，這三十人組成的樞密院內部，不久便發展出處理所有事務的一個小圈子。沙夫茲伯里絕對未因他被重新任

用，擔任官職而受到安撫。他並未放棄他領導的對抗運動與反對黨派。相反地，他利用他的地位推展他們的利益。議會於一六八〇年召開時，他再度擁護「排斥法案」，他的事業在這個時刻到達了頂點。他似乎將王室大臣的權力與初期叛亂領袖的威望集於一身。「排斥法案」在平民院通過，但是在貴族院中引起鬥爭。

這場鬥爭未流血便宣告結束了，大部分應當歸功於將「騎牆派」（Trimmer）這個字發揚光大的政治家。哈利法克斯侯爵喬治·薩維爾（George Savile, Marguis of Halifax）是天主教與法蘭西二者的對頭。他算是罕見的人物，集冷靜沈著、擅長判斷與行動果決於一身。他能夠以極端分子才有的堅定不移態度，堅守中間路線。他能夠更換立場，隨波逐流或逆流而行，都不會失去力量或他所擁有的尊敬。他從來不躲避公然的抨擊，在對所有的騎牆派的攻擊與毀謗中，依然昂然而立。在德萊登用筆不朽地描繪出那些動盪日子中許多的人物，薩哈利法克斯侯爵的形象有如拿單（Jotham）[3]，最令人喜愛。

> 姑且試嘗
> 一下較壞的方案，然後選擇較好的一方。
> 這並非簡單的選擇，也是改變平衡，
> 唯有勇者可以做這麼多的影響。

哈利法克斯侯爵曾經激烈地反對丹比伯爵，卻在貴族院中破壞「排斥法案」。由於很難推出另一個王位繼承人，他的任務便變得比較容易多了。在反對詹姆斯的人當中，有些人支持詹姆斯的長女瑪麗——赫赫有名的奧蘭治親王威廉的妻子，因為英格蘭王室的血液也在她的血脈中流著。沙夫茲伯里打過這個主意，但後來卻決定支持查理二世的私生子蒙默思。他將蒙默思弄進樞密院，將他編入他反對派的組織。輝格黨人捏造虛構的故事，說蒙默思是合法的繼承人。儘管如此，查理二世極為鍾愛他這位英俊、威武的兒子。查

理二世身受壓力、面對危險，難道他不會採取安全又容易的方式，宣布蒙默思為婚生子嗎？但是，查理二世是永遠不會容忍這個柔順的解決方案，同時議會也不會贊成這個法案，因為它的每位成員都透過世襲權力所作的嚴格解釋，擁有土地、財富與權力。英格蘭國教拒絕藉著替私生子加冕而抗拒天主教。貴族院以六十三票對三十票否決了「排斥法案」。

＊　　＊　　＊　　＊　　＊

反對「天主教陰謀」的怒火在一些人受害喪命之後，漸漸地平息了下來。一六八○年十一月，他們當中最後的一位受害者斯特拉福爵士在行刑台上宣稱自己清白無辜。圍觀的人群大喊：「我們相信你，爵士。」奧茨與其他人用來掩飾自己的種種謊言變得越來越薄弱無力。法官都開始注意到，讓天主教徒送命的證據中，有矛盾與不恰當之處。人們驚惶的情緒很強烈，以致於無法持久。查理二世顯然地與路易十四斷絕關係的事實，緩和了政治激情。查理二世從這些情緒中看出，自己可趁機召集一個比較令他喜歡的議會。剛為查理二世立下高功的哈利法克斯反對解散議會。他認為，一六八○年十一月的議會仍能有所作為。但是，在樞密院作過全盤討論之後，查理二世根本不理會多數人的意見。他說：「各位先生，我已經聽夠了你們的意見。」於是，三年內第三次的選舉開始了。但是，這正是對選民的挑戰，促使他們支持他們上次投票表決的事。結果在大多數議員重新當選的情況下，沒有產生決定性的改變。

一般人很快地獲悉，議會將於牛津召開，查理二世在那裡不會受到倫敦商區與沙夫茲伯里被稱為「白衣會會員」（White Boys）的學徒挾持。然後，雙方都集合到牛津。查理二世將他的衛隊調到牛津，並派部隊把守倫敦到牛津路上的數處要津。輝格黨的貴族帶著大隊武裝的家臣抵達，並以紳士決鬥時的尊敬敵意，注視宮庭騎兵（The Household Cavalry）與衛士（gallant）。平民院議員都是四、五十人一批結夥前來，倫敦的議員還帶來武裝的市民。一場實力的較量即將發生，沒有任何人敢說不會排除流血的可能性。

大多數平民院議員仍然決心支持「排斥法案」。

　　查理二世似乎準備了兩個公開的行動方案。他請克拉倫登的兒子、約克公爵的內弟勞倫斯・海德（Lawrence Hyde）——一位幹練的金融家，精確地檢查同意給予國王的終身正常歲收狀況。國王能嚴事撙節而「自力更生」嗎？在這估算中，查理二世最先想到的是維持海軍，即使是在與他的情婦大事享樂之際，他還是繼續發展海軍。海德報告說，根據議會原來批准的關稅與國內消費稅（excise）以及議會進一步批准的稅收，不可能履行國王的職責。不過嚴格控制開支，赤字就不會變得很大。海德接下來與路易十四談判，最後獲得的共識是：英格蘭不會反對法蘭西在歐洲大陸的野心活動爲條件，每年可以獲得十萬英鎊的補償。一般人認爲查理國王得到這些援助，就能夠掙脫窮兇惡極的議會擺布。英格蘭現在已走到歷史上的一個衰退期，其情形有如約翰王在同樣壓力之下，讓英格蘭變成教皇的采邑。現代的意見是從憲法的觀點出發而評斷查理的行動，對於一位君主以一年十萬英鎊的代價，出賣國家外交政策都很反感。但是，如果也將今日社會的標準應用在議會的宗教不寬容主義以及沙夫茲伯里派的殘暴行徑上，他們也都應該受到譴責。

　　而且，查理二世並無意採用他口袋裡，或說是差不多在他口袋裡這個可恥的政策，除非是他對議會不存任何希望。他不顧全國人的擔心，要走極端將王位傳給一位天主教徒。他決不允許毀掉世襲繼承王位的神聖原則，除此之外，他則可以作出各種保證。詹姆斯若是繼承王位，將只是名義上的國王。這個王國將由護國公（Protector）及樞密院共同治理。推定繼承人皈依羅馬天主教的意外，不應當使他失去王位（Royalty），但是應奪走他所有的實際權力。行政應當掌握在新教徒之手。如果詹姆斯生了兒子，這個孩子將教育爲新教徒，在成年後登基。詹姆斯沒有兒子，但是有兩位堅信新教的女兒——瑪麗公主與安（Anne）公主。她們先後都將主政。同時護國公除了奧蘭治的威廉外，便無其他人選。

　　無疑地，查理二世同意這樣的安排，然後才得以蔑視法蘭西，並且與荷蘭及日耳曼信新教的王侯結盟。沒有任何人能輕易地指責這個策略。事實上，這個策略也透露查理心中有劇烈的掙扎。但是沙夫茲伯里別有用心。他與他所有的黨人想使蒙默思登上王位。議會還未召開，他的敵意就已經很明顯地顯露。查理二世在他的演說中感嘆上屆議會好搞派系活動與無理的行為。平民院重新選出上一屆的議長。他在謙虛的致辭中暗示，他們未看出他們的行為舉止需要有所改變。沙夫茲伯里仍是樞密院的成員，在某種意義上仍是政府的一部分；他與查理二世展開嚴肅的對談，震驚了許多在場的重要人士。他將一分文件交給查理二世，要求宣布蒙默思為繼位者。查理回答，這違反法律且有違正義。沙夫茲伯里說：「如果你僅受到法律與正義的約束，那麼就依賴我們，把事情交給我們。我們將制定一些法律，能使帶給國家和平所需要的措施維持合法性。」查理二世反駁說：「不要幻想了，我絕不會屈服，我也不會受威嚇。通常人的年紀愈大就愈膽怯；對我而言，情形剛好相反；而且對我剩下的生命而言，我決定不讓任何事物玷污我的名譽。我身邊自有法律、情理與思想正確的人相佐。我尚有教會支持。」此時他指向在座的所有主教：「沒有任何事物可使我們分離。」

　　兩天之後，即一六八一年三月二十六日，平民院召開的會議具有決定性。一位重要的樞密院成員對平民院透露查理二世心中的想法：在詹姆斯統治時期設立新教護國公職位的計畫。查理或許明智，讓此種討論進行下去。但是牛津是兩個武裝派系彼此衝突的營地。任何時刻都可能爆發事端。好似詹姆斯會為他的宗教信仰而犧牲一切，查理二世也同樣會為世襲原則而膽敢應付所有的挑戰。為了防止他的愛子蒙默思驅走他的弟弟——所有麻煩的來源，查理二世敢冒任何風險。

　　平民院通過了排斥約克公爵繼承王位的決議。接下來的星期一，兩頂轎子前往議會。第一頂轎子中坐的是查理二世，王冠藏在他的腳下；第二頂關閉著的轎子中放著國王的節杖（Sceptre）與

朝服（Robe of State）。於是，查理二世前往在牛津大學幾何學院（Geometry School）開會的貴族院。平民院正在討論一個國王控告誹謗活動的裁判權問題，一位議員正憑著理論敘述大憲章對這事的影響，這個時候黑衣侍衛前來敲門，召他們前往貴族院。大多數的議員認為這顯示國王多少順從他們的意願。他們看到國王穿著朝服，坐在御座上，都不免感到驚訝。當貴族院議長以國王的名義宣布再度解散議會時，他們更是驚駭莫名。

　　沒有什麼人能預料會有什麼後果。四十年前蘇格蘭議會（the Scottish Assembly）曾經拒絕依國王的詔書進行解散。一百年後，法蘭西的國家議會（The National Assembly of France）將退守位於凡爾賽宮（Versailles）的網球場，以確定議會繼續存在。但是英格蘭內戰有如一劑藥，仍在一六八一年的英格蘭人身上發生作用。他們對法律的尊重麻痺了他們的行動。查理二世在護衛隊護送下退居溫莎。沙夫茲伯里努力想將解散的議會分子轉變成革命性質的代表大會（Convention）。但是沒有人要聽。查理二世正確地冒了險。前一天議會還視自己是負有國家命運責任的守衛，準備從事可怕的鬥爭；次日議員亂成一團，爭奪運輸工具載他們返家。

　　從此時起，沙夫茲伯里的運氣開始下滑，賢明的哈利法克斯的權勢開始上升。處決天主教貴族與其他人已引起很明顯的反應，議會服從第三次解散使這些不滿的反應具體表現出來。兩個月內，查理二世感到自己的力量足夠強大，可以用醞釀叛亂之名對沙夫茲伯里起訴。這位奇人的身體現在幾乎只剩下最後一口氣。雖然精神依舊，他的健康卻已崩潰。他幾乎無法舉步的外貌，使他的追隨者感到氣餒。中塞克斯地區的大陪審團（The Middlesex Grand Jury）忠於他的主張，在呈堂控告他的訴狀（bill）上寫下「不學無術」（Ignoramus）的字樣。這意謂，他們發現證據不足。他依法獲得了釋放。同時，他的一位追隨者已經在牛津被判了絞刑，被起訴的罪名是沙夫茲伯里在倫敦逃脫掉的同樣罪名。沙夫茲伯里無法再繼續奮鬥。他提議叛變，謀害王室似乎是叛變的一項初步行動。他在

這個緊要關頭逃往荷蘭，希望或許可以得到荷蘭人的支持，不過卻在幾星期內於海牙去世。他無法與英格蘭議會制度的幾位主要締造者相提並論。他身爲清教改革人士，瞭解黨派遊戲的每個步驟，但是他故意讓手上沾滿了無辜者的鮮血。最重要的是，他設法使自己的黨派與宗旨（tenet）都得到勝利。他一生的工作並沒有爲英格蘭留下任何遺產。他像皮姆一樣令人畏懼，但是他的名聲卻下沈到不同的層次。

＊　　　　＊　　　　＊　　　　＊　　　　＊

現在吸引每個人的問題是：會不會發生內戰。所有的克倫威爾的勢力都騷動起來。的確，人們都心懷恐懼，如果詹姆斯登上王位，他們就必須選擇成爲天主教徒，不然就是燒死在火刑柱上。詹姆斯於一六八二年五月流亡歸來，他們益增恐懼。自從科尼特・喬伊斯將國王自霍姆比府邸（Holmby House）押走，才只有一代時間而已。圓顱黨前任軍官漢尼拔・朗博德（"Hannibal" Rumbold），曾於難忘的一月三十日在白廳行刑台附近值勤，他如今住在紐馬克公路（Newmarket Road）旁的拉依（Rye House），那裡的地勢十分險惡。五十名狂熱的鐵騎軍若埋伏在此，國王與約克公爵詹姆斯賽馬歸來時，可以容易地打敗人數很少的護送隊伍。除了這個陰險的計畫，還有一個發動大規模的武裝行動的陰謀。幾年之後要將詹姆斯推下王位的許多勢力，但不是全部勢力，此刻確實在準備一戰。輝格黨的許多貴族與有權勢者都曾經在一起密商。幸好紐馬克意外發生大火，焚毀大部分的市鎮，查理與詹姆斯比預期中早幾天返回，安全地經過拉依農舍，幾個星期之後，這項陰謀洩露了。連累到考慮過武裝起事的大批人。

這個消息傳遍全國之後，日益強大的保王派作出強烈的反應。這個消息改變了整個局勢，至今輝格黨都在利用天主教的陰謀，使普通百姓相信，羅馬天主教徒大概會殺害國王。此時的情況恰巧相反，輝格黨人或清教徒陰謀殺害國王。英格蘭人對君主制滿懷尊敬，查理風度優雅，有一些危險卻又吸引人的惡習，在加上擔心他

死後會使他那信奉天主教的弟弟成爲國王，更是增加他的個人歡迎度。從此時起，查理二世已獲一生中的全勝。哈利法克斯敦促召開另一次議會。但是國王對這些動亂已經受夠了。他使用路易十四的補助，正好能夠支付生活費。當三十位天主教徒被僞證所陷害，查理不得不簽署死刑執行令時，此時他隨波逐流，採取報復手段也就不足爲奇了。

　　有兩位著名人物被捲入。羅德爵士威廉（William Lord Russell）與阿爾傑農‧西德尼（Algernon Sidney）都不曾圖謀殺害國王。但是羅素爵士私下做過叛亂準備工作；西德尼被發現持有未發表的學術性文件，是爲抵制王權的作法辯解。保護國王的托利黨的保王派人已經擺脫了顧慮，現在轉而振奮起來，大肆喧囂要進行報復。查理將羅素爵士、西德尼與亨利‧韋恩爵士均視爲君主制的敵人，只不過對西德尼的罪名定得稍爲輕一點。公開審判後，兩人都前往行刑台。羅素爵士拒絕向不抵抗王權的原則屈膝，來換取自己的生命。西德尼在最後的一刻仍維護現在之輝格黨的基本原則。教會、政府與這兩位不屈不撓的人展開激烈的爭論。他們對什麼都不屈服。蘭克在他動人的評論中說：「這件事情有著這個世紀的特別特徵：宗教觀點與政治言論都在爭奪至尊地位，形成了無法改變的信念，而賦予這個特徵一種堅定的、內在的影響，這影響讓這個特徵提升到黨派對抗的紛爭。像擲骰子一樣，人們不是獲得權力，得以發揮他們的觀念，便是必須面對刑場上復仇的斧鉞，伸出脖子。」

　　這些犧牲都意義深遠。爲宗教殉難的人數罄竹難書。新教、天主教、清教、長老教派、再浸信派、貴格派等，都曾經毫不畏縮地在這可怕的路上行進。國家政務大臣與公眾人物都因爲他們的政策失敗而下台；弒害查理一世者傲然面對最後的死刑。但是，現在這些人是爲了黨派利益而犧牲的首批殉難者。分支繁多的貝德福德家族，維護羅素爵士的名譽；而對他們的稱號感到滿意的輝格黨人世代都崇敬這些擁護他們的原則與利益的傑出鬥士。他們長久頌揚

「漢普頓戰死沙場，西德尼於行刑台成仁」所捍衛的事業。輝格黨現在走入歷史。當我們在深思自由統治原則（The principles of free government）對現代人是多麼珍貴的時候，當時是在目標各異與彼此誤解的世界中奮鬥，爭取得到承認與許可的，我們也必須對那些在歷史久遠的過去明白地表明此等原則的人們致敬。

查理二世在國內的權力此後便一直未受到質疑。他有能力進行反擊。輝格黨的據點都位於自治市與城市。這些據點都依靠特許狀來控制地方政府與地方行政長官的職務。它們在議會選舉的影響力也岌岌可危。靠著壓力與操縱，托利黨人在倫敦當選為地方行政司法長官（sheriff）；從此可以組成可靠的陪審員，嚴厲處置違法的輝格黨人。像沙夫茲伯里那樣無罪開釋的事情再也不可能發生。托利黨人在倫敦的成功後，在其他各省也相繼地獲得勝利。根據令狀（Write of Quo Warranto），要求輝格黨的市政當局（Corporation）提出有關他們長期行使特權的合法證明。讓王室法官滿意的是，這些特權多半是不合法的。在這些壓力下，大批至今仍存著仇視心理的市政當局都只有向國王低頭，乞求國王高興就發給他們新的特許狀。鄉紳階級一直嫉妒自治市的特權，便支持政府。如此一來，在鄉下受到壓力的輝格黨，看到他們的權力在城鎮同樣受到削弱。不過，他們竟然還維持著一股政治力量，並靠此存活下來，真是非同小可；而且時勢的演變很快就會恢復了他們的統治地位。

勝利在握的查理二世違反他自己的意願，千依百順地遵守他的法蘭西所規定的外交政策。他生活日益節儉；他的情婦開始關心起自己的前途來了，互相爭奪郵政局歲收中穩定撥出的年金。受到年費照料的只有艦隊。路易十四繼續從事他的侵略，反對自由與新教信仰。他的軍隊在西屬尼德蘭橫行、染指史特拉斯堡（Strasbourg）、侵略日耳曼的各公國。他在歐洲風光、稱霸。在伊莉莎白與克倫威爾統治下，英格蘭是歐洲事務上的重要一部分，此時除了國內政治之外，萎縮成了一個安靜、心滿意足的社會，為了貿易與殖民地而忙碌，專心照料國內的事務，而且慶幸它們比較容易處理。

在大海彼岸，英格蘭勢力正在四面八方的衝刺，常常都是當地人士當機立斷的結果，而非出自倫敦當局有計畫的指示所致。英格蘭的貿易正在印度與非洲的西海岸擴展。哈德森灣公司（Hudson's Bay Company）是在一六六九年創立的，已設立了它首批的貿易站，並且正在加拿大的北部建立它的勢力。在紐芬蘭（Newfoundland）的海岸，英格蘭的漁民已經復甦王室最早的殖民地。在美洲大陸，英格蘭人幾乎已佔領了整個東邊海濱。他們奪取紐約（New York）、開拓紐澤西（New Jersey），已經連續將南北兩大群現有的殖民地連接起來。在內陸地區，賓夕凡尼亞（Pennsylvania）州正開始成形，在貴格派業主（proprietor）威廉‧賓恩（William Penn）領導下，成了所有國家被迫害者的避難所。南面的兩個卡羅萊納州（Carolinas）都已經建立了起來，並且為紀念國王而命名。在查理二世統治時期末葉，美洲的殖民地已有大約廿五萬移民者，由非洲用船運來、數目日增的黑奴還不計算在內。各殖民地的地方議會都堅定地維護英格蘭人傳統的權力，反對來自倫敦王室大臣的干預。或許當時適逢王政復辟，倫敦人都沈迷在歡樂與宿仇之中，而並沒有很多人預見這些比較小、遙遠的美洲殖民地面前展開的廣大遠景。有個人看到了這遠景，他就是溫斯頓‧邱吉爾爵士。在他垂暮之年他出版了一本書，名為《神聖的不列顛》（Divi Britannici），讚美不列顛君主制的偉大與悠久，但麥考萊（Macaulay）對此書卻表示不以為然。邱吉爾引以為榮地寫到了不列顛在十七世紀的新境界，「延伸到那些極遙遠的美洲，那裡現在成了我國的一部分，並且陽光普照，迅速發展，將比本土擁有更加雄厚的力量」。但是這一切都是以後的事。

　　＊　　　　＊　　　　＊　　　　＊　　　　＊

排除約克公爵詹姆斯登基的談論已逝。他此刻熱烈支持法蘭西在歐洲的目標。他並未從過去的逆境所給予的磨鍊得到教訓，夢想著藉法蘭的武力使英格蘭重新皈依羅馬天主教。不過，他自己的個人聲望倒是再度恢復。他當時的行徑也未被人忘記。

不列顛王室的光榮，

老吉米（Old Jimmy）[4] 重返民間。

　　這是托利黨的打油詩人對他的歌誦。他恢復了他的職掌。名義上他再度成為海軍大臣。他對毫無任何幻想的查理二世細述，強硬外交已證明具有效力。為了他眼前的使命，他鼓足勇氣，硬起心腸。

　　查理二世僅五十六歲，外表精神煥發而又身強體壯；但是他縱情聲色，破壞他的體質。僅把他描述成貪戀酒色之徒，便低估了他的性格與才智。他整個一生都在不休不止地奮鬥。他年輕時目擊與忍受的悲劇、他成人時經歷的險遇與窮困、他維持王位而經歷廿五年令人困惑的政治鬥爭、可恨的「天主教陰謀」逼他順從，全在他的晚年累積成為經驗。英格蘭所有的大火都已燒盡將滅，但是餘燼猶溫，可以供疲倦的查理國王暖手。

　　哈利法克斯現在較以往更加備受寵信。他仍舊敦促查理二世冒險召集新議會。查理二世本來可能同意這個建議，但是突然在一六八五年二月中風躺了下來。當日的醫生都對他施以令人痛苦的治療，可是回天乏術。他帶著超然的態度面對每個凡人都要感激的死亡，他還帶著歉意說：「垂死之際居然還如此令人煩惱」。詹姆斯隨侍在側為他送終。老神父赫德爾斯頓（Huddleston）是在巴斯科貝爾橡樹上避難前後幫助過他的教士，被人祕密召來，期望恢復他對羅馬天主教的信仰，並對他施予最後的聖禮。除了世襲的君主制，查理對於世間或陰間都不太相信。他想憑他的權力做國王，愉快地過活。他憤世嫉俗但並不殘忍，他對世事並不關心，但並非很能容忍。他對於王室海軍的關注，值得他的國人對他心存感激。

【1】　Both quotations from David Ogg , England in the Reign of Charles II (1934).

【2】　同上。

【3】　譯注：《聖經舊約》＜撒母爾紀下＞中的人物，奉耶和華之命去見大衛，明
　　　斥大衛之罪。

【4】　譯注：乃約克公爵詹姆斯的暱稱。

第二十五章 信奉天主教的國王

自詹姆斯一世登基統治以來，王室與議會之間的對抗就支配著英格蘭人的生活，現在回到了此一對抗的起點。八十年令人害怕的事件與命運中最明顯的起伏沈落，在這個時刻表面上與就實際目的而言，已經將君主制帶回到差不多都鐸時代的專制地步。儘管英格蘭在歷經馬斯頓草原戰役與納斯比戰役之後、在處決了查理一世之後、在奧立佛・克倫威爾繼而獨攬大權之後、在陷入軍事無政府狀態之後、在劇烈的王政復辟之後、在繞著「天主教的陰謀」而變成的野蠻革命之後，查理二世依然能夠不依賴議會的幫助而統治三年。然後，將一個新教國家的王位傳給一位信奉天主教的繼位者。對於曾經在這個艱苦時代生活的人而言，君主制似乎是十分重要，甚至懷有敵意的宗教構成障礙，都無法阻止合法的繼承人在不列顛臣民崇敬的效忠聲中登上王位。

詹姆斯二世曾經在他兄長查理二世統治的最後兩年裡，於王國中扮演領導的角色。查理藉著順從、時機、喪權辱國的外交政策等為斯圖亞特王朝掙得勝利，但都被詹姆斯二世利用。對詹姆斯二世而言，他繼承王位似乎是為他常常維護的概念辯護。他認為要使自己成為真正的國王，就得依路易十四在歐洲建立的範本那樣，建立訓練有素、裝備精良、忠心耿耿的艦隊與常備軍。指揮軍事對他的天性有強烈的吸引力。他曾經在蒂雷納的麾下作戰，在海上浴血爭先奮戰。他的首要目標是要建立忠於王室與他本人的陸上、海上軍事力量，這種力量正是打開所有門戶的鑰匙。吵鬧的議會、只想到政治的驕傲貴族、恢復地位而勝利的主教團、喧鬧的輝格黨以及陰沈、徘徊不去的清教徒，一旦英格蘭的國王手握沈重、淬鍊過的利劍時，他們全都得各就各位。每個人都對奉行君主專制制度的法蘭西所散發的強盛光輝感到敬畏又著迷。法蘭西民族的一切爭執都已經平息，它的力量在偉大的國王統治下團結起來，是這個年代重要的事實。不列顛群島何以不能採用同樣的方法，晉升到同樣強盛的

地位呢？

　　但是在這背後，詹姆斯國王的心中希望他所有的人民重新與天主教修好，並且治癒基督教國度內部因長期不和而造成的創傷。他決心至少使英格蘭基督教徒具有寬容之精神。這種精神是不是他的唯一目標，歷史對此尚有爭議。詹姆斯二世是皈依羅馬天主教的信徒。他是個偏執狂，會爲了他的信仰做任何犧牲。結果他失去王位，他的兒子在他之後繼承這良心的事業，也遭到同樣的下場。寬容自然是振興天主教的第一步。詹姆斯二世決心保衛天主教徒不受到迫害。他稍後爲了策略的考量，將他的保護推及到非國教者。他肯定地說，他追求的是寬容，這一點支持在他的內心支持自己，他並且明智地使用特許權，使他成爲所有人民眞正的父親。

　　這些宏大的計畫佔滿詹姆斯二世果決、頑強的內心。新教徒從來都沒有懷疑，如果他獲得了專制權力，就會像路易十四一樣，以同樣無情的方式爲他的宗教使用這種權力。就在詹姆斯二世登基那年，法蘭西國王廢除了「南特敕令」（The Edict of Nantes），以惡名昭彰的龍騎兵（Dragonnades）平定了胡格諾教徒最後的反抗。在現在仍舊保存的信中，可見到詹姆斯二世當時贊同法蘭西君主的迫害行動。另一方面，他在統治斯間從來不敢超越一定的容忍的界限。他還未能完成政策的第一階段，就被人推翻，丟了王位，因此無法證明他的政策的最後結局。他後來在流亡中與天主教苦修派（Trappist）[1] 的小修道院院長藍斯（Rancé）往來通信，有六十封信現在還保存於世，信中可見到他所表達的天主教徒信仰摻雜著容忍精神。但是當時如果他能回到英格蘭，他最希望的仍是得到他人對他的容忍。一旦詹姆斯二世獲得他所尋求的專制權力，而英格蘭這個信奉新教的民族還信賴他的容忍與慈悲，那可就是愚不可及。

　　他們並沒有那樣做。他們以極不信任的態度漠視詹姆斯二世假借容忍之名所走的每一步。根據他的性格、他的個人經歷、他坦率承認不會動搖信念的行爲，以及此時天主教教會的整個特性看來，

他們深信一旦他持劍在手，他們的選擇不是望彌撒便是上火刑柱。

世事在不止息的軌道上一直往前滾動。查理二世突然駕崩，對他十分鍾愛的兒子蒙默思是椎心之痛的打擊。蒙默思當時在荷蘭，算得上是位逍遙的親王，跳舞溜冰，與美麗的情婦溫特沃斯夫人（Lady Wentworth）快樂廝混。因此，他在消磨時光，直到英格蘭新教徒的情緒與他父親的寵愛爲他贏得他自認與生俱來的權利（birthright）爲止。然而，他突然發現，他此後要打交道的不是一個會寬恕一切的父親，而是一個不會寬恕任何事並且喜歡算總帳的叔父。奧蘭治的威廉在海牙愉快地款待他，但是在知道查理二世死訊的那天，威廉考慮到有關國家的種種原因，命令他離開這個國家。威廉建議他接受羅馬皇帝的委任去打土耳其人。但是蒙默思身在流亡分子的掌握之中，他的四周都是參與拉伊農舍陰謀（Rye House Plot），後來脫逃的亡命之徒。他們說：「要求你應得的權力。現在不做，便永遠沒有機會！」（Now or Never）蒙默思與溫特沃斯夫人一起可能會有相當快樂、安適的生活；但是這些脾氣惡劣、心情狂亂的亡命之徒推著他走向絕路。他們全都懷念他們於一六八一年亡命離開的英格蘭。蒙默思的眼前也浮現著他出巡英格蘭西部（The West Country）的盛景。整個英格蘭難道不會爲「我們所愛的新教公爵」挺身而起，去反抗信奉天主教的國王嗎？三隻小船載著阿蓋爾伯爵之子小阿蓋爾，以及「漢尼拔」·朗博德前往英格蘭訂立盟約。其他三隻小船載著參加拉伊農舍陰謀的人或沙夫茲伯里的追隨者，陪同蒙默思去從事他危險的挑戰。

詹姆斯二世像理查·克倫威爾當年那樣輕鬆地登基。他採取的步驟都深謀遠慮地可以抓牢王權，他登基時所發表的聲明安慰了不安的國人。他試圖消除民眾心中相信他力圖報復或傾向於專制的疑慮。他說：「我迄今時常冒個人安危去捍衛民族，而我將與任何人一樣全力以赴，保存國家所有的正當權利與自由。」他宣布他自己決心在政、教兩個領域中維持由法律建立的政府制度。他說：「英格蘭的法律足夠使國王成爲偉大的君主。」他會維護王室的權利，

但不會侵犯任何人的財產。據稱，他甚至還宣布過：「沒有任何人會察覺到他有任何私人的宗教意見」。不過，從感到自己實際已經是國王的那一刻起，他在即位之後的第二個星期天就公開到他的小教堂去望彌撒。諾福克公爵（The Duke of Norfolk）走到他的前面，在教堂門口停了下來。國王說：「公爵，令尊會走進教堂去。」公爵反駁：「陛下的父王若是在世，是不會來此地的。」

他公開奉行羅馬天主教的信仰，立即使英格蘭國教的神職人員感到不安；但是這個影響過了一段時間才傳到鄉村。他所作的聲明普遍地被人們接受。他必須召集議會，以便恢復因查理二世的辭世而告終的王室歲收。選民為他選出了一個忠心耿耿、態度友善的新平民院，新議員表決給予他終身歲收；歲收隨著貿易的成長，數目幾乎達到每年二百萬英鎊。愛德華‧西摩爾爵士（Sir Edward Seymore）是個堅定的托利黨人，他對於自己在英格蘭西部的選舉管理大發雷霆，他警告平民院不得輕率行事，並且催促暫緩執行決議。詹姆斯二世受到議會態度的鼓勵，決定首先尋求立憲之道。他知道他一心想擁有什麼，並且希望議會同意而使他如願。在任命大臣方面沒有決定性的人事更動。哈利法克斯繼續做了一陣子諮議大臣中的領導人。每個人都期盼見到新國王加冕。

就在這個時刻，蒙默思於一六八五年六月十一日登陸了。他已經在海上航行了十九天，盡量碰運氣避開英格蘭軍艦的搜尋。他一進入距波特蘭岬不遠的來姆利吉港（Lyme Regis），立刻受到民眾的歡迎。他發表公告，維護他母親婚姻的合法性，並且譴責詹姆斯二世是謀害查理二世的篡位者。一天之內便有一千五百人加入他的部隊。但是信使快馬加鞭將這信息送到白廳之後，詹姆斯二世初次為他握有王權而感到得意。他並沒有大軍，卻有王室騎兵（Household Cavalry）與一個龍騎兵兵團，由他信任的軍官兼代理人邱吉爾爵士指揮。還有已放棄丹吉爾前哨而撤回的克爾克上校（Colonel Kirke）所指揮的兩個正規步兵團。全部的統治勢力都團結起來護衛國王。議會矢言與國王共存亡。他們褫奪蒙默思的公

權，並且懸賞取他的首級。議會還通過給予額外的軍費。民兵都集合了起來，各地紛紛響應勸王的大舉。法蘭西的移民路易‧杜拉（Louis Duras）長居英格蘭，曾被冊封爲費佛沙姆伯爵（Earl of Feversham），奉命指揮國王的部隊。但是邱吉爾已經強行軍抵達蒙默思要到的那個地點。蒙默思與此時已達六七千、滿腔熱血的人馬組成的叛軍，長途行軍經過陶頓（Taunton）與布里奇沃特（Bridgewater）前往布里斯托。布里斯托關起城門拒納，蒙默思只好由巴斯（Bath）與夫倫（Frome）繞回來，在登陸一個月之後再度返回布里奇沃特。邱吉爾現已與寇克會師，逐日對蒙默思窮追不捨，同時費佛沙姆伯爵與率領的王部隊也漸漸逼近叛軍。

不管普通百姓多麼熱忱支持蒙默思的事業，這位不快樂的公爵知道自己已經窮途末路。他獲悉阿蓋爾與朗博德在蘇格蘭登陸，因寡不敵眾已被擒獲。他們即將被處決，蒙默思剩下最後一個機會：夜間突襲王室部隊。費佛沙姆駐紮在賽奇摩爾（Sedgemore）的營地遭到突襲。但是蒙默思未能預先見到布塞克斯萊茵河（Bussex Rhine）的深溝，使雙方無法短兵相接進行肉搏戰。邱吉爾機警、主動，奪得控制權。英格蘭西邊的農人與礦工雖然受到十六門大砲的攻擊，側翼及背後又遭到王室部隊的衝殺，可是仍發揮像當年鐵騎軍一樣的韌性在奮戰。他們堅守陣地，無情的追逐加上整批的處決，最後結束了他們幾乎無成功希望的奮鬥。蒙默思在戰場逃脫，幾天後仍被人捕獲。他並未求饒，也不會得到饒恕的機會。當他犯了滔天大罪，命運已定時，詹姆斯二世因爲賜見他而遭到一些人的責難。蒙默思在行刑台上宣布：「我是爲英格蘭國教的新教教徒而死。」隨侍在側的神職人員插嘴說：「那你就必須承認，『不抵抗主義』（Nonresistance）自有其道理。」國教教徒竟然將他們難堪的理論延伸到此種地步。

首席法官傑佛里斯爵士（Lord Jeffreys）奉派到英格蘭西部處理眾多的俘虜。這位殘酷、能幹、無恥的法官以「血腥的巡迴審判」（The Bloody Assize）而得到可憎的名聲。他將兩三百人處

以緩刑，大約八百人被流放到巴貝多，現在那裡還有他們的子孫。宮廷侍女爭相販賣這些可憐的奴隸來牟利；同時詹姆斯二世準備將這位無情的法官擢升為大法官。現代眼光不時落到邱吉爾身上，他接到休林斯家族（The Hewlings）兩位被判死刑的年輕浸禮會教友（Baptist)的請願書。他能不能幫助他們的妹妹見到國王呢？他為她施展自己的影響力。「但是，小姐。」他把手放在壁爐台上對她說：「我不敢說有多少希望，並且也不敢說大理石會像國王的心腸一樣懷著同情之心。」休林斯家族的兩位年輕人終於被處以極刑。

　　奧蘭治親王威廉的作為表現出他的治國才能。他根據一項條約派了三個步兵團協助詹姆斯二世。他欣然完成了他的義務。他甚至提議親自指揮他們。另一方面，他並沒有竭力阻止蒙默思跨海長征。如果蒙默思贏的話，英格蘭就會有一位信奉新教的國王，這位國王一定會加入抵抗路易十四的聯盟。如果他失敗的話，就永遠地消除防止威廉與他的妻子瑪麗繼承英格蘭王位的最後阻礙。在這兩個可供選擇的方案中，他最渴望的一個方案實現了。

＊　　　＊　　　＊　　　＊　　　＊

　　詹姆斯二世現在正處於權力的高峰。擊敗了叛軍並且防止另一場內戰發生，使得全國重新擁護國王。他立即利用此一情勢。詹姆斯二世所稱「傑佛里斯的運動」（Jeffreys "Campaign"）一結束，他馬上向樞密院建議廢除「宣誓法」與「人身保護法」。兄長查理二世傳統時期的這兩個可恨遺物，對他而言似乎是他抨擊的主要目標。在緊急時，他曾經任用了許多信奉天主教的軍官。他決定將他們留在人數增加了兩倍的新軍中。樞密院院長哈利法克斯指出，這種做法會公然觸犯一些法令；掌璽大臣諾斯（Lord Keeper North）也警告他的主人，這的做法會招致危險。哈利法克斯不僅丟掉了樞密院院長之職，而且由樞密院除名。不久諾斯去世，在「血腥的巡迴審判」中弄得兩手是血的首席法官傑佛里斯，代替他而被任命為大法官。森德南伯爵（The Earl of Sunderland）、羅白特・斯

賓塞（Robert Spencer）在同年接替了哈里法克斯的樞密院院長
職務，同時兼任國務大臣，從此成爲詹姆斯二世的首席大臣。
森德蘭是個難解的人物，先侍候過查理、現在投靠詹姆斯二世、後
來並爲威廉三世（William III）效勞。他因爲改變立場而飛黃騰
達。現在他成了取悅主人的天主教徒。沒有人比他更知道這個國家
幾大家族的政策與意願，這使他成爲繼任君主身邊不可缺少的人
物。

　　議會於十一月九日第二次召開會議，詹姆斯二世在會上提出了
他當前的目標。他有條有理、直率地宣布民兵實在無用。他們在蒙
默思裝備差勁的農民隊面前兩度臨陣脫逃。對於維護國內的太平與
秩序而言，必須建立強大的常備軍。他也言明，他不會在信奉天主
教的軍官剛剛爲國效力之際，將他們辭退。這兩個要求動搖友善的
議會，甚至是它的基礎。這是深厚、顯著的保王派精神。它最可怕
的夢魘就是常備軍，它最貴重的寶藏是英格蘭國教。恐懼與困惑使
所有的議員，襲擊他們的世俗感情與宗教的感情，這底下不安的憤
怒滋長。剛過去的危險情勢所喚醒的舊有忠貞情緒，仍然激勵著托
利黨的貴族與鄉紳，同時教會堅持著不抵抗國王。他們都準備寬恕
叛亂期間違反「宣誓法」的軍官。平民院另外追加撥款七十萬英
鎊，用來加強王室的武力。議員都十分懇切，僅僅要求重新保證王
室特權不會踐踏議會的許多法案，並且保證維護新教。詹姆斯二世
給予令人生畏的答覆。

　　貴族院裡有膽量的輝格黨人德文希爾（William Cawendish
Devonshire）、著名的前任大臣哈里法克斯、樞密院成員布里奇沃
特伯爵（Earl of Bridgewater）與諾丁罕（Daniel Finch
Nottingham），還有倫敦主教亨利・康普頓(Henry Compton)，
他的父親曾爲查理一世在紐柏立戰役戰死，這些人全都擁護民族的
權利。他們訂好了進一步討論的日期，並且邀法官裁決國王的程序
的合法性。詹姆斯二世尚未將法官全部換成他的黨人。他看得很清
楚，法官們與貴族院所作的裁決，會對他存心解救與偏袒天主教徒

構成很大的障礙。他因此重施查理二世於一六八一年在牛津解散議會的技巧。十一月二十日，他突然在貴族院出現，平民院議員將召集到貴族院，並且宣布議會休會。在他身為國王的期間，就再也沒有召集過議會。

　　詹姆斯二世靠著重複的休會手段，讓他自己擺脫議會的反對力量，接下來在西元一六八六年一整年，詹姆斯國王努力解救他的教友。首先他打算廢除對付軍中天主教徒的「宣誓法」。他所諮詢的法官都持反對態度；但是在撤換了許多法官之後，高等法院面貌一新，安排了一個測試性的案子：黑爾斯對哥頓（Hales　vs. Godden）。黑爾斯是位天主教徒，被任命為樸茨茅斯總督，他的馬車夫哥頓控告他與人共謀舞弊；哥頓要求五百英鎊作為普通告密者舉發違反「宣誓法」者的獎金。黑爾斯提出王室特許權作為保護，法庭批准此請。詹姆斯二世得到法院的支持之後，特許一位普特尼的助理牧師（Curate of Putney）繼續享有聖俸，雖然他已經成了天主教徒。同時，詹姆斯二世將信奉羅馬天主教的貴族都安插進入樞密院。國王甚至得寸進尺。他設立了一個「教士委員會」（Ecclesiastical Commission），這個委員會幾乎與以前「長期議會」所毀掉的教會高等宗教法院一樣，它主要的功能就是要防止英格蘭國教的神職人員反對天主教人士傳教。康普頓主教（Bishop Compton)已經被革除了樞密院的官職，現在奉令暫時停止行使他的倫敦主教的職權。

　　這些行動使整個王國動盪不安。詹姆斯二世正在用專制手段來恢復天主教，但這些手段比專制政體本身更可怕。律師們都察覺到，成文法與王室特權之間有直接衝突。而且，他們現在宣稱，國王不但應遵守法律，而且要遵守議會制定的法律——成文法。普通律師全都支持這新要求。

　　到了這一年年底，詹姆斯二世已經趕走他許多最忠實的朋友，使每個人都焦慮不安。曾經使他自「排斥法案」中脫身的哈利法克斯正在鄉下思考應付之道。一六八四年才由倫敦塔釋放的丹比已經

放棄了他對教會與國王的幻想。他看出幻想永遠不會在一位天主教
君主的統治下成真。蒙克將軍的兒子阿爾比馬爾（Albemarle）已
經離開軍隊。曾經忠心耿耿擁護詹姆斯二世抵抗蒙默思與阿蓋爾的
議會不可能再召集起來，也確定不會再發生衝突。議會的兩院議員
都在他們的佃農中間生活，憂憤交集。保衛合法的堡壘、支持不抵
抗王權的鬥士——英格蘭國教感到惶惶不安；僅有勞倫斯‧海德，
即僅現在的羅徹斯特伯爵（Earl of Rochester）對於主教與神職
人員有強大的影響力，才阻止住他們強烈的抗議之聲。詹姆斯二世
顯然在顛覆英格蘭的信仰與政體。

　　在一六八六年與一六七八年兩年，詹姆斯二世都中止議會的活
動，並且使用他的特許權將羅馬天主教放在重要的位置上。輝格黨
與托利黨之間的鴻溝越來越小。詹姆斯二世正讓那個挑戰他兄長的
政黨，與熱誠團結支持他兄長的那個政黨聯合起來。他開始採取大
膽、狡猾又算計錯誤的政治手段。至今他只救助信奉天主教的臣
民。他現在會幫助同樣受到壓迫的不信奉國教。如果輝格黨與托利
黨聯手，王室武力支持的天主教徒與非國教徒的聯盟，就會與之進
行對抗。威廉‧賓恩（William Penn）是貴格派教徒兼朝臣，是
大西洋彼岸賓系凡尼亞殖民地的建立者，在當朝與前朝都很有影響
力；詹姆斯二世將賓恩視作是一位有能力、有技巧的媒介。就這
樣，國王摧毀他王位在全國的障礙，並且設法用不相稱、不牢固的
新支柱把王位再度支撐起來。

　　一六八七年一月，海德兄弟雙雙倒台。兩人長期以來對自己的
官職都感到不愉快。長兄克拉倫登在愛爾蘭被忠實追隨詹姆斯二世
的羅馬天主教的蒂爾科納爾伯爵（Richard Talbot Tyrconnel，
the Earl of Tyrconnel）懾伏；他的弟弟羅徹斯特在白廳被森德
蘭征服。一六八七年一月七日羅徹斯特失去財政大臣之職，三天後
克拉倫登由蒂爾科納爾取代。海德兄弟的朋友本來以國王之名統治
蘇格蘭，也被兩位天主教徒接替。這些改變代表詹姆斯二世統治時
期另一個明確的階段。議會於一六八五年年底休會之後，保王派與

國教信徒對國王開始不滿。隨著羅徹斯特下台，發動革命的陰謀也開始了。

　　同時詹姆斯二世正在募集軍隊。查理二世以前的軍隊人數大約有七千人，一年要花二十八萬英鎊。詹姆斯已經有二萬多人馬，每年需要六十萬英鎊維持。三支禁衛騎兵隊（Life Guard），每支都強大的有如一個兵團，王室警衛騎兵隊（the Blues）、十個兵團的騎兵或龍騎兵，兩營禁衛步兵（foot-guard）與十五營前線步兵，除此之外還有衛戍部隊，都於一六八六年二月武裝起來了。每個夏天詹姆斯都在霍恩斯路（Hourslow）建立一個大兵營，使倫敦人印象深刻。一六八六年八月，這軍營已容納大約一萬人。一年後費佛沙姆集中一萬五千人與二十八門大砲。詹姆斯國王時常前往軍營，設法爭取軍官行伍對他的好感。他允許將裝有輪子的木製小教堂拉到營地中心，安置於騎兵與步卒之間，供官兵在其中望彌撒。他觀看部隊的操練，與費佛沙姆、邱吉爾及其他將領共餐。他繼續將信奉天主教的軍官與愛爾蘭新兵送到軍隊。一位對新教士兵散發宣傳煽動叛亂的小冊子的國教牧師約翰遜（Johnson）被戴上頭手枷，由紐蓋特（Newgate）監獄一路鞭打到泰本，送上絞刑架。他因為有這支勇不可擋的軍隊而感到欣慰；從克倫威爾以來，便不曾見過這樣的軍隊，在英格蘭任何武力可以與它匹敵。他日益擢升天主教徒到重要位置。柏立克公爵現在已十八歲，被任命為樸茨茅斯的總督，天主教徒則在赫爾與多佛坐鎮守衛。最後連英吉利海峽艦隊（The Channel Fleet）的統率者，都是信奉天主教的海軍將領。

【1】　譯注：又作西多會中的特拉普派教徒。

第二十六章 一六八八年的革命

　　奧蘭治親王威廉密切緊盯著詹姆斯國王的行事方式。戴克維特（Dykewelt）是位品格崇高的荷蘭人，在海德兄弟革職不久之後，充當威廉的特使抵達倫敦，一方面代表威廉請求詹姆斯採取緩和的措施，一方面則瞭解反對派領袖們。戴克維特看出，所有政治人物都反對宮廷，便明言他們可以得到威廉與瑪麗的幫助。在過去幾個月，詹姆斯與他的天主教黨羽一直忙著想把安公主（Princess Anne）變成他的繼承人，條件是她得皈依天主教才行。安公主府邸叫做「鬥雞場」（The Cockpit），她圈子的成員都是信仰堅定的新教徒。康普頓主教是她宗教上的指導，約翰・邱吉爾是她信任的顧問，邱吉爾的妻子莎拉（Sarah）並且是她的密友。僅是聽到詹姆斯有此計畫的傳聞，便已將這群人整個團結在一起了。安公主聽到有人建議她改變信仰，又驚又氣，使她有心想殉教。這群緊密團結在一起的人，在態度上都很堅強、認真、自然，在後來的鬥爭中將扮演重要的角色。戴克維特離開英格蘭之後，邱吉爾於一六八七年五月十七日寫信給威廉，向他保證：「我忠於我的宗教信仰。與此種信仰相比，我個人的地位與國王的恩寵都毫不足道。除在宗教方面我難以聽從王命之外，國王可以指揮我做所有其他的事。請上帝做見證，因為我對國王的恩典感受極深，甚至樂於犧牲自己為他效力。」但是他也表示：「雖然無法過聖徒一樣的生活，我仍決心若是有機會，我必定表現出殉教者決心。」

　　詹姆斯國王的政策仍繼續挑釁。他頒布了第一項「信教自由聲明」（Declaration of Indulgence）。聲明的全部內容正是詹姆斯的議會先前所反對的，但是它運用王室特權取代議會的法案。同時他強行派了一位天主教徒去當牛津的瑪格德倫學院（Magdalen College）的院長，驅逐抵制的研究員（The Fellows），增加騷動。七月，詹姆斯計畫接待教廷大使阿達（Papal Nunlio, d'Adda）。索美塞特公爵接到主持歡迎儀式的命令，但是他拒絕

遵命，理由是在宗教改革運動時曾經宣布，承認教皇的官員是不合法的。詹姆斯說：「我不受法律的約束。」索姆塞特公爵回答道：「陛下自然可以如此，但是我並非如此。」他於是丟掉了所有的官職。

依現代的說法，詹姆斯國王制定了他的政治綱領。第二步是建立政黨，第三步是藉政黨組織一屆有權廢除「宣誓法」的議會。當時只有少數人有選舉權（franchise）。在鄉下，可由都尉與地方行政長官操縱選舉，在城鎮與城市則是由市政當局操縱。因此詹姆斯將精力都用到這些事情上面去了。都尉，其中包括許多地方上有勢的權貴，拒絕幫他組成他所喜歡的議會，都被免職；天主教徒或效忠宮廷的提名人選則取代他們的位置。市政府與地方法院大幅改動，以保障天主教徒與反國教者獲得最充分的代表權，或者甚至是取得優勢。政府設法硬要所有地方當局支持國王的政策。將天主教徒與反國教者置於英格蘭國教徒及保王派之上，甚至或取代他們的做法，破壞也改變復辟時建立的英格蘭社會結構。這不僅冒犯最傲慢與最有錢的貴族，也同樣冒犯廣大的民眾。在反抗王室時，有錢有勢的階級都得到沒有選舉權的民眾的支持。

為詹姆斯行為辯護的人，誇大了英格蘭天主教徒的人數。甚至有人聲稱，僅管經歷好幾代的迫害，英格蘭仍有八分之一的人民信奉舊的信仰（The Old Faith）。不過，英格蘭舊的天主教家庭，除了得寵的個人之外，都深深擔心國王會發動輕率的冒險行動。教皇自己，根據羅馬教廷（The Holy See）的政策，對詹姆斯過度的衝動不以為然，教廷在英格蘭的特使（Legate）也敦促詹姆斯謹慎行事。但是國王卻狠下心來加強他的軍隊。

過了幾個月仍舊在談判。國教教區牧師講道時反對天主教。哈利法克斯發表了強有力的「致不順從國教者書」（Letter to a Dissenter），以對抗詹姆斯想拉攏英格蘭國教徒的企圖。伯內特主教由海牙寫信英格蘭國教徒，呼籲國教徒堅定地反對國王的政策，不必理會不抵抗國王之教義。奧蘭治親王威廉並不掩飾自己的

觀點。由於世界上最有權力的法蘭西君主在法蘭西實行天主教的「寬容」政策，每天都有可憐的受害者在英格蘭海岸登陸，英格蘭全國人民對天主教的恐懼與仇視加劇。所有的社會階級與政黨都知道法蘭西宮廷與英格蘭宮廷有共鳴且密切合作。他們看到自己今生及來世關心的一切都受到了威脅。因此沒有太多的顧忌與猶豫，而是帶著不可阻擋的決心，走上了圖謀叛變的路。

　　　　＊　　　　＊　　　　＊　　　　＊　　　　＊

　　在「奈美根條約」簽訂後的十年，路易十四達到了權力的巔峰。英格蘭被國內的爭執弄得四分五裂，已經無力插手歐洲事務。哈布斯堡帝國同樣也因鄂圖曼帝國的入侵與匈牙利的叛亂，停止在西方的行動。路易十四意識到自己支配的力量，企圖恢復且擴展查理曼帝國昔日的版圖。他想讓自己成為帝國王位的候選人。他在密謀一個計畫，想使西班牙與其在新大陸的帝國置於法蘭西國王的統治之下。他無休止地入侵鄰國。一六八一年他渡過萊茵河突襲，佔領了史特拉斯堡。一六八四年他砲轟熱那亞，包圍盧森堡，在西班牙邊境集結部隊，要求得到日耳曼西北部大片土地。他的鄰國在他冷酷的侵擾之下，只有退縮在痛苦與恐懼之中。他鞭打胡諾派教徒；但是他也與教皇作最激烈的爭鬥。他統率與管束法蘭西神職人員，就像他對付軍隊那樣的方式。他掌握所有教會的歲收與聖職授予權（Patronage）。他要求控制俗世，也在許多方面控制宗教。法蘭西天主教會（The Gallican Church）出於愛國服從他的命令。所有持分岐意見的人都被摧毀，就像胡格諾教徒所受到的沈重打擊。

　　教皇英諾森十一世（Innocent XI），在許多代的教皇中出類拔萃。這位教皇一開始當過軍人，他非常講求實際，行事幹練的品德，發射出現代的光輝，照亮了一代又一代。他舉止文雅、性情寬容、心存慈悲、眼光宏遠澄澈，不過卻有不屈不撓的意志與泰然自若的膽識。他像當時的任何政治家一樣，瞭解歐洲政治的均衡。他不贊同法蘭西對新教教徒的迫害。他譴責使用這些手段讓人皈依。

基督是不曾使用過武裝的使徒。「人必須被引導到教堂裡去，而不是被拖進去。」他撤銷了法蘭西主教團所有的宗教權力。他發布褫奪教權（Interdict）與逐出教會的敕令，最後自己捲入了正在形成的抵抗法蘭西稱霸的整個歐洲聯合行動。在另一方面，他安撫信奉天主教的神聖羅馬帝國皇帝，同時，也與喀爾文教派的奧蘭治親王威廉交往。就這樣，緩緩地、斷斷續續地，但或多或少是確實的，共同的動機超越了階級、種族、教條與私利的障礙，在數以百萬計的人們心中滋長。

　　在英格蘭，一六八八年的秋天就像一六四二年一樣，一場內戰逼近。但是此時群集的武力已與查理一世在諾丁罕展開旗幟的日子大不相同。詹姆斯國王擁有大批裝備精良的正規軍，外加威力強大的砲兵。他相信自己掌握著即使不是當時最龐大的，也一定是最有戰鬥力的艦隊。他可以請求愛爾蘭與法蘭西給予武裝協助。可靠的天主教總督所控管的主要海港與彈藥庫都在他的掌控下。他擁有十分可觀的歲收。他認為國教教會已被「不抵抗國王」的原則弄得無力與他相抗，他小心翼翼不讓議會召開，而有集體行動。在另一方面，反對他的不只是輝格黨人，而且還有王室所有的老朋友。曾經參加王政復辟的人、為他的父親在馬斯頓草原與納斯比兩役作戰或陣亡的子弟、曾因「神授君權」原則而長久面對迫害的教會、為了查理一世的國庫而熔化金銀餐具與送他們年輕學者參加王室軍隊的大學、利益與君主制似乎緊綁在一起的貴族與地主階級，所有俯首聽命但內心怒火中燒的人，現在必須準備持武器抗拒國王。與一六八八年的情況相比，英格蘭的貴族或國教派從來沒有面對過更嚴峻的考驗與更加為民族效命。他們從不退縮，也從不存疑。

　　在這個廣大的神祕聯盟中，有兩個主要不同的政策。由哈利法克斯與諾丁罕領導的「溫和派」（The moderates）力促謹慎與拖延。他們聲稱大臣內部正在分裂。並沒有如詹姆斯希望的，會有許多人都皈依天主教。他也永遠無法得到一個支持他的議會。尚未有任何行動證實他實際叛國。穩健派告誡：要記住，一旦戰爭開始，

常備軍會如何盡其職責。要記住塞奇摩爾戰役。「如果你們不將事情弄砸，一切都會進行得很好。」另一方面是由丹比領導的「行動派」（Party of action）。他是居重要位置的人當中，第一個確定要親自將威廉與外國軍隊帶入英格蘭的人。與丹比在一起的尚有輝格黨的其他領袖——施魯斯伯里伯爵（Charles Talbot, the Earl of Shrewsbury）、德文希爾以及一些其他的人。早在一六八八年春天，他們便邀請威廉進軍英格蘭；威廉答覆，如果他適時接到英格蘭主要政治家的正式請求，他就會出兵，並且準備九月前來英格蘭。到了五月底，他們已在全國展開叛亂的陰謀。詳細計畫都已擬妥，全國充滿耳語，神祕人物來來去去。

現在軍隊的態度非常重要。如果部隊服從命令為國王而戰，英格蘭會被內戰弄得四分五裂。沒有任何人能預見它的後果。但是如果部隊拒絕戰鬥，或被任何手段所阻撓而無法參戰，許多重大的議題就能不必經由流血廝拼而獲得解決。雖然並沒有實際的證據，似乎可以確定的是，這場革命的陰謀集團肯定有個軍事核心。這個核心在軍隊中自行形成，或至少在高級將領中形成，一步步都是根據政治家的計畫。所有的陰謀者，不論文武，最高的目標都是不動用實際武力，就可以逼迫國王就範。這的確是邱吉爾醞釀已久的意圖。與他密商的有由丹吉爾撤回兩個兵團中的上校——克爾克與特尼勞尼(Trelawny)、指揮禁衛軍隊的格拉夫頓公爵（Henry Fitzroy, the Duke of Grafton）、奧蒙德公爵（The Duke of Ormond）與許多其他軍官。現在情勢有如萬箭齊發。

＊　　　＊　　　＊　　　＊　　　＊

四月底的時候，詹姆斯宣布了第二次「信仰自由宣言」。他下令每個教堂應當宣讀此一宣言。五月十八日，七位主教，由受人尊敬的首席主教（Primate）[1] 威廉‧桑克羅夫特（William Saneroft)帶頭抗議這樣使用特許權。神職人員都服從他們教會中的上司，未宣讀此一聲明。詹姆斯因這樣不服從他而憤怒，見到他正在設法削弱的教會居然背離他宣揚的不抵抗國王的主張感到震

驚，於是要求將這些主教以擾亂治安與誹謗罪名交付審判。他的大
臣森德蘭現在徹底感到震驚，力勸他不要採取如此極端的手段。甚
至於大法官傑佛里斯都告訴克拉倫登，國王的做法踰矩。但是詹姆
斯依然堅持已見，下令進行審判，全部主教都拒絕保釋，結果被關
進了倫敦塔。

　　人民一直希望，使國家緊張的情勢會隨著詹姆斯國王的駕崩而
消逝。只要推定的繼承人瑪麗，或依序的下一位繼承人安公主登
基，信奉天主教的君主與信奉新教的人民之間的對抗可望結束。愛
好和平的民眾可以耐心等待暴君去世。但是六月十日，審判主教的
案子仍舊懸而未決，王后卻生下一子。因此英格蘭人民面前便出現
另一代天主教國王，這樣的生活將無止盡延伸至未來的景象。

　　主教們以前都受人憎厭，從來不受歡迎，現在可成了全國的偶
像。他們登上平底船前往倫敦塔的時候，大批群眾對他們歡呼致
意，其中含著敬意與政治上的同情。主教團首次發現自己與倫敦的
民眾結成同盟。他們於六月十五日被帶回到西敏寺，六月二十九日
在法庭受審，同樣的場面又重複出現。審訊一直持續到很晚，陪審
員整夜都聚在一起。次日主教們都被宣布「無罪」，人們歡聲雷動
稱讚這項判決。主教們離開法庭時，大批的人民，其中包括一輩子
反對主教團的人，都跪下祈求主教們給予祝福。但是軍隊的態度更
加重要。詹姆斯國王到霍恩斯路軍營去看他們，他離去時聽到大聲
的歡呼。他問：「眾人在吵鬧些什麼？」「陛下，沒什麼事；士兵
們很高興主教們都已經無罪開釋。」詹姆斯說：「你說這是『沒什
麼事』？」

　　當天晚上，這件大眾都高興的大事在慶祝的砲聲與喧囂的人聲
中宣布，同時身爲行動派領袖的七位主教在施魯斯伯里的府邸聚
會，在那裡簽署與發出他們致威廉的著名書信。信的語調冷靜、講
究實際。信中說：「如果情勢的發展能使殿下今年及時趕到這裡施
以援助……簽署此信的我們必將會迎接殿下登陸。」簽署者是施魯
斯伯里、丹比、羅素、康普頓主教、德文希爾、亨利‧西德尼與拉

姆利（Lumley）。這封信由喬裝成普通水手的海軍將領赫伯特
（Herbert）交給海牙政府，該信簽署者的名字遍布了不列顛，旨在
對國王發動戰爭。施魯斯伯里以前是天主教徒，後來皈依成為新教
徒，他將自己的產業抵押，募得了四萬英磅，然後渡海去與威廉會
合。丹比在約克郡從事募兵；康普頓往北方「去看他的姊妹們」。
德文希爾自一六八五年後便隱居在查茲沃斯（Chatsworth），將他
的佃農組成一個騎兵團。斯圖亞特家族男性繼承人誕生，使威廉的
野心受到打擊，不禁憤而高呼：「現在不做，便永遠沒有機會！」
他開始準備遠征英格蘭。

　　親王的誕生對全國人民的希望是如此殘酷的打擊，以致他們聽
到這個消息後，不管是真心或是故意，都普遍表示不相信。從一開
始就有人懷疑王后婚後這麼久才懷孕一事。天主教徒祈禱者與調解
者（intercession）滿懷信心地預測王后最後會生個兒子，這導致
四方都深信，王后生子一事是在玩弄詭計。甚至有傳聞，在官方籌
火的灰爐尚未自街頭清除之前，一個孩子盛在長柄炭爐中被偷偷地
帶入聖詹姆宮（St. James' Palace）。由於詹姆斯國王不夠謹慎，
嬰兒出生時在場的都是天主教徒、天主教徒的妻子或外國人。坎特
伯里的大主教缺席了，那天他已被帶入了倫敦塔。海德兄弟兩人都
未曾奉召進宮；雖然兩人都是樞密院成員，也是詹姆斯國王的妻
舅，與兩位有權繼承王位的公主的舅舅，他們於嬰兒出生時在場是
很自然的事。對威廉負有專責的荷蘭大使也未受到邀請。或許，更
重要的是，安公主不在場。當時她與邱吉爾一家人同在巴斯。對全
國而言，一定得證明這個嬰兒是假冒者才行。英格蘭的新教徒真誠
地堅持合法繼承原則，因此只有此法可以逃避天主教徒繼承王位這
個無法容忍的事實。他們將長炳炭爐的傳聞奉為政治信仰的基本信
條。直到許多年後，這個問題已經沒有任何實際的重要性時，他們
才將這個傳聞棄置到一邊。

　　邱吉爾於八月重新提起他一年三個月以前對威廉所作的保證，
並且寫了一封親筆信給威廉，此信至今仍舊保存在世，但當時如果

信的內容洩露出去，就會抵上他的性命。「西德尼先生（Mr. Sidney）將讓你知道我自己有何打算；我認爲這是我對上帝與我的國家應盡的義務。我將我的榮譽交付到殿下手中，我想我的生命是安全的。如果你認爲我還應當去做其他任何事，你可以命令我，我將完全遵命，我決心爲上帝樂於給予你意志與權力去保護的宗教獻身。」不過這位非凡的人在此時扮演的仍是個附屬角色，繼續擔任軍中官職與執掌指揮權，無疑地，他意圖在時機來臨時，運用他對部隊的全部影響力與詹姆斯國王對抗。他希望以此種方式逼國王服從，再不然就剝奪國王所有抵抗的力量。他眞誠的目標與欺詐的方法是一樣的。他行動起來，彷彿是正在指揮軍事作業。何況，欺騙手段與陰謀活動本來就無法分開。

奧蘭治親王威廉帶著荷蘭部隊與荷蘭艦隊，每天隔海注意法蘭西集結的大軍。他麾下六個英格蘭與蘇格蘭的兵團，形成他遠征軍的核心。信奉新教的歐洲與英格蘭都同樣期望他能成爲他們反抗路易十四暴政與侵略的鬥士。但是，在入侵英格蘭之前，他必須獲得荷蘭議會的許可。在法蘭西全軍已經集結妥當，隨時準備立即進攻之際，並不容易說服憂心的荷蘭自由市居民或受到威脅的日耳曼王侯，讓他們知道自己最好的安全機會是派荷蘭軍隊去英格蘭。不過，威廉說動了布蘭登堡（Brandenburg）的弗雷德里克三世（Frederick III），並由後者那裡得到由尙伯克（Marshal Schomberg）指揮的部隊。日耳曼的其他王侯都默許弗雷德里克三世的態度。大多數信奉天主教的西班牙人都將政治考量置於宗教考量之上，並未反對推翻天主教國王一事。教皇已經解除了神聖羅馬帝國皇帝在宗教方面的疑慮。所有這些不同的利益與教條都被結合在一個策略中，這個具有遠見、心胸寬大的策略只有在面對共同的危險，有深刻的認識時才會產生。

然而，現在端視法蘭西的行動而定。如果法蘭西的軍隊向荷蘭進軍，威廉與荷蘭就得用全力對付法軍，英格蘭就只好聽天由命。另一方面，如果路易十四渡過萊茵河，進攻布蘭登堡與日耳曼公侯

諸邦，那麼威廉的遠征軍就能夠啓航前往英格蘭。不過，路易十四遲遲按兵不動。如果詹姆斯自己一直到最後都願與法蘭西結盟，路易十四就會入侵荷蘭。但是，詹姆斯有愛國的豪情也有宗教上的盲從。他到最後仍然舉旗不定，以致荷蘭人認爲他與法蘭西結盟，而法蘭西人認爲他與荷蘭結盟。因此，路易十四決定他最好是期望英格蘭經過內戰而變得衰弱。他在九月底揮軍前往萊茵河中段，由那時起威廉便可以自由地往前。荷蘭議會授權他進攻英格蘭，詹姆斯敗亡的時刻已經來臨了。

＊　　　　＊　　　　＊　　　　＊　　　　＊

　　秋季一週週過去，激動與緊張布滿不列顛島，現在全國重大力量參與的陰謀正在進行。國王想把蒂爾納爾爲他募集的一些愛爾蘭羅馬天主教部隊，抽調幾個兵團到英格蘭，產生了十分具有威脅性的徵兆，因此他終於放棄了這個計畫。所有階級的人對愛爾蘭人與天主教徒的仇視與恐懼，在一首侮辱與嘲笑交織的民謠「利利布雷洛」（Lilliburlero）中表現了出來，它像我們自己時代中的「蒂皮柏拉蕾」（Tipperary）一樣，掛在所有的人嘴上，進入所有的人耳中，將戰爭祕密的訊息送入所有的人心中。這首打油詩般的歌詞，是沃爾頓爵士（Lord Wharton）所撰，他深諳普通百姓與他們的思想和表達方式，但是無法證明與威廉或是入侵、叛亂有關係。但是這首歌詞使軍隊留下了深刻的印象。伯內特主教（Bishop Burnet）說：「那些沒有見過這種情景的人根本無法產生這種印象。」每個人都注視著風向雞。所有的人都注意風向。謠言四起。愛爾蘭人要打來了。法蘭西人要打來了。天主教徒正準備要大規模屠殺新教徒。英格蘭王國要賣給路易十四了。沒有什麼是安全的，沒有人可以信任。法律、憲法、教會，全都處於危險。但是即將出現一位救星。只要東風一起，他就會親率大軍跨海前來，將英格蘭從天主教的壓迫與奴役中拯救出來。沃頓寫了一首在名義上針對蒂爾科納的對偶體詩句，不過它確有耐人尋味的新意：

啊，爲什麼他留在後面那麼久？

呵！憑良心說，它原來是新教的風。

新教的風正吹向人們的心，由陣陣的強風變成了兇猛的風暴，
不久就會吹過北海！

威廉各種規模強大的準備工作，以及整個英格蘭驚人的憤怒情
緒，嚇壞森德蘭與傑佛里斯。這兩位大臣勸國王撤消整個政策。必
須馬上召集議會，不要拖延。必須停止所有更具侵犯性的天主教措
施，並且與國教會（the Episcopal Church）和解。十月三日，詹
姆斯同意廢除教士委員會，關閉羅馬天主教神學院，恢復瑪格德倫
學院信奉新教的研究員的資格，實施對抗天主教徒與不信奉國教者
的「一致法」（the Act of Uniformity）。革職的都尉應邀繼續他
們在郡縣的職掌。自治區的特許權都歸還給難以對付的市政當局
（Municipality）。詹姆斯懇求主教，請他們不要計較過去，並且
敦促托利黨的鄉紳重掌地方法官的官職。在統治的最後幾個月內，
詹姆斯被迫放棄自己樹立的旗幟，設法犧牲他所有的目標，去安撫
他惹起的憤怒。但是爲時已晚。

十月十九日威廉揚帆啓航。他的小軍隊是信奉新教的歐洲人縮
影──荷蘭人、瑞典人、丹麥人、普魯士人、英格蘭人與蘇格蘭
人，以及一群境遇堪憐、極度忠貞的法蘭西胡格諾教徒，爲數一萬
四千人，登上了大約五百艘船，並由六十艘戰艦護航。威廉曾經計
畫在英格蘭北方登陸，丹比與其他貴族準備在那裡與他會師。但是
他被強風驅回去，風又帶著他穿過了多佛海峽，他經過英格蘭與法
蘭西的海岸上的人潮眼前。十一月五日，他在多佛海岸上的托貝港
口（Torbay）登陸。有人提醒他，當天是「炸藥陰謀事件」的週
年，他對伯內特說：「你現在對命運預定說（Predestination）有
何想法？」

詹姆斯起初對這消息並未太震驚。他希望將威廉困在西部地
區，並且由海上阻礙威廉的通訊。他將派遣到約克郡的部隊調回南

部地區，而將索爾茲伯里（Salisbury）定為王室軍隊的集結地點。
在這個危急的時刻，詹姆斯國王可以像奧立佛・克倫威爾事業鼎盛
時一樣，統率大規模的軍隊迎戰。幾乎有四萬正規軍都領王室薪
餉。大約足足有四千名王家的蘇格蘭部隊才剛到達卡萊爾（Carlisle），
三千愛爾蘭軍隊的主力還未趕到切斯特（Chester），而且至少七
千人必須留下來捍衛倫敦。在詹姆斯國王於十一月十九日到達索爾
茲伯里時，已經有二萬五千人馬集結該地，幾乎是威廉遠征人數的
一倍。這是英格蘭訓練有素的常備部隊最大一次的集結。

但是，眾叛親離的事接二連三發生，打擊著不快樂的君王。克
拉倫登伯爵的長子，康伯利爵士是王室龍騎兵的軍官，想帶三個騎
兵團投奔威廉麾下。受到許多警告的詹姆斯打算逮捕邱吉爾。邱吉
爾與格拉夫頓公爵本想帶走大部分的軍隊，卻失敗了，於是在十一
月二十三日晚上，他們與大約四百名的軍官士卒逃離了王室的軍
營。同一時間安公主由莎拉・邱吉爾陪伴，康普頓主教帶路，逃出
白廳匆匆北行。此刻全國各叛亂四起。丹比在約克郡、德文希爾在
德比郡、德拉梅爾（Delamere）在柴郡。巴斯爵士（Lord Bath）
將樸茨茅斯獻給了威廉。後來成為海軍將領的賓（George Byng）
代表艦隊所有的艦長，抵達威廉的指揮部向他報告，海軍與樸茨茅
斯任由他調度。許多城市相繼叛亂。英格蘭民族藉著一場自動自發
的騷動，與詹姆斯一刀兩斷。

詹姆斯國王發現不可能抵抗，便與那些仍在倫敦的貴族院議
員、樞密院顧問開會，並且接受他們的建議，與奧蘭治親王威廉展
開談判。同時，入侵的軍隊繼續朝倫敦挺進。詹姆斯將他的妻兒送
到國外，並於十二月十一日晚上於白廳的王宮偷偷溜走，過了泰晤
士河，騎馬直奔海岸。他努力讓他的王國變成無政府狀態。他將玉
璽投入了泰晤士河，傳令費佛沙姆解散軍隊，然後奔往達特默思
（Dartmouth），以便在那裡弄到一些船隻駛往愛爾蘭。關注愛爾
蘭人進行大屠殺的荒誕謠言傳遍全島。倫敦的暴民搶劫外國使館，
所謂「愛爾蘭之夜」（Irish Night）的驚惶與恐懼掃遍首都。若不

是仍舊在倫敦開會的樞密院採取果決行動，秩序無疑會全然崩潰。他們困難地壓制了這場風暴，而且承認威廉的威權，懇求他快馬加鞭來倫敦。

　　詹姆斯實際上已登上了船逃亡，但是錯過了海潮，結果被漁夫與達特默思的鎮民抓到並拖到岸上，押回倫敦。在經過數天痛苦的焦慮之後，他再度逃脫。這一次他成功了，而且遠離英格蘭，且一去不返。但是這位失策的君主在下台與逃亡時都是名譽掃地，歷史已為他恢復了尊嚴。他為宗教所做的犧牲，為自己贏得天主教教會對他持久的尊敬。他一生流亡，也一直保持著王者的莊嚴與名譽。

【1】　　譯注：即坎特伯里大主教。

中英名詞對照表

北福爾蘭　North Foreland

卡色曼女伯爵，芭芭拉·維利爾斯　Castlemaine, Barbara Villiers, Countess

卡里頭布魯克堡　Carisbrooke Castle

卡斯提爾的伊莎貝拉　Isabella, Queen of Castile

卡萊爾　Carlisle

卡瑟爾　Cashel

卡羅萊納　Carolina

史蒂芬·加德納博士　Gardiner, Stephen

史默登　Smeaton

尼古拉·培根　Bacon, Nicholas

尼維斯　Nevis

尼德蘭　Netherland

市政府法　Corporation Act

布卡拉河　Bokhara,

布立德林頓　Bridlington

布里奇沃特　Bridgewater, third Earl of

布里斯托　Bristol

布里斯托，狄格比爵士　Bristol, George Digby

布拉干沙的凱瑟琳　Catherine of Bragauza

布拉邦特　Brabant

布拉格　Prague

布雷達宣言　Breda, Declaration

布雷頓角島　Cape Breton Island

布雷德福　Bradford, Roundheads

布魯斯特　Brewster, William

平民院　Commons, House of

平等主義者　Levellers

弗雷德里克三世　Frederick III

白金漢公爵，喬治·維利爾斯　Buckingham, George Villiers

皮薩羅　Pizarro, Francisco

丟出窗外的行動　Defenestration

六畫

伊莉莎白　Elizabeth

伊薩克·多里斯勞　Dorislaus, Isaac

伍斯托克　Woodstock

休·彼德斯　Peters, Hugh,

休·拉蒂默　Latimer, Bishop Hugh

休·威洛比　Willoughby, Hugh

休·喬姆利　Cholmley, Hugh

休·奧尼爾，泰隆伯爵　Tyrone, Hugh O'Neill

共和國　Commonwealth

再洗禮教派　Anabaptism

列斯特郡　Leicestershire

吉爾福德·達德利　Dudley, Guildford

地方黨　Country party

圭亞那　Guiana

多佛條約　Dover,The Treaty of

好望角　Cape of Good Hop

安·寶琳　Boleyn, Anne

安公主　Anne, Princess

安妮·海德　Hyde,Anne

安東尼·丹尼爵士　Denny, Sir Anthony

安東尼·巴賓頓　Babington, Anthony

安東尼·培根　Bacon, Anthony

安東尼·詹金森　Jenkinson, Anthony

安特衛普　Antwerp

安提瓜島　Antiqua

莎拉・邱吉爾　Churchill, Sarah（Duchess of Marlborough）

莫斯科　Moscow

莫斯科維　Muscovy

荷蘭　Holland

荷蘭東印度公司　Dutch East India Company

貧民救濟法　Poor Law

造船費　Ship Money

都尉　Lord-Lieutenants

章程、政體　Constitution

麥地那　Medina

麥考萊　Macaulay, Lord

麥哲倫　Magellan, Ferdinand

麻薩諸塞灣公司　Massachusetts Bay Co.

十二畫

凱里　Carey, Mary

凱瑟琳・帕爾　Parr, Catherine

凱瑟琳・霍華德　Howard, Catherine

勞倫斯・海德　Hyde, Lawrence

勞倫斯・海德，羅徹斯特伯爵　Rochester, Lawrence Hyde, Earl of

喀爾文　Calvin, John

喬安娜公主　Joanna, Infanta

喬治・卡文迪什　Cavendish, George

喬治・卡爾佛特・巴爾的摩爵士　Baltimore, George Calvert, Lord

喬治・布思爵士　Booth, Sir George

喬治・蒙克　Monk, General George

喬治・賓　Byng, Admiral George

喬伊斯　Joyce, Cornet

富格爾家族　Fugger family

彭魯多克　Penruddock

提伯立　Tilbury

敦克爾克　Dunkirk

斯文利　Zwingli

斯卡波羅城　Scarborough

斯托克波特　Stockport

斯科洛比　Scrooby

斯特拉福伯爵　Strafford, The Earl of

普利茅斯　Plymouth

普特尼　Putney

普雷斯頓戰役　Preston, Battle of

普賴德的整肅　Pride's Purge

普羅維登斯　Providence

欽定版本　Bible, Authorised Version

殘餘議會　Rump, the

湯馬斯・溫特沃斯　Wentworth, Thomas

湯馬斯・卡萊爾　Carlyle, Thomas

湯瑪斯・卡爾佩帕　Culpeper, Thomas

湯瑪斯・克倫威爾　Cromwell ,Thomas

湯瑪斯・克蘭默　Cranmer, Thomas

湯瑪斯・沃爾西　Wolsey, Thomas

湯瑪斯・狄格斯　Digges, Thomas

湯瑪斯・哈里森　Harrison, Thomas

湯瑪斯・奧德利爵士　Audley, Sir Thomas

湯瑪斯・奧斯朋・丹比　Danby, Thomas Osborne

湯瑪斯・懷特　Wyatt, Sir Thomas

湯瑪斯・魯索爾　Ruthal, Thomas

無敵艦隊　Armada

登齊爾・霍利斯　Holles, Denzil

聖芒戈天主教大教堂　St. Mungo's Ca-
thedral

聖坦德　Santander

蒂雷納　Turenne, Marshal

蒂爾科納伯爵　Tyrconnel, Richard
Talbot, the Earl of

詹姆斯‧格雷厄姆，蒙特羅斯
Montrose, James Graham

詹姆斯‧赫伯恩，博斯韋爾伯爵
Bothwell, James Hepburn, Earl

詹姆斯一世　James I

詹姆斯二世　James II

詹姆斯‧漢彌爾頓　Hamilton, James

路易十一世　Louis XI

路易十二世　Louis XII

路易十三世　Louis XIII

路薏絲‧德‧喀爾娃　Portsmouth,
Louise de Kérouaille, Duchess of

農民暴動　Peasant s ' Rebellion

達伽馬　Vasco da Gama

達特默思　Dartmouth

雷金納德‧波爾　Pole, Reginald

雷魯契尼　Rinuccini, Papal Nuncio

裏海　Caspian Sea

十四畫

漢弗萊‧吉爾伯特　Gilbert, Sir
Humphrey

漢斯‧霍爾班　Holbein, Hans

漢普郡　Hampshire

漢普頓宮　Hampton Court

瑪格麗特‧都鐸　Margaret Tudor

瑪麗亞　Maria

瑪麗　Mary

瑪麗‧吉茲　Mary of Guise

瑪麗‧都鐸　Mary Tudor

瑪麗‧寶琳　Boleyn, Mary

瑪麗一世（英格蘭女王）　Mary I

瑪麗二世　Mary II

福克蘭子爵　Falkland, Lucius Carey

福福瑟林蓋堡　Fotheringay Castle

福洛登戰場　Flodden Battle of

窩德河畔的斯托　Stow-on-the-Wold

維吉尼亞公司　Virginia, Co.

蒙喬伊爵士　Mountjoy, Lord

蒙瑟拉特　Montserrat

蓋伊‧福克斯　Fawkes, Guy

賓夕凡尼亞　Pennsylvania

赫伯特　Herbert, Admiral

赫斯特堡　Hurst Castle

赫爾　Hull

赫德爾斯頓　Huddleston, Father

十五畫

劍橋　Cambridge

德‧威特　De Witt, Admiral

德‧魯特　De Ruyter, Admiral

德文希爾　Devonshire, William
Cavendish

德比伯爵夫人　Derby, Charlotte,
Countess of

德比爵士　Derby, James Stanley

德拉梅爾　Delamere, Lord

德斯蒙得得伯爵　Desmond, Earl of

德維齊斯　Devizes

德羅赫達　Drogheda

摩里斯　Maurice